U0523008

本书受国家社会科学基金项目"印度软实力研究"资助，项目批准号：16XGJ007

近现代印度软实力构建研究

Research on the Construction of Indian Soft Power in Modern Times

时宏远 著

中国社会科学出版社

图书在版编目(CIP)数据

近现代印度软实力构建研究/时宏远著. —北京：中国社会科学出版社，2022.6
ISBN 978-7-5227-0134-9

Ⅰ.①近⋯ Ⅱ.①时⋯ Ⅲ.①综合国力—研究—印度—近现代 Ⅳ.①D735.1

中国版本图书馆 CIP 数据核字(2022)第 067282 号

出 版 人	赵剑英
责任编辑	张 湉
责任校对	姜志菊
责任印制	李寡寡

出　　版	中国社会科学出版社
社　　址	北京鼓楼西大街甲 158 号
邮　　编	100720
网　　址	http://www.csspw.cn
发 行 部	010－84083685
门 市 部	010－84029450
经　　销	新华书店及其他书店

印　　刷	北京君升印刷有限公司
装　　订	廊坊市广阳区广增装订厂
版　　次	2022 年 6 月第 1 版
印　　次	2022 年 6 月第 1 次印刷

开　　本	710×1000 1/16
印　　张	23.5
插　　页	2
字　　数	386 千字
定　　价	128.00 元

凡购买中国社会科学出版社图书，如有质量问题请与本社营销中心联系调换
电话：010－84083683
版权所有　侵权必究

目　　录

绪论 …………………………………………………………… (1)
 第一节　选题背景与意义 ……………………………………… (1)
  一　选题背景 …………………………………………………… (1)
  二　选题意义 …………………………………………………… (3)
 第二节　国内外研究现状 ……………………………………… (4)
  一　国内研究现状 ……………………………………………… (4)
  二　国外研究现状 ……………………………………………… (6)
 第三节　写作思路与研究方法 ………………………………… (10)
  一　写作思路 …………………………………………………… (10)
  二　研究方法 …………………………………………………… (10)
 第四节　主要内容与创新之处 ………………………………… (11)
  一　主要内容 …………………………………………………… (11)
  二　创新之处 …………………………………………………… (12)

第一章　国际关系中的软实力理论 …………………………… (14)
 第一节　软实力的概念与内涵 ………………………………… (14)
  一　软实力的概念 ……………………………………………… (14)
  二　软实力的内涵 ……………………………………………… (18)
 第二节　软实力的特点与作用 ………………………………… (20)
  一　软实力的特点 ……………………………………………… (20)
  二　软实力的作用 ……………………………………………… (24)
 第三节　软实力与硬实力的关系 ……………………………… (27)

一　软实力以硬实力为基础 …………………………………（27）
　　二　硬实力的提升并不必然导致软实力的增强 ……………（28）
　　三　软实力对硬实力有反作用 ………………………………（29）
　　四　软实力和硬实力的界线不是绝对的 ……………………（30）
　第四节　软实力的评估 …………………………………………（31）

第二章　印度软实力的内涵及特点 …………………………………（35）
　第一节　文化内涵及特点 ………………………………………（35）
　　一　多样性 ……………………………………………………（36）
　　二　宗教性 ……………………………………………………（40）
　　三　包容性 ……………………………………………………（44）
　第二节　政治制度内涵及特点 …………………………………（48）
　　一　议会制 ……………………………………………………（48）
　　二　联邦制 ……………………………………………………（51）
　　三　印度采取议会制的主要原因 ……………………………（52）
　　四　印度政治制度的运行特点 ………………………………（57）
　　五　印度政党力量的消长 ……………………………………（61）
　第三节　外交政策内涵及特点 …………………………………（68）
　　一　印度外交政策的演变 ……………………………………（68）
　　二　印度外交政策的特点 ……………………………………（75）
　第四节　海外印度人内涵及特点 ………………………………（80）
　　一　海外印度人的移民历史 …………………………………（80）
　　二　海外印度人的特点 ………………………………………（89）

第三章　软实力对印度崛起的积极作用 ……………………………（98）
　第一节　文化对印度崛起的积极作用 …………………………（98）
　　一　文化底蕴为印度崛起奠定了重要基础 …………………（99）
　　二　文化包容使印度能博采众长，吸收世界先进经验
　　　　为其所用 …………………………………………………（103）
　　三　文化自信使印度不甘落后，勇往直前 …………………（105）
　　四　文化广受欢迎有助于扩大印度影响 ……………………（107）

目录

第二节　政治制度对印度崛起的积极作用 …………………… (113)
 一　对内有助于缓和社会矛盾，维护国家统一和团结 ……… (113)
 二　对外有助于树立良好形象，促进印度与其他国家的
  关系 ……………………………………………………… (119)
第三节　外交政策对印度崛起的积极作用 …………………… (124)
 一　与美国的关系日益密切 ……………………………… (125)
 二　与俄罗斯的关系持续友好 …………………………… (132)
 三　与日本的关系急剧升温 ……………………………… (136)
 四　与欧盟的关系逐步提升 ……………………………… (140)
第四节　海外印度人对印度崛起的积极作用 ………………… (143)
 一　政治上，海外印度人有助于提升印度与其所在国的
  关系 ……………………………………………………… (143)
 二　经济上，海外印度人有助于推动印度的经济增长 …… (149)
 三　技术上，海外印度人有助于促进印度的技术革新 …… (153)
 四　文化上，海外印度人有助于扩大印度的文化传播 …… (158)

第四章　软实力的缺陷及对印度崛起的消极影响 ……………… (161)
第一节　文化方面的缺陷及对印度崛起的消极影响 ………… (161)
 一　种姓制度 ……………………………………………… (161)
 二　教派冲突 ……………………………………………… (165)
 三　印度教特性 …………………………………………… (170)
 四　重精神轻物质的追求 ………………………………… (173)
第二节　政治制度方面的缺陷及对印度崛起的消极影响 …… (175)
 一　普遍的贫穷 …………………………………………… (175)
 二　严重的腐败 …………………………………………… (182)
 三　猖獗的恐怖主义和极端主义 ………………………… (188)
 四　糟糕的社会治安 ……………………………………… (194)
 五　低下的议事效率 ……………………………………… (197)
第三节　外交政策方面的缺陷及对印度崛起的消极影响 …… (201)
 一　得不到南亚邻国信任 ………………………………… (201)
 二　与巴基斯坦纠缠不清 ………………………………… (205)

第四节　海外印度人方面的缺陷及对印度崛起的消极影响 ……… (209)
　　一　印度对海外印度人比较冷淡 …………………………… (209)
　　二　海外印度人未积极促进印度发展 ……………………… (213)

第五章　印度加强软实力的主要措施 ……………………… (215)
第一节　文化方面的措施 ……………………………………… (215)
　　一　大力发展教育 …………………………………………… (215)
　　二　积极推广印度文化 ……………………………………… (228)
第二节　政治制度方面的措施 ………………………………… (240)
　　一　保障大选顺利举行 ……………………………………… (240)
　　二　惩治腐败 ………………………………………………… (242)
　　三　打击极端主义和恐怖主义 ……………………………… (251)
第三节　外交政策方面的措施 ………………………………… (264)
　　一　推行睦邻政策 …………………………………………… (264)
　　二　实施公共外交 …………………………………………… (273)
　　三　参与全球治理 …………………………………………… (284)
第四节　海外印度人方面的措施 ……………………………… (292)
　　一　设立"海外印度人大会"，颁发"海外印度人奖" …… (292)
　　二　实行双重国籍制度 ……………………………………… (297)
　　三　成立海外印度人事务机构 ……………………………… (299)
　　四　开发海外印度人项目 …………………………………… (301)
　　五　撤侨和保护劳工权益 …………………………………… (302)

第六章　对印度软实力的评估 ………………………………… (306)
第一节　国际机构对印度软实力的评估 ……………………… (306)
　　一　政府研究所对印度软实力的评估 ……………………… (306)
　　二　斯科尔科沃—安永新兴市场研究所对印度软实力的
　　　　评估 ………………………………………………………… (309)
　　三　艾尔卡诺皇家研究所对印度软实力的评估 …………… (312)
　　四　波特兰公关公司对印度软实力的评估 ………………… (315)
第二节　国际机构对印度国际形象的评估 …………………… (317)

  一　全球扫描对印度国际形象的评估 …………………………（318）
  二　皮尤研究中心对印度国际形象的评估 ……………………（322）
  三　北京大学课题组对印度国际形象的评估 …………………（324）
 第三节　评估结果分析 ……………………………………………（326）
  一　评估结果 ……………………………………………………（326）
  二　原因分析 ……………………………………………………（327）

结束语 ……………………………………………………………（335）

参考文献 …………………………………………………………（343）

绪　　论

第一节　选题背景与意义

一　选题背景

长期以来，国际社会都非常注重发展军事和经济硬实力（hard power）。评判国家实力大小也主要依据的是硬实力。当遇到矛盾和纷争，硬实力特别是军事力量更是被寄予厚望而往往忽略了软实力（soft power）的作用和影响。这种情况在美国国际关系学者约瑟夫·奈提出软实力概念后有所改变。约瑟夫·奈于20世纪80年代末率先提出来了这一概念。根据奈的观点，实力（power）是指做事和控制别人的能力，使别人去做他们不得不做之事。[①] 而软实力则指一个国家在不使用强制命令的情况下使其他国家主动去做其想做之事。[②]

尽管奈是站在维护美国利益的基础上，批判的是"美国衰落论"，但这一概念的提出还是产生了广泛影响，纠正了国际社会过于注重硬实力的情况，为评判一个国家的综合实力提供了新的衡量标准，为解决国际矛盾提供了新的渠道和方法，有助于和平解决国际争端。于一国而言，硬实力固然重要，但仅靠硬实力并不能解决所有问题。不少情况下，软实力可以发挥硬实力无法起到的作用，弥补硬实力的不足。像美国，其硬实力虽然冠居全球，但仍无法解决很多问题如恐怖主义。不仅如此，美国还经常因为使用硬实力而招致其他国家的反感，特别是在中东地区。而中国通过在世界各地建立孔子学院，传播中国文化，大大增加了外国民众对中国的了

[①] Joseph S. Nye, "Soft Power", *Foreign Policy*, No. 80, Autumn 1990, p. 154.
[②] Joseph S. Nye, "Soft Power", *Foreign Policy*, No. 80, Autumn 1990, p. 166.

解，由此不少人对中国产生了好感，进而成为促进中国对外友好交往的使者。半岛电视台因报道阿富汗战争和基地组织最新动态而声名鹊起，卡塔尔的知名度和软实力因此而大幅提升。软实力的这些特殊作用促使各国开始注重软实力建设，积极宣传本国文化，塑造良好的国家形象，扩大在世界上的影响。

与其他国家一样，印度一直以来也特别注重发展硬实力，并取得了显著成效。像经济实力，印度的GDP总量已从2005年的8236.12亿美元增加到2016年的2.29万亿美元，2019年约为3万亿美元（按当前价格），位居世界第5位（联合国贸发会的统计数据显示已超过法国和英国），2005—2010年经济平均增速为6.67%，2010—2015年经济平均增速为6.47%，2015—2019年经济平均增速为7.16%。2015年和2016年的增速甚至超过了中国，吸引的外国直接投资从2000年的35.88亿美元增长到2019年的505.53亿美元（按当前价格）。① 与此同时，印度的军事实力也在不断增强。其军队人数位居世界前列，拥有威慑力极强的核武器、大量先进的导弹和航母战斗群。2019年，印度的军费开支为711.25亿美元，位居世界第3位。②

然而，硬实力的迅速增加并未让印度变得更安全，也没有解决长期以来困扰印度的一些棘手问题。南亚邻国始终对印度比较警惕和戒备，不承认其在南亚的主导地位。在克什米尔问题上，巴基斯坦更是与印度进行激烈对抗。印度国内也经常发生恐怖袭击，不时爆发腐败丑闻和强奸案件，加上数量众多的贫困人口，这些都与印度引以为傲的政治制度格格不入。所有这些都对印度的国际形象产生了非常大的负面影响。2012年的德里强奸案被各国媒体广泛报道后，很多人都认为印度是不安全的，赴印度旅游人数急剧下降。而自2010年相继爆发的腐败丑闻，更是让投资者不敢轻易对印度进行投资。面对这种情况，印度开始反思自己的软实力影响，希望借助软实力解决上述问题，树立正面的国际形象，谋求大国地位。

印度的软实力资源非常丰富。作为曾经的四大文明古国之一，印度的

---

① 联合国贸发会网站，http://unctadstat.unctad.org/wds/ReportFolders/reportFolders.aspx，上网时间：2020年8月2日。
② 瑞典斯德哥尔摩国际和平研究所网站，http://www.sipri.org/research/armaments/milex/milex_database，上网时间：2020年8月2日。

文化源远流长，底蕴深厚。宝莱坞电影和音乐、瑜伽和咖喱，越来越受到各国民众的喜欢。海外印度人遍布世界各地，加之其经济社会取得的突出成就，这些都有助于促进印度的经济发展和国际地位的提高。然而，这些资源长期都没有得到有效开发和利用，这也是导致印度国际形象一直不佳的重要原因。冷战结束后，特别是进入21世纪后，印度开始采取一系列措施加强软实力建设。随着莫迪2014年的执政，印度进一步加大了发展软实力的力度。

印度是一个正在崛起的大国，在崛起过程中，既需要硬实力的支撑，也需要软实力的支撑。只有硬实力，印度无法实现真正崛起。所以，印度采取了哪些措施发展软实力，印度软实力的优势和缺陷是什么，印度的软实力有多大以及能对印度的崛起产生什么作用，都是非常值得研究的。

二 选题意义

（一）学术价值

第一，印度的软实力资源非常丰富，虽然长期未受到重视，但印度现在已采取了很多措施发展软实力，这必将有助于印度的快速崛起。然而，中国国内却缺少对印度软实力深入系统的研究。研究印度软实力有助于弥补国内在这方面的不足。

第二，软实力理论是约瑟夫·奈提出来的，该理论在产生广泛影响的同时，也引起了非常大的争论。争论的焦点既有软实力的作用到底有多大，软实力能不能像硬实力那样量化和计算，也有软实力构成要素的标准是什么，还有软实力是不是普遍适用的，毕竟约瑟夫·奈是以美国为中心来阐述软实力的。虽然这些争议并无定论，但却大大推动了软实力理论的发展。由于印度是一个软实力资源特别丰富的国家，同时又是一个快速崛起的新兴大国，研究其软实力有助于进一步丰富、发展和检验软实力理论。

（二）应用价值

第一，虽然中国和印度是重要邻国，但两国之间的相互了解并不十分深入。这不仅因为两国国情都比较复杂，均有大量国内问题需要关注，而且还因为两国的对外关注点有所不同。彼此了解不多不仅不利于两个国家加强合作，而且还会导致很多误解。像印度民众对"一带一路"就存在误解。中国民众则对印度的腐败、贫穷以及为何在边界问题上对中国态度强硬难以理解。印度是一个多人种、多民族、多宗教、多语言的国家。不了解印度国情，无法判断其行为。同样，不了解印度的软实力，也无法判断其行为。研究印度软实力有助于增加对印度的了解，特别是对其发展和运用软实力情况的了解。

第二，中印两国有很多相似之处，均是人口众多的发展中大国，文化底蕴都比较深厚，海外侨民都比较多，且都处在快速崛起的重要阶段。在发展软实力方面，两国有可相互借鉴之处。研究印度软实力有助于总结其经验教训，促进中国更好地进行软实力建设。

第三，中印关系非常复杂，两国之间的互信程度比较低。一些学者故意宣传两国在软实力方面存在竞争，甚至会发生冲突，这不利于两国关系的健康发展。研究印度软实力，客观分析两国的软实力战略有助于找到两国在软实力方面的分歧所在与契合点，推动两国之间的软实力合作。

第二节　国内外研究现状

一　国内研究现状

软实力概念提出后，各国学者围绕软实力展开了激烈讨论。软实力问题自此成为全球研究的热点。中国学者如王沪宁（1992）、张国祚（2010）、门洪华（2007）、阎学通（2006）、王缉思（2009）、郭树勇（2012）、苏长河（2007）等也对中国的软实力进行过解读。这方面的成果也比较多。国内还有一些学者对欧美和日本的软实力进行过专门研究。

然而，中国国内对印度软实力的研究却非常不足，迄今尚未有系统研究印度软实力的专著。在曹云华主编的《远亲与近邻——中美日印在东南亚的软实力》（人民出版社2015年版）一书中，有一章专门讨论了印度在东南亚的软实力，认为印度在东南亚扩展软实力是为了平衡中国的作用。印度在东南亚的软实力影响比较大，但也存在局限性。这种局限性主要是印度在国内面临很多挑战和不成功的邻国政策。不过，该章仅谈及了印度在东南亚的软实力，未对印度整个软实力情况进行系统阐述，在论及印度在东南亚软实力的局限性时，也没有针对在东南亚的情况进行分析，更多的是在阐述印度国内存在的问题。

国内从各方面讨论印度软实力的论文则有一些，但也不是非常多。根据所阐述的内容，可将这些论文分为四类。

第一类是综合介绍印度软实力的。这方面的论文有石俊杰的《浅论印度的软实力》（《南亚研究季刊》2008年第4期）、罗森的《印度软实力初探——论印度发展软实力的优势与劣势》（《亚非纵横》2011年第5期）。前者对印度的软实力内涵进行了概括和总结，但只进行了介绍未加以评论。后者分析了印度软实力的优劣势，认为优势要大于劣势。

第二类是从某一角度论述印度软实力的。这方面的论文有王超和郑向敏的《文化软实力：印度旅游全球竞争战略模式及其启示》（《软科学》2012年第7期）、赵瑞琦和赵刚的《印度传媒与国家软实力的构建》（《对外传播》2013年第9期）、任飞的《印度外交新态势：文化软实力的推进》（《南亚研究季刊》2009年第2期）、尹锡南的《泰戈尔与印度文化软实力传播》（《南亚研究季刊》2013年第1期）。这些论文分别从旅游、传媒、文化、泰戈尔等角度阐述了印度的软实力。

第三类是阐释印度在某一国家或地区软实力的。这方面的论文有赵国军的《印度对阿富汗的软实力战略》（《现代国际关系》2011年第1期）、李志斐和唐翀的《印度对印尼的软实力外交与两印关系新发展》（《东南亚研究》2012年第6期）、曹云华的《论印度在东南亚的软实力》（《东南亚研究》2012年第3期）、沈德昌的《印度对非洲的软实力外交及经验借鉴》（《南亚研究季刊》2012年第2期）、简军波的《印度在非洲的软实力：资源、途径与局限性》（《非洲研究》2015年第2期）。这些论文分别讨论了印度在阿富汗、印尼、东南亚和非洲的软实力情况，并认为虽然存在很多瑕疵，但印度在这些地区的软实力战略总体上是成功的。

第四类是对中印软实力进行比较的。这方面的论文有钟臻和吴文兵的《中印软实力比较研究（2000—2010）》（《国际政治科学》2012年第1期）、肖莉梅的《中印软实力构成要素之比较研究》（《科学·经济·社会》2015年第3期）、尹锡南的《简析中印文化软实力双向传播》（《南亚研究季刊》2014年第4期）、王超和郑向敏的《中印两国文化旅游软实力分析——基于系统工程思想的分析》（《南亚研究季刊》2012年第2期）、刘再起和向雄辉的《中印两国经济软实力比较研究》（《亚太经济》2017年第6期）。其中，《中印软实力比较研究（2000—2010）》认为2000—

2010年中国软实力总体明显强于印度。这是国内对中印软实力进行量化比较后得出的最为明确的结论。《中印两国经济软实力比较研究》则把经济实力划为软实力的范畴，并认为中国的经济软实力要比印度大，但印度软实力建设举措有值得中国借鉴之处。

综上所述，国内对印度软实力的研究具有四个特点。一是起步晚，大概从2008年中国学者才开始关注印度软实力。二是成果少。国内研究印度软实力的成果非常少，学术论文不到二十篇，且大多数成果都论述不深，发表的刊物级别也不高。三是缺少系统性研究，迄今还没有专门研究印度软实力的著作。四是从讨论问题的角度看，分析印度软实力的学术论文基本上都是从中国视角来探讨的，鲜有从印度视角进行分析的。这说明国内学者研究印度软实力的视角基本上都是单向的。

二 国外研究现状

（一）著作方面

国外专门研究印度软实力的学术著作也不是非常多。在这不多的著作中，有四本对本书具有重要参考价值，值得予以介绍。

第一本是印裔英国学者达雅·屠苏（Daya Kishan Thussu）所著的《印度软实力的传播：从佛陀到宝莱坞》（*Communicating India's Soft Power: Buddha to Bollywood*）。这被认为是第一本深入论述印度软实力的著作。[①]在这本著作里，作者认为，软实力并非是美国的专利品，其他国家同样拥有各自的软实力。像印度就有自己的软实力。印度的几个重要软实力来源是海外印度人、信息技术、宝莱坞电影和印度品牌。作者还认为，尽管在软实力方面拥有很多优势，但印度与中国相比仍落后很多。印度的政治制度对其他发展中国家并没有产生吸引力，这些国家更期望模仿中国模式。在国际上，印度依然被视为极度贫穷、社会严重不平等、文化存在缺陷的国家。印度的世俗化也被很多国家质疑。在这种情况下，印度还需进一步发展软实力。

第二本是波兰国际事务研究所国际经济关系与全球事务项目主管帕特

[①] Cherian George, "Soft Power: Looking Beyond American Hegemony", *Media Asia*, Vol. 43, No. 2, 2016, p. 76.

里克·库格尔（Patryk Kugiel）所著的《印度的软实力：一种新的外交政策战略》(India's Soft Power: A New Foreign Policy Strategy)。在这本书中，作者先是阐述了软实力的概念和在国际关系中的重要作用，然后分析了印度实力（不只是软实力）在外交政策中的演变历程。接着，作者阐述了印度的软实力来源以及在外交政策中的作用。最后，作者对印度的软实力战略进行了评价，并对莫迪政府的软实力政策寄予了厚望，认为在莫迪领导下，印度的软实力会明显增强。不过，作者也指出，印度软实力在很多方面还存在缺陷。这会影响印度的国内稳定和在国际上的地位。像国内少数民族的离心倾向以及与巴基斯坦的纷争就会影响印度的经济增长和国际吸引力。莫迪政府需要保护印度的软实力资产，同时提升硬实力。作为一个正在崛起的有智慧的大国，印度能在地区和全球发挥稳定之锚的作用。

第三本是印度前政府官员普勒姆·尚卡·恰（Prem Shankar Jha）所著的《印度与中国：软硬实力之争》(India and China: The Battle between Soft and Hard Power)。在书中，作者认为，随着经济的持续增长，中印两国都出现了社会和政治的冲突。中国更多关注经济领域中存在的问题，而印度的体制却使得这种冲突具有政治性，商业阶层的目标是获取政治权力，进而制订符合其利益的政策。尽管印度的多元政治体制存在缺陷，但却为印度领导层提供了更稳妥的办法来解决深层次矛盾。虽然各有优劣势，但无论是硬实力还是软实力，中国都比印度做得成功。

第四本是印度尼赫鲁大学两位学者康婧（Geeta Kochhar）和森哈拉·阿吉特·乌拉曼（Snehal Ajit Ulman）编写的《印度与中国：经济和软实力外交》(India and China: Economics and Soft Power Diplomacy)。这本书主要从外交软实力的角度探讨了中国和印度各自的经济和贸易战略，与各自周边国家之间的经济和贸易联系，以及两国双边贸易谈判、金砖国家合作、"丝绸之路"建设和其他外交面临的挑战。按照约瑟夫·奈的观点，经济实力属于硬实力范畴，但作者并没有单纯地谈论经济增长问题，而是把经济与外交结合起来讨论，从经济外交角度探讨了中印各自的软实力问题。在书中，作者还特别提出，无论在全球层面还是地区层面，两国都应更加注重与其他国家民众之间的交流与沟通。

（二）论文方面

国外研究印度软实力的学术论文要比国内多。这些论文根据研究内容大致也可以分为四类。

第一类是综合论述印度软实力的。这方面有《印度软实力的前景及局限》(India's Soft Power Prospects and Limitations) (India Quarterly, 2010/4)、《印度软实力及其脆弱性》(India's Soft Power and Vulnerability) (India Review, 2009/3)、《印度软实力的虚假景象》(The False Promise of India's Soft Power) (Geopolitics, History, and International Relations, 2014/1)、《全球化世界中的印度软实力》(Indian Soft Power in a Globalizing World) (Current History, 2014/4)、《印度软实力：形象和构成》(India's Soft Power：Images and Components) (Journal of Siberian Federal University：Humanities & Social Sciences, 2015/8)、《作为软实力大国的印度》(India as a Soft Power) (India International Centre Quarterly, 2008/1)、《软实力和印度：关键性的评估》(Soft Power and India：A Critical Analysis) (Scholarly Research Journal for Humanity Science and English Language, 2016/13)、《从不受约束之象转为可爱的亚洲绿巨人：为什么莫迪要撬动印度的软实力》(Transforming the Unbound Elephant to the Lovable Asian Hulk：Why Is Modi Leveraging India's Soft Power) (The Round Table, 2016/1)。其中,《作为软实力大国的印度》引起的反响比较大。这主要因为该文的作者是印度作家和议员沙希·塔鲁尔（Shashi Tharoor）。曾任联合国副秘书长的他，在鼓励印度政策制订者重视软实力建设方面，比任何人做得都要多。[1] 在这篇文章中，塔鲁尔指出，印度有潜质解决全球化中的很多问题，解决这些问题则需要依靠软实力，软实力会决定印度在21世纪的未来。基于此，印度需要大力发展软实力。

第二类是从某一角度来讨论印度软实力的。这方面有《印度软实力和海外印度人述评》(Commentary on India's Soft Power and Diaspora) (International Journal on World Peace, 2008/3)、《印度与海湾阿拉伯国家的海外印度人：可开拓的软实力和公共外交》(India and Its Diaspora in the Arab Gulf Countries：Tapping into Effective "Soft Power" and Related Public Diplomacy) (Diaspora Studies, 2012/2)、《转变权力观念：软实力与印度的外交政策》

---

[1] Daya Kishan Thussu, *Communicating India's Soft Power：Buddha to Bollywood*, New York：Palgrave Macmillan, 2013, p. 183.

（Shifting Perceptions of Power: Soft Power and India's Foreign Policy）（Journal of Peace Studies, 2010/2）、《印度外交政策中的软实力》（Soft Power in Indian Foreign Policy）（Economic & Political Weekly, 2011/36）、《印度的南亚困境和地区合作：文化外交的关联性》（India's South Asia Dilemma and Regional Cooperation: Relevance of Cultural Diplomacy）（Strategic Analysis, 2014/1）、《流行电影的软实力：以印度为例》（The Soft Power of Popular Cinema-The Case of India）（Journal of Political Power, 2016/3）、《从一个潜在的软实力大国到软实力"强国"？印度文化外交的演变》（From a Latent to a "Strong" Soft Power? The Evolution of India's Cultural Diplomacy）（Palgrave Communications, 2016/2）、《软实力：莫迪外交政策的主要工具》（Soft Power-Major Tool in Modi's Foreign Policy Kit）（Journal of South Asian Studies, 2017/1）、《莫迪政府的软实力外交：佛教、海外印度人、瑜伽》（India's Soft Power Diplomacy under the Modi Administration: Buddhism, Diaspora and Yoga）（Asian Affairs, 2018/3）、《印度的海外印度人政策：莫迪执政后的软实力外交》（India's Diaspora Policy: Evidence of Soft Power Diplomacy under Modi）（South Asian Diaspora, 2020/1）。

第三类是分析印度在某一地区软实力的。这方面有《印度对东南亚战略中的软硬实力》（Soft and Hard Power in India's Strategy Toward Southeast Asia）（India Review, 2013/3）、《印度在南亚的软实力》（India's Soft Power in South Asia）（International Studies, 2012/3）、《软实力、战略叙事、国家身份：重新评估"9·11"后的印阿关系》（Soft Pwer, Strategic Nrratives, and Sate identity: Re-assessing India-Afghanistan Rlations Post-2011）（India Review, 2018/3）。

第四类是比较中印软实力的。这方面有《中印软实力的崛起》（The Rising Soft Power of India and China）（New Perspectives Quarterly, 2003/1）、《地区框架下的中印软实力》（Sino-Indian Soft Power in a Regional Context）（Culture Mandala: Bulletin of the Centre for East-West Cultural & Economic Studies, 2011/2）、《中印在南亚的软实力竞争》（Soft Power Contestation between India and China in South Asia）（Indian Foreign Affairs Journal, 2016/2）、《中印软实力战略比较分析》（Comparative Analysis of Chinese and Indian Soft Power Strategy）（Asian Politics & Policy, 2017/2）、《中国软实力战

略分析及比较印度的倡议》（Analysing China's Soft Power Strategy and Comparative Indian Initiatives）（Strategic Analysis，2018/4）。整体比较的结果是，两国均有可相互借鉴的地方，但中国的软实力战略要比印度更有成效，中国的软实力影响比印度大。

综合来看，国外对印度软实力的研究有三个重点。一是特别注重印度文化软实力的研究，而对印度公共外交和参与国际治理方面的研究较少。二是基本上都强调印度的软实力资源比较丰富，但未被充分利用和挖掘，需进一步加强建设。三是比较中印软实力。由于中印两国在很多方面都十分相似，所以研究者尤其是印度的研究者偏好比较中印软实力。他们往往会得出两国在软实力方面存在竞争的结论。对此，中国学者需要客观分析，用证据说话，找到双方能够合作的契合点，推动两国软实力合作。

此外，国外对印度软实力的研究还有两个特点。一是研究者主要以印度和欧美学者为主，发展中国家研究者较少。二是深入系统的研究成果不是非常多。

第三节　写作思路与研究方法

一　写作思路

首先，本书梳理和概括了软实力理论和印度软实力的内涵及特点。其次，分析了软实力对印度崛起的积极作用和消极影响。再次，讨论了印度发展软实力的主要措施。最后，对印度软实力进行了评估。

二　研究方法

本书采用了多种研究方法，结合定性和定量研究方法，力图得出具有说服力的研究结论，其中主要使用了四种方法。

（一）归纳综合法

从总体上归纳了软硬实力的辩证关系、印度软实力的内涵和特点、印度软实力的优势及对印度崛起的积极作用、印度软实力的缺陷及对印度崛起产生的消极影响、印度加强软实力的主要措施等。通过这种方法，可以清楚地勾勒出印度软实力的整体情况。

（二）比较法

主要比较印度不同时期的软实力状况、印度软实力对印度崛起的积极作用和消极影响、印度与其他国家的软实力排名、印度与其他国家的国际形象排名等。通过比较，能直观地展现印度软实力的每一个侧面。

（三）案例法

本书列举有大量案例，其中包括软实力在国际关系中重要作用的案例、印度软实力特点的案例、软实力对印度崛起所起作用的案例、印度加强软实力建设的案例等。这些案例能大大增强本课题的可读性和说服力。

（四）图表法

本书制作有几十个图表，其中涉及印度大选投票率及各政党得票情况、海外印度人数量及分布情况、印度历年教育经费情况、印度贫困标准和贫困人口情况、印度腐败情况、印度参与联合国维和行动次数和人数情况、印度历年软实力排名、印度历年国际形象排名等。这些翔实的数据和直观的图表不仅可以将印度软实力状况清晰地呈现出来，而且还能有力佐证相关观点。

第四节　主要内容与创新之处

一　主要内容

全书有六个部分。

第一部分是国际关系中的软实力理论。通过相关分析得出几点结论，包括软实力的概念、软实力的特点、软实力的作用、软实力的构成要素、软实力与硬实力的辩证关系等。本部分旨在突出软实力的重要性，强调软实力与硬实力是相辅相成的关系，而不是比较两者孰轻孰重。

第二部分是印度软实力的内涵及特点。主要内容包括印度软实力的主要构成要素文化、政治制度、外交政策、海外印度人及其特点。

第三部分是印度软实力对其崛起的积极作用。主要内容包括多元文化对印度崛起的积极作用；政治制度对印度崛起的积极作用；外交政策对印度崛起的积极作用；海外印度人对印度崛起的积极作用。

第四部分是印度软实力的缺陷及对其崛起的消极影响。主要内容包括种姓制度会阻碍社会进步；教派冲突不利于国家团结；重精神而轻物质的宗教文化不利于快速发展；严重的贫穷和腐败有损公平和正义；暴力事件频发不利于社会稳定；印度政治制度缺乏强有力的决断机制和执行机制，不利于政策的顺利推进；与邻国关系不睦使印度难以走出南亚；政策失误使印度无法利用海外印度人力量促进经济发展。

第五部分是印度加强软实力的主要措施。主要内容包括文化方面的措施、政治制度方面的措施、外交方面的政策、海外印度人方面的措施。

第六部分是对印度软实力的评估。主要内容包括依据不同国际机构的指标对印度和其他国家的软实力进行排名、对印度和其他国家的国际形象排名、根据评估结果分析原因。

二 创新之处

本书的主要创新之处体现在四个方面。

（一）思想上的创新

本书通过对印度软实力进行深入系统的研究不仅弥补了国内在该研究领域的不足，而且还有助于纠正学术界长期以来在研究印度过程中重硬实力轻软实力的做法，引起学术界对印度软实力研究的重视，为深入研究印度提供新的视角。

（二）学术观点的创新

本书提出了一些新观点：软实力和硬实力是相辅相成的关系，缺一不可；分析印度软实力必须要涵盖海外印度人、公共外交和参与国际治理方面的内容，否则，无法全面衡量印度的软实力；印度的软实力既有很多优势，也存在不少缺陷，必须辩证地看待印度的软实力；没有软实力，仅靠硬实力，印度难以真正崛起；虽然采取了很多软实力建设措施，但印度的软实力仍然不强；中国与印度在软实力方面各有所长，两国可以相互借鉴，加强合作。

（三）研究方法的创新

本书使用了多种研究方法，每种方法都起到了应有的作用，均有助于揭示印度软实力的相应属性，得出的结论经得住检验。特别是图表法、案例法和比较法，不仅能增加课题的直观性和可读性，也有力佐证了相关观点。

（四）资料方面的创新

本书使用了大量最新资料，且多为英文资料，这有助于将印度最新的软实力状况呈现出来。不仅如此，结合国内外最新资料还有助于避免完全从中国或完全从外国的视角来审视印度软实力的研究局限，从而能够得出比较客观的结论。

第一章　国际关系中的软实力理论

第一节　软实力的概念与内涵

一　软实力的概念

软实力是一个翻译过来的词汇,对应的英文是"soft power"。由于"power"有能力、力量、政权、势力的意思,有的将"soft power"翻译为软权力,有的将其翻译为软力量,现在使用软实力的比较多。"hard power"的翻译情况大致与此相同,现在多使用硬实力。然而,不管使用哪一种翻译,其意义基本一样。本书采用的是大多数学者使用的软实力和硬实力翻译。

软实力的概念是由美国著名学者约瑟夫·奈提出来的。有学者称奈受到了美国著名政治学家彼得·巴克莱奇(Peter Bachrach)和摩尔顿·拜拉茨(Morton Baratz)文章的启发。彼得·巴克莱奇和摩尔顿·拜拉茨在20世纪60年代提出了"权力的第二张面孔"思想,并于1962年在美国《政治学评论》发表了《权力的两张面孔》的论文。他们1963年又在这家杂志上发表了题为《决定与非决定:一种分析框架》的文章,提出和分析了权力的"同化"(co-optive)属性问题。[1] 还有学者指出,第一个提出并比较系统地讨论软力量(软实力)但没有使用这个概念的是意大利新马克思主义学者安东尼·葛兰西。在葛兰西那里,软力量表现为意识形态和文化。只不过葛兰西讨论的是软力量在国内政治中的作用,而奈则把此扩展到国际政治领域。[2] 也有中国学者认为软实力思想可以追溯到2500年前的

---

[1] 刘德斌:《"软权力"说的由来与发展》,《吉林大学社会科学学报》2004年第4期。
[2] 郑永年、张弛:《国际政治中的软力量以及对中国软力量的观察》,《世界经济与政治》2007年第7期。

第一章　国际关系中的软实力理论

老子。在《道德经》里，老子写道："天下之至柔，驰骋天下之至坚。"意思是说水是天下最柔弱的东西，但滴水可以穿石，可以穿透天底下最坚硬的东西。不仅如此，孟子和孙子的著作中也存在软实力思想。① 然而，这些最多只算思想源流，首次明确提出软实力概念，并加以详细论述的是约瑟夫·奈。这点应无异议。

软实力概念提出的背景是 20 世纪 80 年代末美国学术界对美国衰落的争论。保罗·肯尼迪在《大国的兴衰》中总结了 500 年来世界各大国兴衰的原因和规律，并认为虽然美国今天在世界经济、军事、外交方面仍执世界牛耳，但由于"帝国过度扩张"效应的影响，美国在世界总产值、贸易、高科技等领域中的比例日趋下降，处于衰落状态。② 不仅如此，保罗·肯尼迪还表示美国会继续衰落。他说："1945 年以来，美国占世界 GNP 的比重自然下降，并且在过去的几年里，下降得比预想还要快。"③ 持有这种的观点并不限于保罗·肯尼迪。像约翰·霍普金斯大学教授戴维·卡莱欧也说："由于经济压力和管理不当，美国的相对衰落已经是绝对的了。"④ 著名学者伊曼纽·沃伦斯坦则将过度扩张视为"周期性发生"，威尼斯于 1500 年开始衰落，荷兰衰落于 1660 年左右。英国则在 1873 年开始衰落，而美国在 1967 年开始衰落。"衰落的基本原因是一样的：由于设备老化和生产要素相对成本的攀升，再加上维持政治和军事统治权需要的高额经济成本所导致的沉重赋税，相对于最接近自己对手的综合生产优势开始渐渐消失。"⑤

总之，这些学者认为美国的现状是历史上帝国过度扩张的典型表现。一个新兴国家为了保护不断扩展的经济利益而加强军事建设，但最后军事投入的成本超出了国力范围，这样它就会不断被另外一个崛起的经济

---

① 赵刚、肖欢：《国家软实力：超越经济和军事的第三种力量》，新世界出版社 2010 年版，第 2 页。
② 赵刚、肖欢：《国家软实力：超越经济和军事的第三种力量》，新世界出版社 2010 年版，第 4 页。
③ [美] 约瑟夫·S. 奈：《注定领导世界——美国权力性质的变迁》，刘华译，中国人民大学出版社 2012 年版，第 4 页。
④ [美] 约瑟夫·S. 奈：《注定领导世界——美国权力性质的变迁》，刘华译，中国人民大学出版社 2012 年版，第 4 页。
⑤ [美] 约瑟夫·S. 奈：《注定领导世界——美国权力性质的变迁》，刘华译，中国人民大学出版社 2012 年版，第 4 页。

大国所取代。① 现实是，当时苏联在军事上正在超过美国，日本在经济上正在超过美国。② 所以，美国的衰落是不可扭转的。

约瑟夫·奈对此予以了批判，认为美国不会重蹈以往帝国的衰落之路。美国与上一个世界帝国英国至少存在四个方面的差异。一是两国在所谓霸权时期的优势程度不同。在许多方面，美国不仅比英国排名靠前，还有许多规模上的显著不同暗示美国的这些排名会持续更久。二是维多利亚时期的英国和现代美国的重大区别在于，1865年后美国是单一的、大陆规模的且不受民族主义瓦解影响的经济体。即使19世纪70年代英国处于权力的顶峰时期，英国也仅仅是世界第三大经济体并且在1914年滑落到世界第四。相反，美国的GNP规模比仅次于自己的竞争对手要大得多。三是英国的领土帝国和美国的影响力范围之间有着重大差别。在防卫责任的种类和水平上，美国比英国拥有更多选择。四是两个国家面对的地缘政治挑战不同。最重要的是，1900年英国面临来自德国、美国和俄国的挑战。这些国家中实力最接近英国的竞争对手是德国，它不仅在经济实力上超越了英国，还对英国在欧洲大陆的军事霸权构成了威胁。美国的外部局势则十分不同。它的主要军事竞争对手苏联正在遭受帝国过度扩张之苦。③

奈进而指出，衰落派的断言仅建立在衡量工业产量和军事支出的基础上，未能抓住非常关键的一点：无形的美国影响范围的重要性。过去，像法兰西这样的帝国依靠农业和人口优势维护自己的统治；后来不列颠利用较大的工业优势和航海实力变成了全球性帝国。将来，美国的权威不能仅仅建立在军事力量或经济统治的基础上。美国还必须要依靠榜样的力量来实施领导。④

在此基础上，奈1990年分别在《政治学季刊》和《外交政策》等杂

---

① ［美］约瑟夫·S.奈：《注定领导世界——美国权力性质的变迁》，刘华译，中国人民大学出版社2012年版，第4页。

② Joseph S. Nye, "Soft power: The Origins and Political Progress of a Concept", *Palgrave Communications*, Vol.3, 2017, p.2.

③ ［美］约瑟夫·S.奈：《注定领导世界——美国权力性质的变迁》，刘华译，中国人民大学出版社2012年版，第53—55页。

④ ［加］马修·弗雷泽：《软实力：美国电影、流行乐、电视和快餐的全球统治》，刘满贵等译，新华出版社2006年版，第8—9页。

志上发表了《变化中的世界力量的本质》和《软实力》等一系列论文,并出版了名为《注定领导世界——美国权力性质的变迁》的专著,明确提出了软权力概念。奈指出,实力是指做事和控制别人的能力,使别人去做他们不得不做之事。① 而软实力则指一个国家在不使用强制命令的情况下使其他国家主动去做其想做之事。② 若一个国家使用实力在其他国家眼中看来是合法的,那么这个国家在达到它预期目标时将会遭到较少的抵制;若一个国家的文化和意识形态具有非凡的吸引力,那么其他国家将自愿进行模仿;若一个国家能建立一套与其国内社会相一致的国际规范,那么这个国家被迫进行改变的可能性就比较小;若一个国家能支持一种制度,这种制度使其他国家愿意按照主导性国家喜好的方式限制自身活动,那么这个国家可能就不必动用代价高昂的硬实力。③

之后,奈又在多篇论文和著作中,特别是2004年的《软实力:世界政治中的成功之道》(*Soft Power*:*The Meansto Success in World Politics*④) 中对软实力的概念及其相关问题进行了补充和阐述。奈表示,实力即是对他人的行为施加影响,并达到自己目的的能力,影响他人行为的方法有多种:可以威胁强迫,也可以施以利益诱惑,或者通过吸引和拉拢使对方与自己目标一致。⑤ 政治实干家将实力简单地定义为:所拥有的能够影响结果的能力或资源。这种定义的优势在于,它使实力显得更具体、可衡量、可预测,但这种定义也存在问题。当人们将实力与资源画上等号时,有时会遇到这样的悖论:天生强悍未必处处如意。⑥ 拥有实力资源不能保证处处如愿以偿。若论实力,美国远超越南,但最终美国却输掉了越南战争。2001年,美国堪称世界唯一超级大国,但即便如此也没能防止"9·11"

---

① Joseph S. Nye, "Soft Power", *Foreign Policy*, No. 80, Autumn 1990, p. 154.
② Joseph S. Nye, "Soft Power", *Foreign Policy*, No. 80, Autumn 1990, p. 166.
③ Joseph S. Nye, "Soft Power", *Foreign Policy*, No. 80, Autumn 1990, p. 167.
④ 这本著作在中国有两个版本的翻译,一个版本是由吴晓辉和钱程翻译,东方出版社2005年出版的《软力量:世界政坛成功之道》。另一个版本是由马娟娟翻译,中信出版社2013年出版的《软实力:权力,从硬实力到软实力》。
⑤ [美] 约瑟夫·奈:《软实力:权力,从硬实力到软实力》,马娟娟译,中信出版社2013年版,第4页。
⑥ [美] 约瑟夫·奈:《软实力:权力,从硬实力到软实力》,马娟娟译,中信出版社2013年版,第5页。

恐怖袭击事件的发生。① 所以，软实力是一种依靠吸引力，而非通过威逼或利诱的手段来达到目标的能力。②

很明显，奈的软实力理论是以美国为中心的，想表达的核心意思是好莱坞在全世界代表着能娱乐每个人的美国主流文化，哈佛大学代表科学，微软代表技术，麦当劳代表消费。一句话，美国的模式具有榜样作用，对其他国家具有较大吸引力，其他国家会自愿模仿和跟随美国，希望过美国式的生活，做美国式的梦，享受美国式的自由，建立美国式的制度，享有美国式的威望。③ 不仅如此，软实力理论还存在其他不足和缺陷。例如，对于软实力和硬实力实行简单的"一刀切"划分，属于静态思维，实际上，软硬实力之间是动态相互影响的。④ 再如，软力量理论带有强烈的理想主义色彩，过分强调了软实力的作用，一些情况与现实并不相符。⑤

尽管尚不成熟，仍显单薄，但作为一个新出现的国际关系分支理论，软实力研究代表了一种发展趋势，有望在 21 世纪成为国际关系理论学的一个支柱理论。⑥

二 软实力的内涵

对于软实力的内涵，奈明确表示主要来自三种资源：文化（在能对他国产生吸引力的地方起作用）；政治价值观（当它在海内外都能真正实践这些价值时）；外交政策（当政策被视为具有合法性及道德威信时）。⑦

对于奈划分的软实力内涵，有学者认为它是以美国为视角的，对其他国家不一定适用。由于历史、文化、民族、宗教、政治制度各不相同，每

---

① ［美］约瑟夫·奈：《软实力：权力，从硬实力到软实力》，马娟娟译，中信出版社 2013 年版，第 6 页。
② ［美］约瑟夫·奈：《软实力：权力，从硬实力到软实力》，马娟娟译，中信出版社 2013 年版，第 XII 页。
③ François-Bernard Huyghe, "Soft Power and Forecasting Influence", *African Yearbook of Rhetoric*, Vol. 7, No. 1, 2016, p. 96.
④ 张弛：《约瑟夫·奈软实力理论的反思及启示》，《南京政治学院学报》2011 年第 4 期。
⑤ 郑永年、张弛：《国际政治中的软力量以及对中国软力量的观察》，《世界经济与政治》2007 年第 7 期。
⑥ 倪世雄等：《当代西方国际关系理论》，复旦大学出版社 2001 年版，第 397 页。
⑦ ［美］约瑟夫·S. 奈：《注定领导世界——美国权力性质的变迁》，刘华译，中国人民大学出版社 2012 年版，第 11 页。

个国家的软实力资源是不一样的,讨论时应考虑各国具体的国情。一些学者虽赞同这种观点,但认为至少应参考奈列举的几个核心要素,在此基础上可加入本国较为突出的软实力资源,即便如此,也不能将软实力内涵无限扩大,使其成为无所不包的大杂烩。还有学者认为,奈划分的软实力内涵具有普遍适用性,无须加以修订。

中国学者在论述软实力时,大都采用的是第一类学者的方法,在其中加入了一些中国软实力要素或者拓展了奈的软实力内涵。王沪宁认为软实力的构成基础应包括政治系统和政治领导人、民族士气和民族精神、国际形象、对外战略、确定国际体制的能力和科学技术。[①] 门洪华将中国软实力的核心构成要素分为文化、观念、发展模式、国际制度及国际形象。其中文化、观念、发展模式是软实力的"内功",国际形象是软实力的"外功",而国际制度联结并跨越两者,成为中国展示和建构软实力的主渠道。[②] 阎学通将软实力内涵概括为国际吸引力、国际动员力和政府国内动员力。[③] 倪世雄则认为软实力包括了三个方面的要素:价值标准;市场经济,特别是市场经济体制;西方文明、文化和宗教等的影响。[④] 楚树龙指出,软实力包括科技、管理、体系、吸引力、文化、人的素质、竞争力等内容,软实力中的重要一环是价值观、文化、教育等精神方面的吸引力。[⑤] 章一平表示,软实力包含了文化、价值观念和国际规则。[⑥] 庞中英称,当我们谈论中国的"软力量"时,不能生搬硬套奈的概念。软力量应该包括非物质的、无形的力量如意识形态、文化、价值吸引力,国际结构性力量,指在安全、生产、金融、知识等国际结构中拥有的权力,与军事或者战争力量不同的外交(主要是谈判)力量。[⑦] 郭树勇认为软实力不仅指制度力量与文化力量,还应包括国际认同、话语实践以及外交艺术,推动国家合秩序性发展的能力、发动合法性战争的能力、将世界文明内化的能

---

① 王沪宁:《作为国家实力的文化:软权力》,《复旦学报》(社会科学版)1993年第3期。
② 门洪华:《中国软实力评估报告》(上),《国际观察》2007年第2期。
③ 阎学通、徐进:《中美软实力比较》,《现代国际关系》2008年第1期。
④ 倪世雄等:《当代西方国际关系理论》,复旦大学出版社2001年版,第393页。
⑤ 楚树龙:《国际关系基本理论》,清华大学出版社2003年版,第74页。
⑥ 章一平:《软实力的内涵与外延》,《现代国际关系》2006年第11期。
⑦ 庞中英:《中国软力量的内涵》,《瞭望》2005年第45期。

力，以及大国塑造自身国际形象的能力，也属于软实力的重要组成部分。①

对于中国学术界关于软实力的讨论，美籍华人学者王红缨做过一个相当全面的总结，他发现在概念范畴上，中国学者使用的软力量广于奈的概念。奈主要针对国际关系而提出软力量概念，但中国学者对于软力量的讨论包括了外交政策和国内政策两方面内容。另外，奈关于美国软力量的讨论主要集中在流行文化和政治模式上，而中国学者关于中国软力量的讨论则集中在传统文化和经济发展模式上，并涉及国家凝聚力、社会公平、政治改革、道德水准、反腐败等内容。而且，软力量概念对于国家政策的影响在中国似乎比在美国大。②

这种情况不只中国学术界存在，其他国家学者在讨论软实力内涵时也会加入本国要素。像新加坡学者认为软实力应包括文化、观念、制度、理想、金融、食品、美景、网络的可使用度、国家品牌、海外移民、个人安全、重要事件、适宜居住性等。③ 印度学者则会把文化、政治制度、海外移民、外交政策包括进软实力要素中。

基于上述这些情况，本书在赞同将本国因素加入软实力内涵的同时，反对将软实力变成囊括一切的大杂烩。这样不易抓住软实力的重点和本质，无法揭示一个国家的软实力整体状况，难以分析软实力中哪些因素对该国崛起产生了主要作用。

第二节 软实力的特点与作用

一 软实力的特点

软实力是与硬实力相对应的一个词语。硬实力指一个国家和社会的军事力量、自然资源和其他有形物质的力量，一般包括经济、军事、人口、领土、自然资源等因素。相比硬实力，软实力具有以下这些特点。

第一，抽象性。这主要指软实力是无形的，看不见，摸不着，难以量

---

① 郭树勇：《中国软实力战略》，时事出版社2012年版，第173页。
② 郑永年、张弛：《国际政治中的软力量以及对中国软力量的观察》，《世界经济与政治》2007年第7期。
③ Mark T. S. Hong, "The Soft Power of Singapore", *The Rise of Singapore*, Vol. 3, 2016, pp. 102 – 103.

化，不可测量。硬实力中的军费开支、部队人数、GDP 大小、人口多少、领土面积大小、自然资源多少不仅看得见、摸得着，数据容易收集和汇总，而且还可以量化和比较。软实力则不同，文化、价值观念、外交政策是无法量化的。由于比较抽象，各国软实力大小因此是难以准确计算的，想要进行比较更是非常困难。例如，中国的软实力在不断上升，只能是粗略估计，无法测算到底上升了多少。这种情况使一些学者质疑软实力的有用性，认为软实力很难为国家决策者提供实质性参考。像《华盛顿邮报》专栏作家吉姆·霍格兰（Jim Hoagland）就曾抱怨说，软权力像全球化一样是一个弹性过大的概念，以至于毫无用处。① 中国学者苏长和也表示，软权力这个概念弹性太大且不精确。在严谨的学理分析中，首要忌讳就是概念太大、太宽泛。一个概念如果无所不包，就意味着它可以与任何事实结果建立相关性。换言之，它可以解释一切，但进一步说，因为它能解释一切，也意味着它可能什么都没有解释。② 尽管奈不同意这种观点，并试图通过皮尤研究中心和英国广播公司的一些调查数据将软实力进行量化，但这些数据主要来自调查问卷，渠道单一，覆盖面窄。不仅如此，调查所涉及的问题主要是一个国家的受欢迎度。而这只是软实力的其中一个方面，不能反映一个国家软实力的整体情况。

第二，扩散性。软实力需要广泛传播，传播得越广，影响人群越多，软实力就越强，反之则越弱。如果封闭或垄断一种文化，那么就不能使它构成软实力的基本支柱。这与硬实力不同。军事武器是不能广泛传播的，传播得越广，一个国家的硬实力则越下降，因为这会造成越来越多的国家会拥有相同的武器，致使这些武器失去了应有的价值。在信息技术日益发达的今天，软实力的传播工具众多，传播的速度飞快，传播的范围遍及全球。像卡塔尔半岛电视台因为对 2001 年阿富汗战争和 2003 年美国入侵伊拉克的独特报道，很快提升了知名度，成为阿拉伯国家和伊斯兰世界的重要信息来源。此外，推特和脸书也逐渐成为一个国家宣传大政方针，塑造国际形象的重要平台。像特朗普总统和莫迪总理就非常喜欢利用推特来推销美国和印度。即使恐怖集团也在利用社交媒体吸引不同年龄阶段的人

---

① ［美］约瑟夫·奈：《"软权力"再思索》，《国外社会科学》2006 年第 4 期。
② ［美］约瑟夫·奈：《"软权力"再思索》，《国外社会科学》2006 年第 4 期。

群，特别喜欢用其在世界各地招募年轻人，扩大影响。基地组织和"伊斯兰国"（ISIS）就经常将录音带寄到半岛电视台播放，宣传自己的主张，制造恐怖气氛。不仅如此，这些组织还擅长利用宗教学校开展宗教教育，对青年人洗脑。这种情况在叙利亚、巴基斯坦、伊朗、阿富汗和印尼都不同程度地存在。[①]

第三，难控性。政府可以牢牢控制硬实力，但对软实力则无法达到这种程度。事实上，一些软实力根本不受政府控制，而是掌握在跨国公司甚至是个人手里。跨国公司的行为有时能增加母国的软实力，有时则会削弱母国的软实力。由于跨国公司经常不受母国控制，母国很难对跨国公司和私人部门的行为进行严密监管。像美国著名安保公司黑水公司2007年在巴格达射杀普通民众的事件，对美国的国际形象造成了很大影响，削弱了美国在中东地区的软实力。尽管黑水公司是一家私人公司，但国际社会普遍认为是美国政府的纵容才导致了悲剧的发生，至少美国政府没有尽到监管责任。重压之下的美国政府最后只好吊销了黑水公司在伊拉克的营业执照，不再与之开展业务合作。又如，德国大众公司2015年被曝在全球范围内销售出的1100万辆柴油车中安装了特别设计的软件，它能在尾气排放测试中作弊。虽然这是公司行为，但还是让人对一向以严谨著称的德国产生了消极印象，德国软实力因此而受到了一定削弱。对此，有学者表示，政府可以创造、推进或利用软权力，但难以控制和主导软权力，这就使软权力在决策者眼中失去了硬权力的那种可靠性，同时也使像保罗·肯尼迪这样的大历史学家对软权力说产生了怀疑。[②]奈也表示，国家能够控制和改变外交政策，能在公众外交、公共广播和交流项目上投资。国家还可以提升流行文化，但不能控制。从这个角度看，软权力的一个关键资源独立于政府控制之外。[③]

第四，长期性。这包括两方面的含义。一方面是建设周期长。由于可量化，设定一个目标，硬实力建设相对比较容易见成效。而软实力十分抽象，很难设置一个具体的目标，然后在短期内起到立竿见影的效果。像软

[①] Elira Luli, Phd Cand, "Cases Where Soft Power Is Being Ignored", *European Journal of Multi-disciplinary Studies*, Vol. 1, No. 1, 2017, p. 128.

[②] 刘德斌：《"软权力"说的由来与发展》，《吉林大学社会科学学报》2004年第4期。

[③] ［美］约瑟夫·奈：《"软权力"再思索》，《国外社会科学》2006年第4期。

第一章 国际关系中的软实力理论

实力核心要素，文化建设讲究的是长期的积累和深厚的积淀，非短期之功就能达到。再比如政治制度，一些国家表面上建立了民主制，但在实际运行中并不稳健，甚至经常发生中断。巴基斯坦就属于这种情况，军人不时发动政变，取代民选政府进行执政。巴基斯坦军人执政时间远超民选政府执政时间。孟加拉国不仅发生过军人干政，而且政党制度还十分不成熟。自1991年恢复民主制以来，两个主流政党人民党和民族主义党相互诋毁，彼此倾轧。人民党为执政党时，民族主义党经常采取街头政治的手段迫使对方下台。而当民族主义党成为执政党时，人民党又会采取同样的手段攻击对方。按照奈的观点，这样的政治制度是无法生成软实力，对其他国家产生吸引力，进而使其他国家竞相模仿的。另一方面是运用相对比较困难。一国政府凭借军事实力施加威慑、发动战争，并且能够在合理时间内运用技巧和机遇获得有利于自己的结果。经济实力通常也这么直截了当地发挥作用。一国政府可以在一夜之间冻结外国银行账户，迅速用金钱收买他人，及时发放援助。而软实力资源并非全部掌控在政府手中，且其效果在很大程度上取决于受众的接受程度，软实力的运用有时候要耗费数年时间才能获得预期效果。所以，与硬实力相比，软实力运用起来见效更慢，作用更分散，且实施起来更困难。[1]

此外，软实力还具有主观性。由于各国的政治、文化、历史、民族存在很大差异，加之每个群体和个人的经历不同，每个国家、每个群体或者每个人对软实力的感受不尽相同。例如，美国文化在很多国家都受到了欢迎，但在不少伊斯兰国家则遭到了抵制。这些国家认为美国的文化具有侵略性，是堕落和不健康的。同样，有些国家的民众特别喜欢美国，对美国抱有好感，而另一些国家的民众则非常讨厌美国。由于软实力排斥强制性的发号施令和暴力，被作用行为体的认可和接受是软实力实现的必要条件。[2] 对此，奈表示，所有实力都以环境（谁和谁在何种条件下）发挥作用。相比硬实力，软实力更加依赖自发的解读者和接受者。[3] 所以，从这

---

[1] [美]约瑟夫·奈：《软实力：权力，从硬实力到软实力》，马娟娟译，中信出版社2013年版，第134页。
[2] 章一平：《软实力的内涵与外延》，《现代国际关系》2006年第11期。
[3] [美]约瑟夫·奈：《软实力：权力，从硬实力到软实力》，马娟娟译，中信出版社2013年版，第21页。

个角度来讲,没有哪个国家的软实力会被其他所有国家都认为是积极的,并自愿向该国靠近,进而加以模仿。

二 软实力的作用

尽管软实力比较抽象,其作用的发挥和运用也会受到很多限制,但它作为一种客观存在,在国际关系中越来越重要却是无可争议的。正如奈所说,在这个多样化的世界里,军事、经济和软实力这三种力量互相关联,只是强度不同,所依存的关系不同而已。但是,如果当前信息革命所引发的经济和社会变革趋势继续延续下去,软实力在这三者中的地位将越来越突出。[1]

首先,软实力为解决国际问题提供了更多手段和渠道。长期以来,衡量一个国家实力大小的重要指标都是硬权力。在遇到矛盾和纠纷时,双方往往首先想到的也是通过硬实力加以解决。这使得国际社会经常充斥着威吓、制裁和冲突。两次世界大战就是用硬实力来解决几个大国之间矛盾的典型例子,结果给整个世界都带来了巨大灾难,产生的后果至今仍未消除。事实上,硬实力并非解决国际争端的唯一手段。不仅如此,随着全球性问题的不断涌现,硬实力往往还难以发挥作用,应对不了相关挑战。对此,奈指出,现在的世界政治有三层棋盘游戏。上层是单极世界,国家之间主要以军事实力来衡量。中层是国家间的经济关系,是多极世界。底层是跨国关系,涉及众多问题如气候变化、毒品贩卖、恐怖主义、传染性疾病等。在底层,实力分散在非国家角色手里。对于这些新威胁,军事实力只能起到很小作用,更多需要的是政府和国际机构之间的合作。所以,美国可以影响世界的其他地区,但不能控制这些地区。美国能够在全球公共领域的海上、陆地、太空占据军事优势,但却无法控制被占领地区的民族主义。[2] 奈进而表示,变化中的世界政治的另一个影响是权力行为的强制性减少了,至少在大国之中是这样。目前权力工具的强制性在外交照会、经济威胁、军事行动领域浮动。早些时候,强制力的成本相对较低,靠武

---

[1] [美]约瑟夫·奈:《软实力:权力,从硬实力到软实力》,马娟娟译,中信出版社2013年版,第91页。

[2] Joseph S. Nye, "Get Smart: Combining Hard and Soft Power", *Foreign Affairs*, Vol. 88, No. 4, July/August 2009, p. 162.

力解决问题是行得通的,而且各国在经济上的相互依赖也不高。20世纪早期,美国就曾派遣海军和海关代理向加勒比国家收回欠债。但是在当前条件下,使用武力来对付像尼加拉瓜和巴拿马这样的国家成本也是很高的。①

软权力是让别人在价值观念上尊崇你,行为上模仿你,通过潜移默化的方式让别人无形中服帖并跟从你。软权力意味着你可以通过制造情势,巧妙地将自己独特的东西变成更多人接受的比较普遍的东西。② 这说明软实力能为解决国际问题提供另外一种思路,减少暴力和强制手段,使世界更加稳定。正如有的学者所言,在经济全球化不断深入发展的今天,各国日益相互依赖,使用经济硬实力有可能会破坏自身的经济目标。而战争极有可能吓退掌握资金流动的投资者。软实力则提供了另外一种解决手段。③ 奈也表示,虽然吸引力的作用会随着环境和目标的不同而变化,但这并不意味着它作用有限。实际上,在遇到防止疾病传播、应对全球变暖、建设民主社会等问题时,炸弹和刺刀未必能如软实力一般发挥作用。④ 在经济全球化时代,每个国家不得不考虑动用武力对经济目标产生的伤害。与以前不同的是,武力不再是处理国家间关系的选项。⑤ 一个典型案例是中美之间的"乒乓外交"。尽管中美两国存在共同的经济和政治利益,均希望与对方建立外交关系,但却找不到打开对方大门的钥匙,双方关系一直比较紧张。中国邀请美国乒乓球代表团访问北京,这促使美国派外交官出访中国,并邀请中国外交官访问美国。乒乓球代表团扮演了能影响政府行为的交流代理人角色,树立了两国的友好形象,这为两国关系的最终正常化奠定了基础。⑥

---

① [美]约瑟夫·S. 奈:《注定领导世界——美国权力性质的变迁》,刘华译,中国人民大学出版社2012年版,第28—29页。

② 苏长和:《中国的软权力——以国际制度与中国的关系为例》,《国际观察》2007年第2期。

③ Kiymet Yavuzaslan and Murat Cetin, "Soft Power Concept and Soft Power Indexes", in Mehmet Huseyin Bilgin and Hakan Danis, eds., *Business Challenges in the Changing Economic Landscape*, Cham: Springer International Publishing Switzerland, 2016, p. 399.

④ [美]约瑟夫·奈:《软实力:权力,从硬实力到软实力》,马娟娟译,中信出版社2013年版,第23页。

⑤ [美]约瑟夫·奈:《软实力:权力,从硬实力到软实力》,马娟娟译,中信出版社2013年版,第27页。

⑥ Audrey Dugué-Nevers, "China and Soft Power: Building Relations and Cooperation", *Contemporary Chinese Political Economy and Strategic Relations: An International Journal*, Vol. 3, No. 1, April/May 2017, p. 83.

其次，软实力能促进国家目标的实现。软实力倡导吸引力，反对强迫，这有利于一个国家树立良好的国际形象，增强民族自豪感和凝聚力，在推动本国政策时减少对方的敌意和抵制，吸引更多外国直接投资，促进本国对外直接投资，加强双方之间的合作。例如，美国好莱坞电影和流行文化在世界很多国家都受到了欢迎。这不仅有利于塑造美国的良好形象，增加美国的吸引力，而且还能产生巨大的经济效益，壮大美国的硬实力。据统计，全球有70多万民众参加过美国文化和学术交换项目，其中包括一些国家的领导人如埃及的萨达特、西德的施密特和英国的撒切尔夫人。这大大提升了美国在这些国家的影响力，有利于双方发展比较密切的关系。① 又如，新加坡虽然是个小国，但其软实力却很强。新加坡政府廉洁、善治，实行精英管理，坚决打击腐败，倡导多种族和谐共处。其廉洁指数长期处于世界前列，2014年在176个国家和地区中位居第7位，2015年为第8位，2016年为第7位，2019年为第4位。②《经济学家》杂志曾这样评价新加坡："新加坡的竞争优势是有一个善治而又廉洁的政府。新加坡政府努力将官僚机构变得最小。"③ 所有这些都为新加坡树立了良好的国际形象。其治理模式吸引了很多国家进行学习和模仿。沙特的阿卜杜拉国王经济城建设的目标就是要成为"中东的新加坡"。迪拜过去也将自己的目标定位为"中东的新加坡"。巴拿马、巴勒斯坦和卢旺达更是希望能模仿新加坡模式。④ 再如，中国通过对国际维和行动做出的突出贡献，塑造了负责任的大国形象，有力驳斥了"中国威胁论"。中国是安理会常任理事国中派遣维和人员最多的国家。⑤ 2015年，中国国家主席习近平在联合国大会上表示，中国将加入联合国维和待命机制，建立8000人的维和待命部队。中国未来5年内将向非盟提供1亿美元的无偿军事援助。⑥

---

① Joseph S. Nye, "Hard, Soft, and Smart Power", in Andrew F. Cooper, Jorge Heine, and Ramesh Thakur, eds., *The Oxford Handbook of Modern Diplomacy*, Oxford: Oxford University Press, 2013, p. 18.

② 透明国际网站，https://www.transparency.org/，上网时间：2020年8月7日。

③ Mark T. S. Hong, "The Soft Power of Singapore", *The Rise of Singapore*, Vol. 3, 2016, p. 111.

④ Mark T. S. Hong, "The Soft Power of Singapore", *The Rise of Singapore*, Vol. 3, 2016, p. 110.

⑤ Courtney J. Fungm, "What Explains China's Deployment to UN Peacekeeping Operations?", *International Relations of the Asia-Pacific*, Vol. 16, No. 3, 2016, p. 423.

⑥ Meicen Sun, "A Bigger Bang for a Bigger Buck: What China's Changing Attitude toward UN Peacekeeping Says about Its Evolving Approach to International Institutions", *Foreign Policy Analysis*, Vol. 13, No. 2, 2017, p. 338.

2020年6月30日，中国参与联合国维和行动的人员达2449名，位居世界第10位。①

当然，软实力并非不受限制。正如奈所说，可口可乐和巨无霸无法在伊斯兰世界吸引人们热爱美国；朝鲜前领导人金正日钟爱比萨饼和美国影视，可这些都不会影响他实施核计划；日本的口袋妖怪小游戏人气十足，但并不等于其政策也能如鱼得水。这说明实力资源效用的发挥受环境影响。就如坦克开进沼泽或丛林里，就不再是强大的军事力量。一部在中国和拉美备受追捧的美国电影，到了沙特和巴基斯坦可能适得其反，只会削弱美国在当地的软实力。②

不仅如此，软实力有时还会给一个国家带来负面影响。例如，俄罗斯武力吞并克里米亚后，其国际形象急剧下降。根据皮尤研究中心2015年所做的舆论调查，俄罗斯及其总统普京未获得特别的尊重和支持。外国受访者中大约只有30%的人对俄罗斯持积极态度。在26个受调查的国家中，绝大部分民众对俄罗斯持负面印象。其中最反感俄罗斯的是波兰和约旦，两国80%的受访民众对俄罗斯持负面印象。波兰反俄罗斯情绪主要来自两国关系的长期紧张。约旦民众则对俄罗斯支持其邻国叙利亚阿萨德政权不满。在此基础上，俄罗斯武力吞并克里米亚的行为让这两个国家的民众更加反感。③

第三节　软实力与硬实力的关系

软实力和硬实力犹如硬币的两面，都是一个国家实力的重要组成部分，缺一不可。两者是相辅相成的关系。

一　软实力以硬实力为基础

软实力对硬实力存在依赖性。这集中表现在软实力需要硬实力为之提

---

① 联合国维和行动网站，https：//peacekeeping. un. org/en/troop-and-police-contributors，上网时间：2020年8月7日。
② ［美］约瑟夫·奈：《软实力：权力，从硬实力到软实力》，马娟娟译，中信出版社2013年版，第17页。
③ Anna A. Koptyaeva, "The International Image of the State As an Instrument of Soft Power", *Arktikai Sever*, Vol. 23, No. 2, 2016, p. 17.

供必要的物质基础。一方面，任何国家如果没有一定的硬实力做基础就没有资格来谈软实力建设，只有在硬实力有一定基础的前提下，软实力建设才能提上日程。另一方面，软实力要发挥作用也需要以硬实力为依托。①这方面的例子很多。20世纪90年代，美国的软实力无法让阿富汗塔利班政权与基地组织分开。到了2001年，美国动用军事力量才结束了两者之间的联盟。② 40多年的改革开放使中国成为世界第二大经济体，中国因此而获得了尊重、影响和威望。中国软实力建设取得成效的一个重要标志是全球越来越多的人开始学习普通话。与美国比起来，中国的外交政策和文化包容、不专横、无攻击性。中国软实力的增强主要来自经济的高速增长、传统文化和其他活动的影响扩大。③ 在推翻萨达姆政权上，美国仅用4周时间就做到了。这显示出美国硬实力的强大，软实力尚不能让萨达姆主动靠近美国，进而辞职下台。所以，一般而言，国家实力增强的基本路径是，硬实力先上升，软实力的提升紧随其后。④ 正因为软实力对硬实力存在依赖性，导致很多国家不愿在软实力建设上投入过多资金和精力。像美国2002年划拨给对外广播和交换留学生项目上的费用是1.5亿美元，而军费开支则达6000亿美元，硬实力的花费是软实力的4000倍。⑤

二 硬实力的提升并不必然导致软实力的增强

历史上的西方大国崛起主要是靠硬实力增强而完成的。例如，德国以军事立国和通过三场战争实现了统一，最后建立了德意志第二帝国。从19世纪末期到20世纪30年代，德国又通过发展硬实力而不断打破欧洲均势。然而，由于纳粹德国通过灭绝人性的方式来实现国家的成长，所以很快就覆灭了。⑥ 美国2003年入侵伊拉克让世界对美国的军事实力刮目相

---

① 胡键：《软实力新论：构成、功能和发展规律——兼论中美软实力的比较》，《社会科学》2009年第2期。
② Joseph S. Nye, "Get Smart: Combining Hard and Soft Power", *Foreign Affairs*, Vol. 88, No. 4, July/August 2009, p. 161.
③ Mark T. S. Hong, "The Soft Power of Singapore", *The Rise of Singapore*, Vol. 3, 2016, p. 104.
④ 门洪华：《中国软实力评估报告》（上），《国际观察》2007年第2期。
⑤ Joseph S. Nye, "When Hard Power Undermines Soft Power", *New Perspectives Quarterly*, Vol. 3, No. 21, 2004, p. 15.
⑥ 胡键：《软实力新论：构成、功能和发展规律——兼论中美软实力的比较》，《社会科学》2009年第2期。

看。但美国的软实力不仅没有增加，反而遭到了削弱。这有两个原因。一是这次行动没有获得联合国授权，表明美国不尊重国际机构和国际规则。二是未找到萨达姆拥有大规模杀伤性武器的证据，降低了美国的可信度。结果，在欧洲，对美国持有好感的人下降了30%，这包括美国盟友英国、西班牙和意大利的民众。在最大的伊斯兰国家印尼，2000年对美国持有好感的人占四分之三，在美国入侵伊拉克后则迅速下降到只有15%。① 占领伊拉克期间，美军被曝在阿布扎比、关塔那摩军事监狱虐待和毒打犯人，让人对美国一贯倡导的所谓自由、人权等主张产生了怀疑，美国的软实力进一步下降。② 日本通过明治维新大大提升了硬实力，成为当时的世界强国之一。然而，这种硬实力的增长并未提升日本的软实力。不仅如此，不断对外发动侵略战争还让日本的软实力丧失殆尽。尤其是二战期间对亚洲各国民众犯下的暴行，且战后拒不道歉，使日本的国际形象滑至谷底。

三 软实力对硬实力有反作用

硬实力的提升具有递减规律，也即当硬实力发展到一定程度以后，要想继续通过在量的维度上增强就越来越艰难。但是，如果通过提升软实力的质量和素质来提升硬实力，那么就可以起到事半功倍的效果。③ 例如，宗教是沙特塑造国际形象和软实力的核心要素。由于拥有麦加和麦地那两座宗教圣地，沙特成为伊斯兰教的培训中心，在逊尼派掌权的伊斯兰教国家中，其影响无国可比。这使沙特在海湾合作委员会、阿拉伯国家联盟和伊斯兰会议组织中能发挥重要影响。④ 在2003年入侵阿富汗期间，由于认为美国行为不具有合法性，土耳其不允许美国部队从其领土向萨达姆政权发动攻击。这又是典型的软实力会降低和损害硬实力的案例。⑤ 以色列则

---

① Joseph S. Nye, "When Hard Power Undermines Soft Power", *New Perspectives Quarterly*, Vol. 3, No. 21, 2004, p. 13.

② William Rugh, "American Soft Power and Public Diplomacy in the Arab World", *Palgrave Communications*, Vol. 3, 2017, p. 5.

③ 胡键：《软实力新论：构成、功能和发展规律——兼论中美软实力的比较》，《社会科学》2009年第2期。

④ Sabri Ciftci, Güneş Murat Tezcür, "Soft Power, Religion and Anti-Americanism in the Middle East", *Foreign Policy Analysis*, Vol. 1, No. 3, 2016, p. 5, p. 7.

⑤ Joseph S. Nye, "When Hard Power Undermines Soft Power", *New Perspectives Quarterly*, Vol. 3, No. 21, 2004, p. 15.

由于海外移民而软实力大增。有一种说法是五个犹太人改变了世界。他们是摩西、耶稣、马克思、弗洛伊德和爱因斯坦。海外犹太人移民对世界知识的传播和国际贸易的发展起到了非常重要的促进作用。犹太人移民是美国著名的游说集团，对推动美国采取支持以色列的政策功不可没。20世纪，犹太人占美国200个最顶尖知识分子的50%，占科学和经济学诺贝尔奖获得者的40%，占顶尖大学教授的20%，占高级公务员的21%。犹太人在美国和欧盟强大的游说能力是以色列软实力的突出表现。这对增进以色列硬实力有明显的促进作用。① 对于软实力的反作用，奈指出，打击恐怖主义只有硬实力是不够的，如果伊斯兰极端主义招募的人数超过被击毙或威慑的人数，美国是不可能击败伊斯兰极端主义的。②

四 软实力和硬实力的界线不是绝对的

虽然软实力和硬实力之间的差别很大，但这并不代表两者之间的界线不可逾越。相反，在不少情况下，硬实力可以创造软实力。例如，军事力量属于典型的硬实力，但军事交流、访问、救援则属于软实力。美军在2005年印度洋海啸和南亚大地震后人道救援工作中的出色表现有助于恢复美国的吸引力。军事合作和联合训练计划能够建立跨国网络，从而提升一国的软权力。③ 同样，经济实力属于硬实力，经济制裁是常见的强迫性手段。然而，经济援助又属于软实力范畴。各主要大国几乎都会借助经济援助促进双边关系发展，博取对方好感，赢得对方国家民众的支持，树立正面的国际形象。反过来，文化属于软实力，但断绝与对方的文化往来以迫使对方服从自己的意图则又属于硬实力范畴，因为这使用的是强制性手段，而不是依靠吸引力使对方主动靠近自己。一个国家为了制裁另一个国家也会驱逐对方大使，进而与对方断交以向对方施压。这种外交方式属于硬实力常用的制裁性手段。

总之，软实力和硬实力的关系非常密切，不能将二者割裂开来。两者均是解决国际问题必不可少的依靠力量和手段。既不能贬低硬实力的作用，也不能拔高软实力的功能。如果能将两者加以综合运用，则可以大大

---

① Mark T. S. Hong, "The Soft Power of Singapore", *The Rise of Singapore*, Vol. 3, 2016, p. 105.
② Joseph S. Nye, "Get Smart: Combining Hard and Soft Power", *Foreign Affairs*, Vol. 88, No. 4, July/August 2009, p. 163.
③ ［美］约瑟夫·奈：《"软权力"再思索》，《国外社会科学》2006年第4期。

提升一个国家的实力。这就是巧实力。巧实力的概念是奈于2003年提出来的,旨在防止有人误解单独的软实力能产生有效的外交政策。巧实力既不是硬实力,亦非软实力,而是两者的巧妙结合。① 奈指出,实现巧实力功效的基本方法有三个:政治压力;购买;吸引。政治压力和购买依赖硬实力,软实力是通过吸引来获得所想结果的方式。如果一个国家能够在其他国家设置其代理或能够形成他们的偏好,那么,它在胡萝卜和大棒上可以省很多。软硬实力是不能相互替代的,因此,需要将硬实力和软实力结合起来的智慧战略。至于如何结合以及结合的比例是什么,则需要根据具体的环境来确定。②

第四节　软实力的评估

软实力能不能评估?如果能评估,又该如何评估?对于这两个问题,学术界一直存在争议。一种观点认为,软实力比较抽象,无法量化,自然没法准确评估。另一种观点则认为,虽然难以像硬实力那样精确量化,但仍能对软实力进行评估,只要评估指标选取得当,就可以对世界主要国家的软实力进行比较。整体而言,持第一种观点的占大多数,这就是为什么现有的软实力研究成果基本上都是定性分析。持第二种观点的虽然人数较少,但这些学者对软实力的量化做出了有益尝试,为进一步研究软实力提供了新思路和新方法。

最早试图对软实力进行量化的学者是约瑟夫·奈。为了证明软实力的实用性,他使用了全球著名舆论研究机构皮尤研究中心的数据。对43个国家进行的民意调查显示,羡慕美国发达科技水平的人比例最高,达79%,其次是喜欢美国音乐、电影、电视的为5%,然后是喜欢美国民主思想的为51%,喜欢美国做生意方式的为47%,最低的是赞同美国思想与风俗传播的为33%。③ 2002年,皮尤研究中心对欧洲(10个国家)、南

---

① 赵刚、肖欢:《国家软实力:超越经济和军事的第三种力量》,新世界出版社2010年版,第2页。
② 金筱萍、沈茹毅:《约瑟夫·奈软实力理论的三个发展阶段》,《江西社会科学》2017年第6期。
③ [美]约瑟夫·奈:《软力量——世界政坛成功之道》,吴晓辉、钱程译,东方出版社2005年版,第38页。

亚和东亚（6个非伊斯兰国家）、非洲（10个国家）、美洲国家（9个国家）进行了民意调查。调查的主题与上面相同。结果显示，在羡慕美国发达科技水平方面，最高的是非洲，然后依次是南亚和东亚、美洲和欧洲。在喜欢美国音乐、电影、电视方面，最高的是美洲，然后依次是欧洲、非洲、南亚和东亚。在喜欢美国民主思想方面，最高的是非洲，然后是南亚和东亚、欧洲、美洲。在喜欢美国做生意方式方面，最高的是非洲，然后是南亚和东亚、美洲、欧洲。在赞同美国思想与风俗方面，最高的是非洲，然后是美洲、南亚和东亚、欧洲。① 2003年，奈还使用了英国广播公司对11个国家的民意调查数据。结果显示，65%的受访者认为美国比较傲慢，受访者中也包括美国人。②

中国学者对此也进行了积极探索。阎学通和徐进从国际吸引力、国际动员力、国内动员力三大指标对中国和美国的软实力进行了量化比较。国际吸引力包括国际模式吸引力和文化吸引力，国际动员力包括战略友好关系和国际规则制定权，国内动员力包括对社会上层的动员力和对社会下层的动员力。根据这些一级和二级指标，阎学通和徐进认为中国软实力不到美国的三分之一，其中国际吸引力不足美国的八分之一，国际动员力约为美国的三分之一，国内动员力约为美国的十分之九。③ 钟臻和吴文兵采用了阎学通和徐进的模型评价指标，对2000—2010年中国和印度的软实力进行了比较分析。两位学者认为，总体上，中印国际吸引力比值、中印国际动员力比值和中印国内动员力比值在2000—2010年均在不同程度上大于1。这说明中国软实力明显强于印度，但两者在这十年内的差距有一定缩小。对中国来说，2000—2005年总体软实力增长幅度为17.75%，2005—2010年增长幅度为6.54%。印度的总体软实力，2000—2005年增幅为3.77%，2005—2010年增幅为21.76%。④ 王雪婷、韩霞、马建强三位学者则根据阎学通和徐进的指标体系对世界各国的软实力进行了测量，只是将国际动员力包含的指标修改为战略友好关系、国际规则制定权和国

---

① ［美］约瑟夫·奈：《软力量——世界政坛成功之道》，吴晓辉、钱程译，东方出版社2005年版，第68—69页。
② ［美］约瑟夫·奈：《软力量——世界政坛成功之道》，吴晓辉、钱程译，东方出版社2005年版，第67页。
③ 阎学通、徐进：《中美软实力比较》，《现代国际关系》2008年第1期。
④ 钟臻、吴文兵：《中印软实力比较研究（2000—2010）》，《国际政治科学》2012年第1期。

际组织参与度。结果显示,美国的软实力最强,得分为6.053,排在第二的是阿联酋,得分为3.57,巴林第三,为3分,印度位列第四,为2.584分。中国位列第19位,得分1分,不到美国的六分之一。[①]

方长平根据国际民意调查机构澳大利亚的鲁威研究所(Lowy Institute)数据和美国的安赫尔特"国家品牌"指数(Anholt Nation Brands Index),认为美国的软实力在20世纪90年代后期直到21世纪初处于巅峰时期。之后开始出现相对衰落。在对中国软实力测量上,方长平使用的则是英国广播公司对世界22个国家所进行的民意调查和美国皮尤研究中心对16个国家所进行的民意调查,认为中国的软实力处于逐步上升状态。[②] 胡键试图建立一个软实力公式 $Ps = \pm A(Rs + Rf + Rp)$。其中,Ps(Soft Power)即软实力,A(Ability)代表国家运用软实力资源的能力,Rs(Structural Resources)代表国家的结构性资源,Rf(Functional Resources)代表国家的功能性资源,Rp(Policy Resources)代表国家的政策性资源,"+"表示接受者对他国软实力积极认可,"-"表示接受者对他国软实力持消极态度。根据这个方程式得出的结果是,资源丰富可以在一定程度上增强软实力,但决定一国软实力大小的不是资源,而是其运用资源的能力。如果运用资源的能力强,对软实力产生倍增效应。[③]

国外明确对软实力进行量化研究,且将各国软实力进行对比的是英国智库政府研究所(Institute for Government)。项目负责人是乔纳森·麦克格罗瑞(Jonathan McClory)。该研究所2010年发布了世界上第一份测量软实力的综合报告。之后又于2011年和2012年发布了30个国家(2012年增加为40个)的软实力对比数据。该研究所选取的一级量化指标是政府、文化、外交、教育、商业/创新。

另一个发布软实力综合报告的是英国的波特兰公关公司(Portland)。该公司从2015年开始发布全球软实力排行榜(A Global Ranking of Soft Power),对30个国家的软实力进行排名。有趣的是,该项目负责人正是政府研究中心的乔纳森·麦克格罗瑞。所以,该公关公司采用的指标与政

[①] 王雪婷、韩霞、马建强:《国家软实力的定量评估》,《统计与决策》2015年第13期。
[②] 方长平:《中美软实力比较及其对中国的启示》,《世界经济与政治》2007年第7期。
[③] 胡键:《软实力新论:构成、功能和发展规律——兼论中美软实力的比较》,《社会科学》2009年第2期。

府研究所采用的指标有些相似，只是将一级指标从五个增加到六个，分别为政府、文化、教育、参与度（engagement，这一指标相当于政府研究所的外交）、数字和企业。[①]

除这两家机构外，其他国际研究机构像皮尤研究中心、国际舆情调查机构全球扫描（Global Scan）联合美国马里兰大学国际政策态度项目、世界舆论网站（World-PublicOpinion.org）、芝加哥全球事务委员会、英国广播公司都是通过民意调查就某一问题如国际形象对世界各主要国家进行对比。

虽然上述这些机构和学者对量化软实力做出了非常大的贡献，但量化软实力目前仍存在一些问题。这也导致了绝大多数学者更愿意对软实力进行定性研究。一是选取的指标代表性不足，范围较窄，不能反映软实力的整体情况。二是各个指标之间不够平衡，有些领域的指标过多，有些领域的指标又过少。三是使用相同或者类似指标得出的结果相差很大。钟臻和吴文兵认为中国的软实力要强于印度，而王雪婷、韩霞、马建强则得出结论说印度的软实力要远超中国，至少在数据上看是中国的2.58倍。这种情况同样也存在政府研究所和波特兰公关公司之间。在政府研究所报告里，印度位居世界软实力最强的30个国家之列。而在波特兰公关公司报告中，印度没进30强。四是未使用同样的指标进行比较。使用不同指标对不同的国家进行比较，意义不是非常大。五是涵盖的国家过少。像政府研究所和波特兰公司只对40个国家（最初是30个）进行了软实力比较。一些重要国家并未包括在内。

基于上述这些情况，为了更好地将印度软实力情况呈现出来，本书将采用定性和定量相结合的研究方法。数据主要采用皮尤研究中心、国际舆情调查机构全球扫描（Global Scan）、英国广播公司（BBC）、北京大学课题组、政府研究所、俄罗斯斯科尔科沃—安永新兴市场研究所（Skolkovo-E&Y Institute）、西班牙艾尔卡诺（Elcano）皇家研究所发布的数据和报告，同时参考波特兰公关公司发布的软实力报告。

---

① Portland (England), *A Global Ranking of Soft Power* 2017, pp. 143–145.

第二章 印度软实力的内涵及特点

与中国学者一样，印度学者在论述印度软实力构成要素时的观点也不太一致。在约瑟夫·奈界定的三个核心要素：文化、政治制度和外交政策方面，印度学者基本无异议，只是特别强调印度政治制度的重要作用，并对印度的政治制度非常自豪和骄傲。学者之间的分歧主要体现在其他构成要素上。综合印度学者的论述，结合印度这个国家的特点和世界政治的发展趋势，本书着重论述印度软实力中的文化、政治制度、外交政策以及海外印度人。将海外印度人纳入其中是因为其人数众多，是世界上仅次于中国海外侨民的第二大移民群体，被印度著名战略分析家拉贾·莫汉（C. Raja Mohan）称为是印度最大的软实力。虽然这一观点值得商榷，但至少反映了海外印度人的特殊作用，是印度软实力的重要组成部分。

第一节 文化内涵及特点

印度是世界四大文明古国之一，文化源远流长，博大精深，非常值得研究。时至今日，印度的传统文化仍影响着印度人的日常生活和国家的内政外交。正如印度开国总理尼赫鲁所说："印度文化是各个阶段长期积累的结果，虽然古代文化久远，甚至蒙上了一些'灰尘'，有些'不干净'，但古老的文化直至今天仍是印度生命的基础……从某种意义上讲，在印度，我们都是这种数千年文化的继承者。"[1] 概括起来，印度的文化具有如下这些内涵和特点。

---

[1] Nalin Kant Jha, "Cultural and Philosophical Roots of India's Foreign Policy", *International Studies*, Vol. 2, No. 1, 1989, p. 45.

一 多样性

多样性是印度文化一个十分显著的特点,很多学者对此都曾有过论述。印度著名经济学家德布罗(Bibek Debroy)曾说:"印度是一个非常大的国家,同时又是一个多样性的国家。在缺少共同语言和共同宗教的语境下,印度的文化很难界定。在这个国家,有很多种次文化,存在大量融合情况,还有文化的多元主义。"[1]尼赫鲁在《印度的发现》里也称,印度的多种多样性是惊人的,这很明显,它是摆在表面上,谁都看得见的。这和身体的外貌以及某些精神上的习性和特征都是有关的。[2]英国学者特雷弗·菲希洛克表示,印度既有高兴,也总是遭受挫折和感到难堪。时间和现代化并未减少印度的自相矛盾。印度的奇迹和成就同印度的暴虐和恐怖比肩而立。所有的社会都在展示出正反面之间的痛苦对比,但是在印度,这些是如此经常地使西方难以理解,其对比程度之大令人目瞪口呆。总的来说,这些都不是掩盖的,而是完全公开的。[3]印度学者许马云·迦比尔称,这个国家的广泛多样性,不仅表现在它的地理上,并且也表现在各个部落和各种语言上、各种风俗和各种信仰上、各种政治组织和各种文化程度上。[4]马克·吐温更是评论道:"这是真正的印度。一块既充满梦想又充满虚幻之地,既无比富有又无比贫穷之地,既无比壮丽又无比破烂之地,既有华丽宫殿又有大量茅舍之地,既是饥荒之地又是瘟疫之地,既是鬼魅之地又是巨人和阿拉丁神灯之地,既是老虎和大象之地又是蛇和丛林之地。这块土地上有一百个民族和语言,一千种宗教,两百万个神灵,是人类的发源地,是人类语言的诞生地,是历史的母亲,是传奇的祖母,是传统的曾祖母。"[5]

印度的多样性体现在很多方面。在人种上,印度被称为"人种博物

---

[1] Bibek Debroy, "India's Soft Power and Cultural Influence", in Tai Yong Tan, ed., *Challenges of Economic Growth, Inequality and Conflict in South Asia*, Singapore: World Scientific, 2010, p. 107.

[2] [印] 贾瓦哈拉尔·尼赫鲁:《印度的发现》,齐文译,世界知识出版社1956年版,第63页。

[3] [英] 特雷弗·菲希洛克:《印度人》,袁传伟、任荣康译,上海译文出版社1990年版,第11页。

[4] [印] 许马云·迦比尔:《印度的遗产》,王维周译,上海人民出版社1958年版,第85页。

[5] Debidatta Aurobinda Mahapatra, "From a Latent to a 'Strong' Soft Power? The Evolution of India's Cultural Diplomacy", *Palgrave Communications*, Vol. 2, 2016, p. 2,

馆",包括了尼格利陀人、原始澳大利亚人、达罗毗荼人、印度雅利安人、蒙古人等。在肤色上,印度既有白种人和黄种人,也有黑种人。如果单从外貌和体型看,很难辨认哪一个是印度人,哪一个不是。

在民族上,印度有100个民族以及565个大大小小的部落。其中主要民族有印度斯坦族、马拉提族、孟加拉族、泰卢固族、泰米尔族、古吉拉提族、格纳达族、马拉雅拉姆族、奥里萨族、阿萨密族等。不仅如此,各族人民都还保持着本民族特有的衣着、饮食、风俗习惯和文化传统。根据2001年的人口普查,印度斯坦族人口约有3亿,占全国总人口的将近30%,主要分布于恒河中上游的北方邦、中央邦以及全国各大城市。其次是马拉提族,人口约9000万,占印度总人口的9%左右,主要分布在西印度的马哈拉施特拉邦。孟加拉族,人口约有8000万,占全国总人口的将近8%,主要分布在西孟加拉邦。比哈族人口与孟加拉族大致相当,主要分布在比哈尔邦及邻近邦。泰卢固族,人口约有7500万,约占印度总人口的将近7.5%,主要分布在南印度的安得拉邦、卡纳塔克邦和泰米尔纳德邦的部分地区。① 565个部落在印度被称为表列部落,即宪法上所列出的部落,2011年人口普查显示有1.05亿,占全国总人数的8.68%左右。②

在宗教方面,印度又有"宗教博物馆"之称。印度有印度教、佛教、耆那教、锡克教、基督教、天主教、琐罗亚斯德教、巴哈伊教、多种新兴宗教以及原始的精灵崇拜。其中,印度教、佛教、锡克教、耆那教都发源于印度。除锡克教形成较晚外,佛教、印度教、耆那教的历史可以说比世界其他大的宗教的发源、形成时间都要早。印度教的前身婆罗门教产生于公元前2000年至前1500年。佛教产生于公元前6世纪至前5世纪,耆那教与佛教同时兴起。世界三大宗教之一的佛教对世界影响很大,已成为亚洲东方世界的主要宗教,有人称它为"亚洲宗教"。③ 2011年的人口统计结果表明,在12.1亿的印度总人口中,信奉印度教的有9.66亿,占总人口的79.83%;穆斯林有1.72亿,占总人口的

---

① 刘建等:《印度文明》,福建教育出版社2008年版,第11—14页。
② 印度人口普查办公室(https://censusindia.gov.in/2011-prov-results/PPT_2.html),上网时间:2020年6月4日。
③ 陈峰君:《印度社会与文化》,北京大学出版社2013年版,第5页。

14.21%；信奉基督教的有2782万，占总人口的2.3%；锡克教徒有2083万，占印度总人口的1.72%；信奉佛教的有844.29万，占总人口的0.7%；信奉耆那教的有445.18万，占总人口的0.37%。其他宗教和信仰的有793.77万，占印度总人口的0.66%（各比值取值至小数点后两位，因此造成各项相加≠100%，特此说明）。信奉宗教的人口占总人口的99.79%。①

在语言方面，印度是一个多语言的国家。这些语言可以划分为印欧语系、达罗毗荼语系、汉藏语系和南亚语系，占世界语系总数的四分之一。据1951年调查，印度有845种不同的语言和方言。根据2001年的人口普查结果，使用者在1万人以上的语言有234种，其中22种为主要语言，这22种语言的使用人数占总人口的96.56%，其余语言的使用人数占总人口的3.44%。印地语使用者最多，占全国总人口的41%。其次是孟加拉语，占全国总人口的8.1%。说泰卢固语的占全国总人口的7.19%。说马拉提语的占全国总人口的6.99%。②印度每个邦均有多种语言，这使得作为官方语言的印地语，虽是继汉语、英语、俄语和西班牙语之后的世界第5种主要语言，也不是这个国家的大多数人所讲的语言。甚至英国治理最显著的遗产——英语，是通用语言，也是官方语言，但每100个人中只有2—3个人会讲。③

印度文化多样性的形成原因主要有三个。一是频繁的外来入侵带来了不同的文化。印度从古代到近代频遭外来入侵。希腊人、大夏人、安息人、塞种人、嚈哒人、贵霜人、大月氏人、突厥人、阿拉伯人、葡萄牙人、荷兰人、不列颠人、法兰西人都对印度进行过侵略，有的还在印度建立了长期统治。虽然亚历山大公元前326年的入侵未深入到印度内地，但是他的入侵，使西方世界得到了关于印度的大量知识。他随身也带来了一些希腊哲学家、科学家和历史学家，促进了西方文化在印度的传播。巴布尔建立的莫卧儿帝国，使伊斯兰教在印度的影响不断扩大。英国则将印度

---

① 印度人口普查办公室（https://censusindia.gov.in/2011-prov-results/PPT_2.html），上网时间：2020年6月4日。
② 印度人口普查办公室（https://censusindia.gov.in/2011-prov-results/PPT_2.html），上网时间：2020年6月4日。
③ [英]特雷弗·菲希洛克：《印度人》，袁传伟、任荣康译，上海译文出版社1990年版，第7页。

第二章　印度软实力的内涵及特点

直接变成殖民地,将英国文化移植到印度。对于外来的入侵和融合,印度著名哲学家辩喜说:"印度的问题较之任何其他国家更为复杂和更为重要……这里曾经有雅利安人、达罗毗荼人、鞑靼人、土耳其人、蒙古人和欧洲人,世界上所有的民族好像都把他们的血注入这块土地上来。各种语言在这里有最惊人的结合。印度两个种族之间风俗习惯的不同比之东方和欧洲的种族之间的不同还要大得多。"①

二是印度各地受到的影响程度不尽相同。印度是一个面积较大的国家,历史上没有实现过完全统一,即使莫卧儿帝国和英国殖民下的印度仍有很多土邦游离于中央权力的管辖之外。这使得外来文化对印度各地产生了不一样的影响。对此,有学者表示,由于印度地域辽阔,外来文化的冲击在不同的地方产生的影响不完全相同,不同的地方受不同的文化影响,不同种族有不同的语言,有不同的风俗,信奉不同的宗教;所以在印度传统文化中能够看到中国文化、希腊文化、埃及文化、伊斯兰文化、波斯文化和西方基督教文化等多种文化体系的影子,以至于印度遗产有一个显著的特征,即无限的多样性。②

三是印度各地文化发展水平之间存在差异。文化与经济发展程度密切相关。在古代,印度的主要经济活动集中于印度河流域,文化发展也主要集中在该地区,像著名的哈拉帕和摩亨朱达罗文化中心就位于印度河流域。印度其他地方的文化则不怎么发达。从中世纪到近代,印度的经济活动主要集中在恒河流域,文化的发展也主要集中在这一地区。从现代开始,印度的经济活动开始向沿海转移,印度的文化也逐渐向全国扩展。即便如此,印度仍存在着不同的文化发展形态。关于这一点,有学者表示,至少有三个印度。城市的印度与山地和森林各族的印度形成鲜明对比,在这两者之间,是村庄的印度,它起着一种连接城市的复杂生活和山林原始形态生活的中间环节作用。这三个印度的思想特征,从朴实的土著人的迷信,经过农牧业民族的各种形态的信仰,直到知识分子微妙的形而上学和哲学,在文学和艺术中都得到了表达。③

---

① 卞崇道等:《东方思想宝库》,吉林人民出版社1994年版,第262页。
② [英] G. T. 加勒特主编:《印度的遗产》,陶笑虹译,上海人民出版社2005年版,第XV页。
③ [英] G. T. 加勒特主编:《印度的遗产》,陶笑虹译,上海人民出版社2005年版,第XV页。

二 宗教性

印度是一个宗教盛行的国家。印度人好像对于宗教有一种特别的偏爱，在印度人看来，没有宗教就没有生活，而保护宗教的人将受到宗教的保护。这种思想体现在人们生活的各个方面。① 有学者指出，印度这个宗教博物馆至少有三个特色。第一个是它的历史悠久，印度次大陆是古代文化的摇篮，是宗教哲学的故乡，是几个大的世界宗教和许多地区宗教的诞生地。第二个是它的展品丰富，宗教众多。第三个是它的生动活泼，各种宗教的信仰者占了印度人口的95%以上，形成了宗教无处不在的状况，也使宗教成为理解当今印度政治、经济、社会和文化生活时不能不考虑的重要因素。② 意大利著名画家哈斐尔说："在印度，宗教几乎不是一种教条，而是对人类行为有效的一种假定，它适用于精神发展的不同阶段，也适用于不同的生活环境。"③ 梁漱溟则说，印度的文化中具无甚可说，唯一独盛的只有宗教之一物。世界民族盖未有渴热于宗教如印度人者。④

在众多宗教中，印度教又是信众最多的，信徒占全国总人口的将近80%，是印度的主体性宗教。现在通常所称的三大宗教指基督教、伊斯兰教和佛教。如果仅从信众人数来说，印度教则超过了佛教，应与基督教和伊斯兰教并称世界三大宗教。在某种程度上可以说，印度文化就是以印度教为主体的多元文化。

印度教又称新婆罗门教，无明确创始人，是在婆罗门教的基础上吸收了佛教、耆那教和民间信仰的某些因素发展而来的。8世纪时，印度著名哲学家商羯罗对婆罗门教进行了重大改革。此后，婆罗门教改称印度教。所以，一般认为印度教的正式创立时间是8世纪。印度教信奉的经典是《吠陀》，吠陀的意思是知识。《吠陀》有四个本集，分别是《梨俱吠陀》《婆摩吠陀》《夜柔吠陀》（也被翻译成《耶柔吠陀》）、《阿达婆吠陀》。这四部吠陀是了解印度教和印度古代社会生活的重要资料。印度教还有两

---

① 王树英：《南亚印度教与文化》，中央民族大学出版社1999年版，第3页。
② 邱永辉：《印度世俗化研究》，巴蜀书社2003年版，第26页。
③ ［印］贾瓦哈拉尔·尼赫鲁：《印度的发现》，齐文译，世界知识出版社1956年版，第319页。
④ 梁漱溟：《梁漱溟全集》（第一卷），山东人民出版社1987年版，第393页。

大史诗《摩诃婆罗多》和《罗摩衍那》。《摩诃婆罗多》和《罗摩衍那》是公元前后出现的两部浩繁的文学与历史巨著。《摩诃婆罗多》是迄今为止世界上最长的一部史诗。这两部史诗对亚洲各国特别是东南亚地区有较大影响。①《摩诃婆罗多》讲的是婆罗多族的两支后裔般度族和俱卢族之间发生的战争。最后般度族获胜，统一了国家。《罗摩衍那》的主人公是罗摩，是一位国王的儿子，妻子是悉多。悉多被罗刹王掠走，罗摩在神猴哈奴曼的帮助下打败了罗刹王，救回了妻子，并登上了王位。

印度教没有统一的领导机构，是一种"无教会的宗教"。其强大势力主要来自社会上层的维护和支持。与伊斯兰教或基督教比较，印度教的教义没有特别的固定形式，种类繁多，甚至自相矛盾。仅有的根本教义，就是承认婆罗门种姓和吠陀经典的神的权威。凡是公开否认这些教义的人，如佛教徒、耆那教徒和锡克教徒，都置身于印度教范围之外。②印度教思想用隐喻和形象来描写不可名状的东西。它不畏惧互相矛盾之说，互相矛盾之说可能是说明神的各个不同的方面。③也正因为此，马克思将印度教描述为"既是纵欲享乐的宗教，又是自我折磨的禁欲主义的宗教；既是林加崇拜的宗教，又是扎格纳特的宗教；既是和尚的宗教，又是舞女的宗教"。④

印度教比较典型的特征主要有这样几个。第一，多神崇拜。与其他宗教不同的是，印度教并非只有一个神，而是有很多神，其中梵天、毗湿奴、湿婆这三个神又最为重要。梵天是创造之神，掌管创造，是创造世界万物的始祖。毗湿奴是保护之神，有降魔的能力。湿婆是毁灭之神，有强于凡人的降魔威力，额中第二只眼睛能喷出神火，可以烧毁一切。除这三大神外，印度教还有克里希纳、罗摩、因陀罗、雪山女神、杜尔迦女神、罗其密女神、象头神等神。比较有趣的是，虽然崇拜多神，但印度教徒每天只会向一个神祭拜。

第二，梵我同一。这是印度教文化中最核心的概念。梵最初的意思是"祈祷"。在古代，印度人认为"祈祷"能使人意和天意相通，能使天神

---

① 陈峰君：《印度社会与文化》，北京大学出版社2013年版，第4页。
② ［英］查尔斯·埃利奥特：《印度教与佛教史纲》（第一卷），李荣熙译，商务印书馆1982年版，第141页。
③ ［英］查尔斯·埃利奥特：《印度教与佛教史纲》（第一卷），李荣熙译，商务印书馆1982年版，第157页。
④ 《马克思恩格斯选集》（第二卷），人民出版社1972年版，第62—63页。

给人们降福祛祸。后来，梵逐渐成为生命本源的依据，是世界的创造者和本原，是一切生命赖以产生、存在和延续乃至消亡的依据。梵没有具体的形象，无形无味，看不见摸不着，既没有人的特征，也没有神的特征，但它又是超自然的绝对存在。与梵相对的是阿特曼（Atman），也就是个体灵魂的"我"。"我"没有任何质的规定性，无论在时间上，还是在空间上，都是不可思议的，似乎是"无"，它却被认为是"实有"、是真正的"实在"，是宇宙的终极、至上的尊神、万有的灵魂、世界的原因和载承。① 阿特曼是梵在人身上的体现，两者虽然形式上不同，但在本质上是同一不二的，但由于人受无知的蒙蔽而无法认识这一真理，因而迷恋世俗生活，在生死中轮回。为了达到大我和小我统一体，梵和"我"统一体，需要摆脱世俗的诱惑和肉体的束缚，实行达磨（Dharma）的规定，摒弃社会生活，抑制情欲，实现解脱，这是人生的最高目标。达磨也就是法，是事物内部存在的规律，包括道德标准、正义以及人的全部义务和责任，是每个人都必须遵守而不得违反的。

第三，种姓制度。种姓制度是社会制度而不是宗教制度，并且是逐渐形成的，② 最早可追溯到公元前 2000 年。起初本来是征服者与被征服者的关系，征服者雅利安人被认为是高级种姓，称为"雅利安"，被征服者达罗毗荼人被认为是低级种性，称作"达斯"。后来，随着生产的发展和社会的进步，雅利安种姓发生了分化，分为婆罗门、刹帝利和吠舍三个种姓。婆罗门为僧侣贵族，掌管神权，主持祭祀；刹帝利为武士贵族，掌管军事和行政大权；吠舍为农牧民和工商业者；"达斯"后来改称首陀罗，则是奴隶、杂工和侍役的等级。③ 还有一种说法是，种姓制度最初叫瓦尔纳制度（varna）。瓦尔纳的梵文意思是颜色。为了显示与达罗毗荼人的不同，婆罗门根据皮肤颜色进行了分类。婆罗门为白色，刹帝利是红色，吠舍为黄色，首陀罗为黑色。④ 印度圣典《梨俱吠陀》中的《原人歌》则说四个种姓来自创造者身体的不同部位。原人的口创造了婆罗门，双臂创造

---

① ［印］《薄珈梵歌》，张保胜译，中国社会科学出版社 1989 年版，第 20 页。
② ［英］查尔斯·埃利奥特：《印度教与佛教史纲》（第一卷），李荣熙译，商务印书馆 1982 年版，第 131 页。
③ 王树英：《南亚印度教与文化》，中央民族大学出版社 1999 年版，第 2 页。
④ ［德］马克斯·韦伯：《印度的宗教——印度教与佛教》，康乐、简惠美译，广西师范大学出版社 2005 年版，第 159 页。

了刹帝利，双腿创造了吠舍，双足创造了首陀罗。由于前两个种姓婆罗门和刹帝利都出自原人的肚脐以上，所以属于高种姓。后两个种姓吠舍和首陀罗出自肚脐以下，因此属于低种姓。其意在表明，这四个阶级在社会组织中的关系就如原人的不同器官与其身体的关系一样。他们必须共同起作用，给政治机体以生命力。[1] 确立印度教伦理规范的《摩奴法典》，是种姓制度的最高典籍、法理源泉和神圣的执法依据。《摩奴法典》为各种姓规定了不同的宗教地位和社会职责，规定前三个种姓——婆罗门、刹帝利、吠舍为再生种姓，他们死后还可以投胎转世再生，因此可以佩带圣线，参加印度教的宗教活动。而首陀罗是一生种姓，不能佩带圣线，也没有资格参加宗教活动。[2] 实际上，这是高种姓为了维护自己的地位而将自己神化，将其他种姓禁锢在较低的阶层上的一种手段。

在种姓制度下，每个种姓都由出身决定，职业世袭，不同种姓者不能通婚，只允许"顺婚"，禁止"逆婚"。"顺婚"指高种姓的男子可以娶低种姓的女子。"逆婚"指低种姓的男子娶高种姓的女子。即便如此，"顺婚"也不受鼓励，因为其孩子会被视为同死尸般不洁，得不到与内婚集团内婚姻所生子女同等的权利。"逆婚"所生子女则不受神圣法律所保护。最为可憎的是婆罗门女子与首陀罗男子之间的婚姻，其子女被当作不可接触者对待。[3] 不可接触者也被称为贱民，不属于四大种姓之列，地位连首陀罗都不如，从事的多为不洁净的行业如淘粪、搬尸、街道清洁等。不可接触者又叫哈里真，哈里真是圣雄甘地起的名字，意为神之子。甘地此举意在提升不可接触者的地位，让社会尊重他们。然而，这种称呼对改善他们的处境并没有起什么作用。这四大种姓不断衍化繁殖，每一个种姓又分化出许多亚种姓。有人估计，现在印度的种姓、亚种姓大概有上万个。[4] 从人口数量来看，婆罗门约占印度总人口的5%，刹帝利占4%，吠舍占2%，以上三个再生种姓的人数合起来，占总人口的11%。首陀罗，约占45%，为人口最多的种姓。不可接触者大约占印度总人口的18%。[5] 而根

---

[1] [英] G. T. 加勒特主编：《印度的遗产》，陶笑虹译，上海人民出版社2005年版，第155页。
[2] 郁龙余等：《印度文化论》，重庆出版社2008年版，第81—82页。
[3] [英] G. T. 加勒特主编：《印度的遗产》，陶笑虹译，上海人民出版社2005年版，第163页。
[4] 郁龙余等：《印度文化论》，重庆出版社2008年版，第82页。
[5] 郁龙余等：《印度文化论》，重庆出版社2008年版，第83页。

据2011年的人口统计，印度的表列种姓（不可接触者）有4169万户，人口2.01亿，占印度总人口的16.61%。在这些人中，有1.54亿生活在农村，在城市的人口只有4752.75万。①

第四，业报轮回。印度教主张因果报应和灵魂转世，认为生命不是以生为始，以死为终的，而是无穷无尽一系列生命中的一个环节，动物、人类和神的存在都是这个连锁中的环节，今生行善作恶，来生必有善恶报应，每一段生命都是由前世造作的业（行为）所限制和决定。一个人品行端正，积善行德，死后可以升天，如果品行不端，存在邪恶行为，死后则会转投为动物。达磨为每一个人都设计了与其在生活中的地位相符、对自己和对社会应尽的义务。这种身份是上天乐于为他安排的。如果他们是低种姓人，他们会重新降生于极好的家乡、种姓和家庭，拥有美貌、吠陀知识、有品行的行为、健康、财富、幸福和智慧。那些没有遵守达磨生活的人则会再度出生在堕落的处境中。②对此，有学者称，在印度思想上具有更广泛最深刻影响的观念，也许就是所谓生死轮回的宇宙概念，即变化转生的世界概念。再生和灵魂生生相续的观念，在许多国家的野蛮种族之中，以不完整的形式存在，但是在印度，这一观念以成熟的形而上学产物的形式，而不是以残存物的形式，出现于世。③

三 包容性

印度是一个文化多样性的国家，如果各种文化不能相互包容，共同存在，印度的发展是难以想象的，所以，包容性是印度文化的又一个突出特点。对此，印度马德拉斯大学梵文学者拉加万（V. Raghavan）表示："在印度很多存在差异的传统文化概念中，包容性是最重要的概念之一，如果说不是最重要的话。"④还有印度学者表示："至少从佛陀时候起，印度哲学的核心要旨就是拒绝绝对和极端立场。相反，印度哲学强调

---

① 印度人口普查办公室（https://censusindia.gov.in/2011-prov-results/PPT_2.html），上网时间：2020年6月4日。
② ［英］G. T. 加勒特主编：《印度的遗产》，陶笑虹译，上海人民出版社2005年版，第140页。
③ ［英］查尔斯·埃利奥特：《印度教与佛教史纲》（第一卷），李荣熙译，商务印书馆1982年版，第143页。
④ Nalin Kant Jha, "Cultural and Philosophical Roots of India's Foreign Policy", *International Studies*, Vol. 2, No. 1, 1989, p. 52.

相对性，倡导好与坏共存。简言之，就是要走折中和包容的中间道路。"①尼赫鲁对这一观点持赞同态度，指出"过去，印度吸收融合了不同的宗教，甚至是宗教与科学之间的冲突。今天，融合意识形态的冲突是我们的重要责任。"②

事实上，从太古以来，印度就是那些互相冲突的种族和互相冲突的文化的会合之地。自太古起，印度就企图把那些构成它生活总和的分歧杂异的成分统一起来。在它的土地上，不同的种族相遇了，斗争了，友爱提携了。它把它们都吸收在自己的血液里面。③ 在1893年芝加哥举行的世界宗教会议（World Parliament of Religions）上，印度著名哲学家辩喜说："我非常骄傲，我属于一个宗教，这个宗教教导世界要包容和普遍接受。"④ 分析家指出，在没有共同宗教和语言的情况下，印度的身份非常难以描述，而辩喜界定了印度的身份，那就是包容性。⑤

印度文化的包容性首先体现在各种文化的融合上。婆罗门教原本重视杀生祭祀，在吸收了佛教和耆那教的"不杀生"思想后废弃了这种做法，当今正统的印度教徒的食宿习惯即来自佛教和耆那教。另一方面，印度的耆那教以及后来复兴的佛教也受到印度教的深刻影响。在非正统思想中，作为外来宗教的伊斯兰教对印度教产生了深刻影响，出现了融合印度教和伊斯兰教内容的新宗教，如锡克教。印度教徒的语言、建筑、文学艺术等也受到了伊斯兰教的影响，而印度教的一些教义、组织形式和生活方式也影响了印度的穆斯林，如在印度的穆斯林中也存在着某种种姓制度等。⑥不仅如此，佛教虽然是以反对婆罗门教（印度教前身）出现的，但也吸收了婆罗门教的一些思想如业报轮回说等，后期大乘佛教还变相引入了婆罗

---

① Nalin Kant Jha, "Cultural and Philosophical Roots of India's Foreign Policy", *International Studies*, Vol. 2, No. 1, 1989, p. 48.
② Nalin Kant Jha, "Cultural and Philosophical Roots of India's Foreign Policy", *International Studies*, Vol. 2, No. 1, 1989, p. 48.
③ [印] 许马云·迦比尔：《印度的遗产》，王维周译，上海人民出版社1958年版，第33页。
④ Bibek Debroy, "India's Soft Power and Cultural Influence", in Tai Yong Tan, ed., *Challenges of Economic Growth, Inequality and Conflict in South Asia*, Singapore: World Scientific, 2010, p. 107.
⑤ Bibek Debroy, "India's Soft Power and Cultural Influence", in Tai Yong Tan, ed., *Challenges of Economic Growth, Inequality and Conflict in South Asia*, Singapore: World Scientific, 2010, p. 109.
⑥ 尚会鹏：《印度文化传统研究：比较文化的视野》，北京大学出版社2004年版，第9页。

门教的"灵魂说"。① 没有佛教，印度教就不能具有它的中古形式，而某些形式的佛教，如喇嘛教，则默认婆罗门教的神祇和仪式，在爪哇和柬埔寨这两种宗教则公然结合起来，被宣称是同一宗教。② 耆那教、佛教和锡克教同样是印度教思想的产物，代表了印度教内部为满足印度教信仰在各个不同阶段的特殊要求而出现的改革运动。琐罗亚斯德教、伊斯兰教和基督教则已经变成这块土地上的土生土长之物，深深受到了印度教环境的影响。③ 有学者评论称，印度教最显著的特点也许是它的包容性、多样性和吸纳能力。从历史上看，印度教融入了无数新旧思想，与此同时，土著居民与历史上连续不断的移民也融入了社会，形成了各种思想、各种理论、各种宗教、各种种姓和各个部落在印度各个地方相互联系又独立发展的格局。④

印度文化的包容性还体现在非暴力上。印度教主张非暴力，不杀生，认为任何形式的暴力都是罪恶，即使踩死一只蚂蚁也是不仁。甘地的非暴力思想就来源于印度宗教，该思想的出发点和核心是爱。在甘地的观念中，非暴力与爱是同义词。他认为，非暴力和爱一样是人的本性，正像暴力是兽类的法则一样，应该爱一切人，不以任何人为敌，相信一切人都有内在的人性，应以爱制恶，以德报怨，以精神的力量反对物质力量。⑤ 甘地说：非暴力主义是我信仰中的第一条，也是我信条中的最后一条。⑥ 在1947年亚洲关系会议上，甘地又说："亚洲和东方的信息不可能通过欧洲和西方的视角进行解读。如果你想向西方传递信息的话，那一定是'爱'和'真理'。"⑦ 甘地不仅倡导非暴力，而且还将之运用到为争取印度自由独立运动中，发动了多起非暴力不合作运动，并最终带领印度人民打破了

---

① 孙士海主编：《印度的发展及其对外战略》，中国社会科学出版社2000年版，第192页。
② [英] 查尔斯·埃利奥特：《印度教与佛教史纲》（第一卷），李荣熙译，商务印书馆1982年版，第1页。
③ [澳] A. L. 巴沙姆主编：《印度文化史》，商务印书馆1997年版，第89页。
④ 邱永辉：《印度世俗化研究》，巴蜀书社2003年版，第27页。
⑤ 陈峰君：《印度社会与文化》，北京大学出版社2013年版，第57页。
⑥ [美] 威尔·杜兰：《世界文明史》，幼狮文化公司译，东方文化出版社1998年版，第440页。
⑦ Debidatta Aurobinda Mahapatra, "From a Latent to a 'Strong' Soft Power? The Evolution of India's Cultural Diplomacy", *Palgrave Communications*, Vol. 2, 2016, p. 4.

英国的殖民统治，使印度获得了独立。

印度文化的包容性在政治上也有体现。例如，2004—2014年，担任印度总理的曼莫汉·辛格是锡克教徒，而推举曼莫汉·辛格出任总理的则是有着天主教背景和意大利血统的国大党主席索尼娅·甘地。2002—2007年，出任印度总统的卡拉姆又是穆斯林。也就是说，2004—2007年，印度总理是锡克教徒，总统是穆斯林。如果不是在包容性很强的印度，这种情况是很难出现的。再如，虽然种姓制度盛行，但贱民出身的科切里尔·拉曼·纳拉亚南1997年却当选为印度总统。印度现任总统拉姆·纳特·科温德也出身贱民，是印度第二位出身贱民的总统。

印度文化具有包容性的原因主要有两个。一个是自然环境。一方面，印度面积较大，地势、气候与生活条件的巨大差异，自然而然地使人易于容纳不同的事物。另一方面，这个广大空间给予新来者以逐步渗入的余地，并且让每个地区不受阻挠地遵循着自己的道路而发展。但也有学者认为，印度气候造成了疲沓和被动性，尤其当把这种便利的生活条件与中亚细亚草原——印度的侵入者大多数来自这里——的恶劣气候相比较时，就更可以看到印度气候的影响了。这使得改变的节奏缓慢下来。历史的这种进程是从容不迫地展开的。印度地理说明了印度历史的独特面貌，而地理与历史的共同作用在精神领域中表现出来。所以，宽容与易于容纳向来就是印度的特性。虽然，在物质方面是有冲突的，但是在文化繁荣的精神方面，却只有合成。①

另一个是国家领导人实施的宽容政策。例如，孔雀王朝的阿育王实行的可以说是仁慈的温情主义政治。他不仅认为自己是臣民物质财富的保护人，也认为自己是他们健全的道德和精神的保护人。阿育王是佛教的一个伟大战士，他竭尽一切力量把佛教的影响扩大到国内外去。但阿育王对于信奉其他宗教的人并不歧视，他在一个著名的谕旨中宣称，真诚的宗教信徒对一切宗教都是尊重的。佛教能传播到印度海岸以外，主要是由于他的赞助。② 欧洲人评价称，阿育王的目标不只是要传播佛教，而且要建立一

---

① ［印］许马云·迦比尔：《印度的遗产》，王维周译，上海人民出版社1958年版，第39页。
② ［印］许马云·迦比尔：《印度的遗产》，王维周译，上海人民出版社1958年版，第8页。

个"和平的世界",防止羯陵伽大屠杀那样的悲剧重演。① 孔雀王朝崩溃后,佛教遭到挫折。到了笈多王朝,它不再是国内占优势的宗教了。笈多人是印度教的保护人,但他们并不迫害佛教徒。事实上,诸王与普通人对于佛教圣徒与和尚,对于印度教的僧侣与菩萨都是同样尊重的。② 在入侵印度后,德里的第一个苏丹库特卜丁曾下过一道谕旨,不准干涉印度教的宗教节日。莫卧儿帝国时期,本身是穆斯林的阿克巴喜欢倾听神学讨论,执行的是折中主义。他在晚年时期采纳了许多印度教习惯。

第二节　政治制度内涵及特点

印度独立后,关于采取何种政治体制,是议会制还是总统制,曾发生过争论。最后根据尼赫鲁等国大党领导人的意见,印度宪法确立了印度的政体为议会制。这既继承了独立前英印帝国的遗产,又深深打上西方资本主义制度的烙印。③ 印度宪法于1950年1月26日生效,规定印度是一个主权的、社会主义的、世俗的民主共和国,政体上实行议会制,在国家形式上实行联邦制。

一　议会制

印度的立法、行政和司法三权分立,分别由议会、政府和法院行使,它们相互独立又彼此依存,相互补充又彼此制约,形成一套复杂的权力结构网络。

议会由总统、人民院(Lok Sabha)和联邦院(Rajya Sabha)组成。人民院相当于西方国家的下议院,联邦院相当于上议院。总统本身并非议会议员,但之所以把他作为议会的一个组成部分,是因为总统作为国家元首,在议会的组成和立法活动中发挥着不可取代的作用。人民院代表印度人民,由选民直接选举产生。无特殊情况,人民院每五年举行一次选举,这就是所谓的印度大选。人民院的席位是不断变动的,最近五届均为545

---

① [印]许马云·迦比尔:《印度的遗产》,王维周译,上海人民出版社1958年版,第14页。
② [印]许马云·迦比尔:《印度的遗产》,王维周译,上海人民出版社1958年版,第9页。
③ 林良光主编:《印度政治制度研究》,北京大学出版社1995年版,第43页。

席，其中543席按照人口在各邦划分选区，采用直接、自由和秘密投票的方式由选民直接选举产生（2019年的选举本为543席，后选举委员会取消1席，实为542席）。另外2席由总统从英裔印度人中任命。每届人民院任期5年。在任期届满之前，人民院有可能随时被总统提前解散。联邦院则代表各邦和联邦直辖区，其中大多数议员由各邦立法院议员按比例代表制，以单记名可转让的投票方法间接选举产生。该院议员不超过250名。其中238名代表各邦和联邦直辖区，其席位按各邦和直辖区的人口数量分配。其余12名则由总统从在文学、科学、艺术或社会服务方面具有"专门学识或实践经验"的人士中任命。联邦院现在共有245名议员，其中233名议员是选举产生的，12名由总统任命。联邦院每届任期6年，不得被提前解散，但每两年要尽可能改选其中的1/3。空缺席位由两年一次的补缺选举补选。[①] 联邦院的地位低于人民院，对政府不具有监督权，也没有财政权，立法的功能越来越少。不仅如此，联邦院还不具有倒阁的权力，即使它通过了对政府的不信任表决，也没有法律效力。

议会负责制定法律，其通过的法律，政府必须执行。宪法同时又赋予议会以修宪权。政府可以运用在议会中的多数，通过修改宪法的提案，使自己提出的法案和颁布的政策法规不致被判违宪。总理是印度政府首脑，由总统任命人民院多数党议会党团领袖担任，任期5年，可连选连任。内阁由总理和各部部长组成。国务部长和副部长不参加内阁。议会如果不同意政府的政策和施政方针，有权对政府提出不信任案。一旦不信任案获得通过，政府就必须辞职，或者建议总统解散议会，提前举行议会选举。

议会的立法权首先会受到总统的制约。宪法规定，议会通过的任何法案都必须得到总统的批准，否则就不能成为法律。但是总统的立法否决权基本上只是一种形式。当法案被两院通过后呈送总统批准时，总统有权不予批准或提出修改意见，将法案连同其意见送回两院重新考虑。如果该法案由两院再次通过后呈送总统批准时，不管其是否采纳了总统的修改意见，总统都无权不予以批准。

印度总统是国家元首，是国家统一的象征，享有非常广泛的权力。他

[①] 林良光主编：《印度政治制度研究》，北京大学出版社1995年版，第95页。

既是联邦行政机构的组成部分，又是联邦最高立法机构的组成部分，并且还享有部分司法权力。总统的任期为5年，可连选连任，但按照惯例，一般不超过两届。总统由联邦议会两院议员及各邦议会（邦立法院）议员按照比例代表制原则选出的"选举团"选举。联邦政府的一切行政行为，均应以总统的名义进行。总统拥有武装部队最高统帅权，可以任命总理，并根据总理的提名任免部长会议成员。总统也可以任命部分议员，召集议会会议，批准和颁布议会通过的法律。不仅如此，总统还有权宣布全国或者部分地区处于紧急状态。在紧急状态下，总统可接管邦政府的全部职权，实行"总统治理"。然而，以上权力，除任命总理外，实际上都由总理以总统名义行使。在总理人选问题上，印度总统没有任何自主权，只能任命人民院中多数党领袖担任。在没任何政党获得多数席位的情况下，总统则任命几个政党联合推选的领袖担任总理。除此之外，他无其他选择。其实，就连总统本人也都是由总理提名的。[①] 政府的所有部长均由总理提名，总统无权干涉。所以，印度行政大权是掌握在总理手里。总理是实际上的最高权力拥有者。

在司法系统方面，与美国等联邦制国家不同，印度的司法系统是完整的、统一的。最高法院居于金字塔的顶端，以下依次为高等法院和地方法院。最高法院的司法权覆盖印度全境，它的裁决和指导，全国所有法院必须遵照执行。最高法院对宪法和法律的解释最有权威性，其对民事和刑事上诉案件的判决是终审判决。在这一点上，印度司法制度与典型的中央集权制国家有更多的相同或相似之处。[②]

邦一级的设置与国家层面的设置相同。立法权力机关是邦长和立法院。邦立法机构制定的法律，需报请总统批准。邦长由总统任命，任期5年，是总统的代表和邦宪政首脑。邦的行政权力由邦长和以首席部长为首的邦部长会议行使，但邦部长会议是实际上的行政权力行使者。首席部长由邦长任命，部长会议其他成员由邦长根据首席部长建议任命。邦的司法权力机关是高等法院。

需要指出的是，印度全国大选和邦一级大选均由选举委员会负责。选

[①] 林良光主编：《印度政治制度研究》，北京大学出版社1995年版，第100页。
[②] 林良光主编：《印度政治制度研究》，北京大学出版社1995年版，第107页。

举委员会是根据宪法设立的常设机构,是一个不受政府和任何政党控制的独立机构。

二 联邦制

在国家形式上,印度实行的是联邦制。不过,印度仿效的是加拿大,而不是美国的联邦制模式,带有很多中央集权制特征。

印度宪法对联邦、邦和两者共有的职权进行了详细规定。联邦的职权共有 97 项,涉及所有与国家安全、民族利益和经济生活密切相关的重要领域,如国防、武装部队、中央情报、外交、战争与和平、铁路、航空、邮电、广播、货币与外汇、外贸、银行与保险、人口普查、关税与各种重要税收等。各邦职权共有 66 项。联邦与各邦共有的职权有 47 项。印度学者把这种中央集权制特征归纳为 17 条,除上述权力分配有利于联邦、联邦政府有权宣布全国或部分地区处于紧急状态、联邦政府对各邦实行财政控制外,还包括:印度联邦用的是英文 Union,而不是一般联邦制国家使用的 Federation,Union 除了"联盟,同盟"的意思外,还有"统一,合并"的意思;宪法通行全国,各邦无权制定宪法;实行单一公民制;议会有权改划邦界;各邦与联邦不拥有同样的法律地位;联邦政府有权向邦发布行政指示;联邦政府向各邦派邦长作为自己的代表;实行全印统一的法院系统和文官制度;全印选举委员会负责联邦和邦的选举等。①

在政治关系方面,印度宪法规定,各邦邦长由总统任命,高等法院法官由总统任命和调动,邦议会选举在总统任命的选举委员会监督、指导和控制下进行。各邦政府在行使行政权力时应遵守联邦议会通过的法律和适用于该邦的法令,不得妨碍和侵害。联邦政府在行使行政权力时有权向各邦下达必要的指示,各邦不得违抗。在财政方面,联邦政府与邦政府相互独立,开支分别核算。②

正因为中央权力比较集中,许多人对印度宪法确立的国家结构是不是真正的联邦制提出了怀疑。英国宪法学者惠尔(K. C. Wheare)把印度的

---

① 孙士海主编:《印度的发展及其对外战略》,中国社会科学出版社 2000 年版,第 77—78 页。
② 孙士海主编:《印度的发展及其对外战略》,中国社会科学出版社 2000 年版,第 76 页。

联邦制称为是"准联邦，而不是严格意义上的联邦"。① 印度宪法起草者之一的巴尔加瓦（Thakur Das Bhargava）将之称为是"带有联邦特点的单一制"，因为中央政府拥有"广泛"权力。② 另一宪法起草者 M. 特如马拉·拉奥（M. Thirumala Rao）表示："我们想要一个联邦宪法，但却产生了一个主要是单一制的宪法。"③ 实际上，印度的联邦制是一种新型联邦。它不同于自由放任型联邦，联邦中央和各组成单位在各自的权力范围内互不干涉，相互独立。它类似于合作型联邦，联邦中央和各邦政府在行政管理上相互合作，相得益彰。印度联邦还可以称为管理型联邦，联邦中央对地方有很多控制渠道，在必要时，还可以将联邦制转化为单一体制。④

三　印度采取议会制的主要原因

印度独立后之所以采取议会制，与其长期遭受的殖民统治经历和本国国情有关。

第一，殖民统治的影响。印度现行政治制度的形成，同英国殖民者在印度的统治密不可分。英国人将宪政制度带到印度，改变了印度封建专制主义政治体制的统治地位，培养了印度人的宪政观念。⑤ 最开始时，英国通过东印度公司对印度进行管理，1858 年，英国宣布废除东印度公司管理印度的权力，直接掌管印度，从此开始了建立殖民地政权制度的过程。1919 年，英国政府颁布英印中央政府和各省政府体制改革方案，中央立法机构实行两院制，由立法会议和国务会议组成，以取代原有的帝国参事会。两院都由直接选举产生，但只有占有大量财产的人才有资格参加选举。⑥ 不仅如此，改革法案还对中央政府和各省政府的职权范围作了划分，凡关系政治、经济、防务的重大事务均归中央管辖，这就为印度后来实行

---

① Louise Tillin, "India's Democracy at 70: The Federalist Compromise", *Journal of Democracy*, Vol. 28, No. 3, July 2017, p. 66.
② Louise Tillin, "India's Democracy at 70: The Federalist Compromise", *Journal of Democracy*, Vol. 28, No. 3, July 2017, p. 66.
③ Louise Tillin, "India's Democracy at 70: The Federalist Compromise", *Journal of Democracy*, Vol. 28, No. 3, July 2017, p. 66.
④ 林良光主编：《印度政治制度研究》，北京大学出版社 1995 年版，第 48 页。
⑤ 林良光主编：《印度政治制度研究》，北京大学出版社 1995 年版，第 39 页。
⑥ 孙士海主编：《印度的发展及其对外战略》，中国社会科学出版社 2000 年版，第 65 页。

第二章　印度软实力的内涵及特点

联邦制奠定了基础。尽管存在很多弊端，但这是英国政府第一次同意建立议会机构，它对于印度后来行政体制的发展有着重要影响。[①] 1935年，英国颁布了新的《印度政府法》。该法明确规定实行联邦制，由英属印度各省和土邦组成印度联邦，各土邦王公可以自由决定是否参加。联邦立法机构实行两院制，即联邦议会和国务会议，相当于下议院和上议院。联邦议会议员由各省立法会议间接选举产生，国务会议议员则在占有较高财产者中选出。前者任期5年，后者为常设机构，其成员每三年更换1/3。[②] 这种规定深深影响了印度的独立后政治体制。正如一位印度学者所说："印度宪法的作者几乎原封不动地接受了英国的议会制度，而独立运动期间提出的各种选择均已被放弃。"[③]

研究印度宪法产生的历史背景，尤其是深入考察制宪会议和宪法起草委员会工作不难发现，宪法草案的酝酿、起草、讨论、修改、定稿整个过程的主轴线始终没有离开过西方国家的政治模式和政治制度。因此，印度宪法所确立的政治制度的基本框架、权力结构和这一制度运行的程序，都可以从西方国家政治制度和这个国家独立前移植自英国的政治制度中找到原始模型。[④] 对此，印度历史学家苏米特·萨卡尔（Sumit Sarkar）表示："作为一个后殖民地国家，独立后的印度基本上沿袭了殖民时期的制度，很好地建立了自由帝国主义式的'宪法发展'，不断进行扩展和逐渐改革，最终取得了威斯敏斯特（英国议会所在地）风格的议会制。民族主义和反殖民传统帮助塑造了印度的联邦—世俗制度。"[⑤] 尼赫鲁也承认这一点。他在人民院说，我们慎重地选择了议会制度，我们这样做在某种程度上不仅因为我们以前一直在思考该问题，还因为它跟我们的古老传统相一致，但又不完全是古老传统原来的样子，而是进行了调整，使之与新条件和新环境相适应。我们选择议会制还因为我们认同这种制度在其他国家的运行情况，特别是在英国的运行情况，让我们提升这种制度的信誉吧。所以，这

[①] 孙士海主编：《印度的发展及其对外战略》，中国社会科学出版社2000年版，第66页。
[②] 孙士海主编：《印度的发展及其对外战略》，中国社会科学出版社2000年版，第66页。
[③] 林良光主编：《印度政治制度研究》，北京大学出版社1995年版，第37—38页。
[④] 孙士海主编：《印度的发展及其对外战略》，中国社会科学出版社2000年版，第67页。
[⑤] Arun Kumar Nayak, "Democracy and Development in India: An Investigation", *World Affair Winter*, Vol. 18, No. 4, 2014, p. 45.

个议会和人民院在某种程度上与英国议会和英国下议院类似，只是加入了我们的程序规则和工作方法。① 不过需要指出的是，虽然从法律上看，两国议会在许多方面都有相似之处。但两国的政体是不同的。英国实行的是议会君主立宪制，印度则属于议会共和制。在国家结构上，英国实行的是单一制，印度为联邦制，因此，印度议会与英国议会在某些方面，如议员的产生方式、议会两院的职能和权力等，又有很大的不同。②

第二，多样性的国情。多样性对印度采取议会制的影响体现在两个方面。一方面，它为这种制度奠定了基础。议会制的运行需要有多样化的社会，要有不同的声音。而印度从来都不是一个完全统一的国家。无论是公元前强大的孔雀王朝，还是后来疆土更为广阔的莫卧儿帝国，都没能完全统一整个印度半岛。半岛南部一直游离于历代政权的统治之外。即使是英国殖民主义者声称统一了印度，但实际上仍有数百个大大小小的土邦以半独立的形式林立于次大陆。所有这些土邦大体上是在不同时期、按不同条款与英国人签约而存在的。虽然这些土邦之间在面积、人口、税收等方面差异很大，享有的权力也不尽相同，但它们却有一些共性：一是它们都保持表面上的独立，如领土不属于英国，人民不是英王的臣民，英印法院对即使是很小的土邦也没有司法权，英印立法机构通过的法律也不适用于它们；二是它们都承认英国的"最高权力"，并受其保护，作为回报，英印当局控制它们的对外事务，并有在特定情况下（如统治者"失政"）干预其内政的权力，有时还须支付现金和割让土地。③ 即使到印度独立时，仍有562个土邦是不属于英印殖民政府的。这些土邦面积总共达184.54万平方公里，约占次大陆面积的五分之二，人口有1亿左右。其中最大的土邦海德拉巴面积达26万平方公里，人口有1788万，拥有军队1.85万人，其中正规军7208人。④ 长期的小国林立和地区政治势力割据不仅使印度人形成了根深蒂固的地区意识、种族意识和语言意识，而且也使印度的政治

---

① Indian Ministry of Information and Broadcasting, *Jawaharlal Nehru Speeches*, Vol. 3, Delhi: The Director Publication Division, 1958, p. 155.
② 林良光主编：《印度政治制度研究》，北京大学出版社1995年版，第72页。
③ 林良光主编：《印度政治制度研究》，北京大学出版社1995年版，第35页。
④ 孙士海主编：《南亚的政治、国际关系及安全》，中国社会科学出版社1998年版，第37—38页。

文化具有很大的多元性和分散性。①

　　另一方面，印度独立后最重要的任务是巩固国家主权、维护国家统一，使国家成为促进发展和社会转型的有效工具。这就需要国家承认巨大的民族、语言、地区和宗教的多元化。只有承认和提供多种身份，在联邦体制内给予不同地区和不同阶层充分的空间，印度才能得到发展。② 对此，尼赫鲁在独立前夜的演讲中说，自由和权力带来的是责任，印度必须要战胜疾病、歧视、不平等和贫穷，使印度成为一个民主、进步和繁荣之国，确保所有人的政治和社会经济正义。③ 学者保罗·布拉斯（Paul Brass）表示："印度联邦制度不可能只在一个或另一个方向上向前移动……因为印度庞大的规模、复杂的多样性和国家的碎片化，国家权力的构建和维持是极其困难的，但又需要平衡。"④

　　第三，领导人的作用。独立后印度领导人在国家政治制度设计方面的影响是非常大的。而这其中又数尼赫鲁的影响最大，尤其是在甘地遭暗杀身亡之后。虽然尼赫鲁讨厌英国的统治，希望摆脱英国的殖民枷锁获得独立，但在英国留过学的他却对英国的教育制度和政治制度抱有好感。对此，有分析家指出，尼赫鲁和他的父亲是典型的英式律师，在甘地使国大党染上甘地主义色彩前，他们支配着该党。虽然他认同甘地穿土布衣服的哲学，也表现得像一个印度人，但尼赫鲁行为举止从未失去爱德华时代绅士的风范。尼赫鲁的恋英情结远远超出了个人品位的层次。1947年成为印度总理时，他决定保留印度的皇家公务员职位，其中大约有一半是印度人。⑤ 印度独立后，尼赫鲁首先想到的是走议会制的道路。在制宪会议对相关议题进行讨论时，尼赫鲁表示，不打算讨论君主制或者其他形式。很明显，无论如何，印度都不能实行君主制。作为一个有独立主权的共和

---

① 孙士海：《印度政治五十年》，《当代亚太》2000年第11期。
② Arun Kumar Nayak, "Democracy and Development in India: An Investigation", *World Affair Winter*, Vol. 18, No. 4, 2014, p. 43.
③ Arun Kumar Nayak, "Democracy and Development in India: An Investigation", *World Affair Winter*, Vol. 18, No. 4, 2014, p. 44.
④ Louise Tillin, "India's Democracy at 70: The Federalist Compromise", *Journal of Democracy*, Vol. 28, No. 3, July 2017, p. 65.
⑤ [英]爱德华·卢斯：《不顾诸神：现代印度的奇怪崛起》，张淑芳译，中信出版社2007年版，第11页。

国,印度的目标就是议会制。① 对此,有学者表示,在逐步实行代议制过程中,一批受过西方教育、具有民主意识和价值观念的知识分子也逐渐成长起来,他们既被卷入民族解放运动的浪潮,又在殖民政府或各级代议制政治机构中担任职务,接受西方政治制度的熏陶。这些都使印度独立后几乎不费什么力气就接受了西方政治模式和政治制度。②

第四,民众的善辩。这一观点被印度著名学者、诺贝尔经济学奖获得者阿马蒂亚·森所赞同。众所周知,印度人不喜欢安静,特别愿意说话,经常发表高谈阔论,并与别人争辩。在很多场合,印度人都口若悬河,罔顾他人。阿马蒂亚·森表示,对于印度人而言,长篇大论并不陌生,我们能够滔滔不绝地讲很长时间。半个世纪以前,克里希纳·梅农(当时是印度驻联合国代表团团长)所创造的在联合国发表最长演说的纪录(九小时不停顿),迄今尚无任何地方的任何人可以望其项背。另外的数座高谈阔论的巅峰,也都是由其他的印度人攀登上去的。我们的确喜欢说话。③ 在阿马蒂亚·森看来,这种厚重的争鸣传统深刻地影响着印度的政治,因为议会议事的一个重要特征是辩论和质询。阿马蒂亚·森指出,争鸣传统与印度的政治发展及优先考虑世俗事项倾向的出现尤其关系重大。由于人们乐于将印度奉行议会制简单地归因于英国人影响所起的作用,政治制度与公众争鸣的联系往往遭到忽视,即使仅仅出于这一原因,印度政治制度的历史根源也非常值得考虑。当然,这一争论之点并非仅为印度所独有:一般来说,公众讲道理的传统是与全世界的政治制度的根源密切联系在一起的。然而,由于印度特别幸运地拥有公众争鸣的悠久传统,容忍诉求理智的离经叛道之见,这一普遍性的联系在印度尤其卓有成效。半个多世纪之前,当独立的印度成为非西方世界第一个断然选择民主政体的国家之时,它不仅采用了从欧美(尤其是大不列颠)学来的法理经验,而且利用了自己的公众讲道理和惯于争鸣离经叛道之见的传统。④

---

① Indian Ministry of Information and Broadcasting, *Jawaharlal Nehru Speeches*, Vol. 1, Delhi: The Director Publication Division, 1949, p. 11.
② 孙士海主编:《印度的发展及其对外战略》,中国社会科学出版社 2000 年版,第 67 页。
③ [印] 阿马蒂亚·森:《惯于争鸣的印度人:印度人的历史、文化与身份论集》,刘建译,上海三联书店 2007 年版,第 3 页。
④ [印] 阿马蒂亚·森:《惯于争鸣的印度人:印度人的历史、文化与身份论集》,刘建译,上海三联书店 2007 年版,第 13 页。

四 印度政治制度的运行特点

自 1947 年至今，印度政治制度已走过了 70 余个年头。梳理印度政治制度的发展进程和道路，发现这样几个特点。

第一，实施基础比较薄弱。西方国家在采用议会制时，一般经济和教育都取得了很大进步，有良好的社会基础。而印度却不具备这些条件。西方国家在实施议会制时人均 GDP 一般都在 2500 美元左右，印度刚独立时人均 GDP 只有不到 100 美元。[①] 不仅如此，印度还是一个多样性十分突出的国家，教育非常落后。1950 年，印度有不可接触者和部落民 5000 万人，有 845 种语言或者方言，其中 14 种还是外来的，30 万个村庄压根就没有学校。[②] 正因为此，刚独立时，许多人包括印度人并不看好印度的政治制度，认为其最终会崩溃或变成军事独裁统治，因为其种姓、民族、语言和宗教异常复杂，且每个群体的人口都比较多。再有，社会严重不平等，财富分布不均，大量的失业人口，僵化的等级结构也会侵蚀政治制度、发展的努力和国家的统一。然而，印度的政治制度不仅克服了种种困难，而且日渐巩固。印度向外界证明了在一个贫穷的国家，在一个多样性的社会，是能够实行具有本国特色政治制度的。[③] 尼赫鲁对此充满了自豪。他说，没有大众教育，我们几乎不可能有政治制度。在别的国家，充满鲜血的政治制度是在经济成就使得教育普及后才出现的。但在大部分亚洲国家特别是印度，我们取得了跳跃式的发展，100% 有了政治制度，但却没有这些前期基础。[④] 分析家则表示，印度的经验向世界证明了在一个贫穷、文化教育水平低的国家依然能够实行本国的政治制度。[⑤]

[①] Arun Kumar Nayak, "Democracy and Development in India: An Investigation", *World Affair Winter*, Vol. 18, No. 4, 2014, p. 49.

[②] Carle C. Zimmerman, "India's Roots of Democracy: A Sociological Analysis of Rural India's Experience in Planned Development Since Independence (Book Review)", *Social Science*, Vol. 42, No. 3, 1967, pp. 187 – 188.

[③] Arun Kumar Nayak, "Democracy and Development in India: An Investigation", *World Affair Winter*, Vol. 18, No. 4, 2014, p. 42, p. 45.

[④] Indian Ministry of Information and Broadcasting, *Jawaharlal Nehru Speeches*, Vol. 4, Delhi: The Director Publication Division, 1964, p. 70.

[⑤] U. Purushothaman, "Shifting Perceptions of Power: Soft Power and India's Foreign Policy", *Journal of Peace Studies*, Vol. 17, Issue 2&3, April-September 2010, p. 10.

第二，基本未发生过中断。不像别的发展中国家，印度已形成了自己的传统。印度从来没有发生过军事政变和独裁统治。从1951年第一届下议院选举到2019年的第十七届选举，印度的大选都是顺利进行的。唯一例外的是1975—1977年出现了短暂中断。1975年6月，阿拉哈巴德高等法院裁定英迪拉·甘地在1971年的大选中存在违法行为，判决取消其议员资格，6年内不得担任任何选举的职务。反对党乘机要求其下台，国大党内部也出现了分裂。面对这种情况，英迪拉决定实施紧急状态。应其要求，法鲁克丁·阿里·艾赫默德总统签发了在全国实行紧急状态的法令。总统只有在三种情况才会宣布全国处于紧急状态：一是发生战争，二是遭到外部入侵，三是国内秩序遭到严重威胁。1950—1975年，印度总统只宣布过两次全国性的紧急状态。一次是1962年与中国发生边界冲突时期。另一次是1971年印巴第三次战争时期。然而，1975年的紧急状态并不发生在战争期间，印度更没遭到外来入侵。英迪拉这样做主要是为了维护自己的统治。[①]

紧急状态宣布后，政府立即进行了大逮捕，把除印度共产党以外的几乎所有反对党的领袖以及国大党（执政派）内持不同政见的领袖都投入了监狱。到1977年3月，被关押者达34630人。不仅如此，政府还颁布了新闻管制令，实行严格的新闻检查制度。7月4日，政府又宣布禁止26个政治组织活动，其中包括国民志愿服务团、一些伊斯兰教派主义组织和一批纳萨尔巴里派小集团。有一些官员因不同意实施紧急状态法，被调离重要岗位，或被迫长期休假，或提前退休。有人把6月26日称为印度现代史上"最可悲和最黑暗的一天"，说这一天标志着"印度第一共和国的死亡"和政治制度的死亡。紧急状态共持续了21个月。[②]不仅如此，英迪拉的次子桑贾伊还迫使德里市政官员实行一项大规模的清除贫民窟计划，以便使德里成为一座现代化的美丽城市，并强制推行节育运动。绝育运动比紧急状态中的任何其他措施都更加使甘地夫人在属于少数民族、哈里真以及其他落后阶级的最强有力的支持者中失去信用。中等阶级知识分子自始就对桑贾伊的"超越宪法的"权力以及他个人的傲慢作风感到不满，在这

[①] Sumit Ganguly, "India's Democracy at 70: The Troublesome Security State", *Journal of Democracy*, Vol. 28, No. 3, July 2017, p. 118.

[②] 林承节：《印度史》，人民出版社2004年版，第492—493页。

第二章　印度软实力的内涵及特点

些知识分子的心目中，桑贾伊及其在青年国大党中的"突击军"对于个人自由和法治的威胁显得要比甘地夫人大得多。① 有学者表示，这个专制政权因为它实施强制性的"社会纪律"，是不可能把印度引上一条新道路的，使印度走出经济和政治困境。②

事实证明，英迪拉中断政治制度的做法最后带给她的是深刻的教训。在1977年的大选中，英迪拉领导的国大党（执政派）只获得了总票数的34.5%，得到154个席位，占28.4%。英迪拉本人则落选了，其内阁49名部长中有34名落选。选举结果表明，选民们有很高的辨别能力，有选择地恰好击败了自甘地夫人以下应对紧急状态最大暴虐行径亲自负责的那些高级内阁部长。③ 这同时也说明了政治制度已深入心，任何践踏政治制度的做法都会招致政界、舆论界、知识界、工商界的同声谴责。④ 有分析家表示，除1975—1977年外，印度维持了政治制度的特征：自由与公正的选举；普遍的选举权；公民和政党的自由。⑤

第三，选举规模庞大。印度政府一直积极鼓励民众投票。尼赫鲁曾说："在民主宪法下，任何人为的限制投票都是对政治制度本身的横加干涉。"⑥ 这使得印度的选民人数和投票人数都比较多。第一次大选时，全国共有选民1.73亿人，有7910万人参加了投票，投票率为45.5%，有1874名候选人，设立投票站13.26万个（见表2-1）。在投票者中又约40%是女性选民，她们身着盛装，像过节一样欢欣鼓舞地参加投票。从选举组织工作的角度说，虽然存在不少漏洞，但第一次实践取得了巨大成功。无效选票不是太多，只有个别投票站发生了暴力行为。整体而言，选举很有

---

① ［美］弗朗辛·R.弗兰克尔：《印度独立后政治经济发展史》，孙培钧等译，中国社会科学出版社1989年版，第649页。
② ［美］弗朗辛·R.弗兰克尔：《印度独立后政治经济发展史》，孙培钧等译，中国社会科学出版社1989年版，第650页。
③ ［美］弗朗辛·R.弗兰克尔：《印度独立后政治经济发展史》，孙培钧等译，中国社会科学出版社1989年版，第662页。
④ 林承节：《印度史》，人民出版社2004年版，第499—500页。
⑤ Sourabh Singh, "Role of Political Habitus in Shaping Dynamics of Democracy: Insights from Nehruvian and Gandhian Period of Democracy in India", Comparative Sociology, Vol. 14, No. 5, 2015, p. 683.
⑥ Ornit Shani, "Making India's Democracy", Comparative Studies of South Asia, Africa and the Middle East, Vol. 36, No. 1, May 2016, p. 361.

秩序，参选率较高。在印度历史上这样的盛举是破天荒第一次。① 2014 年的大选更是创造了新纪录，共有选民 8.34 亿人，其中男性选民 4.37 亿，女性选民 3.97 亿，投票率为 66.3%，设立投票站 92.76 万个，有 8251 名候选人，136.56 万人参加了大选服务工作，有 180 万个电子投票机（见表 2-1）。如果按照每个投票者需花费 2 美元来计算，印度此次大选的耗费大约是 16 亿美元。② 《华盛顿邮报》称，即使那些对印度一无所知的人，这也算得上今年（2014）最引人关注的政治事件之一，不仅因为它的规模，还在于这发生在一个技术不断提升但又存在经济和民族主义问题的国家。这是一个不能被忽视的时刻。③ 2019 年的大选，印度选民人数进一步增多，共有 9.1 亿，自 4 月 11 日开始，历时 39 天，分 7 个阶段进行，设立投票站 103.63 万个，投票率为 67.09%（见表 2-1）。

表 2-1　　　　　　　　　印度历届大选规模

年	席位	候选人	投票站	选民人数（百万）	实际投票选民（百万）	投票率%
1952	489	1874	132560	173.2	79.1	45.7
1957	494	1519	220478	193.7	92.4	47.7
1962	494	1985	238355	217.7	120.6	55.4
1967	520	2369	267555	250.6	153.6	61.3
1971	518	2784	342944	274.1	151.6	55.3
1977	542	2439	373908	321.2	194.3	60.5
1980	529	4629	434742	363.9	202.7	56.9
1984	542	5493	479214	400.1	256.5	64.1
1989	529	6160	579810	498.9	309.1	62.0
1991	534	8780	588714	511.5	285.9	55.9
1996	543	13952	767462	592.6	343.3	57.9

① 林承节：《印度史》，人民出版社 2004 年版，第 414—415 页。
② Chandrashekhar, Vaishnavi, "India's Election: Five Questions on the World's Largest Democracy", *Christian Science Monitor*, July 4, 2014.
③ Debidatta Aurobinda Mahapatra, "From a Latent to a 'Strong' Soft Power? The Evolution of India's Cultural Diplomacy", *Palgrave Communications*, Vol. 2, 2016, p. 6.

续表

年	席位	候选人	投票站	选民人数（百万）	实际投票选民（百万）	投票率%
1998	539	4708	765473	602.3	373.7	62.0
1999	543	4648	774651	619.5	371.7	60.0
2004	543	5435	—	671.5	389.9	58.1
2009	543	8070	830866	717.0	417.4	58.2
2014	543	8251	927553	834.1	553.0	66.3
2019	542	8026	1036295	910.5	610.9	67.09

资料来源：Subrata Kumar Mitra & Mike Enskat, "Parties and the people: India's Changing Party System and the Resilience of Democracy", *Democratization*, Vol. 6, No. 1, 1999, p. 127, 2004—2019 年数据来自印度选举委员会网站，https://eci.gov.in/files/category/1359-general-election-2019/，上网时间：2020 年 7 月 22 日。

第四，选举结果得到尊重。在很多国家，选举结果公布后，往往会引起争执。落败的一方会指责选举过程不透明、不公正，存在舞弊行为，要么要求重新计票，要么要求重新举行大选。还有的是抵制大选。这些情况在印度基本不存在。在历届大选结果出来后，各方都能平静接受，并礼节性地向获胜者表示祝贺，同时总结自身不足，为下一次大选做准备。对此，尼赫鲁表示，政治制度需要很多优点。它当然需要有能力和贡献的工作，也需要大量的合作、自律和控制。很明显，如果每个团体没有合作精神，没有控制和自律的有效措施，政治制度是不可能正常运转的。政治制度不是靠魔术指挥棒就能在一个国家创建的东西。政治制度在很多国家都是不成功的，而我们是成功的。为什么呢？我想主要是因为我们的国家背景。[1]

五 印度政党力量的消长

由于只有获得议会多数党团的领袖才有机会组建政府，所以在印度政治制度下，政党的作用就非常突出。一个人要想在政坛上获得成功，只有

---

[1] Indian Ministry of Information and Broadcasting, *Jawaharlal Nehru Speeches*, Vol. 3, Delhi: The Director Publication Division, 1958, p. 156.

加入政党。印度迄今尚未出现无党派人士获得组阁权,出任政府总理的情况。也正因为此,印度出现了数目众多的政党。在1951年第一次大选的时候,印度就有192个政党,其中有14个被承认为全国性政党,39个邦一级政党。据估计,从1974年至1982年印度政党数目在200个以上。这些政党中人数最多的国大党号称党员达3000万,最小的只有几百人,甚至不足百人。而且,这些五花八门的政党,还不断发生分裂和再分裂,重新组合和再组合。其结果是政党数目不断增加,当然也有一些政党消失或退出历史舞台。[①] 2014年大选,印度有6个全国性政党,分别是国大党、印度人民党、印度共产党、印度共产党(马克思主义)、民族大会党(Nationalist Congress Party)、大众社会党(Bahujan Samaj Party),51个邦一级政党和1709个未分类政党。[②]

如果从宗教或信仰角度,可将印度政党分为四类。第一类是以国大党为代表的世俗性政党。尽管主要代表的是不断崛起的中产阶级,但由于领导了印度的独立运动,国大党凝聚了所有地区、所有宗教、所有语言集团、所有种姓和阶层者的利益。第二类是具有鲜明宗教特色的政党,印度人民党是这方面的典型代表。第三类是共产主义类型的政党。这主要有印度共产党和印度共产党(马克思主义)。这两个政党在历次大选中从未获得过10%的选票,目前不到5%,只在很少的几个邦(特里普拉、西孟加拉、安得拉、喀拉拉邦)有较大影响。第四类是包含了各种更小身份如种姓、部落和地区利益的政党。这些党的影响总体不是非常大。[③] 现在,对印度政坛影响最大的两个政党是国大党和印度人民党。下面分别对这两个政党进行介绍。

国大党成立于1885年,是一个有着100多年历史的老党。一些著名政治家如提拉克、尼赫鲁的父亲、甘地和尼赫鲁都曾担任过国大党的主席。由于在独立运动中发挥了无可替代的作用,加之尼赫鲁的个人影响,印度独立后,国大党在政坛上一党独大,长期执政。在1951年、1957年和

[①] 林良光主编:《印度政治制度研究》,北京大学出版社1995年版,第233页。

[②] Vipul Kumar Singh, "Parliamentary Elections Create More 'Options': Evidences from World's Largest Democracy 'India'", *Journal of Asset Management*, Vol. 17, No. 5, 2016, p. 377.

[③] Eswaran Sridharan, "The Shifting Party Balance", *Journal of Democracy*, Vol. 28, No. 3, July 2017, p. 77.

1962年的人民院大选中，国大党分别获得了议席总数的74.5%、74.5%和72.9%。在各邦的立法会议选举中，国大党分别获得了议席总数的68.2%、65.7%和58.37%。除印度共产党在1957年的喀拉拉邦选举中获胜之外，国大党在其他所有的邦都取得了绝对多数席位并处于执政地位。[①] 但这种情况在尼赫鲁1964年去世后发生了变化。1967年的第四次大选是国大党历史上的转折点，标志着它开始走上下降的过程。在520个竞选席位中，它仅获得248席，占54.6%，仅以微弱多数保持了在中央的执政地位。尤其值得注意的是，它所获得的选票只占总票数的40.9%。[②] 在当年举行的各邦立法会议选举中，国大党也同样遭受了重大挫折，它仅获得席位总数的48.6%，在17个邦中的8个邦失去了执政地位。到了20世纪70—80年代，虽然国大党仍能在中央和多数邦执政，但其一党统治的局面已经动摇。到了20世纪90年代初期，尽管国大党仍是印度政坛上一支举足轻重的政治力量，并能在中央执政，但这主要不是因为它本身的强大和获得民众的拥护，而是因为反对党的力量依然弱小和分散。

国大党在历次大选中得票率的变化清楚地揭示了它的下降趋势。在独立后的前三次大选中，国大党的平均得票率为46%；第四次到第八次大选的平均得票率为42%；第九次大选为39.5%；第十次为36.5%；在1996年的第十一次大选中，它的得票率仅为29.7%。在1998年和1999年举行的第十二次和第十三次大选中，国大党的得票率进一步下降到25.8%和28.4%。[③] 2014年，国大党的得票率更是只有14%，[④] 2019年的得票率为19.7%。2014—2017年，在16个邦的地方选举中，国大党只赢得了2个邦或者联邦直辖区（旁遮普和本地治理）的选举胜利。在人口最多、对下一届大选有着重要影响的北方邦（在人民院有80个席位），国大党也输给了印度人民党。[⑤] 国大党第一次失去政权是在1977年。第二次失去政权是在1989年。1991年大选，国大党没有获得半数席位，最后在左翼政党和

[①] 孙培钧、华碧云主编：《印度国情与综合国力》，中国城市出版社2001年版，第231页。
[②] 孙士海主编：《印度的发展及其对外战略》，中国社会科学出版社2000年版，第44页。
[③] 孙培钧、华碧云主编：《印度国情与综合国力》，中国城市出版社2001年版，第234—235页。
[④] Eswaran Sridharan, "The Shifting Party Balance", *Journal of Democracy*, Vol. 28, No. 3, July 2017, p. 77.
[⑤] Eswaran Sridharan, "The Shifting Party Balance", *Journal of Democracy*, Vol. 28, No. 3, July 2017, p. 79.

地区小党的支持下组建了政府。国大党虽然获得了政权，但从此再也没有在议会选举中获得过半席位，只能在其他党派的支持下组建联合政府。事实证明，国大党一党执政的局面短期内难以再现。2004—2014年，国大党无力单独执掌政权，组建的依然是联合政府。

多种原因造成了国大党的衰落。一是印度独立后政治、经济、社会的发展变化，引起了各社会集团利益和力量对比的失衡。这个政党从性质上说代表的是地主和资产阶级的利益。然而，在独立前和独立初期，争取民族独立和清除殖民主义残余势力这个基本目标吸引了各民族、阶级、阶层、种姓甚至不同意识形态的社会集团，国大党将这些力量团结在自己的麾下，从而具有广泛的包容性。但是随着时间的推移，权力和利益的分配逐渐成为政治依附的首要因素，它冲破国大党脆弱的外壳，推动各种实力集团进行新的组合。[①] 特别是印度民族与殖民统治者之间的矛盾消失了，被民族斗争长期掩盖下的民族内部矛盾开始显现。

二是不断分裂。尼赫鲁在世时，虽然国大党内部也存在矛盾，但由于其德高望重，位高权重，国大党总体上是比较团结的。但这种情况在尼赫鲁去世后发生了变化，国大党开始显现裂痕。大的分裂就有三次，其中两次发生在英迪拉执政时期。第一次分裂是在1969年，产生了两个独立的党组织，一个是以英迪拉为首的国大党（执政派），另一个是以原党主席尼加林加帕和原副总理兼财政部长德赛为首的国大党，被称为国大党（组织派）。第二次分裂是在1978年。一个是以英迪拉为首的国大党（英迪拉派），另一个是以雷迪为首的国大党（正统派），后者后来改名为国大党（社会主义派）。第三次分裂是在1995年。以北方邦首席部长纳拉因·达特·蒂瓦里和前联邦政府人力资源发展部长阿琼·辛格为首的一派脱离国大党，另组建了新党。不断分裂使国大党元气大伤。

三是未能满足广大民众的利益诉求。该党在执政期间制定的许多社会、经济发展目标和政策，如实现社会公正和经济平等、实施土地改革以及充分就业和消除贫困等，实际上既没有真正实现，也没有得到认真贯彻执行。几十年过去了，广大民众贫困的生活状况几乎没有得到改善。这使

[①] 孙士海主编：《印度的发展及其对外战略》，中国社会科学出版社2000年版，第45页。

国大党逐渐失去了人心和政治号召力。①

四是英迪拉中断民主及其子桑贾伊的野蛮做法对国大党造成了非常大的消极影响。国大党（执政派）主席巴鲁阿在紧急状态期间提出了"英迪拉就是印度，印度就是英迪拉"。这被反对党抓住了把柄，指责国大党（执政派）把英迪拉和印度等同起来，把印度看作英迪拉的家天下，把英迪拉神化，以便他们这批人能永久垄断国家的领导权力。②虽然英迪拉1980年又重新执掌了政权，但国大党衰落的趋势已不可挽回。

五是国大党执政期间腐败问题频出，像1989年博福斯腐败案（拉吉夫·甘地政府被发现在购买瑞典博福斯公司火炮时吃回扣）和2010年的电信腐败案（信息技术与通信部长2007年至2008年以"白菜价"向电信运营商违规发放2G手机运营牌照，造成国家重大经济损失），都严重损害了国大党的形象，并进而被反对党抓住把柄大肆攻击国大党。国大党2014年丢掉政权与此不无关系。

六是家族色彩过于浓厚。印度独立后，国大党一直掌握在尼赫鲁家族手中。开始是尼赫鲁，接着是英迪拉·甘地，然后是拉吉夫·甘地。拉吉夫·甘地1991年遇袭身亡后，则由其妻子索尼娅·甘地掌控国大党。2017年12月，索尼娅·甘地将国大党主席职位传给了其子拉胡尔·甘地。这给印度国民造成的印象是，国大党就是尼赫鲁家族的，别人是不能染指的。而家族统治极易产生腐败，使国大党失去活力。不仅如此，尼赫鲁家族现在尚缺少有威望的领导人。索尼娅·甘地是意大利人，虽然后来加入了印度国籍，但仍经常遭到反对者的攻击。这使索尼娅·甘地难以理直气壮地出任要职。这也是为什么国大党2004—2014年执政时，不是由索尼娅·甘地，而由曼莫汉·辛格担任总理的一个重要原因。拉胡尔·甘地虽出任了党主席，但政治资历尚浅。2019年7月，因在大选中失败、拉胡尔·甘地辞去主席一职，其母被任命为代理主席。

在国大党衰落的同时，印度人民党却在迅速崛起。印度人民党的前身是印度人民同盟。人民同盟是个印度教派主义政党，成立于1951年，是印度教大会党和国民志愿团（Rashtriya Swayamasevak Sangh，RSS）这两个

---

① 孙士海：《印度政治五十年》，《当代亚太》2000年第11期。
② 林承节：《印度史》，人民出版社2004年版，第491页。

印度教教派组织的政治代表。自成立后,人民同盟便积极参加选举,最好的表现是1967年的大选,获得了人民院35席,成为议会中最大的反对党,同时在北方邦、中央邦和比哈尔邦执政。1977年人民同盟与其他五党结成竞选联盟,在当年的大选中获胜并成立人民党。由于人民党不承认人民同盟具有同盟党员和国民志愿团成员的双重身份,人民联盟1980年脱离人民党,成立印度人民党,瓦杰帕伊当选党主席。①

自成立起,印度人民党就雄心勃勃,声称党的首要任务就是动员人民反对尼赫鲁—甘地王朝的专政,并宣布从英迪拉手里夺取政权是该党的历史使命。本着这个既定目标,它精心制定了党的纲领,提出了"民族主义和国家统一、民主、积极的非教派主义、甘地的社会主义和价值基础上的政治"五项原则。印度人民党制定这个政纲是为了吸引各阶层各方面的人士支持它,使自己拥有能与英迪拉·甘地领导的国大党相抗衡的实力。印度人民党提出的民族主义和国家统一,其真实含义是把印度建设成为一个扎根于印度古代文明基础上的印度教民族的国家。② 到1980年底,该党宣称已拥有250万党员。在1980年9个邦的立法院选举中,印度人民党获得148席,占总席位数的6.6%,并在中央邦、拉贾斯坦邦成为议会第一大反对党。此后在喜马偕尔邦和德里的议会选举中也都成了较大的反对党。③

在全国大选中,印度人民党也表现突出,由1984年的2席猛增到1989年的86席和1991年的119席。在1996年的第十一次大选中,印度人民党获得了161席,第一次超过国大党成为人民院第一大党并组织了政府。在1998年3月举行的第十二次大选中,该党获得了179席,再次成为获得人民院席位最多的政党,与十几个小党共同组成了联合政府。在1999年的第十三次大选中,该党获得了182席,与其盟党组建了新政府。

印度人民党在其成立后的几次大选中的得票率也反映了该党力量的增长和在选民心目中地位的提高。从第九次到第十三次大选,印度人民党的得票率分别为7.4%、11.5%、20%、25.5%和23.8%。该党原来的社会基础主要是城市中有文化的印度教徒,但现在不论在城市还是农村的印度教徒中,该党都是获得选票最多的政党。在有文化的印度教徒选民中,其

---

① 曹小冰:《印度特色的政党和政党政治》,当代世界出版社2005年版,第228页。
② 林承节:《印度史》,人民出版社2004年版,第511页。
③ 林承节:《印度史》,人民出版社2004年版,第512页。

支持者最多。[1] 1989—2014 年，印度没有一个政党能赢得人民院过半席位而单独组建政府，组建的都是联合政府。这种情况在 2014 年得以改变。印度人民党获得了压倒性胜利，得票率为 31%，[2] 获得了 282 席，单独赢得了人民院过半席位，加上其盟党的席位，共有 336 席。反观国大党，只获得了 44 个席位，加上盟党的席位，也才 60 个席位。2019 年的大选，印度人民党获得了 303 个席位，得票率为 37.76%，而国大党仅获得了 52 个席位（见表 2-2）。2019 年 7 月，拉胡尔宣布辞去国大党主席一职。

表 2-2　　印度两大政党及其联盟在近五次大选中的表现

政党及其联盟	选举年份及获得的席位				
	1999	2004	2009	2014	2019
国大党（团结进步联盟）	114（156）	145（218）	206（262）	44（60）	52
印度人民党（全国民主联盟）	182（270）	138（181）	116（159）	282（336）	303
左翼政党	—	59	—	—	—
第三阵线	—	—	79	—	—

资料来源：Vipul Kumar Singh, "Parliamentary Elections Create More 'Options': Evidences from World's Largest Democracy 'India'", *Journal of Asset Management*, Vol. 17, No. 5, 2016, p. 377. 2019 年的数据来源于印度选举委员会网站：https://eci.gov.in/files/category/1359-general-election-2019/，上网时间：2020 年 8 月 1 日。

印度人民党之所以能迅速崛起，主要在于它是一个具有浓厚民族主义和印度教教派色彩的政党，通过唤起广大民众对印度教传统文化的宗教热忱和强烈的民族主义感情而赢得了政治上的支持，迅速发展壮大了自己的政治力量。印度人民党利用印度教复兴的思潮提出了自己的意识形态和政策主张。政治方面，该党批评国大党政治腐败，提出了"政治应以价值为基础"的主张。价值在这里具有很强的宗教色彩，意味着只有印度教的价值才是医治印度政治弊病的"灵丹妙药"。经济方面，印度人民党批评国

---

[1] 孙培钧、华碧云主编：《印度国情与综合国力》，中国城市出版社 2001 年版，第 239 页。
[2] Eswaran Sridharan, "The Shifting Party Balance", *Journal of Democracy*, Vol. 28, No. 3, July 2017, p. 77.

大党面向西方的发展战略威胁了印度文化的生存，主张用圣雄甘地的社会主义和经济民族主义取代尼赫鲁式的社会主义。文化价值观念方面，该党主张靠印度教文化的复兴实现国家的强盛和民族的振兴。在印度人民党的政治家看来，在当今全球化时代，一个民族只有具备自身的特征，才能被国际社会所承认，才能在世界上获得应有的地位。一个在意识形态上缺乏凝聚力的国家，在外部的冲击下难免出现解体的危险，因此复兴印度教可以增强民众对民族和国家的认同。这些主张显然迎合了印度当前的社会思潮，为该党在政治上崛起奠定了基础。[1] 这也说明印度人民党具有两重性：既带有教派主义政党特色，又是根据政治制度游戏规则进行世俗主义活动的政党。两者紧密结合，故被人们称为宗教民族主义政党。前者面向印度教徒，后者面向全国群众。前者从振兴印度教出发，后者则以建设强大国家为目标。它巧妙地利用群众对国大党政策的不满和失望，灵活地交替使用教派鼓动和世俗动员两手策略。两者的内容都有合理因素，所以能影响越来越多的群众。当然它的快速兴起是以国大党群众基础的分解为外部条件的，没有这个条件，它的兴起在政治空间上会受到很大限制。[2]

第三节　外交政策内涵及特点

一　印度外交政策的演变

印度的外交政策并非固定不变，而是会根据国内外环境的变化不断调整。其中，冷战期间和冷战后的外交政策变化较大。冷战期间的印度外交政策主要包括了三个方面的内容。

第一，不结盟。不结盟是印度冷战期间最著名的外交政策，几乎成了印度外交政策的标签。印度的不结盟外交思想其实早在独立之前就有了。1946年9月，尼赫鲁第一次宣布了印度独立后的外交政策。他说："我们尽可能地计划与超级政治集团保持距离，不会亲近一个，疏远另一个。这个世界尽管充斥着竞争、憎恨和内部冲突，但仍不可避免地会走向更紧密的合作，构建一个世界共同体。这是自由印度需要努力的方向……我向美

---

[1] 孙士海：《印度政治五十年》，《当代亚太》2000年第11期。
[2] 林承节：《印度史》，人民出版社2004年版，第579页。

第二章 印度软实力的内涵及特点

国人民送去祝福,他们在国际事务中发挥了重要作用……我也向现代世界的另一个大国苏联送去祝福,苏联承担着塑造世界事务的巨大责任。"① 他进而说:"我们寻求通过不加入这个或那个集团来避免外交纠纷。结果自然是没有一个大的集团会欣赏我们。它们认为我们靠不住,因为我们不能被强制性的投票赞成这种道路或那种道路。"②

尼赫鲁认为不结盟并非完全中立,没有自己的立场,无所作为,相反,实行不结盟恰恰是为了能更好地表达自己的观点和立场,不受两个超级大国的束缚。不像瑞士那样不用担心领土安全,印度与巴基斯坦存在克什米尔争端,果阿和本地治理仍掌握在葡萄牙和法国手里。这些都让印度非常担忧自己的安全,所以在很多国际事务上,印度都会表达自己的立场。③

印度之所以采取不结盟的外交政策主要有四个原因。一是尼赫鲁个人原因。尼赫鲁拥有丰富的国际事务知识,作为民族主义者、国大党和政府领导人、外交部部长使其在塑造印度早期外交政策中能起到核心作用。二是被殖民的痛苦经历。印度曾被英国殖民统治长达近200年,最后经过艰苦斗争才获得了民族解放和国家独立,因此对国家主权格外珍惜,不愿与超级大国结盟而丧失战略自主性。三是相比其他大国,印度的物质和军事力量整体偏弱。不结盟可以起到"力量倍增器"的作用,使印度在国际政治中能发挥与其能力不成比例的作用。不结盟提供了一个这样的框架。在该框架下,印度可以对第三世界施加影响,充当第三世界的领导者。四是与印度采取的计划经济模式密切相关。外国投资的限制和进口的高税率减少了外部力量对印度经济的介入和干涉。而不结盟使印度能够接受来自西方国家的外国援助和来自苏联的政治、外交和军事援助。因此,在独立后的十年里,印度外部经济政策是不结盟和经济自主的有机结合。④

---

① Nalin Kant Jha, "Cultural and Philosophical Roots of India's Foreign Policy", *International Studies*, Vol. 2, No. 1, 1989, p. 49.

② Indian Ministry of Information and Broadcasting, *Jawaharlal Nehru Speeches*, Vol. 1, Delhi: The Director Publication Division, 1949, p. 203.

③ R. M. Fontera, "Anti-Colonialism as a Basic Indian Foreign Policy", *Western Political Quarterly*, Vol. 13, No. 2, 1960, p. 426.

④ Arijit Mazumdar, "India's Search for a Post-Cold War Foreign Policy: Domestic Constraints and Obstacles", *India Quarterly*, Vol. 67, No. 2, 1989, p. 167.

在不结盟政策下，印度在美苏两大集团之间保持了高度战略自主性，扮演了桥梁角色，经常化解双方对立的意识形态。连超级大国也发现印度的超然立场在朝鲜战争、印度支那战争、苏伊士运河危机以及其他国际危机中非常有用。印度因此收获了很多友谊，赢得了国际威望，这与印度的军事和经济实力严重不成正比。[1]

尼赫鲁之后的印度领导人基本上奉行的也都是不结盟政策。1976年，英迪拉·甘地总理说："不结盟政策是甘地包容性精神在国际事务中的转化，意味着在和平共处与合作方面的持续努力。"[2] 1977年，时任人民党政府外交部部长的瓦杰帕伊也表示："不结盟政策是最好的希望，既能增进国家利益，又能加强相互依存。"[3]

然而，不结盟政策完全是以印度利益为评判标准的。当感觉到自身利益受到损害时，印度就会丢掉不结盟，转而向超级大国求助。在1962年中印边界冲突期间，为了寻求美国和苏联的外交和军事帮助，印度与美国和苏联建立了密切的关系。1971年，印度更是与苏联签署了《和平友好合作条约》。该条约是一个准军事条约，与不结盟精神完全相悖。1979年，苏联公然入侵了阿富汗，印度并未进行谴责。

第二，反帝反殖。独立后，印度将殖民主义视为对自身安全的严重威胁，把葡萄牙仍在印度果阿的殖民统治与英法的殖民统治相提并论。尼赫鲁甚至还把北约称为是殖民主义最强有力的保护者。[4] 在尼赫鲁看来，如果不与亚非拉国家反帝斗争站在一起，印度的独立是毫无意义的。[5] 所以，印度一直积极支持反帝反殖运动。这主要通过两种形式进行，一是组织和参加有关反帝反殖会议和多边项目，参加者都是非西方国家，它们宣称要尽快消除残留的殖民统治。在1947年德里召开的亚洲关系会议上，印度

---

[1] Nalin Kant Jha, "Cultural and Philosophical Roots of India's Foreign Policy", *International Studies*, Vol. 2, No. 1, 1989, p. 49.

[2] M. S. Rajan, "The Goals of India's Foreign Policy", *International Studies*, Vol. 35, No. 1, 1998, p. 76.

[3] M. S. Rajan, "The Goals of India's Foreign Policy", *International Studies*, Vol. 35, No. 1, 1998, p. 78.

[4] R. M. Fontera, "Anti-Colonialism as a Basic Indian Foreign Policy", *Western Political Quarterly*, Vol. 13, No. 2, 1960, p. 429.

[5] Rajen Harshe, "India's Foreign Policy under Nehru and Its Contemporary Relevance", *Contemporary Perspectives*, Vol. 1, No. 1, 2007, p. 39.

号召所有国家支持印尼的独立斗争。① 在1955年万隆会议上，印度积极呼吁加强亚非团结，消除殖民主义。大会最后通过的决议宣布，无论从哪个角度讲，殖民主义都是邪恶的，应该尽快予以终结。② 二是利用联合国大会这样的国际场合影响非亚拉国家。③ 印度在联合国大力呼吁消除殖民主义，坚持联合国应在促进殖民统治权力转移中发挥更积极的作用。联合国作用的增强使得一些挣脱殖民统治新独立的国家加入其中。一些国家对印度的做法表示感谢。④

不仅如此，尼赫鲁领导下的印度还是第一批旗帜鲜明反对南非种族隔离政策的国家。印度利用联合国和英联邦会议抨击南非的种族歧视政策，并对南非进行制裁，抵制与南非的贸易，支持曼德拉领导的非洲人国民大会。在印度和其他亚非国家持续外交压力下，南非于1961年被终止了英联邦成员资格。印度还支持纳米比亚争取独立的斗争，不与津巴布韦白人政权建立外交关系。⑤ 20世纪50—70年代，印度积极支持越南、肯尼亚、摩洛哥、突尼斯、黄金海岸（加纳）、乌干达、尼日利亚、阿尔及利亚、刚果、坦桑尼亚、安哥拉、莫桑比克和几内亚比绍等国的反殖民主义斗争。1956年，在苏伊士运河危机期间，印度与埃及站在一起，谴责英法对埃及事务的干涉。⑥

第三，加强亚非团结。印度认为加强第三世界政治团结，提升发展中国家与发达国家相抗衡的经济力量，是改善发展中国家境遇的重要手段。这种观念深深根植于印度好几代领导人思维中，这些领导人基本上都成长于独立运动和独立后早期年代。⑦ 在德里亚洲关系会议上，尼赫鲁说："在

---

① Rajen Harshe, "India's Foreign Policy under Nehru and Its Contemporary Relevance", *Contemporary Perspectives*, Vol. 1, No. 1, 2007, p. 39.

② R. M. Fontera, "Anti-Colonialism as a Basic Indian Foreign Policy", *Western Political Quarterly*, Vol. 13, No. 2, 1960, p. 427.

③ R. M. Fontera, "Anti-Colonialism as a Basic Indian Foreign Policy", *Western Political Quarterly*, Vol. 13, No. 2, 1960, p. 427.

④ R. M. Fontera, "Anti-Colonialism as a Basic Indian Foreign Policy", *Western Political Quarterly*, Vol. 13, No. 2, 1960, pp. 430 – 431.

⑤ Rajen Harshe, "India's Foreign Policy under Nehru and Its Contemporary Relevance", *Contemporary Perspectives*, Vol. 1, No. 1, 2007, p. 39.

⑥ Rajen Harshe, "India's Foreign Policy under Nehru and Its Contemporary Relevance", *Contemporary Perspectives*, Vol. 1, No. 1, 2007, p. 40.

⑦ C. Raja Mohan, *Crossing the Rubicon: The Shaping of India's New Foreign Policy*, New Delhi: Penguin Books India, 2003, p. 31.

经过长期的静寂之后，亚洲在世界事务中突然变得重要起来……在欧洲成为人类历史和进步中心后，亚洲沦为了欧洲帝国主义竞技场。但变化正在到来。亚洲正在重新发现自己……对我们亚洲人民来说，存在迫切的需求和普遍的认知，那就是到了共同见证、共同友好和共同进步的时刻。"① 他进而称："对于非洲人民，我们亚洲有特别的责任。我们必须要帮助他们在人类大家庭中找到合适的位置。我们谋求的自由不是限定于这个或那个国家，或特定的阶层，而是要扩展到全人类。"② 在万隆会议上，尼赫鲁又说："在这个亚洲和非洲的新阶段，我们有决心不失败，有决心成功，有决心不再被别的国家或大陆以任何形式进行统治，有决心将幸福和财富带给我们的人民，有决心打破捆绑我们的政治和经济枷锁，无论是殖民主义的枷锁，还是我们自己制造的枷锁。"③ 需要指出的是，尼赫鲁看似充满了理想主义，其实却带有现实主义色彩。对此，印度前外交部部长贾斯万特·辛格评论说："尼赫鲁经常谈论亚洲团结，支持第三世界统一，但每当面对巴基斯坦及周边其他邻国时，他又显得特别漠不关心。他似乎有一个误区，或者认识到周边事态太混乱，因此寻求更广阔的国际活动舞台，热衷成为整个舞台的焦点。"④

苏联的解体和冷战的结束对印度外交政策产生了非常大的冲击。由于印度与苏联是事实上的战略盟友，与苏联存在重要战略利益，因此陷入了深深的哀伤中。⑤ 印度失去了一个重要军火供应者，失去了在安理会中的外交保护者（苏联拥有否决权），失去了最有实力的伙伴。不仅如此，印度还失去了进入东欧和亚洲市场的优先特权。加之由于第一次海湾战争导致的油价上涨，印度出现了支付危机。所有这些都迫使印度政策制订者重

---

① Indian Ministry of Information and Broadcasting, *Jawaharlal Nehru Speeches*, Vol. 1, Delhi: The Director Publication Division, 1949, p. 298.
② Indian Ministry of Information and Broadcasting, *Jawaharlal Nehru Speeches*, Vol. 1, Delhi: The Director Publication Division, 1949, p. 303.
③ Indian Ministry of Information and Broadcasting, *Jawaharlal Nehru Speeches*, Vol. 1, Delhi: The Director Publication Division, 1949, p. 289.
④ ［印］贾斯万特·辛格：《印度的防务》，胡仕胜、刘黎译，中国人民解放军56279部队2004年印，第37页。
⑤ C. Raja Mohan, "Balancing Interests and Values: India's Struggle with Democracy Promotion", *The Washington Quarterly*, Vol. 30, No. 3, Summer 2007, p. 102.

第二章　印度软实力的内涵及特点

新思考其外交政策。[1] 印度学者表示，苏联解体后，印度在国际社会中一时成了没有朋友的国家。尽管印度与很多国家都保持着友好关系，但涉及需要相互支持的安全问题时，印度与任何国家都没有了友谊。[2]

受影响最大的莫过于不结盟政策。在印度外交词汇中，不结盟几乎被废弃不用了，取而代之的是不含有意识形态的"战略自主性"。一些外国专家将之称为是不结盟的"现实主义修正版"。[3] 第三世界意见的不统一以及印度的经济危机暴露出尼赫鲁观念的局限性。第三世界团结和承认印度是国际政治中的一个重要作用发挥者的国家日渐消失。与苏联强有力的亲密关系实际上也反映了不结盟的有限性。[4] 对此，有分析家指出，在20世纪80年代末和90年代初交替之际，随着第二世界的垮塌，第三世界的概念逐渐成为一个被遗忘的词。资本主义的胜利以及面对全球化的普遍压力，使不结盟成为一个历史遗物和残片（relic）。谋求经济改革，面对美国主导的国际秩序，调整外交政策成为印度不可避免的议题。印度政治领导人需要反思过去，用新理念与世界打交道。[5] 然而，印度又不能表现出背离不结盟政策，减少对不结盟运动的责任和义务。结果，不结盟政策仍经常出现在印度的公共宣传中，但只是例行公事，没有任何过去那样的实际意义。[6] 例如，尽管拉奥政府强调会比以前更追求不结盟的外交政策，[7] 但在只有一个超级大国的国际格局下，不结盟已失去了应有的意义，变得无关紧要。[8]

---

[1] Arijit Mazumdar, "India's Search for a Post-Cold War Foreign Policy: Domestic Constraints and Obstacles", *India Quarterly*, Vol. 67, No. 2, 1989, p. 169.

[2] Varun Sahni, "India's Foreign Policy: Key Drivers", *South African Journal of International Affairs*, Vol. 14, No. 2, 2007, p. 22.

[3] Iskander Rehman, "India's Fitful Quest for Sea Power", *India Review*, Vol. 16, No. 2, 2017, p. 231.

[4] Arijit Mazumdar, "India's Search for a Post-Cold War Foreign Policy: Domestic Constraints and Obstacles", *India Quarterly*, Vol. 67, No. 2, 1989, p. 167.

[5] C. Raja Mohan, *Crossing the Rubicon: The Shaping of India's New Foreign Policy*, New Delhi: Penguin Books India, 2003, p. 31.

[6] C. Raja Mohan, *Crossing the Rubicon: The Shaping of India's New Foreign Policy*, New Delhi: Penguin Books India, 2003, p. 33.

[7] M. S. Rajan, "India's Foreign Policy: The Continuing Relevance of Nonalignment", *International Studies*, Vol. 30, No. 2, 1993, p. 143.

[8] Arijit Mazumdar, "India's Search for a Post-Cold War Foreign Policy: Domestic Constraints and Obstacles", *India Quarterly*, Vol. 67, No. 2, 1989, p. 169.

不过，冷战的结束也给印度带来了机遇，促使印度对以往的外交政策进行反思，进而做出调整。也只有在这种情况下，印度才会调整以往的外交政策，因为大部分国家尤其是大国一般不会轻易改变自己确定的外交目标，除非国内外环境发生了重大变化。[①] 国际形势的突变令1991年5月刚刚执政的拉奥政府左右为难。一方面，尼赫鲁为印度制定了"社会主义的发展模式"，经济上实行混合所有制。另一方面，国际发展的大趋势是经济的全球化和自由化。是固守尼赫鲁的既有路线还是开拓新的发展道路在印度国内产生了激烈争论。经过反复权衡，拉奥政府最后选择了经济改革，使印度经济逐渐与国际接轨。与此同时，拉奥也对印度外交政策进行了调整。在1991年12月18日向议会发表的演讲中，拉奥列举了印度外交的几个优先方向：阻止任何破坏印度统一和领土完整的威胁；在地区层面通过创造一个稳定和平的持久环境确保印度的地缘政治安全；通过营造一个健康的外部环境促进印度的经济发展，造福民众；设法恢复并促进世界政治经济的发展。[②]

拉贾·莫汉比较有代表性地阐述了冷战后印度外交政策的调整，将之归纳为五个方面的转变。第一个是从构建一个社会主义社会的共识转变为构建一个现代资本主义国家共识，社会主义的思想在印度根深蒂固，1976年通过的宪法修正案要求把印度建设成一个社会主义共和国。但随着苏联的垮塌，印度认为自己更应该走资本主义道路，适应全球化大趋势。这才是印度的主要国家目标。[③]

第二个是从过去强调政治转变为强调经济。冷战期间，印度外交官很少谈商业利益。冷战后印度发现自己远远落后于亚洲国家的经济发展。于是，印度外交官开始将印度定位为不断崛起的大市场和最大的信息技术大国。以前，向外国讨要援助以满足金融发展所需是印度外交的一个重要标签，现在印度需要的是外国直接投资，并进入发达国家市场。贸易而不是

[①] C. Raja Mohan, "India's New Foreign Policy Strategy", *Meeting Paper*, Beijing, May 26, 2006, p. 1.

[②] Bansidhar Pradhan, "Changing Dynamics of India's West Asia Policy", *International Studies*, Vol. 41, No. 1, 2004, pp. 14–15.

[③] C. Raja Mohan, *Crossing the Rubicon: The Shaping of India's New Foreign Policy*, New Delhi: Penguin Books India, 2003, p. xvii.

援助才是国家的优先目标。①

第三个是从第三世界主义转变为促进自己的国家利益。从独立到20世纪80年代，努力为第三世界提供公共产品，对抗西方世界成为印度天然的责任，很多国际和地区安全问题都是透过第三世界和反对帝国主义的棱镜来看的。冷战后，印度开始追求自己的国家利益，对成为国际制度管理的一部分更感兴趣，不再只是谋求成为第三世界贸易联盟抗议的领导者。②

第四个转变与第三个转变相关，即从反西方到拒绝反西方。自独立后，印度整体上秉持的是反西方立场。到20世纪80年代末，印度在国际机构中投票反对美国和西方国家的次数甚至超过了苏联反对的次数。排斥西方的经济模式和外交政策成为印度的第二属性。简言之，印度的政治阶层把反对帝国主义置于去殖民化斗争的核心，这条件反射式地演变成了反西方主义。冷战结束后，苏联变成了俄罗斯，并拥抱西方，这反过来迫使印度与过去几十年奉行的反西方政策决裂。③

第五个是从理想主义转变为实用主义。独立后，印度认为新的世界格局能够建立在和平共处和多边努力的国际合作基础上。尽管尼赫鲁的外交思想中存在一些现实主义，已认识到了保护国家利益的重要性，但印度外交政策的总基调充满了理想主义。冷战后，印度外交政策更多强调了权力的重要性。④

二 印度外交政策的特点

冷战后的印度外交政策有这样几个鲜明特点。

第一，奉行以大国为重点的多边平衡外交。冷战后，印度摒弃了意识形态，积极发展与所有国家的友好关系，以增进自身利益。印度不再将西

---

① C. Raja Mohan, *Crossing the Rubicon: The Shaping of India's New Foreign Policy*, New Delhi: Penguin Books India, 2003, p. xix.

② C. Raja Mohan, *Crossing the Rubicon: The Shaping of India's New Foreign Policy*, New Delhi: Penguin Books India, 2003, p. xx.

③ C. Raja Mohan, *Crossing the Rubicon: The Shaping of India's New Foreign Policy*, New Delhi: Penguin Books India, 2003, p. xx.

④ C. Raja Mohan, *Crossing the Rubicon: The Shaping of India's New Foreign Policy*, New Delhi: Penguin Books India, 2003, p. xxii.

方国家视为殖民国家，称之为帝国主义，也不再透过第三世界国家的棱镜去看待和处理国际事务。印度外交变得更加务实和灵活，一切以是否有利于增进印度利益为标准。在改善与美国关系的同时，印度也积极发展与俄罗斯、中国、日本、法国、德国、西班牙、澳大利亚、南非、巴西等国的关系。对于印度的多边平衡外交，拉奥时期的外交国务部长法莱罗说："在世界政治和经济发生剧变的情况下，印度在处理同发达国家和发展中国家关系时，合作应成为基调。在即将建立的世界新秩序中，印度首先关心的是本国的地位和利益。"① 2007 年，印度前国家安全顾问米什拉则表示："对印度来说，不依赖一个国家，有多种选择是非常重要的。与尽可能多的国家建立伙伴关系必须是印度追寻的目标……在国际关系中，多边外交不仅是允许的，也是最理想的。只有一个伙伴国家显示的是脆弱而不是忠诚。"②

虽然奉行的是多边平衡外交，但大国是印度外交政策的重中之重。大国历来都是国际政治舞台的主角，主导着国际和地区事务。印度要想顺利地快速崛起，在国际舞台上发挥重要作用，就必须要处理好与这些大国的关系。换言之，大国直接影响着印度崛起的速度和程度。在大国中，印度又最看重美国，因为美国是唯一的超级大国，综合实力远超其他国家。无论在防务上，还是经济和能源安全方面，印度都有求于美国，并且两国还没有根本性的利益冲突，比较容易增进关系。所以，冷战后，印度最重要的外交对象是美国。

第二，强调经济合作。印度独立后对经济发展非常重视，在经济上采取了"公私混合"的半管制经济。但印度的经济增长速度十分缓慢，并因长期只有3.5%的平均增长率而被讥讽为"印度教徒式的增长"（hindu rate of growth）。③ 不仅如此，印度将经济增长更多地限定于国内，对外关系很少涉及经济合作。这种经济发展模式存在很大缺陷。1991 年，印度发生了严重的收支平衡危机，外汇储备最少时只有 10 亿美元，仅够支付一

---

① 林承节：《印度史》，人民出版社 2004 年版，第 602 页。
② Gurpreet S. Khurana, "Optimising India-US Maritime-Strategic Convergence", *Strategic Analysis*, Vol. 41, No. 5, 2017, p. 435.
③ Arvind Virmani, "India's Economic Growth: From Socialist Rate of Growth to Bharatiya Rate of Growth", *Report of Indian Council for Research on International Economic Relations* (*New Delhi*), February 2004, p. 1.

周多的进口费用。印度当时的看守政府只好从库存的320吨黄金中提取20吨，秘密运往瑞士联邦银行，向该行借得抵押贷款2.34亿美元，以解燃眉之急。这一举动是印度独立以来从未有过的。[①] 海湾危机进一步加剧了印度的收支平衡危机。一是海湾危机爆发后，印度不得不动用外汇储备从国际市场上购买石油，这耗费了本就不充裕的外汇储备。二是海湾有大量印度劳工，印度在海湾危机爆发后进行了撤侨行动，花费巨大。三是印度劳工从海湾回国后，印度失去了不少外汇。不仅如此，苏联解体还使得印度失去了庞大的东欧市场。[②] 面对这些情况，拉奥政府对经济进行了市场化、私有化、自由化改革，放弃半管制经济，积极融入全球化，大力发展与其他国家的经贸关系，设法吸引外国直接投资。随着经济政策的调整，印度在外交中特别强调经济合作和经济收益的重要性。印度领导人出访都会让商业界人士跟随，并经常出席各种国际高端商务会议，这取得了很大成效。1992—2001年，印度经济的年均增长率达到了5%—6%，[③] 2002—2007年，年均增长率更是高达7%。即使受到了国际金融危机的冲击，印度GDP实际增长率在2008年也达到了7.3%，这一速度不仅比发达国家的经济增长率高出许多，也比一般发展中国家的经济增长要快。[④]

莫迪2014年执政后更是强调经济合作。莫迪曾担任古吉拉特邦首席部长达12年，将古吉拉特邦打造成了印度的经济繁荣之邦。也正是凭借出色的经济领导能力，莫迪赢得了大选。随后，莫迪提出了一系列推动印度经济发展的战略，如"印度制造""数字印度""智慧印度""清洁印度"等。然而，莫迪也清楚，仅靠印度一己之力无法实现经济腾飞，印度需要与其他国家合作，加强经贸往来，吸引外国投资。2017年5月，莫迪在访问德国时明确表示，印度吸引投资的最大目的在于创造就业，缩小社会贫富差距。2017年6月访美时，莫迪与亚马逊、苹果和谷歌等公司的21名首席执行官举行了圆桌会，讨论了关于签证、投资、创造就业和印度

[①] 孙士海主编：《印度的发展及其对外战略》，中国社会科学出版社2000年版，第118页。

[②] Sumit Ganguly, Manjeet S. Pardesi, "Explaining Sixty Years of India's Foreign Policy", *India Review*, Vol. 8, No. 1, 2009, p. 11.

[③] Arvind Virmani, "India's Economic Growth: From Socialist Rate of Growth to Bharatiya Rate of Growth", *Report of Indian Council for Research on International Economic Relations (New Delhi)*, February 2004, p. 15.

[④] International Monetary Fund, *World Economic Outlook*, October 2009, p. 74.

对企业征税等问题。

第三，注重能源安全。印度是个能源非常短缺的国家，2019年的石油已探明储量仅有47亿桶，只占世界的0.3%，产量仅占世界的0.9%，但消费量却占世界的5.4%，仅次于美国和中国，是世界第三大石油进口国。[1] 在天然气方面，印度的已探明储量也只有1.3万亿立方米，仅占世界的0.7%，产量只占世界的0.7%，但消费量却占世界的1.5%，是世界第四大液化天然气进口国（不包括管道进口）。[2] 印度现在每年80%的原油和18%的天然气都需要进口。其中，61%的原油进口都来自中东。[3] 根据印度政府的估算，如果要维持GDP每年9%的高速增长，一直到2031—2032年，印度年均能源消费将增长5.8%。[4] 然而，印度国内的能源根本无法满足这种需求。由于能源严重短缺，20世纪70年代发生的石油禁运和20世纪90年代初爆发的海湾危机都对印度产生了非常大的影响。时至今日，除古吉拉特等少数几个经济较发达的邦可保障24小时供电外，印度其他邦的用电高峰期断电情况时有发生，2012年更是遭遇了人类电力史上最大断电事件，22个邦的6亿多民众突然陷入无电可用状态。据世界银行报告显示，电力短缺给印度经济带来的损失相当于其GDP的7%左右。[5] 为了确保能源安全，印度积极进行能源外交，希望与海湾国家、俄罗斯、美国、法国、德国、日本和非洲国家进行能源合作。2006年，印度与美国签署了民用核协议。2016年，印度与日本签署了民用核能协议。2017年6月，印度与俄罗斯正式启动了库坦库拉姆二期工程建设，并签署了三期工程框架协议，内容包括采用俄核反应堆设计建造库坦库拉姆5、6号机组。莫迪表示，到2022年印度绿色发电量将达1750亿瓦，俄罗斯承诺为库坦库拉姆核电站提供总额42亿美元的贷款。[6] 库坦库拉姆核电站1—6号机组均由俄罗斯承建。目前，俄罗斯是唯一一个在印度建有核电站的国家。

---

[1] B. P. , *Statistical Review of World Energy*, June 2020, pp. 14, 6, 21, 30.

[2] B. P. , *Statistical Review of World Energy*, June 2020, pp. 32, 34, 36, 41.

[3] Nadezhda Filimonova, "Prospects for Russian-Indian Cooperation in the High North: Actors, Interests, Obstacles", *Maritime Affairs: Journal of the National Maritime Foundation of India*, Vol. 11, No. 1, Summer 2015, p. 105.

[4] Uttam Kumar Sinha and Arvind Gupta, "The Arctic and India: Strategic Awareness and Scientific Engagement", *Strategic Analysis*, Vol. 38, No. 6, 2014, p. 879.

[5] 李晓喻：《抢跨境投资，印度靠拢欧洲？》，《欧洲时报》2017年6月16日。

[6] 《印俄谋求扩大经贸合作》，《人民日报》2017年6月5日第21版。

2017年6月，印度与西班牙签署了可再生能源合作备忘录，与法国签订了深化核能合作谅解备忘录，法国将帮助印度建造6座核电站。[1]

第四，大打反恐牌。印度在外交上大打反恐牌的主要原因有三个：一是印度深受恐怖主义之害。印度国内经常爆发恐怖主义事件，并已成为各种恐怖主义的"试验田"，新形式的恐怖活动在被复制到西方之前基本上都首次在印度实施。[2] 在所谓的自由和民主国家中，印度发生的恐怖事件占到了75%。[3] 例如，1993年爆发了由达乌德·易卜拉欣集团制造的孟买系列爆炸案，造成260人死亡，这是当时世界上最严重的恐怖袭击事件。[4] 2001年象征印度民主的议会大厦遭到了恐怖袭击，造成多人受伤。2008年更是发生了孟买特大恐怖袭击，造成了170人死亡，其中包括28名外国人，200多人受伤，被称为印度版的"9·11"。[5] 2000—2020年（截至8月2日），印度因恐怖袭击致死人数多达45117人，其中安全人员7233人，平民13895人，恐怖分子22854人，身份不明1195人。[6] 而根据美国马里兰大学发布的《全球恐怖主义指数》，印度2018年的恐怖指数为7.568，位居世界第7位，属于恐怖主义十分严重的国家。[7] 二是借反恐打压巴基斯坦。印度一直指控巴基斯坦支持恐怖主义，对印度发动"代理人"战争，是跨境恐怖主义的幕后指使者，策划和实施了多起针对印度的恐怖事件。[8] 三是抢占反恐道德制高点，树立良好形象。由于恐怖主义是

---

[1] Prakash NandaJun, "Narendra Modi in France: For True Meaning of PM's Visit, Look beyond Headlines on Climate and Terror", *First Post*, June 4, 2017.

[2] Arvind Gupta and Ahok Behuria, "India's Experience in Dealing with Terrorism", in Anand Kumar, ed., *The Terror Challenge in South Asia and Prospect of Regional Cooperation*, New Delhi, Pentagon Security International, 2012, p. 45.

[3] F. Gregory Gause III, "Can Democracy Stop Terrorism?", *Foreign Affairs*, Vol. 84, No. 5, September-October 2005, p. 66.

[4] David Barnard-Wills and Cerwyn Moore, "The Terrorism of the Other: Towards a Contrapuntal Reading of Terrorism in India", *Critical Studies on Terrorism*, Vol. 3, No. 3, December 2010, p. 390.

[5] Syed Manzar Abbas Zaidi, "Profiling the Lashkar-e-Taiba", *South Asian Survey*, Vol. 16, No. 1, 2009, p. 315.

[6] "India Fatalities: 2000-2020", https://www.satp.org/datasheet-terrorist-attack/fatalities/india, 上网时间：2020年8月4日。

[7] The Institute for Economics and Peace of the University of Maryland, *Global Terrorism Index* 2018, p. 8.

[8] Waqar-un-Nisa, "Pakistan-India Equation: Determinants, Dynamics and the Outlook", *Policy Perspectives*, Vol. 14, No. 1, 2017, pp. 24-25.

全球公害，没有哪个国家会公开表示同情，印度提反恐倡议，能轻易获得其他国家的支持和认同。

"9·11"后，印度不仅加入了美国领导的全球反恐战争，而且还分别与美国、中国、英国、俄罗斯、德国、巴基斯坦等国建立了反恐联合工作组，以加强反恐信息交流和情报互换，并与不丹、缅甸联合对东北地区的极端分离组织进行打击，防止这些组织盘踞在边界地区或逃窜到邻国。2017年6月，莫迪访美期间在与特朗普会晤时多次提到了反恐问题，极力劝说美国向巴基斯坦施压，迫使巴基斯坦停止支持针对印度的恐怖活动。印度外长斯瓦拉吉2017年10月与到访的蒂勒森会谈时也提到反恐问题。斯瓦拉吉甚至向蒂勒森表示，只有巴基斯坦坚决打击恐怖主义，美国的南亚战略才能获得成功。[①] 在2017年印度与日本发表的联合声明中，两国严厉谴责了印巴边界恐怖主义与极端主义的增长，并认为全球都应对恐怖主义保持零容忍，要求伊斯兰堡严惩境内武装组织。2017年6月的印俄《圣彼得堡宣言》则称，强烈谴责任何形式的恐怖主义，无论什么人出于什么原因实施恐怖主义都是我们坚决反对的。2017年5月的印德联合声明也使用了同样词汇。2017年9月的《金砖国家领导人厦门宣言》则谴责一切形式和表现的恐怖主义，强调任何原因都不能作为为恐怖主义正名的理由，并将包括虔诚军、穆罕默德军在内的多个组织列为恐怖组织。印度一直指责虔诚军、穆罕默德军对印度发起了多起恐怖袭击。

第四节 海外印度人内涵及特点

一 海外印度人的移民历史

印度人很早就开始向海外移民。按照时间序列和移民数量，可将印度人的移民历史分为三个阶段。

第一个阶段发生在古代和中世纪。移民者主要是宗教人士与商人，前往的地区是中东、非洲北部和东部。移民的主要原因是传播宗教和进行贸易。虽然都是自愿移民，未受外界强迫，但由于交通不便，加之对世界了解不多，这一阶段的移民人数较少，基本上都是个人行为。

---

① "India and USA Are Natural Allies", *The Hindu*, October 25, 2017.

第二个阶段发生在欧洲殖民统治的 19 世纪。随着英国 1834 年、荷兰 1846 年、法国 1873 年宣布废除奴隶制,这些国家在殖民地的种植园需要大量廉价劳工。由于人口较多,价格便宜,大量印度人被荷兰、法国和英国殖民者以契约劳工的形式输送到东南亚、加勒比海、非洲等地。契约到期后,一些人返回了印度,但由于路途较远,生活拮据,返程费用不足,大部分人都留在了当地。到 19 世纪末,印度在海外的移民已有 160 万之多。[①] 这一阶段的印度移民基本上都是被迫的,只有极少数商人、半技术工人和旅行者是自愿移民,他们去往的多是英国、荷兰和法国及其殖民地。[②]

第三个阶段是在印度独立后的 20 世纪 60 年代末到 70 年代。与第二个阶段移民不同的是,这次移民完全自愿。移民的主要目的地是英美等西方发达国家和盛产石油的海湾地区。其中,前往西方发达国家的主要是受过良好教育的知识分子、企业家、医生等,而前往海湾地区的则主要是技术和半技术工人,以务工为主。这股移民潮一直持续到现在。

虽然整体上可分为这三个阶段,但由于每个地区差异较大,印度向世界各地移民的情况不尽相同。下面就印度人向北美、海湾、非洲和东南亚移民的情况进行介绍,之所以选择这几个地区进行介绍因为这几个地区的海外印度人数量较多,对印度的影响较大。

北美的海外印度人主要有三类。第一类是生活在落后农业地区的移民。他们是第一波到达加拿大不列颠哥伦比亚省南部的印度人。第二类是企业家、商店店主、汽车旅馆店主、小企业主。他们主要是在 20 世纪 60 年代及以前到达北美的。第三类是专业人员如医生和工程师(20 世纪 60 年代及之前到达)、媒体人员(20 世纪 80 年代及以前达到)、软件技术人员、管理顾问、金融专家等。[③]

19 世纪中期就有印度人到达加拿大,但无确切记载。比较明确的是,当印度士兵 1902 年参加完英国爱德华七世的加冕仪式回国途经加拿大时,曾提醒自己的同胞在这一地区有定居机会。于是,1903 年陆续有印度锡克

---

① Rajesh Vetcha and T. L. S. Bhaskar, "Back to India?", *The Hindu*, December 12, 2003.

② Ravindra K. Jain, "Indian Diaspora, Globalization and Multi Culturalism: A Cultural Analysis", *Contributions to Indian Sociology*, Vol. 32, No. 2, 1998, p. 339.

③ The Government of India, *Report of the High Level Committee on the Indian Diaspora*, December 2001, p. 159.

教徒到温哥华谋生，主要从事伐木业、农业和修筑铁路。然而，由于是有色人种，与当地人肤色不同，并不受欢迎，生活异常困顿。虽然条件艰苦，但他们的人口增长速度却很快。到1908年，这些移民已达2623人。面对这种情况，为了限制印度移民的涌入，加拿大于1908年出台了移民限制法。规定必须是乘坐"连续航行"（continuous journey）的船只才能在加拿大停靠。由于从中国、印度和日本出发的船只必须要在夏威夷加油，没有直达加拿大的船只，这些国家的人被禁止进入加拿大。不仅如此，加拿大唯一提供移民服务的公司加拿大太平洋公司还被通知不准向印度人发放赴加拿大的许可证，其他限制性条件还包括对欧洲语言要熟悉（这一点印度人有优势），每个移民至少要带200美元。受这些条件限制，1909—1943年，只有878名印度人获得了前往加拿大的许可证。由于无法拥有合法身份，一些印度移民开始回国或者去往美国。1914年，加拿大政府宣布完全禁止印度人入境。[①]这种情况一直持续到第二次世界大战结束。1947年，印度移民获得了投票权。1962—1967年，加拿大陆续废除了基于种族和国籍歧视的移民法，1971年，加拿大甚至还将多元文化主义作为国家的基本政策，这导致了印度移民的大量涌入，人数从1961年的6774人增加到6.8万人，增长了9倍，到1991年增长到50万人，[②] 2000年为71.3万人，2005年又增加到96.3万人。2000—2005年，印度移民增长了35%。[③] 2016年，在加拿大的海外印度人有100余万（见表2-3）。

印度向美国移民的历史可分为三个阶段。第一个阶段从19世纪到第二次世界大战结束。19世纪中期，陆续有印度移民从不列颠哥伦比亚省到美国西北部地区寻找工作机会，他们大多是来自印度旁遮普邦的锡克教徒。到19世纪晚期，印度移民与当地社会开始在北加利福尼亚农业生产区定居，并在旧金山成立了暴动党（Ghadar party），积极为印度的自由独立运动募捐。印度人身份以及参加暴动党使印度移民格格不入，并招致了

---

① The Government of India, *Report of the High Level Committee on the Indian Diaspora*, December 2001, p. 161.

② The Government of India, *Report of the High Level Committee on the Indian Diaspora*, December 2001, p. 164.

③ Masud Chand, "Diasporas, Migration, and Trade: the Indian Diaspora in North America", *Journal of Enterprising Communities: People and Places in the Global Economy*, Vol. 6 No. 4, 2012, p. 386.

种族歧视。美国通过立法对所有亚洲移民群体的婚姻、土地和投票等相关权利进行限制。有些法律则专门针对的是印度移民。1880年,美国移民委员会在一份报告中称印度移民是所有移民中最不受欢迎的人群,因而得不到美国的承认,美国当地人也认为亚洲移民人种不如白种人高贵,应全部禁止其进入美国,在各种条件限制下,这一时期到美国的印度移民非常少。①1905—1915年,只有6359名印度人移民美国,不仅如此,1907年,在靠近加拿大的华盛顿州贝林汉姆镇(Bellingham)还爆发了反印度移民暴力事件,其他镇也陆续爆发了类似事件,这些反亚洲移民的暴力活动不仅没有受到惩罚,反而得到了媒体的支持。面对这种情况,印度移民不断向有工业基础的加利福尼亚迁移。1917年,美国国会通过一项移民法,设置了移民禁区,没有文化基础的亚洲移民只能生活在固定区域,印度移民也受到了排挤。美国驱逐亚洲人联盟竭力禁止印度人进入美国,这导致了印度移民的人口下降、性别不平衡、职业选择受限,只能在隔离区生活。

第二个阶段从第二次世界大战结束到1965年。美国实施的歧视亚洲移民的政策一直持续到第二次世界大战。1943年,罗斯福总统和美国国会废除了针对中国移民的驱逐法案。美国对印度的看法也发生了变化,尤其是甘地在非洲的非暴力不合作运动以及在印度领导的自由独立运动给美国民众留下了深刻印象。1930年,《时代》杂志将甘地选为封面年度人物。二战结束后,随着美国对专业人员特别是医生、工程师和企业家需求的迅速增加,拥有丰富人力资源的印度受到了美国的关注,美国终止了对印度移民的限制,1946年,美国出台了《印度公民法》(Indian Citizenship Bill),让印度移民归化入籍,每年允许100名印度人移民美国。1952年,美国国会通过的移民法又规定,整个亚太地区每年向美国移民的人数不得超过2000人。②1948—1965年,约有7000名印度人移民美国,1946—1965年,有9000多名印度移民获得了美国公民身份。③

---

① Wei Li and Emily Skop, "Diaspora in the United States: Chinese and Indians Compared", *Journal of Chinese Overseas*, Vol. 6, No. 2, 2015, p. 290.
② Wei Li and Emily Skop, "Diaspora in the United States: Chinese and Indians Compared", *Journal of Chinese Overseas*, Vol. 6, No. 2, 2015, p. 295.
③ Wei Li and Emily Skop, "Diaspora in the United States: Chinese and Indians Compared", *Journal of Chinese Overseas*, Vol. 6, No. 2, 2015, p. 295.

第三个阶段是从1965年至今。1965年，美国制定了新的移民法，取消了移民限制。印度人开始大规模向美国移民，其职业多是工程师和医生。[①] 1960年，在美国的印度移民不到1.3万人。[②] 1965年，只有582名来自印度的新移民到达美国，1966年，印度新移民的数量为2458人，1970年，印度新移民超过了1万人，1960—1980年，印度在美国的移民数从不到9000增长到为38.7万多，[③] 1990年，印度移民已有81.5万人，2000年达167.9万人，[④] 2010年，又增加到284.3万。[⑤] 2019年更是达446万人。[⑥] 印度移民是美国人口中增长速度最快的外来移民，也是美国第二大亚洲移民，仅次于中国移民。在美国，印度移民最多的几个州是加利福尼亚、新泽西和得克萨斯。最多的城市是纽约和芝加哥。

与在北美的移民不同，印度在海湾地区的移民主要是劳工。早在伊斯兰教产生之前，印度就有人或因经商，或因寻找就业机会，或因逃避国内战乱而到了海湾地区，但人数都比较少。随着20世纪初海湾地区发现石油，赴海湾地区务工的印度人开始不断增多。1902年，一家在海湾地区进行作业的外国石油勘探公司雇用了几名印度人。1909年成立的"安格鲁—波斯石油公司"（Anglo-Persian Oil Exploration）在1910年雇用了368名印度劳工，1911年雇用了158名，之后雇用的人数不断增加，到1925年达到了4890人。这种模式在20世纪30年代和40年代也被其他石油公司采用。到20世纪50年代，在海湾地区的印度劳工达到了15000人，到20世纪70年代初，这一数字变成了20000。[⑦]

[①] The Government of India, *Report of the High Level Committee on the Indian Diaspora*, December 2001, pp. 163 – 164.

[②] Wei Li and Emily Skop, "Diaspora in the United States: Chinese and Indians Compared", *Journal of Chinese Overseas*, Vol. 6, No. 2, 2015, p. 296.

[③] Jason A. Kirk, "Indian-Americans and the U.S.-India Nuclear Agreement: Consolidation of an Ethnic Lobby?", *Foreign Policy Analysis*, Vol. 4, No. 3, 2008, p. 286.

[④] The Government of India, *Report of the High Level Committee on the Indian Diaspora*, December 2001, p. 169.

[⑤] Masud Chand, "Diasporas, Migration, and Trade: The Indian Diaspora in North America", *Journal of Enterprising Communities: People and Places in the Global Economy*, Vol. 6 No. 4, 2012, p. 387.

[⑥] 印度外交部网站, http://mea.gov.in/images/attach/NRIs-and-PIOs_1.pdf, 上网时间：2020年8月1日。

[⑦] Prakash C. Jain, "Indian Migration to the Gulf Countries: Past and Present", *India Quarterly*, Vol. 61, No. 2, 2005, p. 56.

第二章　印度软实力的内涵及特点

印度劳工真正大规模涌向海湾地区是在1973年石油价格暴涨，海湾国家经济出现繁荣而本国劳动力又比较短缺之后。海湾国家不仅需要技术工人和专业人员，也需要半技术和无技术工人。由于相距较近，劳动力资源丰裕，加之双方存在着一定的文化联系，印度和巴基斯坦开始向海湾地区大量输送劳工。从1970年到1975年，这两国向海湾地区输送的非技术劳工增长了200%。1975年，在海湾地区的外来劳工中，印度劳工占了39.1%，巴基斯坦劳工占58.1%，其他亚洲国家劳工占2.8%。[1] 之后几年，印度向海湾地区输送的劳工数量逐渐超过了巴基斯坦，成为海湾地区外来劳工规模最大的输出地。1976—1996年，印度共向海湾地区输送了555.5万名劳工。[2] 从2000年到2009年，印度流向海湾地区的劳工达到了533万人，年均53.3万人。在2006—2009年间，印度流向海湾地区的劳工占到了其外流劳工总人数的90%以上。[3]

现在，海湾地区是世界上移民规模最大的外来移民居住地。外国人占到了海湾地区总人口的45%，其中阿曼为27.6%，沙特为31%，巴林为40%，科威特为70%，卡塔尔为80%，阿联酋为88.5%。而印度劳工又是海湾地区最大的外国人群。在沙特、阿联酋、巴林和阿曼，印度劳工都是规模最大的外来人口，这些劳工约有800万人，每年汇回的侨汇有350亿美元。海湾地区80%的新劳工都是印度人，[4] 其中，阿联酋有342.5万，沙特有259.5万，科威特有103万，阿曼有78.1万，卡塔尔有74.7万，巴林有32.7万。[5]

这些印度劳工大致可以分为四类。第一类是无技术工人，主要受雇于建筑公司、农业部门及家政公司。第二类是技术和半技术工人。第三类是专业人员，如受雇于政府和私人部门的医生、工程师、注册会计师等。第四类是商人。如果按照比例划分，在20世纪70年代和80年代，这些劳工

---

[1] Binod Khadria, "India: Skilled Migration to Developed Countries, Labour Migration to the Gulf", *Working Paper*, 2006, p. 14.

[2] Prakash C. Jain, "Indian Migration to the Gulf Countries: Past and Present", *India Quarterly*, Vol. 61, No. 2, 2005, p. 57.

[3] Ministry of Overseas Indian Affairs, *Annual Report 2009 - 2010*, p. 53.

[4] Mélissa Levaillant, "Diplomacy as Diaspora Management: The Case of India and the Gulf States", *Asie Visions*, No. 95, November 2017, p. 13.

[5] 印度外交部网站，http://mea.gov.in/images/attach/NRIs-and-PIOs_1.pdf，上网时间：2020年8月1日。

将近90%都是半技术和无技术工人。现在，这一比例为65%，35%为拥有技术的白领工人。① 2015年，有30.6万名低技术工人到了沙特，22.5万名低技术工人到了阿联酋，8.5万名低技术工人去了阿曼，5.9万名低技术工人去了卡塔尔。这些低技术工人主要来自印度的北方邦、比哈尔邦、泰米尔纳德邦、西孟加拉邦、旁遮普邦、安得拉邦、拉贾斯坦邦和喀拉拉邦。②

由于陆地和水上均与东南亚接壤，印度人向东南亚移民是通过陆地和水上两种方式进行的。虽然进行移民的动机在学术界存在争议，但一般认为主要是出于经济因素。东南亚矿藏丰富，是吸引印度人的重要原因。但早期的印度移民人数很少。印度人向东南亚大规模移民是在19世纪至20世纪初，这一时期向东南亚移民的印度人有两类，一类是契约制或康甘尼制（Kangani System）下的契约劳工；另一类是自由的商人、文员、官吏和专业人员。就第一类移民来说，欧洲殖民者宣布取消奴隶制后，其在殖民地的种植园严重缺少劳动力，中国人和印度人就成为这些劳动力的主要来源。1852—1937年，印度约有200万名劳工被送往马来西亚，250万名劳工被送往缅甸。由于距离较近，一些劳工在契约到期后返回了印度。1920年后，由于对印度劳工需求减少，康甘尼制下的劳工逐渐让位于个体劳工和非招募的劳工。第二类移民主要发生在19世纪晚期和20世纪前半期，目的地主要是缅甸和马来西亚。这些人主要来自印度现在的北方邦、拉贾斯坦邦、泰米尔纳德邦、古吉拉特邦、马哈拉施特拉邦和旁遮普邦。

印度移民在东南亚没有政治利益诉求，他们与母国保持着经济、文化和政治联系。印度领导人如尼赫鲁和社会名宿如泰戈尔经常访问这些国家，这改善了印度移民在东南亚特别是马来西亚社会中的地位。1942年，印度国民军在马来西亚成立，1942—1945，数千印度志愿者（基本上都是印度移民）加入了国民军，为印度独立而战。印度独立联盟组织也在东南亚国家设立了领导中心，招募人员，募集资金，协调独立运动，人员和资

---

① Samir Pradhan, "India's Economic and Political Presence in the Gulf: A Gulf Perspective", *Report of Gulf Research Center* (*UAE*), April 2009, p. 23.
② Mélissa Levaillant, "Diplomacy as Diaspora Management: The Case of India and the Gulf States", *Asie Visions*, No. 95, November 2017, p. 14.

金源源不断地从东南亚运往印度。印度独立后,仍有少数人移民泰国、马来西亚、新加坡和印尼。这些新移民主要是专业人员,为双方的合资企业或其他机构工作,东南亚一些当地公司后来也开始雇用这些专业人员。在泰国,还有一些来自印度北方邦的蓝领工人。到2001年,东南亚各国有印度移民483.8万,其中最多的是缅甸290万,其次是马来西亚有166.5万。[①] 到了2019年则有600多万,最多的是马来西亚298.8万,其次是缅甸200.9万(见表2-3)。

印度人向非洲移民的过程比较复杂。尽管古代就有一些商人到非洲经商,但印度人集中向非洲移民始于17世纪中叶。自此算起,印度向非洲移民主要经历了三个阶段。

第一个阶段从1653年到1833年。在这一阶段,荷兰殖民者将印度人作为奴隶贩卖到其当时的殖民地南非的开普敦。从1653年到19世纪早期,大约有1195名印度人被贩卖到开普敦当奴隶,占到了开普敦奴隶总数的36.4%。这些奴隶主要来自孟加拉地区(现在的西孟加拉邦和孟加拉国),[②] 为荷兰殖民者充当家奴或与非洲奴隶一起在农庄里干活。他们地位低下,只能与来自东亚或非洲的奴隶结婚,其后代被称为"马来人"。"马来人"泛指开普敦所有的穆斯林,而不管其出身如何。[③]

第二个阶段从1833年到1947年印度独立。这一阶段,印度向非洲的移民人数较多。1833年,英国宣布废除奴隶制度,为了弥补殖民地种植园劳动力的不足,英国殖民者通过印度政府招募了大量契约劳工,然后将这些廉价劳工送往非洲。1860—1911年,大约有15.22万名契约劳工被送到南非,其中62%是成年男人,25%为妇女,13%为儿童。这些劳工的契约期限为5年,期满可以再续约5年,干满十年可自由返回印度,如果留下则能获得一些赠地。1891年,赠送土地的做法被取消。[④] 很多劳工期满后

[①] The Government of India, *Report of the High Level Committee on the Indian Diaspora*, December 2001, pp. 252-253.

[②] The Government of India, *Report of the High Level Committee on the Indian Diaspora*, December 2001, p. 75.

[③] The Government of India, *Report of the High Level Committee on the Indian Diaspora*, December 2001, p. 75.

[④] The Government of India, *Report of the High Level Committee on the Indian Diaspora*, December 2001, p. 76.

选择了留下来。据统计，到1911年，只有23%的劳工返回了印度。[①] 在东非，1896—1901年，有3.2万名印度契约劳工被送到肯尼亚，为了修建肯尼亚—乌干达铁路，有2493人死亡，6454人残疾。[②] 到19世纪60年代年末，约有3万名印度契约劳工被送到非洲东部。这些劳工的契约期限为3年。合同到期后，大部分人选择了返回印度，但仍有7000人留了下来。[③] 在印度洋岛国毛里求斯，1834—1920年，约有4.2万名印度契约劳工被送到那里。[④] 这一时期到非洲的契约劳工主要来自比哈尔邦、北方邦、泰米尔纳德邦、安得拉邦和旁遮普邦。除契约劳工外，这一阶段还有一些自由移民如旅行者、贸易者、建筑工人、专业人员和商人。[⑤] 商人主要来自古吉拉特邦。据估计，1829—1924年，约有76.94万自由移民到了毛里求斯、南非、留尼汪岛、塞舌尔和东部非洲。[⑥] 甘地就是在1893年到达南非的，身份是律师。

第三个阶段从印度独立持续到现在。这一时期向非洲进行移民的主要是高技术专业人员、商人和合同制工人。20世纪70—80年代，就有一些印度专业人员到了尼日利亚和博茨瓦纳。[⑦] 由于独立后的印度人主要移民的对象是欧美发达国家（移民者多是医生、工程师、科学家、学者、信息技术专家）和海湾地区（移民者多是半技术和无技术工人），这一时期去非洲的印度移民相对较少。

印度移民在非洲主要集中在南部和东部，这主要有两个原因。一是语言相通。非洲南部和东部以前主要是英国殖民地，与印度同归英国管理，

[①] The Government of India, *Report of the High Level Committee on the Indian Diaspora*, December 2001, p. 77.

[②] The Government of India, *Report of the High Level Committee on the Indian Diaspora*, December 2001, p. 91.

[③] The Government of India, *Report of the High Level Committee on the Indian Diaspora*, December 2001, p. 95.

[④] The Government of India, *Report of the High Level Committee on the Indian Diaspora*, December 2001, p. 50.

[⑤] Sanjukta Banerji Bhattacharya, "The Role of the Indian Diaspora in Africa", in Ruchita Beri, ed., *India and Africa: Enhancing Mutual Engagement*, New Delhi: Pentagon Press, 2014, p. 145.

[⑥] Rajneesh Kumar Gupta, "Indian Diaspora in Africa: A Profile", *Africa Trends*, Vol. 3, No. 2, April-June 2014, p. 5.

[⑦] The Government of India, *Report of the High Level Committee on the Indian Diaspora*, December 2001, p. xvii.

双方在语言上的障碍较少。而说法语、葡萄牙语和阿拉伯语非洲国家的印度移民较少也说明了这一点。二是距离印度较近，来往方便，费用低。①

如果按照印度移民的人口规模，可将非洲国家分为四类。一是主导力量国家（dominant strength）。这主要指印度移民在该国人口中所占比重超过了50%，这一类只有毛里求斯。在毛里求斯，印度移民占到了该国总人口的70%左右。②不仅如此，印度移民还在该国的政治进程中扮演着关键性作用。二是重要力量国家（substantial strength）。这主要指印度移民达到了100万人或所占比重较高。根据这一标准，南非和留尼汪岛属于此类。南非的印度移民有156万，占非洲印度移民的57%，占南非总人口的3%左右。这些人主要居住在南非的工业中心。其中75%居住在夸祖鲁—纳塔尔省（KwaZulu-Natal）。在留尼汪岛，印度移民占到了总人口的31%，③影响较大。三是边缘力量国家（marginal strength）。这主要指印度移民在1万—10万人之间。加纳、肯尼亚、坦桑尼亚、乌干达、塞舌尔、马达加斯加、马拉维、莫桑比克、赞比亚和津巴布韦属于此类。印度移民在这些国家所占比重较小，且居住分散。他们很少有机会获得较高的政治职位，但在经济上十分成功，塑造公共观点的能力较强。不过，马拉维是个例外。在马拉维，印度移民积极参与政治，在政府和议会中都有代表。四是微小力量国家（minimal strength）。这主要指印度移民在1万人以下。有24个国家属于此列。在这些国家，印度移民很难获得政治职位，但在经济上有较大影响。④

二 海外印度人的特点

海外印度人具有这样几个明显特点。

第一，人数众多。印度将其侨民分为两类：一类是已加入了居住国国

---

① Sanjukta Banerji Bhattacharya, "The Role of the Indian Diaspora in Africa", in Ruchita Beri ed., *India and Africa: Enhancing Mutual Engagement*, New Delhi: Pentagon Press, 2014, p. 145.
② The Government of India, *Report of the High Level Committee on the Indian Diaspora*, December 2001, p. 49.
③ Paokholal Haokip, "India's Diaspora Policy in Africa: Half-Baked for Francophone", *Insight on Africa*, Vol. 2, No. 1, 2010, p. 41.
④ Rajneesh Kumar Gupta, "Indian Diaspora in Africa: A Profile", *Africa Trends*, Vol. 3, No. 2, April-June 2014, pp. 5 – 7.

籍的印裔及其后代（Persons of Indian Origin，PIO）；另一类是非居住印度人（Non-Resident Indians，NRI），这一类人虽然不生活在印度国内，但仍持有印度护照，属于印度国籍。只要一位印度公民一年之内离开印度超过180天，就被归为非居住印度人。像出国务工的劳工，出国留学的学生大多都属于此类。按照这种统计方法，根据印度2001年发布的数据，海外印度人约有2000万，分布在100多个国家，是世界上仅次于海外华人的第二大移民群体，其中，人数超过1万人的国家有48个，超过50万人的有11个。① 虽然在一些国家，海外印度人的绝对数并不是很多，但在该国总人口中所占的比例却很高。例如，在毛里求斯，海外印度人占全国总人口的比例就高达70.10%，这一比例在斐济为47.75%，在苏里南为35.9%，在特立尼达和多巴哥为35.25%，在圭那亚为30.3%，在尼泊尔为27.12%。② 如果按照最新的统计数据，2019年海外印度人有3214.3万人，分布在210个国家，其中超过50万人的国家为16个。海外印度人的人数增长非常快，2001年约为2000万，到2019年增加了50%多，50万及以上的国家从11个增加到16个。新增加的国家是科威特、尼泊尔、阿曼、斯里兰卡和卡塔尔（见表2-3）。1万人及以上的国家从48个增加到67个。在3214.3万海外印度人中，印裔有1868.4万，占比58.2%，非居住印度人1345.9万，占比41.8%。③ 海外印度人最多的国家是美国，有446万人，其中印裔318万人，非居住印度人128万人。其他国家比较多的是阿联酋，为342.5万人，马来西亚为298.8万，沙特为259.5万，缅甸为200.9万，英国为176.4万，斯里兰卡为161.4万（见表2-3）。

表2-3　　　　　　海外印度人超过50万的国家　　　　　　（单位：万）

序号	国别	2001年	2019年
1	美国	168	446.0

---

① The Government of India, *Report of the High Level Committee on the Indian Diaspora*, December 2001, p. v.

② 贾海涛：《海外印度人与海外华人国际影响力比较研究》，山东人民出版社2007年版，第80页。

③ 印度外交部网页，http：//mea.gov.in/images/attach/NRIs-and-PIOs_1.pdf，上网时间：2020年8月1日。

续表

序号	国别	2001年	2019年
2	加拿大	85	168.9
3	英国	120	176.4
4	南非	100	156.0
5	沙特	150	259.5
6	阿联酋	100	342.5
7	毛里求斯	72	89.5
8	特立尼达和多巴哥	50多	55.7
9	缅甸	290	200.9
10	马来西亚	170	298.8
11	新加坡	70	65.0
12	科威特	29	103.0
13	尼泊尔	—	60.0
14	阿曼	31	78.1
15	卡塔尔	13	74.7
16	斯里兰卡	—	161.4
17	世界各国总计	约2000	3214.3

资料来源：The Government of India, *Report of the High Level Committee on the Indian Diaspora*, December 2001, pp. xlvii - 1, 印度外交部网站, http://mea.gov.in/images/attach/NRIs-and-PIOs_1.pdf, 上网时间：2020年8月1日。

第二，成就突出。经过艰苦奋斗和不懈努力，海外印度人在各领域都取得了非凡的成就。据统计，在世界各地，海外印度人曾出过3位总统，3位总理，68位部长和250名议员。[①] 在加拿大，乌贾拉·多桑吉哈（Ujjal Dosanjh）曾当选为不列颠哥伦比亚省省长。在发达国家的第一代亚洲裔群体中，很难找到这样的案例。长赫布·达利瓦（Herb Dhaliwal）则曾进入加拿大内阁，出任自然资源部部长，这是另一个典型案例。一些印裔加大拿人包括女性当选为国会议员。扎戈米特·辛格（Jagmeet Singh）是印度第二代移民，现在是加拿大第三大党、左翼新民主党（New Democrat-

---

[①] 贾海涛：《海外印度人与海外华人国际影响力比较研究》，山东人民出版社2007年版，第86—87页。

ic Party）领导人，是未来总理的有力竞争者。在美国，1956年，迪利普·辛格·桑德（Dilip Singh Saund）当选为美国国会议员，是印裔和亚洲裔群体中第一个当选美国国会议员的。美国前驻联合国代表黑莉、议员图尔西·加伯德（Tulsi Gabbard）和鲍比·金达尔（Bobby Jindal）都是印裔美国人。黑莉曾三次当选南卡罗来纳州议员，两度出任南卡罗来纳州州长。鲍比·金达尔2007年则当选为路易斯安那州州长，是当时全美最年轻的州长，也是首位印度裔州长，并于2015年宣布竞选总统，但后来退出。在毛里求斯，印度移民不仅一直担任国家领导人，而且很多还被选为议员。正因为此，毛里求斯被称为是远离印度本土的"小印度"。① 葡萄牙现任总理安东尼奥·科斯塔、苏里南现任副总统阿斯温·阿德欣（Ashwin Adhin）、新加坡前总统纳丹（Nathan）也都有印度血统。在2017年的英国议会选举中，有10名印裔英国人当选议员。②

在科技领域，一些海外印度人获得过诺贝尔奖。1968年哈尔·葛宾·科拉纳（Har Gobind Khorana）获得了诺贝尔生理学或医学奖。1983年钱德拉塞卡拉（S. Chandrashekhar）获得了诺贝尔物理学奖。2001年V. S.奈保尔获得了诺贝尔文学奖。在美国，15%的信息技术初创企业是海外印度人创建的，超过30万海外印度人在信息技术行业上班。③ 美国硅谷40%初创公司的首席执行官、首席技术官、首席财务官或者首席运营官都是由海外印度人担任的。特朗普前首席顾问班农2015年曾说，硅谷公司三分之二或者四分之三的首席执行官都来自南亚或者亚洲。④ 很多印度人或海外印度人已成为世界著名跨国公司掌门人。像谷歌首席执行官桑达尔·皮查伊（Sundar Pichai）、百事公司董事长兼首席执行官卢英德（Indra Nooyi）、万事达卡国际组织总裁兼首席执行官彭安杰（Ajay Banga）、微软首席执行官萨蒂亚·纳德拉（Satya Nadella）、诺基亚首席执行官拉吉夫·

---

① Rajneesh Kumar Gupta, "Indian Diaspora in Africa: A Profile", *Africa Trends*, Vol. 3, No. 2, April-June 2014, p. 5.

② NK Singh, "Diaspora Could Become Vehicle of India's Soft Power", *Hindustan Times*, July 4, 2017.

③ Aloke Kahali, "Diaspora Engagement: Need for Paradigm Shift-Indian Perspective", *Diaspora Studies*, Vol. 10, No. 1, 2017, p. 3.

④ Varghese K. George, "Slowdown in Software Central: Indian-Americans in the Silicon Valley", *The Hindu*, July 1, 2017.

苏里（Rajeev Suri）就是他们中的杰出代表。此外，鲍比·高什（Bobby Ghosh）还被任命为《时代》杂志总编辑，是该杂志90年历史上第一位非美国人总编辑。尼廷·罗利亚（Nitin Nohria）是哈佛商学院第十任院长，是第一位出任这一重要学术职位的亚洲人。[1] 据不完全统计，海外印度人中的百万富翁多达18万人，拥有的财产超过6340亿美元。[2] 在肯尼亚每一届议会中，至少有一名海外印度人代表，肯尼亚最大的零售商也是海外印度人，肯尼亚中产阶级中的绝大部分都是海外印度人，[3] 海外印度人控制了肯尼亚30%—35%的经济。[4] 在马达加斯加，尽管人口只占2%，但海外印度人却控制了该国50%的经济。[5]

几乎在每一个国家，海外印度人的平均收入都高于全国平均水平。[6] 海外印度人在美国的经济和社会地位以及日益增长的政治影响，是任何新移民群体都无法相比的。虽然人口只占美国人口的1%，印裔美国人是整个美国受教育程度最高和最富有的群体。[7] 印裔美国人的家庭平均收入可达88538美元，而白人家庭的平均收入是44684美元。25岁及以上的印裔美国人58%拥有大学学位，全国的平均水平是26%。40%有硕士或者博士学位。[8] 在美国的计算机、工程学和高新技术研究等领域中，印裔美国

---

[1] Daya Kishan Thussu, "The Soft Power of Popular Cinema-The Case of India", *Journal of Political Power*, Vol. 9, No. 3, 2016, p. 425.

[2] Avantika Chilkoti, "India's Political Parties Look Overseas for Poll Support", *Financial Times*, April 28, 2014.

[3] Phillip O. Nyinguro, "The Role of Indian Diaspora in Indo-African Co-operation", in Ruchita Beri, ed., *India and Africa: Enhancing Mutual Engagement*, New Delhi: Pentagon Press, 2014, p. 138.

[4] Maria Nzomo, "Foreign Policy and Diplomacy in India-East African Relations", *Insight on Africa*, Vol. 6, No. 2, 2014, p. 103.

[5] Ajay Kumar Dubey, "The Indian Diaspora as a Heritage Resource in Indo-African Relations", in Ajay Kumar Dubey and Aparajita Biswas, eds., *India and Africa's Partnership: A Vision for a New Future*, New Delhi: Springer (India) Pvt. Ltd, 2015, p. 130.

[6] The Government of India, *Report of the High Level Committee on the Indian Diaspora*, December 2001, p. 403.

[7] Suhasini Haidar, "Indian Diaspora Makes Mark in Foreign Policy", *The Hindu*, September 29, 2014.

[8] Masud Chand, "Diasporas, Migration, and Trade: The Indian Diaspora in North America", *Journal of Enterprising Communities: People and Places in the Global Economy*, Vol. 6, No. 4, 2012, p. 387.

人的人才数量也远远超过印度本国所拥有的人才数量。美国各大航空公司拥有大量的海外印度人科学家和工程师。① 在英国，海外印度人的人均收入要比全国的人均收入高15%，在加拿大，这个数字是20%。② 在南非，100万海外印度人中有四分之一的收入超过了中产阶级。③ 在加拿大，15岁及以上的海外印度人26%拥有大学学位，1%拥有博士学位，而全国平均只有12%的人拥有大学学位，0.5%的人拥有博士学位。④ 不仅如此，美国60%的宾馆是由印裔人经营的，而印裔医生则遍布全美国，如果没有他们，美国的宾馆、诊所和医院根本就无法运转。⑤ 在英国大约有9000个印度餐馆。印度风味的食品工业价值达32亿欧元，占到了市场三分之二的份额。⑥

第三，注重保持文化传统。海外印度人是一个非常注重传统的群体，即使身处国外，大部分人仍固守着自己的文化传统。正如一位印度民族主义者所言："无论在哪里，无论遇到了什么困难，海外印度人都属于印度的一分子。他们将母国的文化和宗教，传统和生活带到了自己生活的土地上。没有哪个时间段或者哪些事情能让他们完全割断与过去的联系，忘记印度的光荣。"⑦ 这主要表现以下几个方面。

一是虽然经过几个世纪的漂泊，仍有很多海外印度人没有忘记自己的母语和宗教，如印地语、泰米尔语、孟加拉语、泰卢固语、印度教、锡克教、伊斯兰教、耆那教、佛教等。这是因为他们每到一个地方都会

---

① [美]斯蒂芬·科亨：《大象和孔雀：解读印度大战略》，刘满贵等译，新华出版社2002年版，第120页。

② Amitabh Mattoo, Happymon, *India and Pakistan: Pathways Ahead*, New Delhi: Kalpana Shukla KW Publishers Pty Ltd, 2007, p. 21.

③ Batuk Gathani, "People of Indian Origin to Play Larger Role in Development", *Financial Daily*, October 8, 2004.

④ Masud Chand, "Diasporas, Migration, and Trade: The Indian Diaspora in North America", *Journal of Enterprising Communities: People and Places in the Global Economy*, Vol. 6, No. 4, 2012, p. 386.

⑤ Stephen Philip Cohen, *India: Emerging Power*, Washington, D.C.: Brookings Institution Press, 2001, p. 288.

⑥ Debidatta Aurobinda Mahapatra, "From a Latent to a 'Strong' Soft Power? The Evolution of India's Cultural Diplomacy", *Palgrave Communications*, Vol. 2, 2016, p. 5.

⑦ Yudhishthir Raj Isar, "Cultural Diplomacy: India Does It Differently", *International Journal of Cultural Policy*, Vol. 23, No. 6, September 2015, p. 708.

先建立宗教活动场所。像在加拿大，虽然早期条件十分艰苦，受到了当地人的严重排斥，但锡克人通过宗教和文化联系建立了自己的社区和锡克教活动场地。除进行宗教仪式外，宗教场地还起到了鼓舞斗志和开展社区活动的作用。① 一位海外印度人组织领导人曾表示："作为印度教徒，我们想让下一代移民知道他们是谁，从哪里来。当他们进入大学后，能自信地与非印度教徒进行交谈。我们试着给年轻移民明确提示，他们该如何在宿舍或班级旅行中遵从自己的宗教，以及如何向他们的同学解释和回应嘲讽性的问题。"② 在美国，几乎所有的海外印度人都有自己的宗教组织。各种宗教组织多达204个，其中最多的是印度教组织，为70个，占海外印度人宗教组织的34.3%，其次是锡克教组织，有62个，占比为30.4%，基督教组织有61个，占比为29.9%。在人口占比上，印度教徒最高，为72%，其次是穆斯林为10%。这与印度国内的宗教人口占比大致相同。③

二是为了保持自身文化的"纯正性"，在婚姻上，很多海外印度人要么回国寻找配偶，要么在海外印度人中寻找配偶，很少有人在其他群体中寻找配偶。④ 即使在早期阶段，由于生活困顿和当地政府限制，海外印度人不能将家属接来同住，被迫与其他族群的人通婚，但他们仍然坚守自己的"印度人"身份。

三是许多海外印度人仍保留了印度农村的乡村自治形式——潘查雅特。这种制度源于古代印度农村，虽然海外印度人主要生活在城市，但他们往往习惯于住在一起，形成自己的社区。所以，在海外印度人比较集中的社区，这种制度依然有着很大的适用性。

四是海外印度人仍信奉种姓制度。虽然这种制度腐朽不堪，但受过良好教育的海外印度人仍有不少人信奉这种制度。可以这样说，种姓制度在

---

① The Government of India, *Report of the High Level Committee on the Indian Diaspora*, December 2001, p. 161.

② Rina Agarwala, "Tapping the Indian Diaspora for Indian Development", in Alejandro Portes & Patricia Fernández-Kelly, eds., *The State and the Grassroots: Immigrant Transnational Organizations in Four Continents*, New York: Berghahn Books, 2015, pp. 103 – 104.

③ Rina Agarwala, "Tapping the Indian Diaspora for Indian Development", in Alejandro Portes & Patricia Fernández-Kelly, eds., *The State and the Grassroots: Immigrant Transnational Organizations in Four Continents*, New York: Berghahn Books, 2015, pp. 91.

④ Margaret Abraham, "Domestic Violence and the Indian Diaspora in the United States", *Indian Journal of Gender Studies*, No. 12, 2006, p. 433.

海外印度人社区中普遍存在，在调节和管理海外印度人行为方面发挥着非常重要作用。过去几十年来，在英国的海外印度人仍旧保持着自己的风俗习惯、社会规范和宗教信仰，包括种姓制度。这不只限于印度教徒，在穆斯林和锡克教徒中同样存在。海外印度人在西方国家刊登征婚广告时一般都会把种姓列入其中，如年龄、身高、种姓、民族等。在北美，举办大型会议通常会以种姓为标准，让来自同一种姓的年轻人相互了解和认识。在亚特兰大，某次征婚活动吸引了4000名海外印度人参加，其中100人最后走入了婚姻殿堂。然而，许多海外印度人更愿意回母国寻找与自己同种姓的人结婚。对此，英国的一个婚姻中介机构表示："海外印度人从未忘记种姓制度。当遇到结婚或者其他重要事情时，他们就会提出这一问题……他们并不想与一个低种姓的人结婚。低种姓的人也倾向与同种姓的人结婚。只有25%的婚姻是跨种姓的。"[1] 这也验证了印度宪法主要起草者安贝德卡尔博士所说的："一个印度教徒无论走到哪里，都会把种姓带到哪里。"不同的是，在其他宗教信徒中也存在种姓制度。[2]

第四，对母国感情很深。这与海外印度人在海外的经历有关。刚到国外时，由于社会地位低下，辗转流离，他们普遍缺乏安全感和归宿感，在遇到挫折、排挤和迫害时，他们往往将印度视为寄托希望和排解忧虑的精神对象。尽管近年来海外印度人的国际地位有了很大提高，但由于受印度传统文化熏陶较深，海外印度人大都保留着印度的文化传统，这使他们很难真正与当地主流社会融为一体。不仅如此，在一些国家如非洲，海外印度人还经常遭到歧视甚至排挤。所以，无论是从心理上还是从政治和文化上来讲，印度这个母国依然是海外印度人的重要倚重对象。在1977年举行的一个研讨会上，时任印度外交部部长瓦杰帕伊说："每一个海外印度人都是印度的代表，保留了我们文化和文化的许多特征。尽管我们的儿女走出国门去工作或者定居，印度从来没有不承认他们，非常感激和尊重他们对母国文化和传统的这种忠诚。"[3] 印度海外印度人高级委员会2001年

---

[1] Singh Swapnil, "Caste and Diaspora", *International Journal of Social Science and Humanity*, Vol. 5, No. 1, January 2015, p. 82.

[2] Singh Swapnil, "Caste and Diaspora", *International Journal of Social Science and Humanity*, Vol. 5, No. 1, January 2015, p. 82.

[3] The Government of India, *Report of the High Level Committee on the Indian Diaspora*, December 2001, p. v.

第二章　印度软实力的内涵及特点

在提交给总理的报告中也指出：尽管海外印度人居住在不同的国家，有着不同的职业，但他们却都有着相同的身份——印度血统、强烈的文化传统意识以及对印度深深的眷念。① 1993年4月，毛里求斯共和国第一任总统印裔人卡萨姆·尤提姆特意将印度作为其首次出访的目的地。他在抵达德里后说："印度是我们祖先世世代代生活的地方。我们国家有三分之二的人是印度裔，因此对我来说，访问印度就是一次朝圣。"② 他后来又说："当我第一次踏上印度领土，我就有一种感觉：这块土地和我有着特殊的联系，一种神奇的联系。这种感情一直持续到现在，很难用言语表达，因为太过强烈。"③

第五，具有吃苦耐劳精神。早期移民海外时，海外印度人受到了当地人的歧视和排斥，生活条件非常恶劣，但他们坚持了下来，靠的就是吃苦耐劳，勤奋努力。他们大部分人所从事的都是当地人不愿意干的又脏又累的工作。虽然如此，他们的价格却非常廉价，月薪常常只有当地人的三分之一。④ 正是由于坚持不懈，海外印度人取得了非常突出的成就。这些特点使海外印度人特别是印度劳工非常受欢迎。如果不受欢迎，海湾地区也不会有这么多印度劳工，尽管海湾国家有时为了提高本国就业率会采取排外措施。在南非，虽然海外印度人所占比重只有3%，但其具有的吃苦耐劳精神、创造性以及取得的成就十分显著。⑤ 对此，印度金达尔大学对外关系学院院长斯里哈姆·肖利亚（Sreeram Chaulia）表示："在绝大部分情况下，一个普通的美国人、加拿大人、荷兰人或非洲人不会把海外印度人看作是对国家安全和经济发展的威胁，因为印度移民谦和、灵活和吃苦耐劳。"⑥

---

① The Government of India, *Report of the High Level Committee on the Indian Diaspora*, December 2001, p. v.

② 孙士海、江亦丽主编：《二战后南亚国家对外关系研究》，方志出版社2007年版，第329页。

③ The Government of India, *Report of the High Level Committee on the Indian Diaspora*, December 2001, p. 52.

④ Sitikantha Pattaiiaik, "Gulf NRIs and Their Remittances to India: The Saga of Overlooked Great Expectations", *Journal of International and Area Studies*, Vol. 14, No. 1, 2007, p. 36.

⑤ Unathi Sonwabile Henama, "Attracting Indian Outbound Tourists to South Africa: A BRICS Perspective", *India Quarterly*, Vol. 69, No. 3, 2013, pp. 238, 241.

⑥ Amit Kumar Gupta, "Commentary on India's Soft Power and Diaspora", *International Journal on World Peace*, Vol. 15, No. 3, 2008, p. 63.

第三章　软实力对印度崛起的积极作用

印度的软实力资源非常丰富，其中又以文化、政治制度、外交政策和海外印度人最为突出，这能有力推动印度的发展和崛起。可以这样说，离开了软实力，印度将难以实现真正崛起，更成为不了一个世界性大国。本章将就印度软实力的优势及对其崛起的积极作用进行详细阐述和分析。

第一节　文化对印度崛起的积极作用

拥有博大精深的文化是一个国家成为世界大国的必备条件。经济实力是大国崛起的必要条件和基本前提，但仅有经济崛起并不能使一个国家成为世界性大国，一个国家要成为世界性大国必须先得是文化大国。如18世纪之前以汉文化为主体的中国文化，19世纪以后以英国和美国为代表的欧美文化，都在本地区甚至世界范围内产生了巨大影响。可以说，没有自己民族文化的国家，是不可能成为世界大国的。[1] 就印度而言，其文化源远流长，博大精深，特色鲜明，在世界上拥有广泛影响。正因为此，季羡林先生将印度文化列为世界四大文化体系之一。他说，我认为，世界上有四大文化体系，中国文化体系、印度文化体系、闪族—伊斯兰文化体系和希腊—罗马文化体系。为什么这么说呢？因为这四种文化系统的时间最长，影响也最大。[2]

印度文化能为印度的崛起提供有利条件。这至少体现在四个方面。

---

[1] 陈峰君：《印度社会与文化》，北京大学出版社2013年版，第75页。
[2] 张光璘、李铮主编：《季羡林论印度文化》，中国华侨出版社1994年版，第274页。

第三章　软实力对印度崛起的积极作用

一　文化底蕴为印度崛起奠定了重要基础

印度的文化辉煌灿烂，古代就在数学、天文学、医学、化学、文学、艺术等方面取得了显著成就。在数学方面，印度人发明了包括"0"在内的10个阿拉伯数字和"十进制"计算法，极大地推动了人类技术的进步，为世界做出了不可磨灭的贡献。这个在一切数字之中，最为卑微最富价值的零字，乃是印度对全人类的精妙礼物之一。[1] 美国学者杜兰表示，在我们得自东方的遗产中最重要的部分包括"阿拉伯"数字与十进位法，两者都是源自印度而经由阿拉伯人传到西方的。名字弄错了的"阿拉伯"数字见于阿育王的《岩石垂谕》（公元前256年），比这些数字之见于阿拉伯典籍要早上1000年。世界著名数学家法国人拉普拉斯（Laplace）则说："印度给予我们用10个符号表示一切数目的巧妙办法，每一数字都有先后次序的地位，也具有绝对的价值。这是一种深刻而重要的观念，它现在显得这样的简单以至于我们忽略了它的真正优点。但就是它的单纯，以及它给予一切计算的巨大方便，使得我们的算术成为一切有用的发明中之最者。我们若能记住，以古代两位伟人阿基米德与阿波罗纽斯（Apollorius）的天才都不能够作此发现，则我们将更能够领略此一成就的伟大了。"[2] 爱因斯坦更是评价道："我们应该感激印度人，他们教会了我们数数。没有这个基础，不会有任何有价值的科学发现，任何重要的发明都将不可能。"[3]

不仅如此，印度人还发明了根号，以及许多代数符号，创造了负数的概念，没有它，代数本是不可能有的。他们创立了获致排列组合的定律。他们发现了2的平方根，并且在公元8世纪的时候，解决了二次的不定等式，在欧洲这要等到1000年后才为人所知。印度人在几何方面的成就较为逊色。僧侣们在测量及建筑祭坛时创立了毕达哥拉斯定理（直角三角形斜边的平方等于其他两边平方之总和），是在基督降生前数百年。[4]

---

[1]　[美]威尔·杜兰:《世界文明史》，幼狮文化公司译，东方文化出版社1998年版，第367页。

[2]　[美]威尔·杜兰:《世界文明史》，幼狮文化公司译，东方文化出版社1998年版，第367页。

[3]　Amit Kumar Gupta, "Commentary on India's Soft Power and Diaspora", *International Journal on World Peace*, Vol. 15, No. 3, 2008, p. 64.

[4]　[美]威尔·杜兰:《世界文明史》，幼狮文化公司译，东方文化出版社1998年版，第367页。

在天文学方面，印度人很早就对太空兴趣浓厚，并不断思考和探索，产生了非常有影响的思想和著作。比较著名的是《吠陀支天文篇》，这本书详细说明了计算与测定太阳和月亮位置，以及测定春分点位置的方法，书中还列出了二十七宿的名称，这是古代世界科学史上的一件大事。[①] 公元 5—6 世纪时的阿利耶毗陀则大胆提出了日心说，他指出，地球是一颗行星，不但围绕太阳公转，而且围绕自身的轴自转。阿利耶毗陀的这一天才发现，闪现出印度古代文明的伟大智慧。当时，托勒密地心说已经在西方流传开来并在后来的许多世纪中被奉为圭臬。直到 16 世纪文艺复兴时期，波兰天文学家哥白尼才使日心说逐渐为人们所认识。[②] 据此推算，阿利耶毗陀提出的日心说要比哥白尼早 1000 年左右。

印度最著名的医学著作是《舍罗迦本集》和《妙闻本集》。其中公元前 5 世纪的一代名医妙闻是印度外科的鼻祖。由于妙闻的开拓性贡献，印度外科医学在世界上长期处于领先地位，在整形外科领域，印度更是长期保持着优势。18 世纪，英国东印度公司的外科医生就曾放下架子，向印度同行虚心求教。[③]

在文学方面，印度古代最伟大的诗人迦梨陀娑著作丰富。一直到今天，他的剧本还在上演，他的诗歌还为广大印度人民所传诵。其中《沙恭达罗》产生的影响最大。《沙恭达罗》于 1789 年被译成英文，1791 年转译为德文。当时在欧洲，特别是德国，曾引起重视和颂扬。德国大诗人歌德和席勒都热烈地对其加以赞颂。歌德经常歌唱《沙恭达罗》中的诗。席勒在写给宏保特的信中说："在古代希腊竟没有一部诗能够在美妙的女性的温柔方面，或者在美妙的爱情方面与《沙恭达罗》相比于万一。"这两位伟大的德国诗人对印度古典文学的热情可见一斑。《沙恭达罗》在全世界已有几十种译本。[④] 印度在舞蹈方面的成就也比较突出。季羡林先生曾评价称，印度的舞蹈有深厚的基础，很普遍，有几千年的历史，而且，舞蹈理论到现在也还是世界第一。有一部书叫《舞论》，对手眼身法步都有明确的意义规定，每一个手形都是有含义的。在另外三个文化系统中也可

---

① 刘建等：《印度文明》，福建教育出版社 2008 年版，第 312 页。
② 刘建等：《印度文明》，福建教育出版社 2008 年版，第 315 页。
③ 刘建等：《印度文明》，福建教育出版社 2008 年版，第 327 页。
④ 《季羡林文集》（第五卷），江西教育出版社 1996 年版，第 14 页。

第三章 软实力对印度崛起的积极作用

以有像《舞论》一类的著作，不过在系统性上，印度的《舞论》是第一位的，我们比不上了。①

深厚的文化积淀对印度现在的发展影响很大。印度取得的很多成就都能从传统文化中找到根源。以科技为例，由于印度人喜好思索和推理，不仅造就了古代科技的发达，也使得印度现在的科技实力处于比较高的水平。印度全国共有 4568 家科研机构，聘用人员 44 万人，其中研发人员 19.3 万（也有统计为 44.1 万的②）。虽然研发人员不是很多，但取得的科研成果却很丰硕。科研论文数量在 SCI 数据库中的占比在金砖国家中仅次于中国。2006—2010 年，印度科研论文的发表增长率和在数据库中的增长率分别为 12% 和 10%，明显高于世界其他国家 4% 的平均水平，并有望在 2020 年赶上欧洲科研强国。更重要的是，这些论文的质量较高，引用率居金砖国家之首。③

不仅如此，印度先后有 9 位公民（实际为 6 位，有 3 位获奖时已加入外国籍）获得过诺贝尔奖，获奖人数位居亚洲第二，仅次于日本。1 人为文学奖得主，也就是泰戈尔，1 人为经济学奖得主，也就是阿玛蒂亚·森，4 人为科学奖得主，分别是 1930 年获物理学奖的钱德拉塞卡拉·拉曼、1968 年获医学或生理学奖的哈尔·葛宾·科拉纳（获奖前印度籍，1966 年取得美国公民权）、1983 年获物理学奖的苏布拉马尼扬·钱德拉塞卡（获奖前印度籍，1953 年取得美国公民权）、2009 年获化学奖的文卡特拉曼·拉马克里希南（获奖前为印度籍，后持美国国籍，在英国工作获奖）。④

至于支撑科技实力的高等教育，印度也非常发达。就在校生规模而言，印度的高等教育系统位居世界第二，仅次于中国，领先于美国。每年培养出的工科毕业生多达 100 万名，而美国或欧洲每年的工科毕业生人数不足 10 万人。⑤ 印度理工学院（ITT）和印度管理学院（IIM）在全球理工

---

① 张光璘、李铮编：《季羡林论印度文化》，中国华侨出版社 1994 年版，第 276 页。
② 胡红亮、郭燕燕、封颖：《印度科技创新人才的培养和吸引政策研究》，《全球科技经济瞭望》2016 年第 7 期。
③ 毕亮亮：《印度科技创新实力及科研优势领域概述》，《全球科技经济瞭望》2014 年第 9 期。
④ 何发：《印度科技奖励的政策取向与启示》，《中国科技奖励》2017 年第 8 期。
⑤ [英] 爱德华·卢斯：《不顾诸神：现代印度的奇怪崛起》，张淑芳译，中信出版社 2007 年版，第 36 页。

科大学中享有盛誉。其培养的学生受到了美国硅谷各大公司的争抢。沙希·塔鲁尔曾说:"当美国人带着尊敬谈论印度理工学院,与过去谈论麻省理工学院一样时,印度的工程师和软件开发者才能与卓越的数学和科学是同义词,印度才能获得尊重。"[1] 这种情况正在变成现实。微软创始人比尔·盖茨盛赞说:"印度理工学院是改变了世界的、令人不可思议的、对计算机产业帮助匪浅的神奇学府。"[2]

印度在天文学方面的巨大成就同样助推了它目前在太空领域的领先地位。印度的国家卫星系统是亚太地区最大的,[3] 遥感卫星群是世界上最多的,[4] 区域导航卫星系统是全球第四个投入应用的。不仅如此,印度还是可重复利用航天飞机的五个国家之一,[5] 是世界上成功研制出超燃冲压发动机(Scramjet Engine)的第四个国家,是世界上第六个拥有低温发动机火箭技术的国家。而在"一箭多星"发射上,印度更是世界纪录的保持者。2017年2月,印度成功使用极轨卫星运载火箭一次将104颗卫星送入预定轨道。《纽约时报》评论称,印度已成为国际商业发射市场上的一个关键角色。美国有线新闻网则说,"忘了美国和俄罗斯吧,真正的太空竞赛正发生在亚洲"。[6] 印度总理莫迪则表示:"这了不起的壮举是太空研究领域和国家的又一骄傲,向我们的科学家致敬。"[7] 目前,只有美国、俄罗斯、中国、日本和欧洲航天局掌握了"一箭多星"发射技术。此外,印度还是继美国、俄罗斯、欧洲航天局、日本和中国之后第六个成功发射月球探测器的国家,也是世界上第一个首次发射火星探测器就成功的国家,是世界上仅次于美国、俄罗斯、欧洲航天局第四个成功从事火星探测的

---

[1] Asima Sahu, "Soft Power and India: A Critical Analysis", *Scholarly Research Journal for Humanity Science and English Language*, Vol. 3, No. 13, 2016, p. 3306.

[2] 张明帅:《东方顶级大学传奇》,北京理工大学出版社2012版,第240页。

[3] Indian Department of Space, *Annual Report* 2015–2016, p. 24.

[4] Rajeswari Pillai Rajagopalan and Arvind K. John, "A New Frontier: Boosting India's Military Presence in Outer Space", *Report of Observer Research Foundation (India)*, January 2014, p. 4.

[5] Biswanath Gupta and Raju KD, "Space Exploration by India and Socio-economic Cooperation with SAARC Countries", *India Quarterly*, Vol. 72, No. 3, 2016, p. 279.

[6] "India 'Key Player' in Global Space Race, Says Foreign Media after ISRO's Record 104 Satellites Launch", *The Times of India*, February 16, 2017.

[7] Krittivas Mukherjee, "ISRO's Record of Innovation: Bullock Cart to Launching 180 Foreign Satellites", *Hindustan Times*, February 15, 2017.

国家。

印度软件业的快速发展与印度人在数学方面拥有的丰富知识也密不可分。中国南亚问题专家刘建先生评论说，印度民族的数理逻辑能力在世界各民族中是相当突出的。这一传统尽管曾经一度衰落，但在近现代，尤其是在印度独立以来，却获得神速而巨大的恢复与发展。印度计算机软件业能够在20世纪90年代以来的短暂时间内异军突起，就与数学底蕴深厚这一民族传统具有渊源关系。[1]

二 文化包容使印度能博采众长，吸收世界先进经验为其所用

印度文化具有很强的包容性，能够吸纳外来文化中的优良要素，做到兼容并举，"洋为印用"。阿玛蒂亚·森曾表示，印度文化在其演变过程中，始终准备汲取来自他处的素材和理念。即便是在日常生活的物事方面，例如传统印度烹饪中的一种基本成分——辣椒，就是由葡萄牙人从"新大陆"带到印度的，这一事实并没有使当前的印度烹饪少了一星半点的印度味。辣椒现已成为一种"印度的"调料。文化影响当然是一种双向进程，印度借用了国外的东西，正如我们也向外面的世界提供了我们的烹调传统中的长处一样。[2] 印度前总统穆克吉也说："我们的文化可以追溯到远古时代。其以悠久、持续、精致和多样而与众不同。印度文化具有吸收其他文化最精华的内容而又不失去自己内在特性和本真性的能力。"[3]

正因为印度文化的这种特性，印度社会在西方文化的影响下取得了许多进步和发展，尤其是西方文化与印度文化传统相结合所产生的创造力，对印度的现代化进程中发挥了巨大的推动作用。这其中，英语的普及、现代金融体系的引进、现代科学技术的发展等几个方面所取得的成就以及对印度现代化带来的巨大益处最具代表性。[4] 像英语，印度曾遭受英国殖民统治将近200年。在此期间，英国强制推行英语教育，并将之作为官方语

---

[1] 刘建等：《印度文明》，福建教育出版社2008年版，第321页。

[2] ［印］阿马蒂亚·森：《惯于争鸣的印度人：印度人的历史、文化与身份论集》，刘建译，上海三联书店2007年版，第103页。

[3] Rabindra Sen, "India's South Asia Dilemma and Regional Cooperation: Relevance of Cultural Diplomacy", *Strategic Analysis*, Vol. 38, No. 1, 2014, p. 70.

[4] 陈峰君主编：《世界现代化历程：南亚卷》，江苏人民出版社2012年版，第259页。

言。印度独立后，虽然高举反帝反殖大旗，但并未割断与殖民者英国的联系。不仅如此，印度还选择留在了英联邦内，将英语列为官方语言。虽然1950年的宪法规定英语作为官方语言的时间为15年，也就是到1965年废除，但由于各种势力反对，这一决定作废。直到现在，英语都还是印度的官方语言。印度的学校大多采用英语、印地语和当地语三种语言进行教学。英语为印度带来了很多益处。在与西方国家沟通和交流方面，印度人在语言上不存在障碍，这间接促进了印度软件业的兴起。因为印度的软件业主要是承接发达国家的外包业务，双方之间的沟通非常顺畅，因此发达国家愿意将软件业务外包给印度人。

同样，虽然印度的经济算不上发达，但其金融制度却比较健全。这是因为印度吸收了西方的金融制度，对本国的金融制度进行了改革，这主要发生在瓦杰帕伊执政期间。其中一个重要改革措施是放开对外资金融进入印度金融市场的限制，除印度国家银行外，政府在国营银行的持股率降低到50%以下，引进自由竞争机制，允许外国银行在印度开办100%的独资公司。经过一系列改革，目前印度的金融系统已经具有了一套成熟的管理体系和风险控制机制，各项金融监管制度比较健全，商业银行的不良贷款率一般低于10%，已经拥有比较强的抗风险能力。[1]

在信息技术（IT）方面，针对本国制造业和农业比较落后的局面，印度另辟蹊径，通过学习和借鉴发达国家先进的计算机技术，在班加罗尔建立了自己的硅谷，并获得了巨大成功。20世纪90年代末，当西方人为千年虫问题焦虑万分时，尽管印度的IT以及与IT相关的行业表面上不动声色，但实际却从帮助世界各地客户解决千年虫问题而获利匪浅，从而为印度软件行业的起飞铺平了道路。IT及相关产业的繁荣兴盛甚至改变了印度城市经济的面貌，产生了新一代消费群体（拿着高薪的IT行业人员）。[2]目前，印度已成为仅次于美国的世界第二大软件生产和出口国，产品畅销美欧等发达国家。这让印度所有怀疑主义者认识到，本国的企业也能参与世界市场竞争并获得利润。而由于受尼赫鲁抵制英国货的哲学影响，这些

---

[1] 陈峰君主编：《世界现代化历程：南亚卷》，江苏人民出版社2012年版，第122页。
[2] ［英］爱德华·卢斯：《不顾诸神：现代印度的奇怪崛起》，张淑芳译，中信出版社2007年版，第25页。

第三章 软实力对印度崛起的积极作用

人曾陷入经济学家所谓的"出口悲观主义"思维方式中。① 对此,沙希·塔鲁尔表示:"印度从其传统文化中受益很多(从医学到瑜伽在全球都很受欢迎),海外印度人改变了印度的形象。信息技术对印度的软实力贡献很大。"②

印度文化的包容性还有助于其在国际上树立良好形象。例如,犹太人在世界很多地方都受到了迫害,但在印度却受到了欢迎,不仅未受到排斥和打压,而且还与当地人相处融洽。莫迪表示:"印度是没有出现反犹太主义的国家之一。犹太人从未遭到不公正对待,他们已成为印度社会不可分割的一部分。"③ 印度的行为博得了以色列人的好感,印度在以色列的软实力影响也因此比较大,这有利于促进两国关系的发展。④

三 文化自信使印度不甘落后,勇往直前

在印度,上至国家领导人,下到普通百姓,都对自己的文化感到十分自豪和骄傲。甘地就曾表示:"我不想让我的房子四面被围墙围住,我的窗子全部被封住。我想让不同的文化之风尽可能自由地吹向我的房子。但我拒绝让任何文化束缚我的双脚。我拒绝生活在别人的房子里,充当闯入者、乞讨者和奴隶。"⑤ 沙希·塔鲁尔则说:"印度的文化有潜力使印度成为 21 世纪有影响的领导者。"⑥ 美国著名印度问题专家科亨则称,凡与印度人有过接触的人大都有相同的感受,即印度人对自己文化的自豪感达到了令人惊讶的程度。印度人普遍认为,印度是世界上深刻思想和价值观观念的发源地,因此印度(和印度人)有资本教训别人,在主要文明大国

---

① [英]爱德华·卢斯:《不顾诸神:现代印度的奇怪崛起》,张淑芳译,中信出版社 2007 年版,第 25 页。

② Daya Kishan Thussu, "The Soft Power of Popular Cinema-The Case of India", *Journal of Political Power*, Vol. 9, No. 3, 2016, p. 426.

③ Debjani Ghosal, "Strategic Hyphenation between India and Israel: The Major Areas of Cooperation and Constraints in the Post-Cold War Era", *Jadavpur Journal of International Relations*, Vol. 20, No. 1, 2016, p. 87.

④ U. Purushothaman, "Shifting Perceptions of Power: Soft Power and India's Foreign Policy", *Journal of Peace Studies*, Vol. 17, Issue 2 & 3, April-September 2010, p. 5.

⑤ Yudhishthir Raj Isar, "Cultural Diplomacy: India Does It Differently", *International Journal of Cultural Policy*, Vol. 23, No. 6, September 2015, p. 707.

⑥ "Indian Culture Has Soft Power to Make It Influential Leader: Shashi Tharoor", *The Economic Times*, June 9, 2017.

中，印度是唯一一个不对别国妄下定论的国家。[①] 美国著名黑人领袖马丁·路德·金更是深有感触地说："当我去别的国家的时候，我总是对他们进行说教，而当我去印度的时候，我总得向他们（印度人）学习。"[②]

对于印度人的文化自豪感，科亨表示，印度最令外国人感到困惑的地方在于它自身是相互矛盾的：一方面印度十分贫穷且政治动荡频繁；另一方面，印度的领导人却又相当骄傲自信。[③] 科亨进而总结了印度人为何这样的原因。他说，印度人审视自己的历史，并与其他文明古国进行比较，然后得出了几个结论。首先，古印度王朝所取得的辉煌成就（包括穆斯林统治者和英国统治者所做出的贡献）在世界上是无与伦比的。当欧洲还处于原始部落阶段时，印度却早已迈入高度文明时期。其次，古印度文明具有现实意义。印度官员相信，他们代表的不仅仅是一个国家，还代表着一种文明，几乎没有其他文明古国能与印度媲美。其他国家理应向印度表示尊重之意。最后，在印度人民看来，印度这个文明古国为整个世界做出了杰出贡献。当代印度领导人坚信印度是一个友善的国家，它在全球起着举足轻重的作用。这种观念能很好解释为何尼赫鲁喜欢说教，以及为何印度喜欢教训别的国家。[④]

虽然有点过于自豪，但对自己文化的高度认同会让印度不甘心落后于世界其他民族，能激励印度人在相对落后的情况下奋起直追，赶超世界先进水平。不仅如此，文化自信还会增强印度人抗击西方文化的能力，保留自己的文化特色，防止自己的文化受到腐蚀，失去方向。像宝莱坞电影，虽然近年来也借鉴了好莱坞电影宏大场景的拍摄手法，但始终不忘自己的民族特色，每部电影均有民族舞蹈。可以说，没有舞蹈，就没有宝莱坞电影，没有舞蹈，就不是宝莱坞电影。无论受到何种冲击，宝莱坞电影始终都坚持这样做。这反而让世界各地的观众适应和喜欢上了宝莱坞电影。

[①] Stephen Philip Cohen, *India: Emerging Power*, Washington, D. C., Brookings Institution Press, 2001, p. 8.

[②] Amit Kumar Gupta, "Commentary on India's Soft Power and Diaspora", *International Journal on World Peace*, Vol. 15, No. 3, September 2008, p. 64.

[③] [美] 斯蒂芬·科亨：《大象和孔雀：解读印度大战略》，刘满贵等译，新华出版社2002年版，第48页。

[④] [美] 斯蒂芬·科亨：《大象和孔雀：解读印度大战略》，刘满贵等译，新华出版社2002年版，第48—49页。

四 文化广受欢迎有助于扩大印度影响

印度的传统文化丰富悠久，数千年来吸引着各地的传道士、商人和旅行家，对世界产生了很大影响。印度与伊朗、罗马和东南亚国家的文化交往早已有之。在东南亚的一些国家至今仍保有印度文化的一些痕迹。柬埔寨的吴哥窟，是世界上最大的庙宇，原意是印度教"毗湿奴的圣殿"。泰国和缅甸的寺庙和佛堂也受到了印度的影响。印尼语言中则有梵语词汇。在古代，甚至是当代，印尼领导人更愿意用梵文而不是本国语言书写自己的名字。印度同时也是佛教的发源地，吸引着世界各地佛教徒和佛学研究者奔赴印度学习和研讨佛教文化，从而促进了印度与这些国家的交流。这种情况在古代非常明显。时至今日，这种以佛教为媒介的往来仍然在亚洲普遍存在。[1]而甘地的非暴力思想则对美国著名社会活动家马丁·路德·金和詹姆斯·劳森（James Lawson）、南非前总统曼德拉和反种隔离族歧视活动家史蒂夫·比科（Steve Biko）、缅甸自由斗士昂山素季影响较大。[2]

谈及印度的文化影响，季羡林先生这样总结，"印度文化在世界文化中的地位是很突出的，它的影响很大。斯里兰卡、尼泊尔、中国、巴基斯坦、孟加拉国都受到了印度的影响。中国的佛教就是从印度传来的，然后又通过朝鲜传到了日本，影响了日本文化。所有的东南亚国家同样受到了印度的影响。我说的影响，不仅是指宗教的影响，还包括印度文学、艺术和哲学。此外，印度文化在欧洲也引起人们浓厚的兴趣。17、18世纪的很多欧洲的大哲人受到了印度哲学的影响，最有名的就是叔本华。直到今天，印度哲学、佛教哲学仍在欧洲流行"。[3]英国学者查尔斯·埃利奥特则表示，印度在东亚的影响，在程度、力量和持久方面都是显著的。一些历史著作对于印度在世界中的地位缺乏公正的评价。印度在军事或商业上的对外侵略和印度思想的传播相较则微不足道。亚洲东南地区包括大陆及群岛—的文化几乎完全是受惠于印度，锡兰、缅甸、暹罗、柬埔寨、占婆和

---

[1] U. Purushothaman, "Shifting Perceptions of Power: Soft Power and India's Foreign Policy", *Journal of Peace Studies*, Vol. 17, Issue 2 & 3, April-September 2010, p. 4.

[2] Bibek Debroy, "India's Soft Power and Cultural Influence", in Tai Yong Tan, ed., *Challenges of Economic Growth, Inequality and Conflict in South Asia*, Singapore: World Scientific, 2010, p. 110.

[3] 张光璘、李铮编：《季羡林论印度文化》，中国华侨出版社1994年版，第278页。

爪哇的宗教、艺术、字母以及所有科学和政治体制，都是印度人的直接馈赠，不论他们是婆罗门或佛教徒。在爪哇和其他马来国家，这种印度文化被伊斯兰教所代替，然而即使在爪哇，字母和人民的风俗习惯在很大的程度上仍然是印度的。①

相比传统文化，印度流行文化现在对世界的影响似乎更大。曼莫汉·辛格总理曾说："印度的软实力已成为促进我们在全球扩展足迹的重要因素……印度丰富的古典传统，多彩而又充满活力的当代文化正在全球制造浪潮。"② 沙希·塔鲁尔也表示："印度有一个'好故事'可以讲，其流行文化能够讲好这个故事。"③

在流行文化中，最典型的当属宝莱坞电影。在印度，主要的电影制作中心有宝莱坞、山达坞（Sandalwood）、桃莱坞（Tollywood）、考莱坞（Kollywood）、莫莱坞（Mollywood）和奥莱坞（Ollywood）。其中数宝莱坞的影响最大。"宝莱坞"这个词已被《牛津英语词典》收录。定义是：印度流行电影工业的名字，基地在孟买。④ 印度政府和电影业均将宝莱坞视为印度软实力的重要资产。由于其广泛的存在和影响，宝莱坞已成为印度团结和统一的象征。⑤ 曼莫汉·辛格总理曾说："文化关系，印度的电影工业——宝莱坞，我发现无论我到非洲或者中东，人们经常谈论印度电影。这是印度影响世界的一种新方式。软实力在外交的新世界中同等重要。"⑥

电影和音乐特别能拉近两国民众的距离，搭建友谊的桥梁。印度电影和音乐在国际上有很大市场，在国外越来越流行，特别是在亚洲、非洲、欧洲和西亚。即使在俄罗斯、叙利亚、塞内加尔，印度宝莱坞电影也非常

---

① ［英］查尔斯·埃利奥特：《印度教与佛教史纲》（第一卷），李荣熙译，商务印书馆 1982 年版，第 2—3 页。

② Daya Kishan Thussu, *Communicating India's soft power: Buddha to Bollywood*, New York: Palgrave Macmillan, 2013, pp. 127 – 128.

③ Daya Kishan Thussu, *Communicating India's soft power: Buddha to Bollywood*, New York: Palgrave Macmillan, 2013, p. 128.

④ Asma Ayob, Marisa Keuris, "Bollywood Cinema: A Transnational/Cultural Role", *Journal of Literary Studies*, Vol. 33, No. 2, 2017, p. 44.

⑤ Asma Ayob, Marisa Keuris, "Bollywood Cinema: A Transnational/Cultural Role", *Journal of Literary Studies*, Vol. 33, No. 2, 2017, p. 46.

⑥ Daya Kishan Thussu, *Communicating India's soft power: Buddha to Bollywood*, New York: Palgrave Macmillan, 2013, p. 134.

第三章 软实力对印度崛起的积极作用

受欢迎。由于文化的相关性,印度电影和音乐在很大程度上主导了南亚市场。宝莱坞好几个演员的蜡像已入驻位于伦敦的杜莎夫人蜡像馆。《印度往事》《阿育王》《你好,孟买》获得过奥斯卡最佳外语片提名。《贫民窟里的百万富翁》的巨大成功,则使印度三位艺术家和技术人员获得了个人奥斯卡奖,这不仅显示出印度电影和软实力的影响,也反映了印度电影工业仍有潜力可挖。[1]

印度现在是世界上电影产量最多的国家,年产影片上千部,其中主要产自宝莱坞。宝莱坞称得上是世界上最大的电影生产中心,并已成为印度最大的文化出口品牌之一。在阿富汗,印度最重要的资产不是军事力量,而是软实力,印度在阿富汗没有军队。即使是在20世纪90年代处于暴力冲突的严重时期,阿富汗民众也坚持收看印度肥皂剧《每个婆婆都曾经当过儿媳》(Kyun Ki Sass Bhi Kabhi Bahu Thi)。据说,该剧是阿富汗历史上最流行的肥皂剧,直接导致了发电机的热卖。8:30分最好不要打电话给阿富汗人,因为他们正在收看这个肥皂剧,没人愿意错过剧情。婚宴也都会为这个肥皂剧的播放时间让道。但这个时间点的小偷却比较多,因为看门的人都偷偷溜去看肥皂剧了。[2] 当北约在阿富汗打击塔利班时,当地人首先做的事情之一就是拿出他们珍藏的宝莱坞歌曲。阿富汗年轻人了解宝莱坞明星生活的兴趣要比学习宗教浓厚。[3] 在叙利亚大马士革,哈菲兹·阿萨德(Hafez al-Assad,现总统巴沙尔·阿萨德的父亲)执政期间,只有宝莱坞影星阿米特巴·巴强(Amitabh Bachchan)的画像能与他的海报一样大。[4] 在波兰,《宝莱坞生死恋》的舞蹈和音乐令很多女孩着迷,她们不少人就此开始学习印度舞蹈。波兰的一些舞蹈团因为非常受欢迎而获得了成功。[5] 不仅如此,波兰还设立了好几个关于沙鲁克·汗的电影节。而自

---

[1] U. Purushothaman, "Shifting Perceptions of Power: Soft Power and India's Foreign Policy", *Journal of Peace Studies*, Vol. 17, Issue 2&3, April-September 2010, p. 5.

[2] Shashi Tharoor, "Indian Strategic Power: Soft", *Huff Post*, May 13, 2009.

[3] Bhanu Pratap, "India's Cultural Diplomacy: Present Dynamics, Challenges and Future Prospects", *International Journal of Arts, Humanities and Management Studies*, Vol. 1, No. 9, September 2015, p. 43.

[4] Shashi Tharoor, "Indian Strategic Power: Soft", *Huff Post*, May 13, 2009.

[5] Bhanu Pratap, "India's Cultural Diplomacy: Present Dynamics, Challenges and Future Prospects", *International Journal of Arts, Humanities and Management Studies*, Vol. 1, No. 9, September 2015, p. 59.

20世纪90年代末以来,印尼流行音乐的曲风就一直在借鉴和模仿宝莱坞电影歌曲,将宝莱坞电影歌曲改编成印尼语言。①

在中国,印度很多电影都引起了较大反响。像《印度往事》《三傻大闹宝莱坞》《贫民窟里的百万富翁》《摔跤吧!爸爸》均得到了中国观众的高度认可。其中,《摔跤吧!爸爸》在中国的票房高达1700万美元,是印度在中国最成功的电影。中国也成为这部电影最成功的海外市场。② 在拉丁美洲,巴西肥皂剧《印度:一个爱情故事》(Caminho das Índias)在巴西环球电视台(TV Globo)黄金时间段播出,获得了空前成功,最后一集收视率高达81%,并摘取了美国国际艾美奖最佳电视剧奖。该电视剧分别在巴西和印度拍摄。③ 而《我的名字叫可汗》几乎全在美国拍摄,主要内容是向全球观众表达反对歧视穆斯林。这种歧视在"9·11"后日趋严重,印度电影发出了自己的声音,这是印度主流电影成熟的一个标志。该电影在64个国家发行,被美国著名杂志《外交政策》列为关于"9·11"主题的十大电影之一。该电影通过另一种视角展现了西方国家普遍存在的穆斯林歧视现象。④ 迪拜则已建立了宝莱坞主题公园。即使在巴基斯坦,宝莱坞电影也十分受欢迎。尽管长期对宝莱坞电影实施禁令,但巴基斯坦民众仍设法观看盗版的宝莱坞电影。禁令于2008年被解除,2015年3月,巴基斯坦影院放映了印度经典电影《复仇的火焰》,该电影是40年前发行的,即便如此,电影票仍被抢购一空,观众的热情非常高。⑤

据估计,印度娱乐和媒体行业的价值为290亿美元。除了出口自己的媒体产品外,印度还日渐成为美国好莱坞电影和媒体公司的生产基地,特

---

① Daya Kishan Thussu, "The Soft Power of Popular Cinema-The Case of India", *Journal of Political Power*, Vol. 9, No. 3, 2016, p. 423.

② Daya Kishan Thussu, "The Soft Power of Popular Cinema-The Case of India", *Journal of Political Power*, Vol. 9, No. 3, 2016, p. 423.

③ Daya Kishan Thussu, "The Soft Power of Popular Cinema-The Case of India", *Journal of Political Power*, Vol. 9, No. 3, 2016, p. 423.

④ Daya Kishan Thussu, "The Soft Power of Popular Cinema-The Case of India", *Journal of Political Power*, Vol. 9, No. 3, 2016, p. 424.

⑤ Bhanu Pratap, "India's Cultural Diplomacy: Present Dynamics, Challenges and Future Prospects", *International Journal of Arts, Humanities and Management Studies*, Vol. 1, No. 9, September 2015, p. 44.

第三章 软实力对印度崛起的积极作用

别是动画和电影后期制作。[①] 而宝莱坞电影工业价值达 35 亿美元。[②] 其生产的电影和卖出去的电影票比世界上任何国家的电影行业都要多，票房收入则仅次于好莱坞。[③] 全球有超过 70 个国家的民众观看宝莱坞电影。每年有多达 10 亿民众购票观看，超过了好莱坞。宝莱坞影响力的不断扩大正日益冲击着好莱坞的"霸主"地位。一位学者表示，"如果说好莱坞在美国之外有个全球竞争对手的话，毫无疑问，那就是宝莱坞"。[④]

宝莱坞电影在全球的日益流行不仅有助于扩展印度的影响，也能促进印度与其他国家的沟通与交流。冷战期间，宝莱坞影星像拉兹·卡普尔（Raj Kapoor）就发挥了这种作用。拉兹·卡普尔及其电影《流浪者》和《我叫小丑》在苏联非常受欢迎，这推动了印度和苏联的民间交流。电影《流浪者》和《大篷车》在中国则受到很多人喜欢，这同样加强了中印两国民众之间的了解。在美国，即使是印地语电影也越来越有市场，因为美国存在大量海外印度人。美国的"宝莱坞美国公司"每年都会组织舞蹈和其他文化活动，旨在向全世界传播南亚文化及其多样性。2001 年，塔利班倒台后，印度外长贾斯万特·辛格访问喀布尔时，随身携带的是为阿富汗接待者准备的宝莱坞电影和音乐磁带，而不是食物、药品和武器。贾斯万特·辛格此举意在提升在阿富汗的软实力，最终替代巴基斯坦在阿富汗的影响。[⑤] 2007 年，美国的一份报告称知名度很高的宝莱坞明星能在阿富汗发挥重要作用，"我们理解宝莱坞电影在阿富汗非常流行，所以愿意邀请印度明星到阿富汗帮助解决紧迫的社会问题"。[⑥] 2015 年，巴基斯坦上映了印度电影《小萝莉的猴神大叔》。该电影讲述了一个好心印度男人在历

[①] Daya Kishan Thussu, "The Soft Power of Popular Cinema-The Case of India", *Journal of Political Power*, Vol. 9, No. 3, 2016, p. 419.

[②] Daya Kishan Thussu, "The Soft Power of Popular Cinema-The Case of India", *Journal of Political Power*, Vol. 9, No. 3, 2016, p. 419.

[③] Asma Ayob, Marisa Keuris, "Bollywood Cinema: A Transnational/Cultural Role", *Journal of Literary Studies*, Vol. 33, No. 2, 2017, p. 44.

[④] ［加］马修·弗雷泽：《软实力：美国电影、流行乐、电视和快餐的全球统治》，刘满贵等译，新华出版社 2006 年版，第 108 页。

[⑤] Jehangir Pocha, "The Rising 'Soft Power' of India and China", *New Perspectives Quarterly*, Vol. 20, No. 1, 2003, p. 8.

[⑥] Daya Kishan Thussu, "The Soft Power of Popular Cinema-The Case of India", *Journal of Political Power*, Vol. 9, No. 3, 2016, p. 423.

经各种困难之后,成功帮助一位巴控克什米尔哑巴女孩返回家园的故事。结果,巴基斯坦政府因此做出了一个政治决定,让一位聋哑印度女孩返回印度,重新与家人团聚。①

除宝莱坞电影外,印度的瑜伽和烹饪在世界上也越来越受欢迎。瑜伽一词的原义是"结合""和谐""一致"。早在公元前4000年,印度就有了瑜伽。古代印度人修炼瑜伽的唯一目的是希望达到自我同天神的合一,据说人到了那个境界,便可以获得解脱。所以说,瑜伽实际上是印度教徒追求解脱的修炼手段。至于用它来锻炼身体,治疗疾病则是近代才有的事情。现在,瑜伽受到了成千上万人的追捧,逐渐成为一种全球现象,很快就会成为世界主流文化的一部分,特别是在西方国家。② 在2015年6月21日国际瑜伽节上,全世界有1.25亿人练习了瑜伽。在迪拜,有10万人参加了练习,创造了单次练习瑜伽人数的吉尼斯世界纪录。③ 2016年6月,莫迪称,美国有3000万人在练习瑜伽,占美国总人口的近10%。④

印度烹饪通过多部电影如《调情魔师》(Mistress of Spices)、《今日特餐》和电视剧《外包公司》(Outsourced)、《生活大爆炸》而得到了很好宣传。烤肉串、咖喱鸡块、香饭、咖喱、灌饼、薄饼等在英国、美国、加拿大、中东甚至中国都越来越受欢迎,这反映出印度软实力在不断扩展。在英国,印度料理是最受欢迎的国际食物,从街边摊、地铁咖啡店到米其林星级酒店,印度料理必不可少。根据2003年的一份调查,在英国大约有9000个印度餐馆。英国的印度食品工业价值达32亿欧元,占到了外出就餐三分之二的份额。⑤ 在伦敦,印度餐馆比在德里和孟买都多,英国的印度餐馆每周接待食客250万人。英国前外交大臣库克表示:"印度马萨

---

① Bhanu Pratap, "India's Cultural Diplomacy: Present Dynamics, Challenges and Future Prospects", *International Journal of Arts, Humanities and Management Studies*, Vol. 1, No. 9, September 2015, p. 44.

② U. Purushothaman, "Shifting Perceptions of Power: Soft Power and India's Foreign Policy", *Journal of Peace Studies*, Vol. 17, Issue 2&3, April-September 2010, p. 5.

③ Debidatta Aurobinda Mahapatra, "From a Latent to a 'Strong' Soft Power? The Evolution of India's Cultural Diplomacy", *Palgrave Communications*, Vol. 2, 2016, p. 4.

④ Debidatta Aurobinda Mahapatra, "From a Latent to a 'Strong' Soft Power? The Evolution of India's Cultural Diplomacy", *Palgrave Communications*, Vol. 2, 2016, p. 2,

⑤ Debidatta Aurobinda Mahapatra, "From a Latent to a 'Strong' Soft Power? The Evolution of India's Cultural Diplomacy", *Palgrave Communications*, Vol. 2, 2016, p. 5.

拉烤鸡块（Chicken Tikka Massala）现在成了英国真正的国菜，不仅因为它最流行，也证明了英国能很好地吸收和适应外界带来的影响。"[1] 不仅如此，印度餐厅雇用的人数还超过了英国钢铁、煤炭和造船业雇用人数的总和。在美国和加拿大的很多城市，印度餐厅也随处可见。整个美国约有1万家印度餐厅。[2] 美国著名流行女歌手凯蒂·佩里（Katy Perry）到印度演出时，坚持食用印度烤肉串和咖喱饭。根据一份报告，2000—2007年，超过1200种印度食物被引进到美国，仅2006年就引进了300种。[3] 相比西方国家，印度料理进入一些发展中国家的时间更久远。至少在几个世纪以前，印度料理就已在东南亚、中东、中亚、加勒比岛国出现了。在古代和中世纪，印度的海上贸易比较繁盛，与非洲东海岸、东南亚、印度洋和中国都有贸易往来。贸易不仅加强了彼此香料和其他物品的交换，也促进了双方观念、知识和技术的交流。印度料理对印尼、新加坡、越南、泰国、马来西亚，甚至阿拉伯国家的烹饪风味产生了很大影响。[4]

第二节　政治制度对印度崛起的积极作用

一　对内有助于缓和社会矛盾，维护国家统一和团结

政治制度作为软实力对推进印度崛起的作用主要体现在国内和国际两个层面。在国内层面，印度是一个多民族、多宗教、多语言的国家，各个阶层、各个政党、各个利益集团以及中央与地方之间难免会产生矛盾，发生冲突和碰撞。在这种情况下，政治制度发挥其特有的作用，缓和社会矛盾，维护国家统一，促进民众团结。多元化和包容性既是印度实行政治制度的一个重要基础，也是印度政治制度的有力保障。正如《纽约时报》评价的那样：印度丰富的多样性有时看起来像是统一和团结的障碍。但选举

---

[1] Debidatta Aurobinda Mahapatra, "From a Latent to a 'Strong' Soft Power? The Evolution of India's Cultural Diplomacy", *Palgrave Communications*, Vol. 2, 2016, p. 5.

[2] Bibek Debroy, "India's Soft Power and Cultural Influence", in Tai Yong Tan, ed., *Challenges of Economic Growth, Inequality and Conflict in South Asia*, Singapore: World Scientific, 2010, p. 114.

[3] Debidatta Aurobinda Mahapatra, "From a Latent to a 'Strong' Soft Power? The Evolution of India's Cultural Diplomacy", *Palgrave Communications*, Vol. 2, 2016, p. 5.

[4] Bibek Debroy, "India's Soft Power and Cultural Influence", in Tai Yong Tan, ed., *Challenges of Economic Growth, Inequality and Conflict in South Asia*, Singapore: World Scientific, 2010, p. 114.

却证明了印度政治制度有助于和平解决分歧,将多样性转变为力量的源泉。[1] 分析家也指出,在独立后的早期阶段,由于存在严重的贫穷和不平等,世界普遍怀疑印度的政治制度能否存活,更不用说繁荣了。还有人对整个第三世界的政治制度前景十分悲观。今天看来,印度的政治制度非常强健。[2] 还有分析家表示,独立70年来,南亚其他国家至少有一次被军事接管过,或陷入过内战,有的则经历了这两种情况。在宗教国家中,只有印度逃过了这些劫难。这很大程度上不仅得益于当初设计和不断演变的联邦制度,也得益于制度化的多样性,这种多样性也是印度共和国宪法的一个基本特色。[3]

在印度,任何群体现在都可以在宪政的框架下自由发表意见包括批评政府,也可以组织游行示威向政府施压,迫使政府采取有利于自己的政策。而政府的一些制度和政策设计也有利于平息地方政府和民众的不满,推动社会稳定向前发展,像保留制度、潘查雅特制度和按语言建邦都起到了这种作用。

保留制度是印度将本国特殊国情融入西方议会制的典型案例。即使在美国,很多年后都无法采取这种制度。如前面章节所说,印度除四大种姓外,还有地位更低的种姓,叫达利特,也就是贱民或不可接触者。1950年宪法称之为表列种姓,将一些落后部落称为表列部落。当时公布的表列种姓共计1108个,分布在25个邦或者地区,表列部落744个,分布在22个邦和地区。随着人口的迅速增加,表列种姓和表列部落的数量和人口也在不断增加。这些表列种姓和表列部落地位低下,社会、经济和教育等方面的指标均落后于全国平均水平,在政治上更是没有发言权。[4] 为了缓和社会矛盾,平抑表列种姓和表列部落的不满,缩小社会各个阶层的发展差距,印度宪法规定在人民院和邦议会为表列种姓和表列部落保留一定比例的席位,期限为10年。此后这一制度每隔10年延长一次。不仅如此,依

---

[1] Atul kohli, "Introduction", in Atul kohli, ed., *The Success of India's Democracy*, Cambridge: Cambridge University Press, 2001, p. 1.

[2] Jean Dreze and Amartya Sen, "Democratic Practice and Social Inequality in India", *Journal of Asian and African Studies*, Vol. 37, No. 6, 2002, p. 7.

[3] Louise Tillin, "India's Democracy at 70: The Federalist Compromise", *Journal of Democracy*, Vol. 28, No. 3, July 2017, p. 64.

[4] 赵伯乐:《印度民族问题研究》,时事出版社2015年版,第265页。

据宪法，印度政府还为表列种姓和表列部落在政府机关保留一定比例的职位。这个比例起初为17.5%，后来提高到22.5%，其中表列种姓为15%，表列部落为7.5%。学校（特别是高等学校）也为表列种姓和表列部落保留了一定名额，在招生考试中给予特别照顾。① 保留政策还有另外一方面的内容，那就是为其他落后种姓在政府机关和学校保留一定比例的名额，其主要对象是四个种姓中最低一级的首陀罗。对于保留制，有学者表示，印度议会制不仅存活了下来，而且还日渐繁盛，且已制度化。印度政治进程不断深化，将弱势群体历史性地涵盖进政治制度中。印度政治制度能存活和成功的关键是它的包容性。②

潘查雅特是印度一种古老的乡村自治制度，由村民推选产生五位受尊敬的智慧长老组成村议会，所以也称五老会。五老会具有分配土地、征收赋税、裁判矛盾等权力，在与上一级管理机构交涉时则扮演村社代表的角色。印度独立后对这种制度进行了改革，从1959年10月起，各邦都设立了村、发展区和县三级潘查雅特，但仍保留了选举和地方自治这些古老传统，这恰恰也是潘查雅特制度的核心内容所在。潘查雅特对缓解基层社会矛盾，推动基层社会经济发展有着非常积极的作用。德国海德堡大学南亚研究所教授苏布拉特·K.米特拉（Subrata K. Mitra）将这些作用归纳为四个方面。一是进行非暴力和不断结构性变化是宪法的职责所在，而潘查雅特在集权化的官僚计划和底层革命之间提供了一条中间道路。二是在地方分权的情况下，进行资源的集体动员是发展规划者所希望的，这样可以将分散在全国的资源聚集起来。潘查雅特能起到这种作用。三是地方倡议构成了混合型经济革新结构的微观基础。四是潘查雅特是能满足政党机器无限需要的潜在资源。③ 其他学者则表示："地方政府或者潘查雅特为印度制度注入了新的来源，增强了国家的弹性和合法性。"④

---

① 孙士海主编：《印度的发展及其对外战略》，中国社会科学出版社2000年版，第71页。
② Zoya Hasan, "Democracy and Growing Inequalities in India", *Social Change*, Vol. 46, No. 2, 2016, p. 291.
③ Subrata K. Mitra, "Making Local Government Work: Local elites, Panchayati Raj and Governance in India", in Atul kohli, ed., *The Success of India's Democracy*, Cambridge: Cambridge University Press, 2001, pp. 109 – 110.
④ Arun Kumar Nayak, "Democracy and Development in India: an Investigation", *World Affair Winter*, Vol. 18, No. 4, 2014, p. 46.

按语言建邦对于印度社会发展进程也意义重大。由于语言众多，而说每种语言的族群几乎又都希望能按本族语言单独建邦或实行高度自治，这就与印度中央政府最初的设想产生了冲突。独立初期，由于印巴分治带来的创痛，印度领导人不愿按语言划邦，担心这样做会导致地区之间的领土争夺和分裂主义势力的增长，不利于维护全国的团结和统一，因而迟迟不愿执行。1948年印度政府任命的达尔委员会也不赞成按语言重新划邦，认为重新划分会助长地方主义，不利于民族整合。然而，印度政府的决定在全国引起了强烈抗议，一些地方甚至爆发了游行示威。面对这种情况，印度政府于1953年又任命了一个委员会，重新研究建立语言邦问题。该委员会经过调查研究，认为建立语言邦并不必然会引发分裂主义，按语言建邦是可行的。根据该委员会报告，印度人民院于1956年通过了邦改组法。根据该法，从1956年11月1日起，全国按主要语言分布重新划分为14个邦和6个联邦直辖区。① 印度后来又根据这一原则，陆续设立了其他一些邦如那加兰德邦、米佐拉姆邦、梅加拉亚邦等。2014年2月，主要说泰卢固语的特伦甘纳邦宣布正式成立，成为印度最年轻的邦。在这些地区设立邦的建制，满足了部族群众的部分要求，既可以缓和联邦政府与他们的矛盾，又可以把骚乱、暴力与恐怖活动框定在有限的范围内，便于控制，于大局无妨。同时，联邦政府还可以利用各民族、部族和地区间的猜疑和矛盾，削弱反政府力量。②

此外，印度实行的是带有中央集权特点的联邦制。这便于维护中央权威和国家统一，巩固政治制度。印度宪法起草者之一的安妮·马斯克林说："我们处在政治制度到来的时期。政治制度有一个趋势，就是要释放变化无常的情绪和破坏性的力量。在没有一个强有力中心的情况下，我认为不可能有政治的成功。我们处在国家创建的开端。作为一个国家，我们必须要生存，必须要在充满冲突的世界里生存。为此，我们决定赞同一个强有力的中央政府。"③ 印度一位名为N. V. 加吉尔（N. V. Gadgil）的部长则说："没有强有力的中央政府不可能治理这么大的一个国

---

① 林承节：《印度独立后的政治经济社会发展史》，昆仑出版社2003年版，第184—185页。
② 孙士海主编：《印度的发展及其对外战略》，中国社会科学出版社2000年版，第82页。
③ Louise Tillin, "India's Democracy at 70: The Federalist Compromise", *Journal of Democracy*, Vol. 28, No. 3, July 2017, p. 66.

家。这个国家有着如此多的遗产和文化,有着 220 种不同的语言。要把这些都放进一个管理部门就需要有一个统一的国家,一个总司法体系和一个总管理者。"①

然而,在宪法划定的联邦和邦职权范围内,政府又采取了一些灵活政策,给予某些邦特殊地位或自治权,以调动它们的积极性。例如,在拉吉夫·甘地执政时期,联邦政府曾于 1985 年至 1988 年先后与地方主义势力签订了《旁遮普协议》《阿萨姆协议》《米佐拉姆协议》和《特里普拉协议》,在一定程度上缓和了中央与地方的矛盾,稳定了局势。② 而政府的权威基本上没有受到威胁和挑战,政令畅通,中央与邦、邦与邦的权力平衡得到维持;社会治安状况虽不尽如人意,但大体上从未失控,国家建设和经济活动的社会环境尚属良好,政治局势始终没有超出可管理的范围。③ 对此,有学者指出,印度的历史向人们展示了,对不同利益群体的要求采取对话方式予以满足有利于印度政治制度的维护和加强,给印度带来了安定和谐的局面。相反,过度的集中化,特别是牺牲一个又一个群体的权利和要求只会产生事与愿违的结果。④ 学者米特拉(Subrata K. Mitra)则称印度政治制度有三点值得关注。一是印度已成功地在宪法和责任制框架下控制住了(如果不是解决的话)一些持续性的问题,如许多地区的分离主义运动,包括查谟和克什米尔地区。二是分离和冲突都是地方性的而不是全国性的。这些分离和冲突存在交叉,那些反对彼此的人可能发现在其他一些不同问题上他们又是同盟关系。在特定的社会团体里,优势和劣势并不总是累积的,会此消彼长。三是这些运动领导人的言辞即使非常激进和尖锐,但仍深深根植于自由和世俗的框架内。他们更多想要的是权力分享,而不是发展成阿富汗的塔利班和斯里兰卡的"猛虎组织"。⑤

印度民众对本国的政治制度也是非常认可,甚至感到十分骄傲。无论印度领导人,还是人民大众都有一个共识,那就是政治制度提供了一种可

---

① Louise Tillin, "India's Democracy at 70: The Federalist Compromise", *Journal of Democracy*, Vol. 28, No. 3, July 2017, p. 67.
② 孙士海主编:《印度的发展及其对外战略》,中国社会科学出版社 2000 年版,第 83 页。
③ 孙士海主编:《印度的发展及其对外战略》,中国社会科学出版社 2000 年版,第 82 页。
④ 王红生:《印度的民主》,社会科学文献出版社 2011 年版,第 408 页。
⑤ Subrata K. Mitra, "How Exceptional Is India's Democracy? Path Dependence, Political Capital, and Context in South Asia", *India Review*, Vol. 12, No. 4, 2013, p. 237.

能是最好的手段来管理分歧，治理一个巨大社会多样性的国家。[①] 像阿马蒂亚·森就表示，在政治制度方面，印度做得还是比较好的。这在国际上给人留下了深刻的印象，很多国家连政治制度结构最基本的要素都无法保障。印度实施政治制度时，许多发展中国家仍处于殖民统治之中，一些发达国家也缺少印度宪法所保障的那种自由。不少发达国家的女性仍处于被剥夺普遍和公正的选举权的尴尬境地。瑞士女性长达24年没有选举权，美国的非洲裔移民不仅没有选举权，还普遍受到种族歧视，通过长期斗争直到20世纪60年代才有基本的自由。在西欧和北美，仍存在不小的封建势力。相比之下，印度宪法非常明确地扫除了封建制度，为现代世俗政治制度的诞生奠定了坚实基础。[②] 曼莫汉·辛格也公开说："对我们印度而言，政治制度不仅仅是一种生活方式，它就是生活方式。印度对其遗产非常骄傲。这种遗产根植于包容性的文化，尊重不同的观点，拥抱多样性。"[③] 新德里电视台2007年在印度独立60周年时曾进行过一次民意调查，在"印度最大的荣耀"问题上，44%的投票者（民意测验、短信投票和网上投票）选择了政治制度，17%的人选择了世俗主义传统，超过了选择印度的信息技术产业的人数。[④]

印度人对本国政治制度的信心从其他方面也能得到验证。一个由南亚学者组成的调查小组曾对此做过调查。该小组主要比较了印度与其他南亚国家民众对政治制度的认知程度，在问及最喜欢的政治制度属性中每个人都可以自由说话和做事时，39%的受访者认为印度可以达到这种程度，高于巴基斯坦和孟加拉国，低于斯里兰卡。在民众对统治者具有约束力方面，12%的受访者认为印度能够达到这种程度，远远高于巴基斯坦、孟加拉国和尼泊尔，略低于斯里兰卡。在弱势群体被有尊严地对待方面，27%的受访者认为印度能够达到这种程度，比巴基斯坦、尼泊尔和斯里

---

① Arijit Mazumdar & Erin Statz, "Democracy Promotion in India's Foreign Policy: Emerging Trends and Developments", *Asian Affairs: An American Review*, Vol. 42, No. 3, 2015, p. 78.

② Jean Dreze and Amartya Sen, "Democratic Practice and Social Inequality in India", *Journal of Asian and African Studies*, Vol. 37, No. 6, 2002, p. 7.

③ Rabindra Sen, "India's South Asia Dilemma and Regional Cooperation: Relevance of Cultural Diplomacy", *Strategic Analysis*, Vol. 38, No. 1, 2014, p. 72.

④ 黄恒：《印度人票选本国"最大荣誉"：民主压倒IT》，《新华每日电讯》2007年8月14日第3版。

兰卡高，低于孟加拉国。在少数民族利益受到保护方面，7%的受访者认为印度能够达到这种程度，高于巴基斯坦、尼泊尔和孟加拉国，低于斯里兰卡（见表3-1）。整体来看，在所有南亚国家中，受访者对印度政治制度属性的认可度是最高的。

表3-1　　南亚国家民众最喜欢的政治制度属性比较（%）

民主属性	南亚	孟加拉国	印度	尼泊尔	巴基斯坦	斯里兰卡
每个人都可以自由说话和做事	38	26	39	41	31	54
民众对统治者具有约束力	8	6	12	4	7	13
弱势群体被有尊严地对待	25	54	27	11	26	7
少数民族利益受到保护	6	3	7	4	5	12
没有观点	16	0	2	39	20	13

资料来源：Subrata K. Mitra, "How Exceptional Is India's Democracy? Path Dependence, Political Capital, and Context in South Asia", *India Review*, Vol. 12, No. 4, 2013, p. 239.

综上所述，虽然存在很多问题与不足（这一点将在第四章里阐述），但政治制度对维护印度统一和团结、提升民众的国家认同起到了非常重要的作用。正如曾任印度智库政策研究中心主任帕南迪卡（Panadiker）所说："无论以何种标准来衡量，印度政治制度都不是最有效率的，然而它却具有内在的稳定性。正是依赖于政治制度，印度这样一个多民族、多宗教、多语言的异常复杂的国家才能被凝聚在一起。"[1]

二　对外有助于树立良好形象，促进印度与其他国家的关系

约瑟夫·奈曾指出，在信息时代，有三类国家在获得软实力方面占有优势。第一类是主流文化和观念与全球流行的规范（现在强调的是自由主义、多元主义和自治）非常接近的国家。第二类是能有多种渠道沟通与交流，并在这些沟通与交流渠道方面有较大影响的国家。第三类是通过国内

---

[1] V. A. Pai Panandiker, "Introduction", in V. A. Pai Panandiker, ed., *Fifty Years of Swaraj: Highlights and Shadows*, New Delhi: Konark Publishers Pvt. Ltd, 1998, p. 3.

和国际表现,可信度得到提升的国家。① 在这三类国家中,印度至少属于第一类。印度倡导自由和多元主义,这为其在国际上加分不少。沙希·塔鲁尔曾说:"印度的政治制度,我们欣欣向荣的自由媒体,我们爱争论的公民社会论坛,我们富有能量的人权团体,我们持续不断的选举,所有这些都使印度成为发展中国家成功处理多样性少有的范例。"② 一些学者也表示,"全球大部分国家都将印度视为一个相对包容、非暴力、多元的国家,其国际影响大都是良性的,价值观很大程度上是积极的"。③

近年来,印度开始将政治制度作为一个提升软实力重要工具,在对外关系中不断强调其作用。20世纪90年代,印度软实力得到了很大提升,这主要得益于印度被西方主要大国所接受。在2000—2001年度的报告中,印度外交部称,"促进个人自由,激发所有国家人民的创造性才华,促进政治治理和政治制度的更大实现,是国际和平与世界稳定必不可少的因素"。④ 2005年,印度外交秘书萨兰更是明确表示:"作为一个欣欣向荣的国家,印度肯定希望在我们的周边有更多自由国家。"⑤ 曼莫汉·辛格总理同年则强调了印度政治制度对世界的重要性。他说:"如果要界定'印度理想'的话,那就是一个包容、开放、多元文化、多种族、多语言的社会……我们有义务向历史和人类展示这种多元主义……自由是当今世界政治组织的自然秩序。所有其他替代性的制度,专制的和不同程度的多数主义(majoritarian)都是偏离正确轨道的。"⑥

不仅如此,印度还认为自己的政治制度有助于遏制极端主义和恐怖主义,并将巴基斯坦视为一个非自由国家,指责其支持跨境恐怖主义,呼吁

---

① Joseph S. Nye, *The Paradox of American Power: Why the World's only Superpower Can't Go It Alone*, Oxford: Oxford University Press, 2002, p. 14.

② Asima Sahu, "Soft Power and India: A Critical Analysis", *Scholarly Research Journal for Humanity Science and English Language*, Vol. 3, No. 13, 2016, p. 3306.

③ Aakriti Tandon, "Transforming the Unbound Elephant to the Lovable Asian Hulk: Why Is Modi Leveraging India's Soft Power?", *The Round Table*, Vol. 105, No. 1, 2016, p. 62.

④ Poorvi Chitalkar and David M. Malone, "Democracy, Politics and India's Foreign Policy", *Canadian Foreign Policy Journal*, Vol. 17, No. 1, March 2011, p. 85.

⑤ Poorvi Chitalkar and David M. Malone, "Democracy, Politics and India's Foreign Policy", *Canadian Foreign Policy Journal*, Vol. 17, No. 1, March 2011, p. 86.

⑥ C. Raja Mohan, "Balancing Interests and Values: India's Struggle with Democracy Promotion", *The Washington Quarterly*, Vol. 30, No. 3, Summer 2007, p. 99.

自由国家加强合作。瓦杰帕伊总理 2002 年在访问新加坡时说："恐怖主义受到了非自由社会和极权主义的支持和庇护，这是不奇怪的。但是因为自由国家代表了人民的意志和决心，它们有内部力量和弹力来抵制和克服恐怖主义带来的灾难。"[1] 曼莫汉·辛格 2004 年也说："近年来，世界在积极参与应对不同领域里的全球化和政治极端主义，范围从种族清洗到圣战。仅靠军事力量解决不了这样的挑战，也没有单独的解决办法。任何有意义的解决办法都必须建立在多元主义、包容、尊重法律、尊重观点和信仰的多样性原则基础上。"[2]

莫迪 2014 年就任总理后更是经常宣称，政治制度使印度成为重要的全球性角色。[3] 在访问不丹、尼泊尔、美国、澳大利亚、韩国、日本、缅甸、英国、法国、德国时，莫迪都大打政治制度牌，希望借助政治制度来促进与西方国家的关系，同时团结有着共同价值观的亚洲其他国家。即使在 2015 年 5 月访问亚洲内部腹地的蒙古国时，莫迪也不忘提及政治制度。莫迪是首位访问蒙古国的印度总理。期间，他将蒙古称为是"新自由之光"[4]，并称蒙古是印度"东向政策"一个不可分割的部分。[5]

在发展与美国关系时，印度更是将政治制度作为一个非常有用的工具。艾森豪威尔于 1959 年就曾说过："美印之间横亘着 10000 英里的海洋和陆地，然而在根本理念与信仰上我们是紧密的邻居。我们应该成为更紧密的邻居。"[6] 1998 年，瓦杰帕伊称印度和美国是"天然的盟友"。他说："我们相信印美关系会在平等的基础上重构，成为未来世界框架中

---

[1] Yeshi Choedon, "India and Democracy Promotion Cautious Approach and Opportunity", *India Quarterly*, Vol. 71, No. 2, 2015, p. 163.

[2] Yeshi Choedon, "India and Democracy Promotion Cautious Approach and Opportunity", *India Quarterly*, Vol. 71, No. 2, 2015, p. 163.

[3] Bhanu Pratap, "India's Cultural Diplomacy: Present Dynamics, Challenges and Future Prospects", *International Journal of Arts, Humanities and Management Studies*, Vol. 1, No. 9, September 2015, p. 42.

[4] Bhanu Pratap, "India's Cultural Diplomacy: Present Dynamics, Challenges and Future Prospects", *International Journal of Arts, Humanities and Management Studies*, Vol. 1, No. 9, September 2015, p. 42.

[5] Aakriti Tandon, "Transforming the Unbound Elephant to the Lovable Asian Hulk: Why Is Modi Leveraging India's Soft Power?", *The Round Table*, Vol. 105, No. 1, 2016, p. 60.

[6] 吴永年、赵干城、马嬛：《21 世纪印度外交新论》，上海译文出版社 2004 年版，第 158 页。

的一个关键要素……有着同样的政治文化、自由媒体和法律规则。"[1] 而克林顿执政后期和布什政府期间，华盛顿突出了共同政治价值观在推动两国关系发展中的作用，希望与印度探索在世界促进自由的可行性方案。[2] 2000年3月，克林顿访问印度期间，双方发表的公报称"在促进和增强世界自由方面，我们将共享经验，应对国内秩序的威胁如恐怖主义。"[3] 在以后的两国领导人会晤以及发表的联合声明中，基本上都会提及彼此的价值观相同。例如，2017年6月，莫迪访问了美国，两国发表的联合声明称"要在印度—太平洋地区做自由坚实的拥护者"。对此，美国学者塔尔博特（Talbott）表示："印度强健和富有弹性的政治制度在两国关系中创建了一个纽带。然而，这种纽带在过去半个世纪中曾遭到削弱。毕竟，像美国一样，这是一个国家不可剥夺的普遍权利之基础。但现在，这都已过去。"[4]

对于政治制度在印度对外关系中的作用，分析家表示，尽管在发展过程中也有一些缺陷，但经过包容性斗争和通过宪法规定而存活了下来，印度的政治制度令人印象非常深刻。政治制度能成为印度走向全球外交舞台一个强有力的工具。[5] 拉贾·莫汉则称："坚守价值观念的印度不断深化其政治制度，谋求经济现代化，坚持对外开放，必定会在未来几十年里成为一个有着重要影响的大国。印度能为经常出现反复的印度洋地区政治转型提供一种模式，是亚洲乃至世界和平的一种促进力量。"[6] 曼莫汉·辛格也表示："一个自由、多元和世俗的印度有助于促进国家之间的包容与和平共处。"[7]

---

[1] Poorvi Chitalkar and David M. Malone, "Democracy, Politics and India's Foreign Policy", *Canadian Foreign Policy Journal*, Vol. 17, No. 1, March 2011, p. 84.

[2] C. Raja Mohan, "Balancing Interests and Values: India's Struggle with Democracy Promotion", *The Washington Quarterly*, Vol. 30, No. 3, Summer 2007, p. 105.

[3] Yeshi Choedon, "India and Democracy Promotion Cautious Approach and Opportunity", *India Quarterly*, Vol. 71, No. 2, 2015, p. 162.

[4] Poorvi Chitalkar and David M. Malone, "Democracy, Politics and India's Foreign Policy", *Canadian Foreign Policy Journal*, Vol. 17, No. 1, March 2011, p. 84.

[5] Poorvi Chitalkar and David M. Malone, "Democracy, Politics and India's Foreign Policy", *Canadian Foreign Policy Journal*, Vol. 17, No. 1, March 2011, p. 88.

[6] Poorvi Chitalkar and David M. Malone, "Democracy, Politics and India's Foreign Policy", *Canadian Foreign Policy Journal*, Vol. 17, No. 1, March 2011, p. 87.

[7] Patryk Kugiel, "India's Soft Power in South Asia", *International Studies*, Vol. 39, No. 3-4, 2012, p. 358.

第三章 软实力对印度崛起的积极作用

然而，需要指出的是，虽然印度希望借助政治制度树立国际形象，推动与其他国家的关系，但在政治制度促进方面，印度的态度不是非常积极。可以这样说，政治促进从来都不是印度外交一个必不可少的组成部分。[1] 印度甚至都不愿使用"政治促进"这个词，倾向使用政治援助或者政治支持之类的语言。[2] 对印度而言，在国内保持政治稳定和经济发展，对外维持地区和平与安全，追求成为一个全球政治和安全关键性角色，代表着印度最重要的国家利益。印度在国际领域历来关注的都是安全、贸易和能源，而不是政治促进。[3] 印度并未将政治促进看作是国际事务中的一个组织原则。印度更看重的是反帝反殖，而不是一个新独立国家内部的政治因素。拉贾·莫汉曾说："印度认为一个第三世界国家的领导人在压制自己国民时是否残酷与印度无关。只要他高喊反对帝国主义标语，赞同第三世界，那么在南北国家之间的斗争中就是印度的盟友。"[4]

印度之所以不愿意在全球促进和推广政治制度有这样几个原因。一是印度本身曾被殖民统治过，经过艰苦斗争才赢得了国家独立。独立后的印度并未擦除对殖民统治的记忆，特别珍惜主权独立，对西方国家推广的价值观比较担忧。冷战期间，印度领导人甚至将西方国家在第三世界的政治促进活动看作是"新殖民主义的扩张"。许多印度人也认为，在政治促进的幌子下，西方国家会干涉"非西方国家"的内部事务。[5] 二是政治促进主要针对的是发展中国家，冷战期间印度曾通过不结盟、反帝反殖在发展中国家拥有广泛影响，被视为发展中国家的代言人。虽然不结盟在冷战后失去了应有作用，但印度依然不愿因促进民主而得罪广大发展中国家。三是印度一向坚持不干涉别国内政。如果促进政治，则会涉及干涉别国内政问题。四是会破坏印度的国际形象，印度会被视为是美国的爪牙和帮

---

[1] Arijit Mazumdar & Erin Statz, "Democracy Promotion in India's Foreign Policy: Emerging Trends and Developments", *Asian Affairs: An American Review*, Vol. 42, No. 3, 2015, p. 78.

[2] Yeshi Choedon, "India and Democracy Promotion Cautious Approach and Opportunity", *India Quarterly*, Vol. 71, No. 2, 2015, p. 164.

[3] Arijit Mazumdar & Erin Statz, "Democracy Promotion in India's Foreign Policy: Emerging Trends and Developments", *Asian Affairs: An American Review*, Vol. 42, No. 3, 2015, p. 78.

[4] Poorvi Chitalkar and David M. Malone, "Democracy, Politics and India's Foreign Policy", *Canadian Foreign Policy Journal*, Vol. 17, No. 1, March 2011, p. 83.

[5] Arijit Mazumdar & Erin Statz, "Democracy Promotion in India's Foreign Policy: Emerging Trends and Developments", *Asian Affairs: An American Review*, Vol. 42, No. 3, 2015, p. 80.

凶，这会导致印度影响力下降。五是地区因素。印度的邻国包括海湾国家大多不是自由国家，促进政治会导致印度与其邻国关系紧张。中东不仅是印度能源的重要来源地，而且还是印度几百万工人的务工之地。促进政治不符合印度利益。六是虽然印度政治制度取得了较大成功，但印度领导人同时也知道本国政治制度还存在很多不足之处，所以担心促进政治会导致国际社会讨论印度政治制度质量问题，自己反而成为国际社会批评的对象。[1]

第三节　外交政策对印度崛起的积极作用

印度是世界第二人口大国，消费市场潜力较大。印度同时也是全球最大的军火进口国，70%的武器需要进口。主要军火出口大国如美国、俄罗斯、法国、英国、加拿大等都希望抢占印度市场，赚取巨额军火外汇。加上位于印度洋北岸，陆地深入印度洋达1600公里，扼守着印度洋海上交通要道，世界主要大国都非常看重印度的战略地位和潜在价值，均希望与印度发展友好关系。随着中国的不断崛起，一些国家还将中国视为威胁，希望拉拢印度制衡中国。所有这些都有助于促进印度与世界主要大国的关系。

不仅如此，印度的外交能力也比较突出。美国著名南亚问题专家科亨总结说，印度最主要的外交成就在于它敢于向别的国家说"不"，而这种说"不"的能力是建立在四种能力之上的：一是印度的外交谈判代表在与对方进行谈判前首先要求对方的级别不能低于自己，否则宁愿不谈；二是印度的谈判代表在进行谈判时有足够的耐心，他们可以一直等下去，直到对方不耐烦而满足其要求；三是印度官员倾向于为了获得信息而谈判。印度官员和商人将谈判看作是获取相关市场、特别项目和技术，以及谈判对手（特别是巴基斯坦）和潜在卖者信息的机会。这种普遍做法使得印度成为谈判桌上最令人讨厌的对手。四是与美国和其他大国谈判时，印度的谈判代表准备比较充分，对于所要谈判项目的背景及历史，往往要比对手熟

---

[1] Yeshi Choedon, "India and Democracy Promotion Cautious Approach and Opportunity", *India Quarterly*, Vol. 71, No. 2, 2015, pp. 164–166.

悉得多。①

战略地位突出，外交政策适当，外交能力突出，使印度与主要大国的关系都比较友好，这非常有利于印度崛起。换言之，国际环境对印度崛起有利。

一 与美国的关系日益密切

冷战期间，由于采取不结盟政策以及与苏联关系亲密，印度与美国的关系总体上比较冷淡。冷战结束后，印度对外交政策进行了调整，将美国作为外交的重点对象，加之没有了苏联这个障碍性因素，两国关系得到了快速发展。尽管1998年的核试验使两国关系暂时受挫，美国对印度实施了制裁，但克林顿2000年对印度进行了历史性访问，是22年来首次访问印度的美国总统。两国关系随着这次访问而恢复了正常。

"9·11"事件的发生进一步拉近了两国关系。在美国军事打击阿富汗前后，印度为美国提供了大量支持，不仅向美国提供了阿富汗的卫星图片和情报，而且还允许美国使用其军事基地，这在印度独立后尚属首次，即使与印度有着"准盟国"关系的苏联也从未享受过这种待遇。② 而为了拉拢印度，美国不但取消了对印度的所有制裁，将印度称为是其全球反恐战争的"一个重要的非正式盟友"，③ 而且还在2002年发布的《国家安全战略报告》中将印度称为"与我们有着共同战略利益的崛起中的世界大国"，美国将"尽一切可能与印度建立强有力的双边关系，努力使我们的关系有相应的变化"。④

布什执政期间明确表示要"帮助印度成为21世纪世界上的一个主要大国"。⑤ 2004年，两国确立了"全球战略伙伴关系"。2006年，布什在访问印度期间不仅再次强调了将会继续加强"全球战略伙伴关系"，而且

---

① Stephen Philip Cohen, *India*: *Emerging Power*, Washington, D. C.: Brookings Institution Press, 2001, pp. 85 – 86.

② Shanthie Mariet D'Souza, "Indo-US Counter-Terrorism Cooperation: Rhetoric Versus Substance", *Strategic Analysis*, Vol. 32, No. 6, November 2008, p. 1069.

③ Shanthie Mariet D'Souza, "Indo-US Counter-Terrorism Cooperation: Rhetoric Versus Substance", *Strategic Analysis*, Vol. 32, No. 6, November 2008, p. 1075.

④ Cherian Samuel, "Indo-US Defence Cooperation and the Emerging Strategic Relationship", *Strategic Analysis*, Vol. 31, No. 2, March 2007, p. 218.

⑤ Daniel Twining, "America's Grand Design in Asia", *The Washington Quarterly*, Vol. 30, No. 3, Summer 2007, p. 82.

还与辛格签订了《民用核协议》，使印度未在《不扩散核武器条约》上签字的情况下免受国际社会的核制裁。美国的态度表明，印度已成为美国外交政策中的一个例外国家，为了发展与这个例外国家的关系，美国不惜修改国内法，冒着核扩散的风险，而其他国家是不可能享有这种待遇的。[①] 对于两国关系，美国前驻印大使罗伯特·布莱克威尔（Robert Blackwill）说："可以非常可靠（safe）地说，美印保持密切的关系将会是21世纪国际关系的一个持久（enduring）现象。两国在一些关键利益上的重合为两国提供了未来几十年进行合作的多种方式。随着时间的推移，美国与印度的关系会越来越像美国与其亲密盟友日本和欧洲的关系。"[②] 曼莫汉·辛格2008年在参加八国首脑扩大会议时也说："我们与美国的关系从来都没有这么好，这是我们长期追求的目标……无论是在全球气候变化问题上还是在国际经济问题上，两国都应并肩战斗，携手合作。"[③]

奥巴马政府不仅继承了布什政府的做法，而且还提升了两国关系。奥巴马在一次演讲中说："我们与印度快速发展和深化的友好关系将会造福全世界。印度民众应该知道他们没有比美国民众更好的朋友和伙伴了。"[④] 2009年11月，奥巴马在欢迎曼莫汉·辛格访美时表示，美印关系是21世纪"决定性的关系"之一，美国视印度为一个重要伙伴，希望印度在构建一个稳定、和平、繁荣的亚洲过程中扮演重要角色，他的政府会把扩展两国关系视为美国外交的首要任务。[⑤] 2010年11月，奥巴马对印度进行了访问，此次访问长达10天，是奥巴马就任总统以来历时最长的一次出访。2015年1月，奥巴马再次访问了印度，并出席了印度共和国日阅兵式。奥巴马不仅成为首位两访印度的美国在任总统，也是首位受邀并出席印度共和国日阅兵式的美国总统。

---

① C. Raja Mohan, "India's Quest for Continuity in the Face of Change", *The Washington Quarterly*, Vol. 31, No. 4, Autumn 2008, p. 144.

② J. Peter Pham, "India's Expanding Relations with Africa and Their Implications for U. S. Interests", *American Foreign Policy Interests*, No. 29, 2007, p. 350.

③ C. Raja Mohan, "India's Quest for Continuity in the Face of Change", *The Washington Quarterly*, Vol. 31, No. 4, Autumn 2008, p. 151.

④ K. Alan Kronstadt and Paul K. Kerr, "India-U. S. Relations", *Report for Members and Committees of Congress（Washington, D. C.）*, October 2010, p. 2.

⑤ Chidanand Rajghatta, "US-India Ties Will Be Defining Partnership of the 21st Century: Obama", *The Times of India*, November 24, 2009.

第三章　软实力对印度崛起的积极作用

由于古吉拉特邦 2002 年发生的教派冲突，美国禁止莫迪入境长达 10 余年。然而，这一切在莫迪就任总理后发生了变化。2014 年 10 月，莫迪访问美国期间受到了热烈欢迎，美国媒体对莫迪的访问进行了大量报道，美国政府更是给予了高规格接待。两国由于 2002 年教派冲突问题产生的罅隙完全消失不见了。双方在发表的联合公报中表示，"两国在确保地区稳定与和平方面享有共同利益。这其中包括海洋安全和航行以及飞行自由，尤其在南海"。① 2015 年 6 月，两国更新了十年前签署的防务合作协议。根据新协议，双方将就更广泛议题在军事和战略层面进行更高级别的协商和沟通。时任美国国防部长的哈格尔表示："新框架将进一步加强双方军事接触和合作，包括海洋、技术和贸易合作。"②

2016 年 6 月，莫迪再次对美国进行了访问，并赴美国国会演讲，是 2016 年在美国国会发表演讲的唯一一位外国领导人，这说明共和党和民主党对美印关系均持赞成态度。③ 两国随后公布了《亚太及印度洋联合战略愿景》最终路线图，强调要在亚太和印度洋地区进一步加强合作。两国还签署了非保密海事信息《白色船运协议》，④ 同意建立海洋安全对话机制。美国确认印度为主要防务伙伴。在非盟友国家中，只有印度享有这种待遇，这表明美国已将印度提升至与盟友一样的级别，⑤ 这明显体现在美国国防部长 2016 年两次访问印度上。⑥ 2016 年 8 月，两国签署了《后勤交流备忘录协定》。根据协定，美印两军在今后能使用对方的海陆空基地进行补给、维修和休整等后勤作业。《后勤交流备忘录协定》早在 2004 年就已提出，印度历届政府由于担心在军事上与美国捆绑会限制自己的战略自主性而不敢贸然签署，⑦ 但莫迪很快就签署了。这表明莫迪政府在印度洋

---

① Gurpreet S. Khurana, "Indian Maritime Doctrine and Asian Security: Intentions and Capabilities", in Namrata Goswami, ed., *India's Approach to Asia: Strategy, Geopolitics and Responsibility*, New Delhi: Pentagon Press, 2016, p. 273.
② "A New Chapter in Defence Ties, Says Hagel", *The Hindu*, January 26, 2015.
③ Indian Ministry of External Affairs, *Annual Report 2016 – 2017*, p. 133.
④ Indian Ministry of External Affairs, *Annual Report 2016 – 2017*, p. 133.
⑤ Indian Ministry of External Affairs, *Annual Report 2016 – 2017*, p. 137.
⑥ Indian Ministry of External Affairs, *Annual Report 2016 – 2017*, p. 133.
⑦ Harsh V. Pant and Yogesh Joshi, "Indo-US Relations under Modi: The Strategic Logic Underlying the Embrace", *International Affairs*, Vol. 93, No. 1, 2017, p. 133.

事务比上届政府有更大愿意与美国及其盟友建立紧密的关系。① 莫迪表示："印美关系犹豫的历史已经过去。"② 评论家指出，印度签署这个协议不仅有着重要的军事意义，也标志着莫迪政府主要政策的转变：从过去的犹豫不决变为决心与美国建立富有成效的战略伙伴关系。③ 不仅如此，两国还就达成《通信和信息安全备忘录协议》和《地理空间情报基本交流合作协议》进行了协商。《通信和信息安全备忘录协议》允许两国船只和航母在系统加密方面进行交流，共享海洋数据和信息。《地理空间情报基本交流合作协议》则能为印度提供地形和航空数据以进行导航和定位。④ 对于两国关系，有分析家指出，在莫迪时代，印美关系已经发生了"质变"，打破了印度不结盟传统外交思想的束缚。在"拥抱美国"这一点上，莫迪政府是最不犹豫的。⑤

对美印关系来说，2017 年特别重要。这一年既是两国建交 70 周年，也是特朗普政府执政伊始之年。印度不确定两国之前的密切关系能否得以延续。因为特朗普性格多变，一直强调"美国优先"，坚决退出《巴黎协定》，并指责一些国家对美国进行不正当贸易，从美国获取顺差。而印度则支持《巴黎协定》，对美国每年约有 300 亿美元的顺差。这些分歧可能会影响特朗普对印度的正面判断。所以，印度希望与特朗普政府建立友好关系，使其能延续奥巴马政府的对印政策。6 月 25—26 日，印度总理莫迪对美国进行了访问，这是莫迪三年内第五次访问美国，印度总理如此频繁地访问美国实属罕见。会晤时，特朗普称莫迪是一位伟大的总理，印度经济在其领导下取得了突出成就。特朗普还表示，美印关系从未这样坚固、这样好过。莫迪则说，特朗普总统和我讨论了两国关系的所有方面，我们希望将之前的战略伙伴关系提升到一个新高度，两国没必要成为竞争对

---

① Isabelle Saint-Mézard, "India's Act East Policy: Strategic Implications for the Indian Ocean", *Journal of the Indian Ocean Region*, Vol. 12, No. 2, 2016, p. 187.

② Harsh V. Pant and Yogesh Joshi, "Indo-US Relations under Modi: The Strategic Logic Underlying the Embrace", *International Affairs*, Vol. 93, No. 1, 2017, p. 133.

③ Harsh V. Pant and Yogesh Joshi, "Indo-US Relations under Modi: The Strategic Logic Underlying the Embrace", *International Affairs*, Vol. 93, No. 1, 2017, p. 143.

④ Darshana M. Baruah, "Expanding India's Maritime Domain Awareness in the Indian Ocean", *Asia Policy*, No. 22, 2016, p. 54.

⑤ Harsh V. Pant and Yogesh Joshi, "Indo-US Relations under Modi: The Strategic Logic Underlying the Embrace", *International Affairs*, Vol. 93, No. 1, 2017, p. 141.

第三章　软实力对印度崛起的积极作用

手。特朗普总统的"让美国再次伟大"为两国增加了新的合作空间。[1]

两人会晤当天，美国务院正式批准向印度出售一架价值3.65亿美元的C-17军用运输机和总价值达20亿美元的22架"MQ-9B"无人侦察机。这是美国首次将此款先进无人机卖给非盟友国家。[2] 据统计，自2008年以来，印度已与美国累计签署了超过150亿美元的军购协议。[3] 在发表的联合声明里，两国同意深化战略伙伴关系，促进共同目标，包括打击恐怖主义、增进印度—太平洋地区稳定、提升自由和公平贸易、加强能源合作。[4]

访问期间，特朗普与莫迪还宣布将启动美印"2+2"战略与防务对话，8月15日是印度的独立日，当天，特朗普致电莫迪，正式对外证实了这一部长级对话机制的成立。白宫在一份声明中说，新"2+2"对话机制将能提升两国防务和安全磋商水平，促进印度—太平洋地区的和平与稳定。[5] 新对话机制由两国外交部部长和国防部长参加，以替代奥巴马政府时期的"2+2"对话机制。旧对话机制在外交部部长和商务部长层面展开，每年举行一次，轮流在两国举行。这种调整反映了美印双方有意提升在安全领域合作的分量。分析家指出，有四个因素促进了莫迪政府与美国的防务合作。一是不像上一届辛格政府还保留有意识形态，莫迪政府在与美国开展防务合作时没有任何意识形态，这使得莫迪政府能采取更加实用主义的立场。二是双方都认为中国的崛起是一种挑战，希望合作制衡中国。三是印度的国防工业基础比较薄弱，印度希望从美国获得可靠的先进武器。四是印度希望减轻对俄罗斯武器供应的严重依赖，实现供应来源的多样化。[6]

---

[1] "Donald Trump Says US-India Ties Have 'Never Been Stronger', Praises PM-Modi", *Hindustan Times*, June 27, 2017.

[2] Rajat Pandit, "Delhi Keen on Combat Drones, But Settles for US Spy Version for Now", *The Times of India*, June 26, 2017.

[3] Rahul Singh, "US to Rejig Its Defence Department to Boost Military Ties with India", *Hindustan Times*, August 21, 2017.

[4] 张力：《从首脑会晤透视美印战略关系新发展》，《当代世界》2017年第7期。

[5] "印美欲建新对话机制促，'印度—太平洋和平'已酝酿俩月"，http://military.china.com/important/11132797/20170816/31110725_all.html，上网时间：2020年10月25日。

[6] Sumit Ganguly, "Has Modi Truly Changed India's Foreign Policy?", *The Washington Quarterly*, Vol. 40, No. 2, 2017, p. 139.

8月22日，特朗普公布了新南亚战略，这进一步推动了美印关系的发展。新战略的核心是增加对阿富汗一线美军的授权、确立"阿人治阿"原则，改变对巴基斯坦的政策，不再对巴基斯坦成为恐怖组织、塔利班和其他组织的避风港表示沉默。美国将综合运用外交、经济和军事等手段，迫使巴基斯坦坚决打击恐怖主义，同时深化与印度的战略伙伴关系，期待印度在阿富汗问题上提供更多帮助，尤其是在经济援助和发展领域。① 特朗普政府的新南亚战略为印度主导南亚事务提供了战略契机。

为了贯彻新南亚战略，印美两国高层频频接触。在9月初联合国大会期间，美国国务卿蒂勒森与印度外交部部长斯瓦拉吉举行了双边会谈，议题涉及巴基斯坦、阿富汗与南亚反恐等。9月25—27日，美国国防部长马蒂斯访问了印度，这不仅是马蒂斯首次正式访问印度，也是特朗普政府内阁成员首访印度。在与印度国防部长西塔拉曼会晤时，马蒂斯呼吁印度在阿富汗问题上发挥更积极的作用。西塔拉曼则承诺将培训阿富汗军队，并在阿富汗基础设施建设方面提供帮助，但拒绝了向阿富汗派遣作战部队的要求。印度不想陷入阿富汗的持续动乱之中。

11月13日，在出席第12届东亚峰会期间，莫迪再次与特朗普举行了双边会晤。莫迪表示："美印之间的合作可以超越双边关系，两国能为亚洲和世界的未来携手共进……我们在许多问题上都在想如何加以推进，印度不会辜负美国和世界的期望。"②

总体来看，特朗普政府肯定了与印度的密切关系。莫迪访美时，特朗普淡化了两国分歧，并在白宫设宴招待莫迪。这是特朗普执政后首次在白宫招待外国领导人，显示出特朗普非常重视莫迪的访问。特朗普还称莫迪是真正的朋友，并将两国关系定位为历史最好。在美国的新南亚战略中，特朗普更是偏向印度，倚重印度在南亚发挥特殊作用，打破了美国在印巴之间维持平衡的一贯做法。为了贯彻新南亚战略，特朗普先后派遣马蒂斯和蒂勒森访问印度。东亚峰会期间，特朗普称赞莫迪是一名伟大的绅士，"已变成我们的朋友"。③ 蒂勒森的南亚之行，在巴基斯坦仅停留4个小时，

---

① "Full Texts of Donald Trump's Speech on South Asia Policy", *The Hindu*, August 22, 2017.

② "PM Modi to Donald Trump: US, India Cooperation Can Go beyond Bilateral Ties", *The Indian Express*, November 13, 2017.

③ "PM Modi to Donald Trump: US, India Cooperation Can Go beyond Bilateral Ties", *The Indian Express*, November 13, 2017.

而在印度则待了2天。所有这些都说明，特朗普认可了与印度的特殊关系，期待印度在印度—太平洋地区发挥更大作用，替美国分担责任。印度实现了与特朗普政府建立良好关系的目的。

不仅如此，2017年6月，美国国务院还宣布将在巴控克什米尔地区活动的圣战者游击队（Hizbul Mujahideen）头目赛伊德·沙拉胡丁认定为恐怖分子，并把该组织列为恐怖组织。在新南亚战略中，美国更是点名批评巴基斯坦支持恐怖主义。特朗普说，美国认定的外国恐怖组织中有20个活跃在阿富汗和巴基斯坦，这一地区是世界上恐怖活动最密集的地区。巴基斯坦经常为混乱、暴力、恐怖提供安全避风港，这些避风港使恐怖分子能威胁美国的安全，美国给了巴基斯坦数十亿美元，但巴基斯坦却庇护美国正在打击的恐怖分子，这种情况必须要改变。① 而改变的路径之一就是要印度发挥更大作用。蒂勒森10月访印时则表示，恐怖主义的避风港是不能被容忍的，巴基斯坦境内有太多这样的避风港。② 美国对巴政策的改变，是印度外交的一大胜利，实现了印度长期以来在国际上揭露巴基斯坦与恐怖组织存在关联、破坏巴基斯坦形象、孤立巴基斯坦的目标。

2020年2月，在新冠肺炎疫情期间，特朗普总统访问了印度，显示出对印度的高度重视。印度则在世界上最大的板球体育场莫特拉体育场举办了"你好，特朗普"的欢迎活动。莫迪称两国关系不再只是一种伙伴关系，而会是一个更强大更紧密的关系。特朗普发表了现场演讲，高度评价了两国关系，称美国永远都会是印度人民坚定和忠诚的朋友。访问期间，双方达成了一项30亿美元的军购协议，并签署了3项能源领域的谅解备忘录。

综上所述，印度与美国的关系变得越来越稳固，未因领导人的更替而发生变化，特朗普政府的对印政策充分说明了这一点。这源自两国的相互借重，美国看重的是印度庞大的市场和在印度—太平洋地缘政治中的重要作用，印度则希望借助美国加速崛起。双方在反恐、防务和海洋安全等方面存在利益重叠，并都有意制衡中国。

---

① "Full Texts of Donald Trump's Speech on South Asia Policy", *The Hindu*, August 22, 2017.
② "India and USA Are Natural Allies", *The Hindu*, October 25, 2017.

二　与俄罗斯的关系持续友好

冷战期间，印度与苏联的关系非常友好，是一种"准盟友"关系。正因为此，苏联解体给印度带来了非常大的冲击，使印度在政治、经济和安全方面失去了强有力的支持。孱弱的俄罗斯忙于处理国内政治和经济问题，以及与美国和欧洲的关系，奉行的是一种在政治上以欧洲为中心，在经济上亲西方的政策，无暇顾及印度。发生经济危机的印度也忙于经济改革和调整外交政策，疏于与俄罗斯联系。两国关系因此在20世纪90年代充满了很大不确定性。①

不过，两国这种充满不确定性的时代很快就过去了。普京总统2000年对印度的访问使两国关系迅速升温，两国不仅发表了《战略伙伴关系宣言》，确立了"战略伙伴关系"，而且还建立了领导人年度会晤机制。俄罗斯此时认识到，作为一个欧亚国家，如果没有像印度这样一个有着坚定伙伴关系的老朋友，俄罗斯在地位不断上升的亚洲所能发挥的积极作用和影响是非常有限的。② 2010年，在梅德韦杰夫访问印度期间，两国决定将双边关系从"战略伙伴关系"提升到"特殊的优先战略伙伴关系"。曼莫汉·辛格在欢迎同年访问印度的普京时表示："与俄罗斯的关系是我们外交政策的一个关键支柱，我们将俄罗斯视为一个值得信赖和可靠的战略伙伴。我们两国的关系不仅有别于其他国家，而且其重要性还在随着时间的推移不断增长。我们的伙伴关系涵盖了防务、民用核能、空间、科学和技术、碳氢化合物、贸易和投资等领域。"③ 2012年12月，普京对印度进行了访问，并与曼莫汉·辛格进行了会谈，这是两国领导人的第十二次年度首脑会晤。访问前夕，印度驻俄罗斯大使阿贾伊·马尔霍特拉表示："两国的政治关系、政府与政府的联系、民众与民众的交往从来都没有像今天这样紧密。"④ 普京也在印度非常有影响的《印度教徒报》上撰文称："我

---

① Gulshan Sachdeva, "India's Relations with Russia", in David Scott, ed., *Handbook of India's International Relations*, London: Routledge, 2011, p. 214.

② Gulshan Sachdeva, "India's Relations with Russia", in David Scott, ed., *Handbook of India's International Relations*, London: Routledge, 2011, p. 214.

③ Gulshan Sachdeva, "India's Relations with Russia", in David Scott, ed., *Handbook of India's International Relations*, London: Routledge, 2011, p. 213.

④ Vladimir Radyuhin, "Thorny Issues in India-Russia Engagement", *The Hindu*, December 23, 2012.

第三章 软实力对印度崛起的积极作用

想强调的是,深化与印度的友谊与合作是俄罗斯外交政策的优先选择。我们有各种理由说两国关系具有真正的特殊性和优先性。"①

2014年12月,两国举行了第十五次领导人年度会议。印度新任总理莫迪强调说:"时代变了,但我们的友谊没变。现在,我们想把这种关系提升到一个新水平。普京总统的这次访问向着这个方向迈进了一步。"② 2016年10月,莫迪与普京在印度果阿举行了会谈,双方签署了包括防务和造船在内的19项合作协议。除领导人年度会晤外,两国间高层次沟通机制还有两个。一个是关于贸易、经济、科学和文化的合作委员会,由印度外长和俄罗斯副总理带队磋商。另一个是军事技术合作委员会及其工作组,由双方国防部长参加沟通。该委员会又由两个事务委员会构成,一个是军事技术合作委员会,另一个是造船、飞机制造和陆军车辆生产事务委员会。俄罗斯是印度唯一一个进行如此高级别、有组织的军事合作机制交流的国家。③

2017年是印俄建交70周年,两国举行了一系列庆祝活动。5月31日,普京在《印度时报》上发表题为《70年相伴:俄罗斯与印度》的署名文章,指出"俄印在政治、经济以及对外政策方面具有互动的基础,而所有的一切都基于两国的历史友谊"。莫迪也在《俄罗斯报》上撰文表示,两国必须努力开辟新视野,加深双边关系。④ 莫迪还称,印俄在21世纪有共同的战略雄心,发展与俄罗斯的关系是印度对外政策的一个关键组成部分。⑤ 6月初,莫迪出席了在圣彼得堡举行的国际经济论坛,成为近年来参加该论坛的最高级别外国领导人之一。之后,莫迪与普京举行了年度会晤,莫迪对加入上合组织俄罗斯提供的帮助表示了感谢,两国共签署了12份合作文件,并发表了《圣彼得堡宣言》。

在两国"特殊的优先战略伙伴关系"中,军事合作占有重要地位,合作水平已远超一般国家的合作。俄罗斯前总统梅德韦杰夫称,"我们的主

---

① Vladimir Putin, "For Russia, Deepening Friendship with India Is a Top Foreign Policy Priority", *The Hindu*, December 24, 2012.
② Suhasini Haidar, "Modi, Putin Discuss Defence, Energy", *The Hindu*, December 12, 2014.
③ Richard Weitz, "The Maturing of Russia-India Defence Relations", *Journal of Defence Studies*, Vol. 6, No. 3, July 2012, p. 79.
④ 宋博、石靖:《俄罗斯为什么重视与印度的关系》,《世界知识》2017年第19期。
⑤ Nitika Srivastava, "Prospects for Russia-India Relations in the Indian Ocean Region", *Maritime Affairs: Journal of the National Maritime Foundation of India*, Vol. 13, No. 1, 2017, p. 87.

要任务是从武器买和卖的关系转到联合设计和生产……我们有共同生产火箭和飞机的计划"。① 俄罗斯现任总统普京则表示:"两国的军事和技术合作达到了前所未有的水平。许可证生产和联合研制先进武器而不是单纯的买和卖已成为两国战略伙伴关系的关键组成部分。"② 在2013年10月第十四次两国领导人会议上,曼莫汉·辛格说:"印俄防务关系是两国战略伙伴关系中的关键因素,是其他因素不能比拟的。由于两国已进入联合设计、研制和生产重要军事装备阶段,俄罗斯仍将是印度的一个关键军事伙伴。"③

印度现在是俄罗斯最大的军火客户,而俄罗斯则是印度最大的军火供应商。双方已签署了两个十年军事和技术合作协议,第一个协议是关于2001—2010年的,第二协议是关于2011—2020年的。④ 根据俄罗斯估算,在过去四十年里,两国的军火合作价值超过了350亿美元。⑤ 其中,2000—2010年的军售合同价值就达300亿美元。⑥ 在普京2012年访问印度期间与印度签署的10项协议中有两个是军事合作协议,即71架米—17B-5直升机和42架苏—30MKI战斗机供应合同,这两份订单总价值约为29亿美元。⑦ 2010—2019年,印度从俄罗斯进口的军火价值达216.9亿美元,占印度军火进口额的65.7%,占俄罗斯军火出口额的32.4%,是俄罗斯最大的军火买家。⑧ 2017年6月21—23日,双方举行了第17次军事技术委员会会议,时任印度国防部长的贾斯特里和俄罗斯国防部长绍伊古同意提升两国间的防务合作水平,加强武器联合研制,增进防务交流。

---

① Richard Weitz, "The Maturing of Russia-India Defence Relations", *Journal of Defence Studies*, Vol. 6, No. 3, July 2012, p. 80.
② Vladimir Putin, "For Russia, Deepening Friendship with India Is a Top Foreign Policy Priority", *The Hindu*, December 24, 2012.
③ Vladimir Radyuhin, "India, Russia to Boost Defence Ties", *The Hindu*, October 21, 2013.
④ Richard Weitz, "The Maturing of Russia-India Defence Relations", *Journal of Defence Studies*, Vol. 6, No. 3, July 2012, p. 79.
⑤ Richard Weitz, "The Maturing of Russia-India Defence Relations", *Journal of Defence Studies*, Vol. 6, No. 3, July 2012, p. 79.
⑥ "India, Russia Sign Weapons Deals Worth Billions of Dollars", *The Times of India*, December 24, 2012.
⑦ Vladimir Radyuhin, "Thorny Issues in India-Russia Engagement", *The Hindu*, December 23, 2012.
⑧ 瑞典斯德哥尔摩国际和平研究所网站, http://armstrade.sipri.org/armstrade/html/export_values.php, 上网时间: 2020年8月2日。

双方签署了防务发展路线协议。而据媒体报道，印度将花费105亿美元购买俄罗斯武器，这包括"S-400"凯旋（Triumf）防空导弹系统、4艘"格里戈罗维奇级"（Grigorivich）护卫舰、200架"Kamov-226T"轻型直升机，并将从俄罗斯租借继"查克拉—2号"之后的第二艘核潜艇。① 10月19—29日，两国在俄一处训练场和符拉迪沃斯托克附近的日本海水域举行了代号为"因陀罗—2017"（Indra-2017）的联合军演。这项演习始于2003年，但2017年是首次进行三军联合演习，之前都是单兵种演习。

2019年，莫迪作为嘉宾出席了在俄罗斯举行的东方经济论坛，并与普京举行了第二十次首脑会议，双方签署了14项合作协议，涉及贸易与投资、国防合作、能源、交通运输等领域。2019年11月，两国举行了第19次军事技术委员会会议，讨论了进一步加强军事合作事宜。

印俄间近年来也出现了一些问题。一是印度与美国走得过近，促使俄罗斯开始反思对印政策。比较明显的是，俄罗斯改善了与巴基斯坦的关系，2014年取消了对巴基斯坦的武器禁运，2016年与巴基斯坦举行了联合军演。二是虽然印度70%左右的武器进口均来自俄罗斯，但印度从美国和以色列购买的军备日益增多。加拿大、德国、意大利、荷兰、瑞士、乌克兰等国近年来也不断向印度出口武器。俄罗斯担心印度会大幅减少对俄制军备的需求。三是两国贸易不增反降。2012年，双边贸易额达到110多亿美元，但之后不断下降，2018年为109.69亿美元。② 两国之前曾达成共识，2025年前将贸易额提升至300亿美元。③ 但按照目前发展态势，这一目标很难实现。

印度与俄罗斯的关系建立在传统友谊和现实利益之上。苏联时期的特殊关系为两国的友好关系奠定了重要基础。防务合作现在则是双方关系的重要推动力。虽然两国关系出现了一些问题，但总体影响不大，两国关系仍然比较稳定。对于两国关系，印度国大党前主席索尼娅·甘地曾评价说："自第二次世界大战以来，印度与俄罗斯两个国家维持了数年牢不可破的友好关系，这种情况在大国中是唯一的。"④ 印度外交部的一位官员则

---

① "Defence Deal May Repair India-Russia Ties", http：//www.rediff.com/news/column/defence-deal-may-repair-india-russia-ties/20170803.htm, 上网时间：2020年8月4日。
② 印度外交部网站，http：//mea.gov.in/index.htm, 上网时间：2020年8月4日。
③ Arun S, "Russia：A Forgotten Trade Partner？", The Hindu, April 9, 2017.
④ Vladimir Radyuhin, "Putin, Sonia for Bringing People Closer", The Hindu, June 16, 2005.

表示，印度高度重视发展与俄罗斯的关系不仅因为两国具有长时间的交往历史，还因为俄罗斯是唯一一个与印度没有地缘政治纷争的大国。俄罗斯历来都支持印度在克什米尔问题上的主张，从未对印度的核计划指手画脚。① 这位官员还表示，印度与美国关系的迅速改善并不会牺牲印度与俄罗斯的关系，"在我们与任何国家的关系达到我们与俄罗斯的这种关系之前，时间已过去了10年"。② 而俄罗斯国防部的一位官员则说："发展与印度的关系是俄罗斯外交政策的优先选择。"③ 印度前外交秘书兰詹·马塔伊（Ranjan Mathai）称："无论国际政治环境如何变化，印度与俄罗斯的关系或许都是最重要的，最具决定性的。"④

三 与日本的关系急剧升温

冷战期间，由于分属不同的阵营，加之距离遥远，经济合作不密切，印度与日本的关系比较疏远。冷战后，随着国际形势的变化，印日分别调整了各自的对外政策，同时也调整了对对方的外交政策。在这种情况之下，两国关系开始逐渐改善。1990年，海部俊树访问了印度，强调要推动日印之间的政治与经济对话、文化交流与合作，增加对印度的官方发展援助。1992年，印度总理拉奥对日本进行了回访，双方达成了进一步推动双边关系发展的协议。不过，随着1998年印度进行核试验，两国关系受到了挫折。

印度与日本关系的急剧升温发生在21世纪。2000年8月，日本首相森喜朗对印度进行了访问，这是日本首相10年来首次访问印度。2001年12月，印度总理瓦杰帕伊对日本进行了回访。之后，两国高层互访的次数开始逐渐增多。根据日本外务省的统计，在20世纪90年代，日本高层对印度进行的访问次数只有4次，印度高层对日本进行的访问次数为11次，

---

① Vidya Subrahmaniam, "Pratibha Patil in Moscow to Strengthen Ties", *The Hindu*, September 3, 2009.

② Vidya Subrahmaniam, "Pratibha Patil in Moscow to Strengthen Ties", *The Hindu*, September 3, 2009.

③ Somini Sengupta, "Russia-India Partnership Enters New Era", *The New York Times*, January 25, 2007.

④ Indrani Talukdar, "India's Strategic Partnership with Russia: Continuity or a Shift", *Report of Indian Council of World Affairs（India）*, October 2014, p. 1.

但在 2000 年到 2008 年间，日本对印度进行的高层访问次数达到了 25 次，印度对日本进行的高层访问次数为 22 次，而同时期日本对中国的高层访问次数只有 7 次。高层访问次数增多说明印度在日本对外政策中所占地位越来越重要。[①] 事实上，从 2003 年开始，印度已超过中国成为日本官方发展援助的最大接收国。在 2005 年小泉纯一郎对印度访问期间，两国宣布建立"战略伙伴关系"。2006 年，双方宣布将"战略伙伴关系"升级为"全球战略伙伴关系"，并建立年度领导人会晤机制。除俄罗斯以外，日本是唯一与印度举行年度领导人峰会的国家。2008 年 10 月，印度与日本发表了《安全合作联合声明》，印度成为继澳大利亚之后第二个与日本发表这样声明的国家。[②]

2014 年 9 月，莫迪访日期间，双方决定将两国关系提升为"特殊的全球战略伙伴关系"。2015 年 12 月，日本首相安倍晋三访问了印度，两国发布了《2025 愿景：共同致力于印度洋—太平洋地区及世界和平与繁荣的特殊战略全球伙伴关系》联合声明，表示要加强包括和平利用核能在内的各领域的合作，并签署了日本帮助印度发展高铁的合作文件。2016 年 11 月，双方签署了民用核能协定，这是日本首次与未加入《不扩散核武器条约》的国家签署核能协定。

2017 年 5 月，非洲发展银行（African Development Bank）在印度举行年会，这是非洲发展银行年会首次在非洲之外的地方举行。会议期间，印度与日本抛出了"亚非增长走廊"（Asia-Africa Growth Corridor，AAGC）计划。该计划的总目标是，两国携手合作，通过重新探索古老的海路，创造新的海洋走廊，将非洲大陆与印度以及南亚和东南亚国家连接起来，建立一个"自由和开放的印度—太平洋地区"。该计划确定了实施路线图，在非洲确定一些优选国家和优选项目。[③]

2017 年 9 月，日本首相安倍晋三对印度进行了访问，这是安倍第四次以首相身份访印。莫迪不仅亲自到机场迎接，安排长达 8 公里的公路表

[①] Hayoun Ryou, "India-Japan Security Cooperation: Chinese Perceptions", *Report of Institute of Peace and Conflict Studies (India)*, January 2009, p. 3.

[②] Hayoun Ryou, "India-Japan Security Cooperation: Chinese Perceptions", *Report of Institute of Peace and Conflict Studies (India)*, January 2009, p. 2.

[③] 唐璐：《"亚非增长走廊"，印度和日本在想什么》，《环球》2017 年第 12 期。

演，还陪安倍夫妇参观甘地纪念馆，并与安倍在一家屋顶餐厅共进晚餐。包括国际多边场合在内，这是两人三年里的第十次会晤，表明两国都很重视对方。安倍表示，日本愿意成为印度永远的朋友，支持莫迪总理的"印度制造"。两国关系不仅是特别的、战略的，也是全球的。莫迪则称，印日关系不局限于双边和地区范畴，两国在全球关键问题上也能开展密切合作。①

访问期间，安倍参加了艾哈迈达巴德到孟买的高铁开工典礼。该高铁全长500多公里，计划2023年通车运营。为了修建这条高铁，显示与印度关系的特殊性，日本仅以0.1%的名义利率向印度提供了120亿美元的贷款，贷款期限长达50年，且附带15年延期偿付条款。②

此次访问期间两国共签署了15项合作协议，并同意把外交与防务部门的"2+2"磋商由副部长级升级为部长级，并讨论了"亚非增长走廊"计划。双方表示，欢迎探索促进亚非工业走廊和工业网络发展的努力，这将使包括非洲在内的印度—太平洋地区的利益攸关者受益。两国同意通过印日非洲对话、印非首脑峰会、东京非洲发展国际会议等机制加强在非洲的合作。③在发表的联合声明中，两国主张根据普遍承认的国际法尤其是联合国海洋法通过对话解决纷争，不诉诸武力或者威胁使用武力。双方同意将日本的"自由开放的印度—太平洋战略"与印度的"东向政策"对接，设立日印"东向行动论坛"，加强海洋安全合作，增进与美国、澳大利亚以及其他国家的多边合作，同意分享反恐信息与情报等。自2015年以来，日本参加美印"马拉巴尔"年度海军演习已成常态。2017年7月，"马拉巴尔"海军演习在印度金奈海域的孟加拉湾举行。此次演习规模空前，三国都首次派出航母或准航母参加。11月初，三国首次在日本海进行了联合训练，确认进行情报共享。

2018年，两国公司签署了一份关于US-2飞机检查、维修和保养的谅解备忘录，日本甚至还同意向印度提供相关技术，这意味着两国防务合作进入到一个新阶段，标志着两国从低调接触转向更有力、更坚韧的战略伙

---

① "$4.7 Billion! Japanese Investment in India Takes 80 Percent Jump", *The Financial Express*, September 15, 2017.
② Pallavi Aiyar, "An Alliance on Track", *The Hindu*, September 13, 2017.
③ 印度外交部网站，http://mea.gov.in/index.htm，上网时间：2020年8月5日。

第三章 软实力对印度崛起的积极作用

伴关系。① 2018年10月，两国同意建立外交部长和国防部长"2+2"固定对话机制，并就达成《物品劳务相互提供协定》进行商谈。该协定能使两国更便捷地举行联合演习，包括与美国在印度洋和太平洋举行的三方海军演习。日本希望借机进一步把海上自卫队力量投放到印度洋，日本舰只可使用印度安达曼—尼克巴群岛上的海军设施。② 不仅如此，日本还帮助印度在安达曼—尼克巴群岛进行基础设施建设，修建高速公路、柴油发电厂以及情报设施。③ 日本是获得印度同意同时在其敏感的东北部地区和扼守印度洋东大门的安达曼—尼克巴群岛进行投资的唯一国家。④ 2018年底，两国发表了《安全合作联合宣言》。该宣言不仅有助于提升两国的防务合作，也是日本不断扩大安全合作对象努力的结果。印度成为日本除美国和澳大利亚外在防务关系上最为密切的国家。⑤ 在2019年的《防务白皮书》中，日本称印度人口多，面积大，经济取得了显著增长，在南亚有着重要影响。不仅如此，印度还坐落在印度洋中部，连接了亚太、中东和欧洲，扼守海上交通线，战略地位突出。随着印度—太平洋概念的出现和广泛使用，印度作为一个地缘政治角色加强了存在。反过来，国际社会也对印度发挥更大作用充满了期待。⑥

印日之间没有根本性的利益冲突，这推动了两国关系的快速发展。两国均希望在海洋安全、反恐和经贸方面加强合作。相比印度，日本表现得更为积极。为了拉拢印度，日本不断加大对印度的经济援助力度，帮助印度修建高铁、工业走廊和产业园区，并与印度共建"亚非增长走廊"，树

---

① Priya Chacko and Jagannath P. Panda, "Regionalising India-Japan Relations in the Indo-Pacifc", in Kyle Springer, ed., *Implementing the Indo-Pacific: Japan's Region Building Initiatives*, Perth, Perth USAsia Center, 2019, p. 61.

② Vinay Kaura, "Incorporating Indo-Pacific and the Quadrilateral into India's Strategic Outlook", *Maritime Affairs*, Vol. 15, No. 2, 2019, p. 88.

③ Vindu Mai Chotani, "Changing Dynamics in the Indian Ocean: What Can India and Japan Do?", *Asian Studies*, Vol. 64, No. 3, 2018, p. 28.

④ Shahana Thankachan, "India-Japan Asia Africa Growth Corridor: An Assessment", in Pradeep Chauhan and Gurpreet S Khurana, eds., *Maritime Perspectives* 2017, New Delhi, National Maritime Foundation, 2018, p. 268.

⑤ Priya Chacko and Jagannath P. Panda, "Regionalising India-Japan Relations in the Indo-Pacifc", in Kyle Springer, ed., *Implementing the Indo-Pacific: Japan's Region Building Initiatives*, Perth, Perth USAsia Center, 2019, p. 60.

⑥ Japan Ministry of Defense, *Defense of Japan* 2019, p. 147.

立两国在印度—太平洋地区的重要地位和良好形象。

四 与欧盟的关系逐步提升

印度与欧盟之间已形成了多种对话机制，自2000年以来会定期举行印度—欧盟首脑会议、印度—欧盟外交事务部长会议、印度—欧盟联合委员会会议等。2004年，双方建立了"战略伙伴关系"。2005年，双方通过了《联合行动计划》，规划了未来15年的双边关系。在2006年举行的印度—欧盟首脑峰会上，曼莫汉·辛格表示："印度和欧盟是天然的伙伴，因为我们享有共同的民主价值观、多元主义和法制。这将大大推动双方关系的发展。"[1] 对于印度的有核国家地位，欧盟不再提出质疑，不仅取消了对印度因核试验而实施的制裁，还越来越重视与印度在传统和非传统安全领域的合作。这或可视为印度取得政治大国地位的某种体现。[2]

莫迪执政后进一步加强了与欧盟的关系。莫迪2015年访问了英国、法国和德国。英国、法国和德国领导人也都受莫迪邀请访问过印度。2017年（截至12月15日），莫迪共出访14次，涉及13个国家，其中对欧洲出访6次，涉及5个国家，其中对德国访问2次，包括1次出席汉堡二十国集团峰会。而在这段时间内，印度先后接待了意大利总理、欧盟委员会主席、欧盟高级代表、葡萄牙首相对印度的访问。

2017年10月，第14次印度—欧盟首脑峰会在印度举行，双方签署了3份合作文件，同意重启自由贸易协定谈判。莫迪表示，双方是天然的伙伴，印度在各方面都非常重视与欧盟的关系，特别是战略伙伴关系。欧盟现在是印度最大的贸易伙伴（如果从单个国家算，中国是印度最大的贸易伙伴）。2018—2019年度双边贸易额达1156亿美元。不仅如此，欧盟还是印度最大出口目的地和外资来源地。2000—2018年，从欧盟流入印度的外资有907亿美元，占印度同期吸引外资的24%。印度对欧盟的投资约为500亿美元。[3] 2020年7月，第15次印度—欧盟首脑峰

---

[1] Emilian Kavalshi, "Venus and the Porcupine: Assessing the European-India Strategic Partnership", *South Asia Survey*, Vol. 15, No. 1, January-June 2008, p. 72.

[2] 吴永年、赵干城、马孆：《21世纪印度外交新论》，上海译文出版社2004年版，第208页。

[3] 印度外交部网站，https://www.mea.gov.in/Portal/ForeignRelation/India_EU_Relation2020.pdf，上网时间：2020年7月28日。

第三章 软实力对印度崛起的积极作用

会通过视频的形式举行。双方在会后发表的联合声明中表示，将强化战略伙伴关系，促进多边主义，并在应对新冠肺炎疫情、气候变化、贸易投资、安全等方面加强合作，双方一致认为，全球合作和团结对于保护生命和减轻新冠肺炎疫情的社会经济后果至关重要，应提升应对疫情的能力和准备水平。

为了促进与欧盟的关系，2017 年莫迪还对被称为欧盟两大发动机的德国和法国进行了访问。5 月 29—30 日，莫迪访问了德国。德国是印度在欧盟的最大贸易伙伴，也是印度外资主要来源国，印度现有超过 1600 家德国公司，员工逾 40 万，过去 10 年，两国双边贸易增幅超过了三倍，2016 年达到了 200 亿美元。[①] 访问期间，莫迪与默克尔总理举行了会谈，并共同出席了印度—德国商业峰会。莫迪列举了印度经济取得的巨大成就，并期待德国企业赴印度投资。默克尔则称，印度已被证明是可靠的合作伙伴，两国可以深化合作。双方还表示两国的战略伙伴关系建立在共同的民主价值观、自由贸易和国际规则之上，希望通过信任和相互尊重进一步提升双边关系。两人均表达了推动联合国安理会改革的意愿，并相互支持成为安理会常任理事国候选国。双方都反对任何形式的恐怖主义和极端主义。德国答应到 2022 年向印度的城市可持续发展项目提供 10 亿欧元（约 11.7 亿美元）。[②] 两国共签署了 12 项合作协议，主要涉及可持续发展和人员培训，并发起成立了印欧可持续发展中心。

6 月 3 日，莫迪对法国进行了访问。法国原不在出访之列，是莫迪临时更改了计划。莫迪主要想与法国新总统马克龙建立良好的私人关系，实际上，印法关系本就特殊，法国是第一个与印度建立战略伙伴关系的国家，两国早在 1998 年就建立了这种关系。不仅如此，法国还是最早与印度签署民用核协议的国家之一。2016 年 1 月，奥朗德总统成为印度共和国日阅兵式的贵宾，并对印度进行了访问。2015 年 11 月，莫迪访问了法国。2016 年 9 月，两国签署了印度购买法国 36 架"阵风"战斗机的协议，这是法国航空军工领域有史以来的最大订单，价值约 87 亿美元。[③] 法国现在

[①] 《默克尔欲深化德印关系》，《联合早报》2017 年 5 月 31 日。
[②] "In Germany, Modi Calls for Unity to Combat Terror", *The Hindu*, May 29, 2017.
[③] Ankit Panda, "It's Official: India and France Sign $8.7 Billion Deal for 36 Rafale Fighters", *The Diplomat*, September 23, 2016.

是印度第九大投资国,在印度的公司有1000多家,员工30万名。印度公司在法国有75家,员工7000人。① 正是由于这些原因,莫迪说:"法国是我们重要的战略伙伴。无论是贸易、技术、创新,还是投资、能源、教育和企业,我们都想为两国关系注入更大动力。"② 双方重申了将加强在新能源领域的合作,并签订了谅解备忘录。两国都支持《巴黎协定》,认为该协定是人类的共同财富,能使后代受益。莫迪称恐怖主义是当今世界最大的挑战之一,马克龙对此表示赞同。③

印度虽然与欧盟的关系整体上比较平淡,但与欧盟重要成员国法国和德国的关系却不断升温。印度特别看重与法国的防务、能源和反恐合作,与德国的经贸、联合国改革和技术合作。随着印度的持续崛起,欧盟、法国和德国与印度的关系会越来越密切。

总之,印度是为数不多的几乎与所有国家(南亚国家除外,这点将在下一章里进行详细阐述)都维持友好关系的国家之一。换言之,印度不仅近年来与西方国家保持了密切的关系,而且也与遭到西方国家孤立的国家如伊朗和缅甸建立了紧密的关系。在强烈支持巴勒斯坦独立的同时,又与以色列建立了坚固的关系,特别是在安全和情报信息关系方面。2017年6月,莫迪总理更是对以色列进行了历史性访问,是首位访问以色列的印度总理。2018年2月,莫迪对巴勒斯坦进行了访问,是首位访问巴勒斯坦的印度总理。双方签署了6个合作协议,价值约为5000万美元。④ 印度同时也在非洲扩展了自己的利益,召开了三次印度—非洲首脑峰会,受到了非洲国家的欢迎。所有这些为印度提供了一个潜在的地位,也就是主要冲突和危机的可靠调节者。只是,印度到目前还没有有效利用这个地位。⑤

---

① Prakash NandaJun, "Narendra Modi in France: For True Meaning of PM's Visit, Look beyond Headlines on Climate and Terror", *First Post*, June 4, 2017.

② "Modi in France Highlights: PM Says Paris Agreement a Shared Legacy of the World, Will Benefit Posterity", *The Indian Express*, June 3, 2017.

③ Prakash NandaJun, "Narendra Modi in France: For True Meaning of PM's Visit, Look beyond Headlines on Climate and Terror", *First Post*, June 4, 2017.

④ Stanly Johny, "Modi Reiterates Support for Palestine", *The Hindu*, February 10, 2018.

⑤ Patryk Kugiel, "India's Soft Power in South Asia", *International Studies*, Vol. 39, No. 3-4, 2012, p. 360.

第四节 海外印度人对印度崛起的积极作用

一 政治上，海外印度人有助于提升印度与其所在国的关系

海外印度人在政治和经济上的成功使得他们能够对居住国的政策产生影响。他们企业家的地位和财富是施加影响的重要工具。① 例如，在非洲，南非、乌干达、肯尼亚和坦桑尼亚的执政党都曾从海外印度人那里获得过竞选资金。印度政府和企业能从维持与海外印度人的关系中获益匪浅，因为这些移民能影响其所在国政府对印度采取友好政策。② 印度海外印度人事务部曾表示："与海外印度人、南非和非洲大陆利益攸关方进行接触有助于促进印度与非洲在政治、商业、文化和可持续发展方面的合作。"③ 莫迪则称："据说数万年前，印度和非洲同属一个大陆，后来由于印度洋而被分为两个部分……我们之间有很多相似性……我们大约有270万移民长期在非洲生活。"④ 他进而表示："印度与南非有着天然的联系，在反对种族隔离制度和殖民统治方面，我们并肩战斗。正是在南非，甘地认识到了自己的使命，所以，甘地既属于印度，也属于南非。我们享有的共同价值，遭受过的苦难和斗争经历为我们的战略伙伴关系奠定了强有力的基础。"⑤

在英国，海外印度人与全国和地方政党都建立了联系。英国各地市议会每年都要从各个政党中选出250—300名咨询顾问。为了多输送顾问，向市议会施加影响，海外印度人建立了英国印度人顾问委员会（British Indian Counselors Association）。一些城市也不时会出现海外印度

---

① Narendra Modi, "There Is Potential to Expand Our Business and Investment Ties Further", *Vital Speeches International*, Vol. 8, No. 8, 2016, p. 200.

② Phillip O. Nyinguro, "The Role of Indian Diaspora in Indo-African Co-operation", in Ruchita Beri, ed., *India and Africa: Enhancing Mutual Engagement*, New Delhi: Pentagon Press, 2014, p. 138.

③ Sanjukta Banerji Bhattacharya, "The Role of the Indian Diaspora in Africa", in Ruchita Beri, ed., *India and Africa: Enhancing Mutual Engagement*, New Delhi: Pentagon Press, 2014, p. 153.

④ "On India-Africa Summit Eve, PM Narendra Modi Hails Continental Ties with Africa", *The Indian Express*, October 26, 2015.

⑤ Narendra Modi, "There Is Potential to Expand Our Business and Investment Ties Further", *Vital Speeches International*, Vol. 8, No. 8, 2016, p. 200.

人担任市长的情况。最初,只有工党非常重视海外印度人顾问,但后来海外印度人的出色表现也引起了保守党和自由民主党的关注。这些政党都十分在意海外印度人手中的选票,这迫使一些英国议员坚定支持海外印度人的主张。工党和自由民主党还组建了一个"英国印度人议会之友"(Friends of India Parliamentary)。不仅如此,英国议会还有一个跨越各个党派的"英国印度人议会协会"(British Indian Parliamentary Association)。该协会固定讨论印度的关切,所以也被称为"咖喱俱乐部"(Curry Club)。更有一些海外印度人被选举为议会议员。印裔多拉开爵士(Lord Dholakia)更是担任过英国第三大党自由民主党主席。海外印度人在英国取得的这些成就,使得他们能够有效进行游说,维护印度的政治、经济和安全利益。[①]

在美国,早在1970年,海外印度人就在纽约创办了名为《海外印度》(India Abroad)的报纸。该报纸最开始主要用来交流海外印度人的思想和信息,后来开始转变关注方向,对"印度在国际上的政治立场"非常感兴趣,并鼓励其读者坚定支持印度领导人的政治主张。对美国印度人来说,《海外印度》表达了这样一个观点:美国人对印度的印象与他们对印裔人的态度是密切相关的。[②] 不仅如此,海外印度人还逐渐建立了强大的游说集团,主要的游说集团有2002年成立的美印政治行动委员会(该委员会在全国设有27个分支机构,有6万名成员,拥有全职专业人员和法律人士)、1984年成立的美国印度人物理学家协会、1975年成立的美印商业委员会、1989年成立的美印友谊理事会和美国亚裔旅馆主协会。

这些游说集团对美印关系产生了积极影响。1993年,美国众议院成立了"印度连线"(India Caucus)。2004年,美国参议院也成立了"印度连线"。美国国会有很多这种类型的连线,但数"印度连线"规模最大,最多时有众议员176人,参议员40人,占国会两院议员人数的40%。[③] "印度连线"的成立既是美国印度人不断施加影响的结果,也是印度政府不断

[①] Asaf Hussain, "The Indian Diaspora in Britain: Political Interventionism and Diaspora Activism", *Asian Affairs*, Vol. 32, No. 3, 2005, p. 201.

[②] Jason A. Kirk, "Indian-Americans and the U. S. -India Nuclear Agreement: Consolidation of an Ethnic Lobby?", *Foreign Policy Analysis*, Vol. 4, No. 3, 2008, p. 287.

[③] Hans Christian Kjølseth, " 'New Kids on the Block': The Indian American Lobby and the U. S-India Nuclear Deal", *Master Thesis*, Oslo: University of Oslo, January 2009, p. 48.

第三章　软实力对印度崛起的积极作用

努力的结果。"印度连线"在美国印度人社团和国会议员之间搭建了一个桥梁。美印政治行动委员会主席桑杰·普里（sanjay Puri）曾说："'印度连线'有很多种方式供其成员使用，也可以用来募集资金。你可以加入这个连线，说我喜欢印度，我支持印度，我喜欢美国印度人，对我们的问题投赞成票。如果你是连线成员，又投了我们的反对票，最好找个有说服力的理由。否则，不要加入这个连线。"①

事实上，自"印度连线"成立后，美国国会在很大程度上改变了对印度的消极态度。② 每年约有40名国会议员访问印度，这些议员明确表示是海外印度人手中的选票使他们更关注印度。1998年核试验后，美国对印度进行了制裁。然而，在海外印度人的游说下，美国很快解除了对印度的制裁。③ 2000年，克林顿访问印度期间曾亲口承认，在印裔人社团游说下，他们面临非常大的压力。④ 2001年，在印度议会大厦遭到恐怖袭击后，印裔人游说集团同样成功游说美国修订了对巴基斯坦的援助条件。美国国际关系学者沃尔特（Walt）曾评论说："美国印度人是强化印度与世界唯一超级大国的无价资产。新德里将美国印度人当作向美国'国内渗透'战略的'潜在政治武器'，旨在影响美国对印度的政策。"⑤ 布鲁斯金学会研究人员林赛（Lindsay）也说："外来移民群体中未来比较活跃的可能是美国印度人。这不仅因为印度面临邻国的安全威胁，还因为其移民是美国最富有的少数民族之一。他们在政治领域非常活跃，在过去三次总统选举中已捐助800万美元。国会已注意到他们。"⑥ 印度政府在2002年的一份报告中则称："美国印度人在塑造美国国会有利于印度氛围方面发挥了关键作

---

① Hans Christian Kjølseth, "'New Kids on the Block': The Indian American Lobby and the U.S-India Nuclear Deal", *Master Thesis*, Oslo: University of Oslo, January 2009, p. 49.

② "Review: Indian Lobbying and Its Influence In US Decision Making: Post-Cold War", *The Times of India*, July 4, 2017.

③ Kishan S. Rana, "India's Diaspora Diplomacy", *The Hague Journal of Diplomacy*, Vol. 4, No. 3, 2009, p. 368.

④ Kamni Kumari, "Diaspora as Soft Power: A Case Study of Indian Diaspora in the US", *Julio-diciembre*, Vol. 4, No. 2, 2016, p. 176.

⑤ Jason A. Kirk, "Indian-Americans and the U.S.-India Nuclear Agreement: Consolidation of an Ethnic Lobby?", *Foreign Policy Analysis*, Vol. 4, No. 3, 2008, p. 278.

⑥ Jason A. Kirk, "Indian-Americans and the U.S.-India Nuclear Agreement: Consolidation of an Ethnic Lobby?", *Foreign Policy Analysis*, Vol. 4, No. 3, 2008, p. 280.

用……海外印度人社团是印度的一项新资产,能提升印度与唯一超级大国的关系。"①

海外印度人在美国最著名的游说案例当属美印民用核协议的成功签署。2005年,印度总理曼莫汉·辛格访问美国时,与美国总统布什在民用核协议上达成了一致意见,2006年,布什访问印度时,双方签署了这一协议。基于印度未签署《核不扩散条约》,两国之间的民用核协议违背了国际条约。美国等于开了一个非常危险的先例,破坏了国际核不扩散体制,这在美国引起了非常大的争议。美国国会最开始的立场非常消极,用一位分析家的话说,就是"一潭死水"。甚至"印度连线"成员、议案的起草者汤姆·兰托斯(Tom Lantos)也建议国会推迟表决。议员爱德华·马基(Edward Markey)甚至称:"议案本质上是给布什政府开出的一个空白支票,布什政府希望使印度逃脱我们核不扩散法律的制裁,这是对国会监管程序的一种嘲讽。"②

为了影响国会议员和美国民众,海外印度人游说集团进行了大量游说工作。其中,美印政治行动委员会最积极。该委员会之前就比较活跃,会固定举办募集资金会议、青年论坛和关于国会山的招待会,向美国国会议员散发简要知识读本《印裔美国人:关键性的统计》。2002—2003年,该委员为美国政治候选人募集资金16.23万美元。③ 2005年底,政治行动委员会与美国国会议员、美印投资和贸易关系专题小组联合主席法里欧马维加(Eni Faleomavaega)组织了一场讨论会。印度驻美大使罗南森(Ronen Sen)和美国国会一些有影响的议员参加了讨论会。印度的长期支持者帕劳勒(Pallone)表示:"核协议强化了美印能源安全,有助于促进印度能源市场的稳定性和有效性,可以确保印度获得充足的、能负担得起的能源供应……执行这一协议对美印关系非常重要。"④ 议员查瑞斯·坎农(Chris

---

① Hans Christian Kjølseth, "'New Kids on the Block': The Indian American Lobby and the U.S-India Nuclear Deal", *Master Thesis*, Oslo: University of Oslo, January 2009, p. 5.
② Jason A. Kirk, "Indian-Americans and the U.S.-India Nuclear Agreement: Consolidation of an Ethnic Lobby?", *Foreign Policy Analysis*, Vol. 4, No. 3, 2008, p. 294.
③ Jason A. Kirk, "Indian-Americans and the U.S.-India Nuclear Agreement: Consolidation of an Ethnic Lobby?", *Foreign Policy Analysis*, Vol. 4, No. 3, 2008, p. 290.
④ Jason A. Kirk, "Indian-Americans and the U.S.-India Nuclear Agreement: Consolidation of an Ethnic Lobby?", *Foreign Policy Analysis*, Vol. 4, No. 3, 2008, p. 294.

第三章 软实力对印度崛起的积极作用

Cannon）则说："我非常高兴今天晚上与你们在一起，欢迎印度作为一个全球伙伴，感谢政治行动委员会将大家召集起来讨论一些重要问题包括民用核协议。"①

之后，政治行动委员会又召开了多场类似的讨论会，并在华盛顿打着醒目的"美印全球伙伴关系"横幅进行游说和宣传，向国会议员散发简要问题说明，通过电子通讯渠道动员美国印度人签署请愿书，直接联系他们所在地区的国会议员。不仅如此，政治行动委员会还通过其网站展示"获得国会支持进展情况"，公布国会议员支持者和反对者名单。在宣传中，政治行动委员会并不忌讳称民用核协议具有史无前例的性质，并驳斥了反对者的批评，称协议不会破坏国际核不扩散机制，通过将印度拉进主流国际社会反而会提升国际核不扩散机制的安全性。政治行动委员会反复强调美印关系的重要性，协议不仅有利于印度，也能使美国受益，美国能从印度能源市场中获得大量好处。②

其他海外印度人游说集团也积极进行游说，像《海外印度》就反复展示核协议草案，更新国会议员支持者和反对者名单，向反对的议员施压。美国印度人物理学家协会则召开了专家小组研讨会，邀请美国助理国务卿包润石（Richard Boucher）和其他政府官员参加。2006 年 4 月 5 日，美国印度人物理学家协会和其他海外印度人游说集团在《华盛顿邮报》上整版刊登了拥护核协议的声明。大量带有电子请愿书和情况说明的邮件被发给国会议员及其助手。为了扩大影响，海外印度人承担了纽约 95% 的会议支出。2006 年 6 月 5 日，《纽约时报》在头版刊发了对政治行动委员会领导人的专访，美国国家公共电台早间版也播放了此次专访。③

海外印度人的努力获得了丰厚回报。2006 年 6 月 26 日，美国众议院以 359 票赞成，69 票反对通过了美印核合作促进法，也就是《海德法案》。参议院随后以 85 票赞成，12 票反对通过了这一法案。2006 年 12 月 18 日，布什签署了这一法案，该法案正式生效。这一法案的通过，已超越

---

① Jason A. Kirk, "Indian-Americans and the U. S.-India Nuclear Agreement: Consolidation of an Ethnic Lobby?", *Foreign Policy Analysis*, Vol. 4, No. 3, 2008, p. 294.
② Jason A. Kirk, "Indian-Americans and the U. S.-India Nuclear Agreement: Consolidation of an Ethnic Lobby?", *Foreign Policy Analysis*, Vol. 4, No. 3, 2008, p. 294.
③ Jason A. Kirk, "Indian-Americans and the U. S.-India Nuclear Agreement: Consolidation of an Ethnic Lobby?", *Foreign Policy Analysis*, Vol. 4, No. 3, 2008, p. 295.

了"核问题"本身，成为整个美印关系的压舱石。而这正是海外印度人社团想让支持这一法案的国会议员看到的。① 一位分析家指出，"这次游说成功不仅团结了海外印度人社团，还显示出海外印度人社团能使美国议会成为美印友好关系的塑造者。海外印度人社团能成为印度崛起为全球大国的重要推动者"。② 美国期刊《外交政策》则发文说："如果不是美国印度人社团的游说和努力，核协议可能会在国会遇到大麻烦。"③

美印两国领导人也高度评价了海外印度人的贡献。曼莫汉·辛格说："印美之间的民用核协议具有历史意义，能够结下丰硕果实……这在很大程度上得益于海外印度人社团和美国朋友提供的帮助。我为此要向你们所有人表示感谢。"④ 布什则说："海外印度人社团在向美国民众解释这个战略性法案过程中发挥了至关重要的作用。我感谢你们不仅在美国，也在印度传递了这样的信息。我想让你们知道，你们的声音十分管用，我非常欢迎。"⑤

对于海外印度人在外交方面的作用，印度外交部发言人赛义德·阿克巴鲁定（Syed Akbaruddin）表示："我们的软实力外交已经超越了课本、文化和电影，我们现在可以与大量海外印度人直接接触。"⑥ 印度人民党总书记拉姆·马达夫（RamMadhav）则说："我们正在改变外交轮廓，寻找保护海外印度人利益的新方式。即使海外印度人对其居住国非常忠诚，但他们仍可以为印度发声。这是海外印度人外交的长期目标所在。就像美国的犹太人为以色列的利益不断发声一样。"⑦

---

① Jason A. Kirk, "Indian-Americans and the U. S. -India Nuclear Agreement: Consolidation of an Ethnic Lobby?", *Foreign Policy Analysis*, Vol. 4, No. 3, 2008, p. 295.

② Jason A. Kirk, "Indian-Americans and the U. S. -India Nuclear Agreement: Consolidation of an Ethnic Lobby?", *Foreign Policy Analysis*, Vol. 4, No. 3, 2008, p. 296.

③ Hans Christian Kjølseth, "'New Kids on the Block': The Indian American Lobby and the U. S-India Nuclear Deal", *Master Thesis*, Oslo: University of Oslo, January 2009, p. 4.

④ Hans Christian Kjølseth, "'New Kids on the Block': The Indian American Lobby and the U. S-India Nuclear Deal", *Master Thesis*, Oslo: University of Oslo, January 2009, p. 1.

⑤ Hans Christian Kjølseth, "'New Kids on the Block': The Indian American Lobby and the U. S-India Nuclear Deal", *Master Thesis*, Oslo: University of Oslo, January 2009, p. 1.

⑥ Rama Lakshmi, "India Wants to Turn 25 Million in the Diaspora into Global Ambassadors", *The Washington Post*, February 18, 2015.

⑦ Rama Lakshmi, "India Wants to Turn 25 Million in the Diaspora into Global Ambassadors", *The Washington Post*, February 18, 2015.

二　经济上，海外印度人有助于推动印度的经济增长

近年来，海外印度人对印度经济增长的贡献越来越大。以侨汇为例，自2008年以来，印度超过中国成为世界上最大的侨汇接收国，每年汇回的侨汇非常可观，占GDP的比重一般在3%—4%（见表3-2）。1990—1991年度，印度接收的侨汇为21亿美元。而自1999—2000年度以来，侨汇超过了流入印度的外国直接投资和外国对印度提供的援助。[①] 2001—2002年度，印度接收的侨汇增加到158亿美元，2013年达到了700亿美元，是1990—1991年度的33.33倍。占印度GDP的4%，占印度外汇储备的23%。[②] 2014年依然有700亿美元，占印度GDP的3.4%，占印度外汇储备的22%。[③] 之后，受世界经济增长乏力、国际油价较低和海湾国家财政收紧影响，印度接收的侨汇有所下降。2016年下降到627亿美元（全球下降了2.4%，印度下降了8.9%[④]）。不过，2017年又略有上升，约为654亿，占印度GDP的2.7%，2019年为831亿美元，占印度GDP的2.8%（见表3-2）。印度现在仍是接收侨汇最多的国家。其中海湾地区是印度侨汇的最大来源地，其次为北美。

表3-2　　　　　印度2001—2019年接收的侨汇　　　（单位：十亿美元）

年（度）	汇回的侨汇	占印度GDP%
2001—2002	15.8	3.3
2002—2003	17.2	3.4
2003—2004	22.2	3.7
2004—2005	21.1	3.0
2005—2006	25.0	3.0
2006—2007	30.8	3.3
2007—2008	43.5	3.5

---

① Gabi G. Afram, "The Remittance Market in India: Opportunities, Challenges, and Policy Options", *Report of The World Bank*, 2012, p. xiii.
② The World Bank, *Migration and Development Brief 24*, April 2015, p. 23.
③ The World Bank, *Migration and Development Brief 25*, October 2015, p. 21.
④ The World Bank, *Migration and Development Brief 27*, April 2017, p. 3.

续表

年（度）	汇回的侨汇	占印度 GDP%
2008—2009	46.9	3.8
2009—2010	53.9	3.9
2010—2011	55.9	3.3
2011—2012	70.0	3.9
2013	70.0	4.0
2014	70.0	3.4
2015	68.9	3.4
2016	62.7	2.8
2017	65.4	2.7
2018	78.6	2.9
2019	83.1	2.8

资料来源：2001—2012 年度主要根据印度海外印度人事务部历年报告（Annual Report）整理，使用的是年度数据（从头年的 4 月 1 日到次年的 3 月 31 日），2013—2019 年主要根据世界银行历年报告（Migration and Development Brief）整理。

  侨汇对一个国家的经济发展能起到非常大的推动作用。宏观上，侨汇能增加国家的外汇储备、减少国际收支赤字特别是经常项目账户赤字，并最终创造有利于外国直接投资的良好环境。对于许多中小企业来说，使用接收侨汇家庭的储蓄能抵制金融风险。微观上，侨汇能增加接收家庭的收入，减少贫困，提升家庭生活水平，接收家庭用侨汇购买商品和消费品则有助于促进当地经济的发展。如果接收家庭将剩余的侨汇进行投资，同样能促进当地经济的发展。若接收家庭将侨汇存入银行，银行将储蓄贷给其他需要的家庭，侨汇又能帮助这些家庭摆脱贫困，提高生活水平。[1] 不仅如此，侨汇还能通过在银行的存款促进金融部门的发展，能为私人部门带来信誉。侨汇比外国直接投资和外国援助能更直接满足穷人的需要。[2] 现在，印度 4.5% 的家庭都接收过侨汇。这些侨汇绝大部分被用于家庭必须

---

[1] Mohammad Saif Ahmad, "Migration and Remittance: A Boon for Indian Economy", *International Journal of Economics and Management Sciences*, Vol. 3, No. 1, 2014, p. 28.

[2] Gabi G. Afram, "The Remittance Market in India: Opportunities, Challenges, and Policy Options", *Report of The World Bank*, 2012, p. 3.

第三章　软实力对印度崛起的积极作用

开支项目上，如食品、教育、医疗和其他方面，20%被存入了银行，7%被投资到土地、理财和安全方面。① 根据印度储备银行的统计，非居住印度人 2015 年在印度银行的存款余额为 1151.63 亿美元，2019 年为 1304.23 亿美元。2014—2015 年度的外汇储备为 3416.38 亿美元，2016—2017 年度为 3699.55 亿美元，2018—2019 年度为 4128.71 亿美元。②

在投资方面，1991—2001 年，实际流入印度的外国直接投资中的 9.15% 都是由非居住印度人贡献的。由于超过一半的外国直接投资都是由毛里求斯进入印度的，非居住印度人实际的贡献应该在 20% 左右。③ 海外印度人对印度基础设施尤其是房地产投资兴趣浓厚。印度政府一位名为莱迪（N. V. Ramana Reddy）的秘书说："可以肯定地讲，安德拉邦首府海德拉巴的房地产价格整体上涨与海外印度人的投资和投机密切相关。"④ 由于毛里求斯与印度签署有避免双重征税协议，很多国家都通过毛里求斯对印度进行投资。毛里求斯一直都是印度最大的投资国。2000 年 4 月到 2020 年 3 月，外国对印度的直接投资累计为 4701.19 亿美元。其中，非居住印度人的投资额是 46.84 亿美元，占比 1%。毛里求斯对印度的投资额为 1427.1 亿美元，占比 30.36%，排在第 1 位。⑤

海外印度人不仅有助于促进对印度的投资，也能帮助其所在国吸引印度的投资。⑥ 统计显示，在经合组织国家中，每增加 1 万海外印度人，印度对该国的对外直接投资就会增加 2%。⑦ 印度公司倾向于在这样的国家建

---

① Gabi G. Afram, "The Remittance Market in India: Opportunities, Challenges, and Policy Options", *Report of The World Bank*, 2012, p. xii.

② Reserve Bank of India, *The Handbook of Statistics on the Indian Economy 2018 – 2019*, pp. 19 – 22.

③ Kishan S. Rana, "India's Diaspora Diplomacy", *The Hague Journal of Diplomacy*, Vol. 4, No. 3, 2009, p. 368.

④ Rina Agarwala, "Tapping the Indian Diaspora for Indian Development", in Alejandro Portes & Patricia Fernández-Kelly, eds., *The State and the Grassroots: Immigrant Transnational Organizations in Four Continents*, New York: Berghahn Books, 2015, p. 101.

⑤ 印度商工部网站, https://dipp.gov.in/publications/fdi-statistics, 上网时间: 2020 年 8 月 4 日。

⑥ Amar Anwar and Mazhar Mughal, "The Role of Diaspora in Attracting Indian Outward FDI", *International Journal of Social Economics*, Vol. 40, No. 11, 2013, p. 945.

⑦ Amar Anwar, Mazhar Mughal, "The Role of Diaspora in Attracting Indian Outward FDI", *International Journal of Social Economics*, Vol. 40, No. 11, 2013, p. 949.

立分公司，因为对这个国家的顾客喜好、外部市场、经济政策和法律框架比较熟悉，而海外印度人在这个过程中起到了非常重要的作用。① 像肯尼亚在东非就是吸引印度投资比较多的国家，这与肯尼亚有大量海外印度人不无关系。② 印度大公司如埃萨尔（Essar）、基尔洛斯卡尔（Kirloskar）、塔塔（Tatas）和韦丹塔（Vedanta）也对非洲进行了投资。印度现在是非洲第五大投资国，仅次于美国、法国、马来西亚和中国。③ 2017年4月到2020年5月，印度对外直接投资累计达433.15亿美元，其中新加坡接收的印度直接投资多达94.07亿美元，占比21.72%，位居世界各国之首。其次是美国，接收的印度直接投资为58.81亿美元，占比13.58%。毛里求斯接收的印度直接投资为31.05亿美元，占比7.17%，位居第四位。④

海外印度人还能推动印度与其居住国的经贸关系。例如，南非拥有丰富的黄金、钻石和其他矿产，博茨瓦纳也有钻石，乌干达有石油，坦桑尼亚有锡、磷酸盐、铁矿石、黄金和铀，肯尼亚有氟石、碳酸钠、盐和宝石，这些都是印度经济快速发展所需的原材料。印度经常借助海外印度人公司进口这些原材料，当然，这些公司也不断从印度进口商品，⑤ 这推动了双边贸易的发展。比较典型的例子是毛里求斯，在20世纪90年代，印度对其出口年均增长高达327.6%，这很大程度上是因为海外印度人的影响。⑥ 再如，东非地区的大型连锁超市纳库玛（Nakumatt）每年都从印度进口很多商品，而纳库玛的拥有者是海外印度人。⑦ 1990年，印度与非洲

---

① Amar Anwar, Mazhar Mughal, "The Role of Diaspora in Attracting Indian Outward FDI", *International Journal of Social Economics*, Vol. 40, No. 11, 2013, p. 951.

② Anita Kiamba, "The Indian Diaspora and Policy Formulation in Kenya", *Diaspora Studies*, Vol. 7, No. 2, 2014, p. 91.

③ Rani D. Mullen and Kashyap Arora, "India's Reinvigorated Relationship with Africa", *Policy Brief of Centre for Policy Research* (*India*), September 19, 2016, p. 4.

④ 印度财政部网站，https://dea.gov.in/overseas-direct-investment，上网时间：2020年7月19日。

⑤ Phillip O. Nyinguro, "The Role of Indian Diaspora in Indo-African Co-operation", in Ruchita Beri, ed., *India and Africa: Enhancing Mutual Engagement*, New Delhi: Pentagon Press, 2014, p. 139.

⑥ Sanjukta Banerji Bhattacharya, "The Role of the Indian Diaspora in Africa", in Ruchita Beri, ed., *India and Africa: Enhancing Mutual Engagement*, New Delhi: Pentagon Press, 2014, p. 154.

⑦ Phillip O. Nyinguro, "The Role of Indian Diaspora in Indo-African Co-operation", in Ruchita Beri, ed., *India and Africa: Enhancing Mutual Engagement*, New Delhi: Pentagon Press, 2014, p. 139.

的双边贸易额只有10亿美元，2000年则上升到30亿美元，① 2014—2015年度更是达到了476.3亿美元，2015—2016年度有所下降，为397.4亿美元，2016—2017年度为377.01亿美元，2018—2019年度为486.15亿美元。② 对于双方的经济合作，印度海外印度人事务部前部长瓦亚拉·拉维（Vayalar Ravi）表示："就非洲的海外印度人来说，与母国的联系纽带是社会和文化。但在经济环境发生了变化的情况下，印度则是充满了经济机会之地。"③ 而非洲也将海外印度人视为加强与印度经济合作的重要因素。比较明显的例子是，乌干达曾任命海外印度人尼米莎·玛德瓦米（Nimisha Madhvani）为驻印度高级专员。④ 南非总统祖马2010年首次访问印度时，率领的200人代表团中大部分是海外印度人。⑤ 2015年1月，奥巴马访印期间宣布了一项新的公私合作伙伴关系——海外印度人投资倡议，旨在帮助美国印度人对印度进行投资。⑥ 分析家指出，海外印度人商人已变成全球化时代印度经济的代理人，海外印度人公司和印度的国家利益出现了重合，这种重合使海外印度人成为印度未来进步不可或缺的一部分。⑦

三 技术上，海外印度人有助于促进印度的技术革新

海外印度人通过对印度投资而将发达国家的先进技术和管理经验带回了印度。可以说，印度信息技术产业的快速崛起与大量在美国硅谷工作的海外印度人不无关系。印度现在被称为"IT超级巨星"。信息技术成为推动印度经济增长的最重要因素。印度一些大公司如塔塔咨询服务公司、印

---

① Ratna Vadra, "Creeping Tiger: India's Presence in Africa", *African J. Economic and Sustainable Development*, Vol. 5, No. 1, 2016, p. 64.
② Reserve Bank of India, *Handbook of Statistics on Indian Economy 2018 – 2019*, p. 195.
③ Jen Dickinson, "Articulating an Indian Diaspora in South Africa: The Consulate General of India, Diaspora Associations and Practices of Collaboration", *Geoforum*, Vol. 61, No. 1, 2015, p. 83.
④ Sanjukta Banerji Bhattacharya, "The Role of the Indian Diaspora in Africa", in Ruchita Beri, ed., *India and Africa: Enhancing Mutual Engagement*, New Delhi: Pentagon Press, 2014, p. 155.
⑤ Ajay Kumar Dubey, "The Indian Diaspora as a Heritage Resource in Indo-African Relations", in Ajay Kumar Dubey and Aparajita Biswas, eds., *India and Africa's Partnership: A Vision for a New Future*, New Delhi: Springer (India) Pvt. Ltd, 2015, p. 134.
⑥ Rama Lakshmi, "India Wants to Turn 25 Million in the Diaspora into Global Ambassadors", *The Washington Post*, February 18, 2015.
⑦ Yudhishthir Raj Isar, "Cultural Diplomacy: India Does It Differently", *International Journal of Cultural Policy*, Vol. 23, No. 6, September 2015, p. 714.

孚瑟斯公司（Infosys）、维普罗技术公司（Wipro）都是世界知名公司，国际竞争力非常强。印度信息技术产业的声名鹊起不仅解决了国内很多人的就业问题，提高了民众的生活水平，而且还改变了印度在国际上的形象，将印度从经济增长缓慢、官僚手续烦琐转变为能够提供世界级的商业技术服务和创新的国家。① 1991—1992年度，信息技术产业对印度GDP的贡献率只有0.38%，2007—2008年度则上升为5.5%，2013—2014年度又上升为9.5%。1984—2014年，信息技术产业的平均年增长率达到了47%。1997—1998年度至2013—2014年度，印度信息技术部门的财政收入增长了53倍，而同一时间的软件出口增长则超过了771倍，信息技术部门直接就业人员为313万，间接就业人员估计有1000万。313万中又有68万在国内部门，245万在出口部门。② 在中小城镇和城市，IT行业雇用的工作人员占到了整个就业人数的58%，占到了就业女性人数的31%，占到了30岁以下就业人数的74%。不仅如此，还有6万名外国工人在这一领域工作。③ 20世纪70年代，印度信息技术产业几乎没有多大产值，现在则达1000亿美元左右，年出口超过了620亿美元，占到了印度外贸出口总额的14%左右。④

而这一切都离不开海外印度人的支持和帮助。20世纪70年代和80年代，美国IT行业的印度专业人员通过努力，促进了美国信息技术产业和信息技术连带服务业的发展，印度因此被塑造为受过良好教育和勤奋工作的人才源泉，他们逐渐变成印度国内公司和美国技术集群如硅谷之间的沟通桥梁。而硅谷能对快速变化而又不确定的市场和技术做出及时反应。这些高技术的海外印度人后来通过指导、辅助和知识密集型外包反哺了印度的IT产业。不仅如此，很多海外印度人还直接返回印度开办公司，创建信息交流论坛，建议政府转变国内机构的工作方式。海外印度人的这些做法打

---

① Amba Pande, "The Role of Indian Diaspora in the Development of the Indian IT Industry", *Diaspora Studies*, Vol. 7, No. 2, 2014, p. 123.

② Bimal Kishore Sahoo, D. K. Nauriyal & Simantini Mohapatar, "Software Exports from India: An Econometric Exploration", *Journal of Asia-Pacific Business*, Vol. 16, No. 4, 2015, p. 275.

③ Amba Pande, "The Role of Indian Diaspora in the Development of the Indian IT Industry", *Diaspora Studies*, Vol. 7, No. 2, 2014, p. 123.

④ Amba Pande, "The Role of Indian Diaspora in the Development of the Indian IT Industry", *Diaspora Studies*, Vol. 7, No. 2, 2014, p. 121.

开了印度IT行业发展的闸门，双方均受益很大。① 像塔塔咨询服务公司1968年成立不久就将其工程师送到非常擅长做平台转换（platform conversions）的美国进行培训。1969年，一位在美国受过培训的工程师掌管了塔塔咨询服务公司，他与来自塔塔基础研究所（Tata Institute of Fundamental Research）的同事一起在创建印度计算机社会过程中发挥了重要作用。② 对此，有分析家表示："海外移民群体是主要的催化剂……在这一点上，不再只是情感问题……海外移民群体更认可商业机会。"③

20世纪80年代，硅谷有几家海外印度人小公司明确表示希望成为印度IT行业的一部分，但由于印度政府对海外印度人的政策还比较保守，这些公司的作用被局限于在印度软件公司和美国公司之间充当耐心的指导者、促进者、品牌大使、顾问和中间人角色。即便如此，他们也大大推动了印度软件业的快速发展。印度一些小软件公司开始涌现，这为海外印度人发挥作用提供了空间，印度软件业出口额从20世纪70年代的440万美元增长到20世纪80年代的1200万美元，软件公司从最初的3家增加到30多家。④

到了20世纪90年代，海外印度人已在美国取得了突出成绩，很多人成为高层管理人员、风险投资家、企业家和首席执行官。他们密切关注着印度IT行业的发展，不断与印度的同行开展合作，将他们的业务外包给印度公司。一些海外印度人新企业家开始在印度创办自己的公司如高知特（Cognizant）、泰柯斯盘（Techspan）、孟菲斯公司（Mphasis）等，或者对印度初创IT和网络公司进行投资。一些年轻人还作为移民身份返回印度，创办研发实验室，像知名的国际商业机器公司（IBM）在印度的实验室就是1998年创建的。还有一些海外印度人到印度帮助监管美国的服务外包合同和培训印度专业人员。不仅如此，海外印度人还通过建立像"印度人

---

① Amba Pande, "The Role of Indian Diaspora in the Development of the Indian IT Industry", *Diaspora Studies*, Vol. 7, No. 2, 2014, p. 124.

② Amba Pande, "The Role of Indian Diaspora in the Development of the Indian IT Industry", *Diaspora Studies*, Vol. 7, No. 2, 2014, p. 125.

③ Amba Pande, "The Role of Indian Diaspora in the Development of the Indian IT Industry", *Diaspora Studies*, Vol. 7, No. 2, 2014, p. 124.

④ Amba Pande, "The Role of Indian Diaspora in the Development of the Indian IT Industry", *Diaspora Studies*, Vol. 7, No. 2, 2014, p. 125.

企业家"和"硅谷专业人员协会"这样的组织把海外印度人联络起来。这些组织为有培养前途的年轻海外印度人、IT 专业人员和 IT 组织提供了一个平台。这些组织很快就发展成为世界性的网络，对促进印度 IT 行业的快速发展产生了非常大的影响。①

印度 1991 年实施的经济改革以及对海外印度人政策的调整，为海外印度人参与印度 IT 行业提供了重要支撑。到 20 世纪 90 年代末，海外印度人构成了硅谷软件和工程专业人员的 28%，成为硅谷一些标志性公司的创建者和管理者，如柯斯拉（Vinod Khosla）的太阳微系统公司（Sun Microsystems）、马拉瓦里（Kumar Malavalli）的博科通信系统公司（Brocade）、帕提尔（Suhas Patil）的凌云逻辑公司（Cirrus Logic）、巴提亚（Sabeer Bhatia）的 Hotmail 等。而硅谷的七月系统公司（July Systems）和硅谷自动化公司（Silicon Automation Systems）则将一部分业务搬到印度的班加罗尔，这两家公司的创建者都是受过美国良好教育的海外印度人，好几个高技能的海外印度人直接返回印度，在班加罗尔创办软件服务公司。一位学者通过调查后发现，有海外经历的企业家往往严重依赖海外印度人网络来指导业务和获得金融支持，当他们的公司位于网络系统还不健全和银行业务仍然受限的城市时更是如此。海外印度人在推进小企业的成长过程中发挥的作用往往是关键性的，特别是当本地的支持比较缺乏时。② 到 1999 年，印度 IT 产业已成为世界的领先者，占据了全球外包业务量的 70%。2000 年，海外印度人在硅谷拥有 972 家企业，占有的工作岗位多达 2.5 万个。③ 20 世纪 90 年代，仅在班加罗尔，就至少有 3.5 万名非居住海外印度人。④ 回到印度后，很多海外印度人创建的公司从事的都是高端软件服务，并保持了较高的速度增长，从而将印度整个 IT 产业提升到了国家层面，引

---

① Amba Pande, "The Role of Indian Diaspora in the Development of the Indian IT Industry", *Diaspora Studies*, Vol. 7, No. 2, 2014, p. 125.
② Amba Pande, "The Role of Indian Diaspora in the Development of the Indian IT Industry", *Diaspora Studies*, Vol. 7, No. 2, 2014, p. 126.
③ Amba Pande, "The Role of Indian Diaspora in the Development of the Indian IT Industry", *Diaspora Studies*, Vol. 7, No. 2, 2014, p. 126.
④ Asaf Hussain, "The Indian Diaspora in Britain: Political Interventionism and Diaspora Activism", *Asian Affairs*, Vol. 32, No. 3, 2005, p. 199.

第三章 软实力对印度崛起的积极作用

起了政府的注意。

在很大程度上可以说,是美国硅谷成就了印度的 IT 产业。在硅谷,40% 的初创公司都有一名海外印度人首席执行官、首席技术官、首席财务官或者首席运营官。[1] 通过对硅谷海外印度人的调查,80% 的人会与印度同胞交换关于美国工作和商业机会的信息,67% 的人担任过印度公司的顾问或者帮助安排过商业合同,18% 的人用自己的钱对印度进行过投资。[2] 74% 的受访者计划返回印度,而印度 88% 的软件企业在最开始创办时,主要与美国的海外印度人联系,通过他们的帮助获得合同。[3] 据统计,印度每 20 个最成功的软件企业中就有 10 个是由海外印度人创建或管理的,每 20 个顶尖软件公司中就有 5 个是海外印度人和外国人合办的联合企业。每 20 个顶尖软件公司中就有 19 个高层管理者是非居住印度人。有一半的印度软件公司是由海外印度人创办或管理的。[4]

正因为在 IT 领域的突出表现,分析家指出:中国在海外华人的帮助下成了世界工厂,而印度在海外印度人的帮助下成了世界办公室。[5] 美国加州大学伯克利分校教授萨克森尼安(Saxenian)则把海外印度人称为是"新冒险家"(new Argonauts)。他说:"这些跨国移民成为国家和跨国公司之间的重要桥梁……在不同的商业文化和环境下,他们能够提供更加灵活和反应性的知识和技巧。"[6] 莫迪在 2017 年的"海外印度人大会"上更是说:"我们正在从人才流失(brain drain)变为人才获得(brain gain)。"[7]

---

[1] Varghese K. George, "Slowdown in Software Central: Indian-Americans in the Silicon Valley", *The Hindu*, July 1, 2017.

[2] Amba Pande, "The Role of Indian Diaspora in the Development of the Indian IT Industry", *Diaspora Studies*, Vol. 7, No. 2, 2014, p. 126.

[3] Masud Chand, "Diasporas, Migration, and Trade: The Indian Diaspora in North America", *Journal of Enterprising Communities: People and Places in the Global Economy*, Vol. 6 No. 4, 2012, p. 385.

[4] Amba Pande, "The Role of Indian Diaspora in the Development of the Indian IT Industry", *Diaspora Studies*, Vol. 7, No. 2, 2014, p. 127.

[5] Tarun Khanna and Yasheng Huang, "Can India Overtake China?", *Foreign Policy*, No. 137, 2003, p. 74.

[6] Amba Pande, "The Role of Indian Diaspora in the Development of the Indian IT Industry", *Diaspora Studies*, Vol. 7, No. 2, 2014, p. 123.

[7] Gauri Agarwal, "Comparing Indian and Chinese Engagement with Their Diaspora", *Report of Institute of Chinese Studies (India)*, No. 44, April 2017, p. 2.

四 文化上，海外印度人有助于扩大印度的文化传播

虽然海外印度人已离开印度，但大多数人仍固守着母国的文化和传统，这会影响其居住国的民众。

在英国，印度教徒修建和成立了很多寺庙、社团组织和公益信托组织来捍卫自己的文化和宗教。像古吉拉特组织联合会（Confederation of Gujarati Organizations）、马哈拉施特拉曼达组织（Maharastra Manda）、旁遮普统一论坛（Punjabi Unity Forum）、印度教徒文化社会（Hindu Cultural Society）都是海外印度人在英国有名的社团组织。虽然海外印度人并非高度统一，彼此间的差异如同印度国内一样大且呈多元化，但无论存在什么样的差别，有一件事情却是共同的：那就是为母国印度感到非常骄傲。[1] 随着时间的推移和他们经济条件的改善，海外印度人的社会网络迅速扩大。他们很快学会了如何利用公共服务设施如市政厅和其他公共场所来庆祝自己的节日。[2] 年轻一代海外印度人，虽然与印度很少或者没有联系，但仍会有"一种他们家族某些方面的意识"，如宗教活动、节日庆祝、克里希那、罗摩、象头神和女神故事等。[3] 分析家指出，海外印度人有两个突出特点：一是他们对自己的文化感到非常骄傲，准备将之扩展到任何地方；二是他们有着强烈的身份认同。这种认同主要来自于母国印度。绝大部分人对母国和母国的文化都怀有强烈的民族主义情感，即使一些海外印度人已经世俗化了，但他们的身份仍然深深根植于母国印度。[4]

以宝莱坞电影为例，宝莱坞电影能在世界上产生很大影响，其中一个重要原因就是因为海外印度人的广泛存在。一直到20世纪80年代，印度三分之一的电影出口对象都是海外印度人所在国和阿拉伯国家。[5] 分析家

---

[1] Asaf Hussain, "The Indian Diaspora in Britain: Political Interventionism and Diaspora Activism", *Asian Affairs*, Vol. 32, No. 3, 2005, p. 191.

[2] Asaf Hussain, "The Indian Diaspora in Britain: Political Interventionism and Diaspora Activism", *Asian Affairs*, Vol. 32, No. 3, 2005, p. 191.

[3] Asaf Hussain, "The Indian Diaspora in Britain: Political Interventionism and Diaspora Activism", *Asian Affairs*, Vol. 32, No. 3, 2005, p. 194.

[4] Asaf Hussain, "The Indian Diaspora in Britain: Political Interventionism and Diaspora Activism", *Asian Affairs*, Vol. 32, No. 3, 2005, p. 201.

[5] Daya Kishan Thussu, "The Soft Power of Popular Cinema-The Case of India", *Journal of Political Power*, Vol. 9, No. 3, 2016, p. 422.

第三章　软实力对印度崛起的积极作用

指出，观看宝莱坞电影时，第一代海外印度人非常怀旧，想去印度旅行以再次体验他们的经历。第二代海外印度人则想去印度看一看电影里展现的"现代印度"。第三代人虽然跟印度没有直接联系，但他们想去印度体验一下电影里描述的浪漫风情。然而，不管哪一代海外印度人，看宝莱坞电影已成为他们的一种生活方式。20世纪90年代后，宝莱坞电影的一些主题会涉及海外印度人的敏感问题，如流浪、新开端、归属和亲戚等，这使宝莱坞电影成为海外印度人生活的一种调节剂和精神归属地，宝莱坞电影等于构建了海外印度人在居住国的身份。[1] 海外印度人观看宝莱坞电影不仅是在居住国建立社区联系和维持独特文化身份的一种方法，也反映了海外印度人对母国的自豪：现在的印度能够被骄傲地展示给他们居住的国家。[2]

　　有分析家概括了海外印度人将印度文化渗入英国社会各个方面的几种方式。一是海外印度人建造的寺庙向英国公众开放，而不像清真寺那样封闭。寺庙设有专门的办公室，方便任何人联系他们，以便安排来自学校或者其他组织的参观。二是寺庙庆祝印度教节日时向所有人开放。一些节日如排灯节以一种公开的方式进行。居住在附近的人不可避免地会加入其中。在很多情况下，市政要员会被邀请参加这样的节日，排灯节也经常在下议院举行，因为很多议员来自海外印度人所在的社区。三是饮食文化。这是印度文化对英国进行文化渗透最有效的方式。印度饮食在英国的素食主义者中非常受欢迎，数千个印度餐馆使印度烹饪特别流行，这也证明了文化是印度软实力的一个重要工具，其他南亚国家则难以做到这一点。四是服饰。一些英国妇女会穿印度沙丽和宽松的裤子，戴长围巾。年轻一代英国人则经常打鼻孔，戴鼻环，或者进行手绘。五是宝莱坞电影。印度很多电影和电视剧在英国都非常受欢迎如《住在42号的阿差库马斯一家》（The Kumars At No. 42），许多印度电影明星在英国广为人知，不少印度明星都访问过宝莱坞在英国的办事处莱斯特。一些宝莱坞电影会到英国取景，越来越多的英国电影明星则去宝莱坞而不是好莱坞出演角色。英国许多电影喜欢以印度为主题。六是古典音乐。印度古典音乐教父拉维·香卡（Ravi Shankar）和最好的西塔琴演奏者都在英国文化中打下了深深的烙

---

[1] Asma Ayob, Marisa Keuris, "Bollywood Cinema: A Transnational/Cultural Role", *Journal of Literary Studies*, Vol. 33, No. 2, 2017, p. 43.

[2] Asma Ayob, Marisa Keuris, "Bollywood Cinema: A Transnational/Cultural Role", *Journal of Literary Studies*, Vol. 33, No. 2, 2017, p. 46.

印。七是英国主要城市广播电台和电视台的支持。英国国家广播电台和电视台如 BBC 经常播放亚洲音乐，而一些信奉印度教的海外印度人商人还建立有自己的电视台，这些电视台更是不停播放印度歌曲、新闻和印度文化讯息。一些出版物在海外印度人中同样很受欢迎，如《印度周刊》《古吉拉特报》《印度国内外》《亚洲事务》等。尽管这些都带有鲜明的印度文化特征，但对英国文化影响很大。一位分析家指出，英国是一个封闭性社会，但海外印度人成功地通过自己的方式使印度文化渗入英国文化中。①

对于海外印度人在文化方面的作用，印度海外印度人事务部前秘书迪达尔·辛格（Didar Singh）表示："海外印度人有助于扩展印度的文化。他们是一种软实力工具。当他们将宝莱坞电影、时装、音乐、文化、食物带给其邻居时，我们就转变了人们对印度的看法。我们喜欢与美国和加拿大合作。如果海外印度人帮助我们的话，印度将会受益很多。"②

此外，海外印度人吃苦耐劳的精神以及取得的巨大成功，也有助于树立印度的良好形象。印度海外印度人高级委员会在提交给印度总理的报告中论及了这一点："在全球技术革命中，海外印度人发挥着引领者的作用，这大大改变了印度在国际上的形象。"③ 毛里求斯印裔副总统班顿也表示：海外印度人为印度树立了很好的榜样。④ 印度人民党负责海外印度人事务的维杰·沙塔瓦威尔（Vijay Chauthaiwale）则说："海外印度人能讲述印度发生的变化，消除印度不适合投资和旅游的不好形象。"⑤ 莫迪更是说："海外印度人在塑造印度积极形象方面发挥了关键作用，不仅在美国，是世界各地都是如此。"⑥

---

① Asaf Hussain, "The Indian Diaspora in Britain: Political Interventionism and Diaspora Activism", *Asian Affairs*, Vol. 32, No. 3, 2005, pp. 194 – 195.

② Rina Agarwala, "Tapping the Indian Diaspora for Indian Development", in Alejandro Portes & Patricia Fernández-Kelly, eds., *The State and the Grassroots: Immigrant Transnational Organizations in Four Continents*, New York: Berghahn Books, 2015, p. 98.

③ The Government of India, *Report of the High Level Committee on the Indian Diaspora*, December 2001, p. 403.

④ 贾海涛：《海外印度人与海外华人国际影响力比较研究》，山东人民出版社 2007 年版，第 89 页。

⑤ Rama Lakshmi, "India Wants to Turn 25 Million in the Diaspora into Global Ambassadors", *The Washington Post*, February 18, 2015.

⑥ Rama Lakshmi, "India Wants to Turn 25 Million in the Diaspora into Global Ambassadors", *The Washington Post*, February 18, 2015.

第四章 软实力的缺陷及对印度崛起的消极影响

印度是一个充满矛盾性的国家,必须一分为二地去看,否则,是无法准确把握和判断相关问题本质的,软实力亦不例外。虽然印度的软实力资源比较丰富,对印度的崛起能起非常大的支撑作用,但也存在很多不足之处,这又会对印度的崛起产生不利影响。本章将就印度软实力的缺陷及对其崛起的消极影响展开论述。

第一节 文化方面的缺陷及对印度崛起的消极影响

一 种姓制度

印度对种姓制度非常重视,独立后通过各种法律将之废除。印度议会1948年通过了一项废除种姓制度的议案,1950年的宪法取消了不可接触制,并把不可接触者作为表列种姓,在教育和社会就业等方面给予特殊照顾,在议会和政府中为其保留一定比例的席位或职位。1955年,印度政府又颁布了《不可接触侵犯法》。各邦政府也制定了相应政策,鼓励不同种姓群体之间混居、交往和通婚等,以逐渐消除隔阂,促进联合。

应该说,随着这些法律的出台和实施,以及全球化和印度经济改革带来的影响,种姓制度已受到了削弱。这在城市表现得非常明显,经常能见到不同种姓之间的来往,不同种姓之间的通婚也很常见,低种姓的职业也不再完全世袭。然而,这种制度已沿袭了几千年,早已渗透到印度人的生活中,不可能在短期内消失殆尽。几个世纪以来,种姓制度不断受到佛教、伊斯兰教、锡克教、基督教和印度教改良运动的挑战,但并没有太大影响。有些种姓特征不是轻易就能改变的。① 对此,有分析家指出,种姓制度并不是单独存在的,它仍是一种大得多的社会组织方法的一部分,而且是重要的一部分。铲除种姓制度显而易见的弊端,减少它的顽固性而任其存在也许是可能的,但那是非常难于办到的。② 就连曼莫汉·辛格也承认种姓制度继续在复制大量不平等。他说:"即使在宪法和法律提供支持和保护60年后,在我们国家许多地方仍存在针对达利特的社会歧视……达利特面临的歧视非常特殊,总体上不同于少数民族遭到的歧视。能与不可接触制等同的只有隔离制度。"③

事实上,种姓制度在印度依然存在,在农村地区还特别盛行。1968年在泰米尔纳德邦一个叫基尔文尼的农村,有42名原贱民被高级种姓暴徒活活烧死。1980年2月6日,比哈尔邦加雅县帕拉斯比加村有12名原贱民被高级种姓暴徒杀害,许多原贱民的住房被焚毁。这种情况主要发生在农村,不过城市里高级种姓中的狂热分子也不断进行集会、游行示威,反对保留制度,或要求削减保留比例,也有人以自焚抗议。1955—1976年发生的攻击原贱民事件有22470起,1977—1981年增加到64511起。仅仅是1975—1977年上半年,被杀害的原贱民就有243人。④ 不仅如此,高低种姓之间的矛盾已经越来越多地表现为暴力冲突,这些暴力活动大多发生在农村地区,以比哈尔邦、北方邦和安得拉邦最为严重。在比哈尔邦,种姓之间的集体屠杀事件从1971年报道的第1起开始到1999年2月一共发生了59起,有600人被杀。其中,仅在1990—1999年之间就有35起,死亡人数达到400人左右。⑤ 2016年3月,印度一名低种姓男子只因与一名高种姓女子结婚,就在闹市区被当街杀害,其妻子也遭到殴打。2017年10

---

① [美]斯蒂芬·科亨:《大象和孔雀:解读印度大战略》,刘满贵等译,新华出版社2002年版,第15页。
② [印]贾瓦哈拉尔·尼赫鲁:《印度的发现》,齐文译,世界知识出版社1956年版,第315页。
③ Ishtiaq Ahmed, "Secular versus Hindu Nation-building: Dalit, Adivasi, Muslim and Christian Experiences in India", in Ishtiaq Ahmed, ed., The Politics of Religion in South and Southeast Asia, London: Routledge, 2011, p.54.
④ 林承节:《印度史》,人民出版社2004年版,第518页。
⑤ 孙培钧、华碧云主编:《印度国情与综合国力》,中国城市出版社2001年版,第253页。

第四章 软实力的缺陷及对印度崛起的消极影响

月,一名出身贱民阶级的男子被一群高种姓男子活活打死,原因只是他观看了一场印度教传统舞蹈表演,这种事件几乎每天都在上演。2013年,针对表列种姓的犯罪有3.94万起,2014年为4.71万起。2015年为4.5万起。① 而根据英国《电讯报》报道,印度每20分钟就会发生一起针对达利特的暴力事件。②

种姓制度的存在不利于印度的崛起。一是政治上,种姓制度破坏了印度的统一性,不利于政治团结。种姓制度使国家分裂为不同的社会集团,各集团均从局部狭隘的角度考虑各自的利益,目光短浅,很少顾及整个国家大局和印度的民族前途,这在很大程度上影响了印度国家的团结,侵蚀了印度民族的凝聚力。③ 具体而言,种姓制度在上层种姓中产生了陷佞和骄横,在下层种姓中则招致了自卑和奴性,在各阶层人民中更是阻挠了共同人性的发展。④ 种姓的概念和实际具体表现了贵族的理想,这显然是与自由的概念背道而驰的。它显然有位高则任重的强烈意识,但它是以人们固守着他们传统的地位而并不向既成秩序挑战为条件的。⑤ 即使在今天,特权等级的成员还热衷于那些与礼仪性污染相关的细节,使得社会和政治改革的任务极度困难。然而,印度种姓制度最异乎寻常的特征,是否定大量人民的某些公民和宗教的权利。⑥

二是经济上,种姓制度阻碍了经济发展。在种姓制度下,每个人的职业都受到了严格限制。高种姓的人不可以从事低种姓的工作,而低种姓的人也不能从事高种姓的工作,即便低种姓的人非常有才华,也很难逾越这个鸿沟。这非常不利于各个职业人员之间的交流和沟通,阻碍了职业的相互交换,人员的流动,违背了市场经济规律,制约了经济进步。对此,尼赫鲁曾批判指出,种姓制度和印度社会组织的根本弱点和缺点是他们使一大群人的品格降低,没有给予他们在教育、文化和经济上跳出那种环境的机会。那种品格的降低引起全面的沦落,甚至上层各阶级也包括到它的范

---

① Indian Ministry of Home Affairs, *Annual Report 2016 - 2017*, p.69.
② Peter Foster, "Caste System Still Blighting India", *The Telegraph*, February 14, 2007.
③ 时宏远:《软实力与印度的崛起》,《国际问题研究》2009年第3期。
④ [印]许马云·迦比尔:《印度的遗产》,王维周译,上海人民出版社1958年版,第47页。
⑤ [印]贾瓦哈拉尔·尼赫鲁:《印度的发现》,齐文译,世界知识出版社1956年版,第329页。
⑥ [英]G.T.加勒特主编:《印度的遗产》,陶笑虹译,上海人民出版社2005年版,第140页。

围内了。①

三是社会上，种姓制度滋生出各种问题。在印度，很多社会丑陋现象都与种姓密不可分，像童婚、嫁妆风俗、寡妇殉葬、禁止寡妇再嫁、妇女地位低下均是种姓制度长期盛行的结果。与种姓制度一样，这些丑陋现象虽然在法律上已被明文禁止，但却依然存在。对此，有分析家指出，在许多情况下，种姓制度预先决定了职业、政治上的忠诚、挑选新娘、饮食习惯和与其他种姓的社会关系；交往和进食有种种禁忌以防止跨种姓的污染，还有广泛坚持的种姓内婚制。②种姓的阴暗面是它把偏见制度化了，由此而产生出来的令人眼花缭乱的清规戒律和种族隔离法达到了最荒谬和残酷的程度。种姓摧毁了社会的理智和正义，这个社会常常使外来者吃惊的是，它同情心不足，而残酷无情和麻木不仁有余。种姓界线经常要求人们去羞辱他人的感情，种姓区别所引起的暴力和种种有失尊严的做法触犯西方人的感情，也损伤印度人的感情。③

四是对外关系上，种姓制度使印度人非常敏感。面对外面的世界，印度人既骄傲无比，认为自己的文化高人一等，同时又十分自卑和敏感，生怕其他国家看不起自己。在这方面，科亨进行了非常精辟的分析，他说，种姓体制是根据个人在等级制度中的地位衡量他人，同时也被他人衡量的一种方法。这能说明为什么印度领导人，尽管他们大部分来自上等种姓，一旦遇到外国人对自己或自己国家的一点小小的蔑视，都会极为敏感。④这同时也解释了为什么印度的外交官谈判时非要坚持对等原则，要求对方的级别不能低于自己，否则宁愿不谈。这种立场既能促进印度利益，有时也会导致谈判破裂，因为不够灵活。

种姓制度让政府的改革举步维艰。1985年，古吉拉特邦政府决定为落后种姓增加保留比例，结果爆发了大规模种姓冲突，骚乱持续了5个月，

---

① [印] 贾瓦哈拉尔·尼赫鲁：《印度的发现》，齐文译，世界知识出版社1956年版，第329页。
② [英] 特雷弗·菲希洛克：《印度人》，袁传伟、任荣康译，上海译文出版社1990年版，第8页。
③ [英] 特雷弗·菲希洛克：《印度人》，袁传伟、任荣康译，上海译文出版社1990年版，第8页。
④ [美] 斯蒂芬·科亨：《大象和孔雀：解读印度大战略》，刘满贵等译，新华出版社2002年版，第17页。

第四章　软实力的缺陷及对印度崛起的消极影响

造成200多人死亡，1万多人受伤，邦政府被迫辞职。1990年8月，维·普·辛格政府宣布实行拖延已久的《曼达尔报告》，即在政府机构和公营企业中为包括低种姓、部族在内的落后阶级保留27%的席位和职务，但立即引起了上层社会青年的反对。抗议活动席卷了除南部地区以外的几乎所有邦，造成生命、财产的惨重损失，这是导致维·普·辛格政府于同年11月垮台的重要原因之一。[①] 2015年8月，莫迪老家古吉拉特邦发生了严重骚乱，有50万人参加，原因是高种姓的帕特尔人不满政府对穷人和低种姓的照顾政策，要求增加就业机会、提高大学升学率，骚乱至少造成9人死亡，100多人受伤，印度最后只好派军队进行镇压。

对于种姓制度的危害，甘地早就说，不可接触制度是种姓制度的一个赘疣，是一个健康机体上的一个丑恶的赘生物，是"不知不觉地产生于印度教并正腐蚀着印度教的那种高低差别"的产物。甘地对不可接触制度的冲击实际上就是对这种"高低"的攻击，也就是对印度教社会的等级制度的猛攻。[②] 尼赫鲁也抨击称，在今天社会的组织中，种姓制度及其相关的许多东西是完全不调和的、反动的、拘束的，并是进步的障碍。[③] 作为第一个得到认可的贱民领袖，安贝德卡尔更是将印度的种姓制度视为印度社会最大的罪恶，因为它使数百万的人仅因其出生而受到非人的待遇。[④]

二　教派冲突

印度的独立是伴随着教派冲突而完成的。根据蒙巴顿分治方案，印度教徒和穆斯林可以自由选择到印度和巴基斯坦生活，结果，出现了剧烈的教派斗争和大规模难民迁徙的社会动乱，大约有50万人丧生，1200万人（穆斯林约400万，印度教徒和锡克教徒约800万）背井离乡，越过边界，

[①] 孙士海主编：《南亚的政治、国际关系及安全》，中国社会科学出版社1998年版，第62—63页。

[②] [美]弗朗辛·R. 弗兰克尔《印度独立后政治经济发展史》，孙培均等译，中国社会科学出版社1989年版，第8页。

[③] [印]贾瓦哈拉尔·尼赫鲁：《印度的发现》，齐文译，世界知识出版社1956年版，第329页。

[④] [英]爱德华·卢斯：《不顾诸神：现代印度的奇怪崛起》，张淑芳译，中信出版社2007年版，第9页。

各自逃到巴基斯坦或印度。① 这次惨痛的教训使印度领导人对教派冲突深恶痛绝，尼赫鲁更是痛斥印度教和伊斯兰教极端分子对社会造成的种种祸害，并多次称教派主义分子为印度的第一号敌人。②

为了防止再次发生教派冲突，印度宪法特意把世俗主义确立为基本国策。虽然"世俗化"的字眼没有在最初的宪法中出现，但它通篇都贯彻了要建立一个世俗国家的精神。宪法规定，国家对所有宗教一视同仁，实行宗教信仰自由；宗教和政治脱离，不能以宗教为由对公民的任何权利进行任何歧视；国家出资办的学校不允许设宗教课；宗教信仰是私人的事，各教派可自由传教、办学、拥有财产。在存在多种宗教的情况下，宪法制定者们决心在印度营造一种宗教和睦共处的祥和气氛，以利于国家和社会的进步发展。③

然而，世俗化只是一种规定，并不能阻止教派之间的激烈冲突。在当今印度，由种族、教派和种姓冲突引发的社会暴力事件已日益成为比国家之间战争更为严重的安全问题。④ 早先，教派主义和教派冲突大多发生在北印度，但现在已扩大到南印度，而且越来越有继续蔓延的趋势。过去，教派冲突一般仅限于城市，现在已扩散到广大的农村地区。据印度内政部的年度报告，20 世纪 70 年代下半期，教派之间的暴力冲突事件平均每年发生 219 起，每年平均死亡 96 人，伤 1424 人；20 世纪 80 年代前两年，这三个平均数分别上升为 373 起、286 起和 2931 人，即：因教派暴力冲突死亡的人数增加近两倍，致伤的人增加一倍多。⑤

造成教派冲突的原因有多种，除教义和信仰的神灵不同外，各个宗教教徒的生活习性也不尽相同，而伊斯兰教、基督教、琐罗亚斯德教、犹太教以及巴哈依教更是被看作外来宗教。其中，伊斯兰教和基督教又特别被印度教的极端势力所不容，因为它们分别是外国征服者和殖民统治的产物，其信徒大多也是原来信奉印度教的改宗者。⑥

教派冲突的增加还与政党的利用密切相关。在印度诸多政党中，有像

---

① 孙士海主编：《南亚的政治、国际关系及安全》，中国社会科学出版社 1998 年版，第 67 页。
② 孙士海主编：《南亚的政治、国际关系及安全》，中国社会科学出版社 1998 年版，第 37 页。
③ 林承节：《印度史》，人民出版社 2004 年版，第 412 页。
④ 孙培钧、华碧云主编：《印度国情与综合国力》，中国城市出版社 2001 年版，第 245 页。
⑤ 孙士海主编：《南亚的政治、国际关系及安全》，中国社会科学出版社 1998 年版，第 68 页。
⑥ 孙培钧、华碧云主编：《印度国情与综合国力》，中国城市出版社 2001 年版，第 248 页。

第四章 软实力的缺陷及对印度崛起的消极影响

穆斯林联盟、阿卡利党这样只限于本教群众参加的政党。这类政党虽然是在议会制的规则下活动,但本身有教派主义性质的一面。也有像印度人民党这样的党,虽然自称是世俗政党,但其领导骨干和成员大多又是教派主义团体国民志愿团成员,其政纲和活动带有浓厚的教派主义色彩。这两种类型的政党利用教派主义自不待说,就是那些世俗主义政党在竞选中也经常采取机会主义的态度,利用宗教情绪和教派主义为本党拉选票。执政党也好,其他政党也好,为了选票,平时对教派主义的鼓动都袖手旁观,只是等教派暴力冲突发生后才去救火。这种治标不治本的做法是教派主义得不到有力遏制的重要根源。[1]

在所有教派冲突中,印度教和伊斯兰教的冲突又最严重。其次是印度教和锡克教之间的冲突。印度教与伊斯兰教是两种完全不同的宗教,印度教是次大陆土生土长的宗教,而伊斯兰教则是随着伊斯兰教势力的入侵传入次大陆的。因此许多印度教徒认为伊斯兰教是侵略者的宗教,穆斯林统治印度是印度教徒的耻辱。而且伊斯兰教与印度教在意识形态和生活习俗上差异较大甚至相悖,印度教徒认为穆斯林是不洁的,从文化上对其加以排斥,这是两大宗教难以和睦相处的文化心理根源。在具体生活习惯上,印度教徒将牛视为圣物,不可宰杀,而穆斯林喜吃牛肉,穆斯林忌吃猪肉,而印度教徒则没有这种禁忌。印度教徒崇拜多神,而穆斯林只崇拜真主安拉。正由于差别较大,巴基斯坦国父穆罕默德·阿里·真纳才宣称:"印度教徒和穆斯林……属于两种不同的文明。这两种文明大体上建立在相互冲突的思想观念之上。"[2]

为了证明真纳的错误,国大党政府对分治后留在印度的几千万穆斯林采取了比较优待的政策,但由于种种原因,穆斯林在经济、文化、教育和社会地位等方面仍处于落后的状况,在政府机构和军队就职的人数以及在国会和邦议会的议员比例都低于其人口比例。[3] 根据2011年的人口普查,穆斯林占全国人口的14%左右,但人民院中只有3.7%的议员是穆斯林。而2015年遭关押的穆斯林人数却占到了整个被关押人数的21%。最后真正被判刑的穆斯林只占15%,这与其在总人口中所占比例大体一致。这说

---

[1] 林承节:《印度史》,人民出版社2004年版,第521页。
[2] 孙培钧、华碧云主编:《印度国情与综合国力》,中国城市出版社2001年版,第250页。
[3] 孙士海:《印度政治五十年》,《当代亚太》2000年第11期。

明在审判时，一些穆斯林因无罪而被释放，之前被关押显然是受到了不公正对待。① 对于自己的弱势地位，穆斯林日益感到不满，要求政治权利平等和经济公平的呼声也不断高涨，这反过来又在印度教徒中引起了强烈的反响并进一步刺激了印度教教派主义的兴起。②

双方日积月累的矛盾已导致多次大规模冲突。1992年，印度人民党和世界印度教大会一大批狂热的志愿者疯狂拆毁了阿约提亚巴布里清真寺。巴布里清真寺建造于16世纪，在穆斯林心目中占有重要地位。而印度教狂热分子却声称该清真寺是罗摩的出生地，建造在了印度教寺庙之上，他们强烈要求在清真寺废墟上重建罗摩神庙，这让印度全国的穆斯林都非常气愤，而各地的印度教狂热分子却欢欣鼓舞。结果，全国许多地区都爆发了宗教冲突，不少地方演变为骚乱和流血事件。在波及全国许多地区的这场教派动乱中，有3000多人死亡，其中大部分是穆斯林，成为印巴分治后范围最广的、伤亡最重的一次教派流血冲突。1993年1月7日，印度政府接管了巴布里清真寺周围所有有争议的土地，局势终于被控制住。③

2002年2月，一列载有近7000名印度教徒的列车从阿约提亚返回，停靠在古吉拉特邦的戈持拉（Godhra），遭到了穆斯林宗教极端分子的袭击，造成59人死亡，数十人受伤。④ 随后，印度教大批狂热分子对穆斯林展开了报复，烧毁商店、住宅、清真寺，滥杀无辜。骚乱从艾哈迈达巴德市蔓延到全邦许多城市，甚至扩及农村，政府派军队实行戒严才将骚乱平息。报复行动造成了2000名穆斯林死亡，更多的人受伤，大量房屋被摧毁，许多人逃离家园而沦为难民。有证据显示，当地警察参与了攻击穆斯林的暴力行为，而当时的古吉拉特邦首席部长正是莫迪，他被指责应对骚乱不力，实际上对印度教徒的行为采取了纵容态度。⑤ 也正因为这次教派冲

---

① Christophe Jaffrelot, "India's Democracy at 70: Toward a Hindu State?", *Journal of Democracy*, Vol. 28, No. 3, July 2017, p. 59.
② 孙士海:《印度政治五十年》,《当代亚太》2000 年第 11 期。
③ 林承节:《印度史》,人民出版社 2004 年版,第 597 页。
④ Sumit Ganguly, "India's Democracy at 70: The Troublesome Security State", *Journal of Democracy*, Vol. 28, No. 3, July 2017, p. 122.
⑤ Ishtiaq Ahmed, "Secular versus Hindu Nation-building: Dalit, Adivasi, Muslim and Christian Experiences in India", in Ishtiaq Ahmed, ed., *The Politics of Religion in South and Southeast Asia*, London: Routledge, 2011, p. 58.

第四章　软实力的缺陷及对印度崛起的消极影响

突，莫迪被禁止进入美国，直到就任总理后，美国才取消了对他的入境禁令。

印度教与锡克教之间的冲突主要发生在 20 世纪 80 年代。锡克教徒集中生活在印度的旁遮普邦，他们有自己的政党，其中影响最大的是阿卡利党，该党要求在旁遮普建立卡利斯坦国。为了迫使政府同意自己的主张，该党多次实施恐怖袭击和暗杀。面对这种情况，英迪拉·甘地总理下令对盘踞在旁遮普邦金庙的锡克教狂热分子发动代号为"蓝星行动"的军事行动。锡克教武装分子有 554 人被打死，其中包括阿卡利党领导人宾德兰瓦拉，121 人受伤，政府军方面有 92 人战死，287 人受伤，实际双方伤亡人数据认为比这还要多，被锡克教徒视为圣地的金庙建筑部分被炮火损坏。[①] 这次军事行动虽然挫败了锡克教狂热分子的分离运动，但也在广大的锡克教徒心中埋下了仇恨的种子。1984 年，英迪拉·甘地被其锡克教卫兵刺杀身亡，这反过来又刺激了印度教徒，遇刺消息公布当天，在德里、哈里亚纳及北方邦一些城市，爆发了印度教徒大规模袭击当地锡克教居民的骚乱。4 天内，总共有约 2800 人被杀，50000 多人无家可归，财产损失约达 2000 万美元。这是印巴分治以来出现的最严重的教派屠杀。[②] 与伊斯兰教和印度教冲突不同的是，锡克教与印度教的冲突在这次事件后逐渐减弱，没有再出现较大规模的冲突。

持续不断的教派冲突对印度的影响是多重的。一是会威胁国家的稳定。教派冲突就像定时炸弹，随时都有可能被引爆，一旦爆炸，将会破坏国家稳定，引发社会动荡，造成民众流离失所。二是会破坏社会团结。印度本来就是一个多样性很突出的国家，凝聚力不是非常强，每个宗教都固守着自己的信仰和影响范围，这不仅不利于各个宗教之间的交流与融合，而且还会使各个宗教充满仇恨，特别是在印度教和伊斯兰教之间。三是会严重削弱印度的国际形象，使外国对印度印象消极，进而影响对印度的投资和赴印度旅游。对此，印度前总理瓦杰帕伊曾表示，"教派冲突是印度民族前额上的黑记"，是"国家耻辱"，损坏了印度在世界上的声誉。[③] 总之，教派冲突对印度的崛起非常不利。

[①]　林承节：《印度史》，人民出版社 2004 年版，第 529 页。
[②]　林承节：《印度史》，人民出版社 2004 年版，第 534 页。
[③]　"It's a Black Mark, Says PM", *The Hindu*, March 3, 2002.

三 印度教特性

近年来，印度政治和社会上出现了一股印度教民族主义潮流，也就是印度教特性（Hindutva）。"印度教特性"一词最初是 V. D. 萨瓦尔卡（V. D. Savarkar）提出来的。在 1923 年《印度教特性：印度教徒是谁》这本书里，萨瓦尔卡将印度教徒称为是大地之子，印度不仅是母亲，而且还是神圣的土地。相比之下，他将穆斯林和基督教徒描述为外来者，在过去经常攻击印度教徒，为了成为真正的印度国民，他们现在应该取得印度教徒身份的标识，向印度教徒表示忠诚。[1] 萨瓦尔卡的理论极大鼓舞了印度教徒中的极端分子，他们将萨瓦尔卡视为精神导师，对其阐述的理论深信不疑。印度建国后，确立了世俗制度，国家领导人对宗教极端主义进行严厉打击，印度教民族主义才得到了压制。

20 世纪 80 年代，具有强烈宗教色彩的印度人民党的成立，使一些极端印度教徒又看到了希望。印度人民党的先锋组织是国民志愿团，国民志愿团成立于 1925 年，1948 年 2 月，国民志愿团曾因刺杀甘地而被取缔，后又恢复活动，在 1975—1977 年实施紧急状态期间，国民志愿团再次被政府禁止活动，后又恢复了合法身份。国民志愿团不仅向印度人民党输送干部，印度人民党很多领导包括莫迪都出身国民志愿团，而且还为印度人民党选举出力。每到大选到来，国民志愿团都会把数千名受过良好教育且未婚的干事投入到为印度人民党的宣传中。这些干事都是全职为国民志愿团服务，国民志愿团以及一些印度教特性的追捧者谴责穆斯林少数民族是巴基斯坦的"第五纵队"，[2] 他们制造了种族—宗教的危机感，宣称自身的生存及文化传统已然受到潜在威胁，于是提出了建立具有"印度教特性"国家的口号。印度教极端分子甚至对本国的穆斯林叫嚣："如果你们愿意生活在印度，那么你们就必须像我们（印度教徒）一样生活。"[3]

他们不仅宣传印度教特性，而且还采取了一些实际行动。1992 年 12

---

[1] Christophe Jaffrelot, "India's Democracy at 70: Toward a Hindu State?", *Journal of Democracy*, Vol. 28, No. 3, July 2017, p. 52.

[2] Christophe Jaffrelot, "India's Democracy at 70: Toward a Hindu State?", *Journal of Democracy*, Vol. 28, No. 3, July 2017, p. 60.

[3] 孙培钧、华碧云主编：《印度国情与综合国力》，中国城市出版社 2001 年版，第 251 页。

第四章 软实力的缺陷及对印度崛起的消极影响

月,印度人民党和世界印度教大会在巴布里清真寺所在地召开了有20万人参加的印度教徒大会,这两个组织的重要领导人都亲临现场。[1] 1995年,印度最高法院将印度教特性描述为"一种生活方式",这使印度教极端分子利用这一民族宗教概念界定国家身份成为可能。2016年,一些世俗非政府组织要求最高法院修改这种表述,但遭到了拒绝。[2] 将印度教徒身份等同于印度身份是与印度宪法相违背的。这些人反对印度教徒与穆斯林恋爱和结婚,反对穆斯林离婚法律,要求在巴布里清真寺原址重建罗摩神庙,禁止屠宰牛、牛贸易和吃牛肉,这给穆斯林带来了很大冲击。穆斯林不仅普遍吃牛肉,而且还是牛产品贸易的最大从事者,拥有数百万家从事动物屠宰的小企业,尤其是在北部和西部几个邦,所以,穆斯林是最大损失者,无论经济还是政治上都是如此。[3]

莫迪执政后,虽然对保护牛的"卫道士"行为进行了批判,并宣称,"每个人都有不可剥夺的权利保留或信仰某种宗教,不能对其施加任何强制性或非法影响。我的政府绝不允许任何宗教团体,不管属于多数还是少数,煽动对别人的仇恨,无论公开还是私下里都不行",[4] 但评论家认为,莫迪本身是一个印度教徒,在处理印度教特性问题上并非真心采取实际行动,这主要有三个原因:一是莫迪与极端主义享有相同的观点,只是不方便说出来而已;二是莫迪对国民志愿团非常依赖,不愿与之敌对;三是印度政治中印度教民族主义发展非常快,影响十分广泛,莫迪想进行调整都比较困难。[5]

这种分析很快就得到了验证。印度人民党2017年在人口最多的北方邦选举获胜后,莫迪选择了瑜伽大师阿迪特扬纳斯(Yogi Adityanath)作为首席部长,首席部长掌握着一个邦的实际权力。阿迪特扬纳斯是一个宗

---

[1] 林承节:《印度史》,人民出版社2004年版,第596页。
[2] Christophe Jaffrelot, "India's Democracy at 70: Toward a Hindu State?", *Journal of Democracy*, Vol. 28, No. 3, July 2017, p. 60.
[3] Ashutosh Varshney, "India's Democracy at 70: Growth, Inequality, and Nationalism", *Journal of Democracy*, Vol. 28, No. 3, July 2017, p. 50.
[4] Christophe Jaffrelot, "India's Democracy at 70: Toward a Hindu State?", *Journal of Democracy*, Vol. 28, No. 3, July 2017, p. 57.
[5] Christophe Jaffrelot, "India's Democracy at 70: Toward a Hindu State?", *Journal of Democracy*, Vol. 28, No. 3, July 2017, pp. 57–58.

教狂热分子，其就职后的第一个行动就是关闭屠宰场，一些肉店店主遭到攻击，即使他们没有卖牛肉，许多穆斯林家庭遭到骚扰和恐吓。[①] 分析家指出，莫迪的任命传递出这样一个信号，就是印度教特性维护者可以采取印度教民族主义行为而不必担心中央政府会加以阻拦。[②] 不仅如此，印度前外长斯瓦拉吉还公开支持将《薄伽梵歌》作为印度的"国家圣经"。2016年，印度教极端组织湿婆军（Shiv Sena）领导人更是宣扬穆斯林应该被剥夺投票权。[③] 2019年12月，《公民身份法》修正案在人民院和联邦院获得通过，随后由总统签署成为法律。根据该修正案，2014年12月31日前因"宗教迫害"进入印度的来自巴基斯坦、孟加拉国、阿富汗三国非法移民，将可获得印度公民身份。印度教、锡克教、佛教、耆那教、琐罗亚斯德教、天主教教徒都有资格申请印度公民身份，但穆斯林不可以。这引起了印度穆斯林以及邻国的不满，印度多地爆发了强烈抗议活动和骚乱。

印度教民族主义在印度引起了很多人的担忧。宝莱坞著名影星沙鲁克·汗表示，他对日渐崛起的"宗教偏执"感到十分不安。印度旁遮普和古吉拉特邦前警察局长黎贝洛（Julio Ribeiro）称，作为一个基督教徒，他在印度经常感到气氛紧张。印度副总统安萨里（Hamid Ansari）则反复表示要尊重世俗主义，强调穆斯林也是和平居民。[④]

印度教民族主义的不断发展不利于印度的崛起。一是会进一步加剧教派冲突。印度教特性本质上是狭隘的宗教主义，容不得其他宗教的存在。这不仅容易点燃教派冲突的火苗（就像1992年拆毁巴布里清真寺引发的冲突那样），而且还会助长教派冲突（就像2002年对穆斯林的报复那样），不利于社会的稳定与和谐。二是会破坏印度的政治制度。自

[①] Christophe Jaffrelot, "India's Democracy at 70: Toward a Hindu State?", *Journal of Democracy*, Vol. 28, No. 3, July 2017, p. 59.

[②] Ashutosh Varshney, "India's Democracy at 70: Growth, Inequality, and Nationalism", *Journal of Democracy*, Vol. 28, No. 3, July 2017, p. 50.

[③] Christophe Jaffrelot, "India's Democracy at 70: Toward a Hindu State?", *Journal of Democracy*, Vol. 28, No. 3, July 2017, p. 55.

[④] Christophe Jaffrelot, "India's Democracy at 70: Toward a Hindu State?", *Journal of Democracy*, Vol. 28, No. 3, July 2017, p. 57.

第四章　软实力的缺陷及对印度崛起的消极影响

由尊重每个人的信仰选择，而印度教特性对其他宗教持反对态度，对其他教徒的生活习惯十分排斥，这违背了自由的要求，不具有包容性。不仅如此，印度人民党执政后推行的一些措施也与自由的本质相背离。世俗化是印度政治制度的一个重要特征，印度人民党的崛起使印度世俗化的政治制度受到了挑战。正如分析家指出的那样，现在流行性的观念正在逐渐转向印度教多数主义，这反过来必然是反对印度的少数民族。如果这种趋势得不到扭转，将会危害印度政治制度的健康发展，无论经济后果是什么。[1]

四　重精神轻物质的追求

印度几乎全民信教，而宗教的一个突出特点就是重精神，轻物质。这在印度教上表现得尤为明显。印度教强调业报轮回，进行修行和苦行。印度教徒一生中要经历四个阶段，分别是梵行期（学生时代）、家居期（结婚以后）、林栖期（离家出走）和云游期（苦行生活），认为越是苦行的人，越容易达到梵我同一。

印度教特别强调自我克制。在印度教徒看来，自我节制的苦行能通达至善和德行，而不必要像其他宗教那样另行规定一套宗教道德的规范，所以在印度教中伦理原则并不占有十分重要的地位，圣人被认为是超乎道德之上的，即不受道德原则的约束。印度教徒认为，苦行不仅是一种获得超人力量和自我解脱世俗束缚的方法，还是用来提高种姓的一种捷径。[2] 不同的种姓间相互疏离忌恨，因为任何人的命运都是自己"应得"的，别人较佳的命运并不会使得社会上命运多舛者乐于接受，在此基础上，只要业报教义仍然颠扑不破，革命的思想与"进步"的努力都是无法想见的。特别是对于因种姓礼仪的正确性而赢面最大的下级种姓，改革的诱惑是最少的，而未来的伟大许诺将因其乖离种姓而受危害的想法解释了为何他们至今仍强烈地执着于传统。在这样一种结合着业报教义的种姓礼仪主义的基础上，通过经济的理性主义以打破传统主义，根本是不可能

---

[1] Ashutosh Varshney, "India's Democracy at 70: Growth, Inequality, and Nationalism", *Journal of Democracy*, Vol. 28, No. 3, July 2017, p. 50.

[2] 王树英：《南亚印度教与文化》，中央民族大学出版社1999年版，第14页。

的事。①

总而言之，他们讨厌生活，求出世，为了出世，他们使用了种种解脱方法。有些在日正当午的时候用热火围在身边；有些赤足在烧红的煤炭上行走，或把煤倒在头上；有些赤身卧在钉板上35年之久；有的身躯在地上打滚经千英里之遥去进香；有些用链子自缚于树，或自闭于笼中，直到死去；有些自埋于土到颈项为止，就这样过好多年甚至一生；有些用铁丝贯穿双颊，以至上下颚无法张开，只能借流质维持生存；有些双拳紧握如是之久以至于指甲贯穿手背；有些高举一足或一臂，到它萎蔽残废为止。②

对于印度人的精神追求，德国著名社会学家马克斯·韦伯评论说，世界上似乎再也找不到一个像印度那样几乎没有反货殖的观念又如此重视财富的地方。然而，近代的资本主义却没能自发性地从印度茁长起来，不管是在英国人统治之前还是期间。究其实，它是以一种制成品的方式输入的。此处我们必须检讨，印度宗教的性格是否构成了妨碍（西方意义下）资本主义之发展的因素之一。③ 印度没有留下什么值得一提的历史记述绝非偶然。一个全心冥思生命及其种种过往的人，对于政治—社会事态的一时的情势是不会有什么兴致瞧上一眼的。④

重精神解脱轻物质的人生追求会使人产生懒惰心理，不思进取，自甘贫困，不利于社会进步。而对整个国家来说，没有积极向上的拼搏精神，是难以赶超发达国家，实现迅速崛起和腾飞的。长期研究印度战略文化的乔治·谭哈姆（George Tanham）评论称："印度缺乏长期计划和战略，这很大程度上由于印度的历史和文化发展模式。这包括印度教徒将生命看作是未知的，因此是不受人类控制的，将时间视为是永恒的，所以是阻止计划的（discouraging planning）。"⑤

---

① ［德］马克斯·韦伯：《印度的宗教——印度教与佛教》，康乐、简惠美译，广西师范大学出版社2005年版，第157页。
② ［美］威尔·杜兰：《世界文明史》，幼狮文化公司译，东方文化出版社1998年版，第377页。
③ ［德］马克斯·韦伯：《印度的宗教——印度教与佛教》，康乐、简惠美译，广西师范大学出版社2005年版，第5页。
④ ［德］马克斯·韦伯：《印度的宗教——印度教与佛教》，康乐、简惠美译，广西师范大学出版社2005年版，第168页。
⑤ Harsh V. Pant, "Is India Developing a Strategy for Power?", The Washington Quarterly, Vol. 38, No. 4, 2016, p. 109.

第二节　政治制度方面的缺陷及对印度崛起的消极影响

一　普遍的贫穷

贫困与自由不是一种绝对的关系。不是说，自由国家就没有穷人，但政治制度是一种社会工具，是为了更好地改善社会，消除不公正和不平等。印度从建国之初就发誓要消除贫困，让印度成为富裕、平等之国，为其他国家特别是发展中国家树立榜样。印度首位总统拉金德拉·普拉萨德就曾要求其国民创造条件发挥自己的最大潜能，结束歧视、疾病、贫穷和不可接触制，缩小贫富差距，让所有人都有信仰宗教的自由。[①] 然而，印度政治制度没能应对这种挑战。各种不平等如收入、财富、消费、教育、医疗保健、工作等都是对想当然地认为印度政治制度是成功的有力否定。[②] 就连曼莫汉·辛格都说："贫穷、文盲和社会经济落后并不能阻止政治制度的实施。正好相反，我们超过 50 年的经验证明，政治制度是成功克服发展挑战最强大的工具。但是，最重要的是，政治制度本身给出了保证，我们社会中最贫穷民众的发展渴望将会被认真考虑。"[③]

印度的贫困问题由来已久。早在 1897 年，马克·吐温就曾说，印度庞大的人口中绝大多数是农民。印度就像是一片辽阔的农场：田野一望无际，中间用泥土堆砌的栅栏将其划分成许多小块。设想一下上面的情景，你就可以推断出这块土地上有多少贫困民众了。[④] 虽然印度独立后也采取了很多减贫措施，贫困线以下的人口减少了很多，但仍有大量贫困人口。1977—1978 年度，印度生活在贫困线以下的人口占 51%，到 1987—1988

[①] Arun Kumar Nayak, "Democracy and Development in India: An Investigation", *World Affair Winter*, Vol. 18, No. 4, 2014, p. 44.

[②] Zoya Hasan, "Democracy and Growing Inequalities in India", *Social Change*, Vol. 46, No. 2, 2016, p. 290.

[③] C. Raja Mohan, "Balancing Interests and Values: India's Struggle with Democracy Promotion", *The Washington Quarterly*, Vol. 30, No. 3, Summer 2007, p. 109.

[④] ［英］爱德华·卢斯：《不顾诸神：现代印度的奇怪崛起》，张淑芳译，中信出版社 2007 年版，第 17 页。

年度下降到39%。① 20世纪末，印度有贫困人口2.6亿人，也就是印度全国四分之一的人口生活在贫困线以下，其中2亿是在农村。另据估计，印度每三个人中就有一个人生活在绝对贫困中，按照购买力平价，每天生活不到1美元。② 而根据印度储备银行公布的数据，基于2011—2012年度的贫困标准，也就是农村每人每月消费支出低于816卢比（按现价约合84元人民币），城市每人每个月消费支出低于1000卢比（按现价约合103元人民币），印度共有21.92%的人生活在贫困线以下，人数达2.7亿。③ 在人类发展指数方面，印度2015在188个国家中仅位列第131位，排在很多非洲国家之后。多维贫困指数（MPI）（从教育程度、健康水平和生活标准三个方面考察）则排名第125位，贫困人口占比为55.3%。④ 根据总部设在华盛顿的国际食物政策研究所的全球饥饿指数，印度2016年在118个国家中排名第97位，属于饥饿非常严重的国家，仅比排在第98位的朝鲜情况稍好。2019年，印度在117个国家中排名102位，饥饿情况进一步加剧。⑤

印度经济近年来确实取得了很大成就。2003—2015年，印度的经济平均增长率为7.7%，而同期世界经济的增长率为4%左右。2015年和2016年，印度经济增长率甚至还超过了中国。2016年，印度的GDP达到了2.3万亿美元，超过了意大利和加拿大，是世界第7大经济体。2019年的GDP达到了3万亿美元，甚至超过了英国，排在世界第5位。20世纪90年代早期，印度的外贸占GDP的比重不到18%，但到了2013年，占比为55%，首次超过中国外贸占GDP的比重。同样，20世纪80年代，印度每年吸收的外国直接投资平均每年只有1亿美元，2010年之后，每年则多达250亿—300亿美元。虽然跟中国相比，这些投资显得微不足道，但与印度自身相比则意义重大。⑥

---

① Arun Kumar Nayak, "Democracy and Development in India: An Investigation", *World Affair Winter*, Vol. 18, No. 4, 2014, p. 51.
② Arun Kumar Nayak, "Democracy and Development in India: An Investigation", *World Affair Winter*, Vol. 18, No. 4, 2014, p. 49.
③ Reserve Bank of India, *Handbook of Statistics on Indian Economy 2016 - 2017*, p. 255.
④ The United Nations Development Programme, *Human Development Report 2016*, pp. 24, 218.
⑤ International Food Policy Research Institute (U. S.), *Global Hunger Index 2019*, p. 15.
⑥ Ashutosh Varshney, "India's Democracy at 70: Growth, Inequality, and Nationalism", *Journal of Democracy*, Vol. 28, No. 3, July 2017, p. 43.

第四章　软实力的缺陷及对印度崛起的消极影响

然而，印度经济发展的成果并未惠及普通民众，受益群体有限。据估计，印度经济的高增长只惠及了20%的人口，其他人口均未享受到这种红利。[①] 1950—1980年，印度的经济平均增长率为3.5%，而人均GNP增长率只有1%。1980—2015年，印度经济平均增长率为6.3%，但人均GNP增长率只有4.5%。这一方面说明经济增长的红利被人口的快速增长所抵消，另一方面说明经济增长成果分配的不均衡（见表4-1）。

表4-1　　　　　　1950—2015年印度经济和人口增长率

年份	经济增长	人口增长	人均GNP增长
1950—1980	3.5%	2.5%	1.0%
1980—2015	6.3%	1.8	4.5%

资料来源：Ashutosh Varshney, "India's Democracy at 70: Growth, Inequality, and Nationalism", *Journal of Democracy*, Vol. 28, No. 3, July 2017, p. 42.

印度经济发展的不平衡体现在很多方面。首先是区域发展不平衡。南部和西部地区的发展水平整体上超过北部和东部地区，沿海地区超过内陆地区。例如，古吉拉特邦有5000万人口，大约只占全国人口的4%左右，但接收的私人投资项目却占全国的20%，比哈尔邦有8300万人口，而接收的私人投资项目却只占全国的5%。古吉拉特接收的所有投资项目占全国的37%，但比哈尔邦、中央邦、奥里萨邦、拉贾斯坦邦和北方邦加起来才占26%。[②] 这自然会使邦与邦之间的经济增长出现较大差异。1993—1994年度，比哈尔邦、查蒂斯加尔邦、贾坎德邦、中央邦、奥里萨邦和北方邦贫困人口占全国的41%，2004—2005年度则上升为49%，而这些邦的人口却只占全国总数的39%。[③] 2011—2012年度，印度贫困线以下人口比例最低的五个邦或联邦直辖区是安达曼尼克巴群岛联邦直辖区（1%）、拉克沙群岛中央直辖区（2.77%）、果阿邦（5.09%）、喀拉拉邦（7.05%）

[①] Zoya Hasan, "Democracy and Growing Inequalities in India", *Social Change*, Vol. 46, No. 2, 2016, p. 294.

[②] Arun Kumar Nayak, "Democracy and Development in India: An Investigation", *World Affair Winter*, Vol. 18, No. 4, 2014, p. 58.

[③] Arun Kumar Nayak, "Democracy and Development in India: An Investigation", *World Affair Winter*, Vol. 18, No. 4, 2014, p. 51.

和喜马偕尔邦（8.06%）。最高的五个邦或联邦直辖区是查蒂斯加尔邦（39.93%）、达德拉—纳加尔哈维利联邦直辖区（39.31%）、贾坎德邦（36.96%）、曼尼普尔邦（36.89%）和所谓的阿鲁纳恰尔邦（34.67%）。① 按照当前价格计算，2014—2015年度（2015—2016，2016—2017年度各邦数据不全，故选取的是2014—2015年度），印度GDP最多的三个邦是马哈拉施特拉邦（17.92万亿卢比）、泰米尔纳德邦（10.93万亿卢比）和北方邦（10.43万亿卢比）。最少的三个邦或联邦直辖区是安达曼尼克巴群岛联邦直辖区（572亿卢比）、米佐拉姆邦（1155.93亿卢比）和锡金邦（1520.93亿卢比）。GDP最多的邦是最少邦的313倍。② 在人均GDP方面，2014—2015年度（2015—2016，2016—2017年度各邦数据不全，故选取的是2014—2015年度），印度最多的三个邦是德里国家首都区（24.9万卢比）、果阿邦（24.27万卢比）和昌迪加尔邦（22.54万卢比）。最少的三个邦是比哈尔邦（3.14万卢比）、北方邦（4.39万卢比）和曼尼普尔邦（5.24万卢比）。人均GDP最多的邦是最少邦的8倍。③

其次是部门发展不平衡。印度经济增长主要集中在制造业和服务业，而不是农业。2009—2010年度，印度工业和服务业的增长率分别为10.6%和7.3%，而农业部门只有1%。但农业人口又最多，占到了全国总人口的70%，是贫困人口最集中的地方。④ 20世纪90年代早期，印度农业占GDP的比重为29%左右，现在则大大下降。2016—2017年度，印度农业占GDP的比重为15%，工业为23%，服务业为62%。⑤ 在增长率方面，农业也低于其他两个部门。2013—2017年，印度农业平均增长率为2.7%，工业为7.5%，服务业为7.9%。2016—2017年度，印度农业增长率为4.9%，工业为7%，服务业为9.1%。⑥ 农业增长率很难达到工业和服务业的水平。但问题不在于农业所占比重下降，而在于高增长的非农业部门并未促进大规模就业，几乎一半的印度劳动力依然要靠农业维持生存，这使得城市和

---

① Reserve Bank of India, *Handbook of Statistics on Indian States 2016 - 2017*, p. 22.
② Reserve Bank of India, *Handbook of Statistics on Indian States 2016 - 2017*, p. 43.
③ Reserve Bank of India, *Handbook of Statistics on Indian States 2016 - 2017*, p. 33.
④ Arun Kumar Nayak, "Democracy and Development in India: An Investigation", *World Affair Winter*, Vol. 18, No. 4, 2014, p. 58.
⑤ Reserve Bank of India, *Annual Report 2016 - 2017*, p. 217.
⑥ Reserve Bank of India, *Annual Report 2016 - 2017*, p. 217.

第四章　软实力的缺陷及对印度崛起的消极影响

农村之间的不平衡不断扩大。印度城市人口仅占全国人口的三分之一左右，但却生产了全国五分之三的 GDP。① 2004—2005 年度，表列种姓和表列部落占农村和城市贫困人口的 42.3% 和 28.9%，要高于其占城市和农村人口的 28.9% 和 18.6%。表列种姓的贫困发生率在农村是 53.8%，在城市是 40.6%，远高于国家的贫困发生率。② 1970—2005 年，贫困率在城市年均下降 2.91%，农村下降 2.5%。③ 2009—2010 年度，在贫困标准高于农村的情况下，只有 20.9% 的印度城市人口生活在贫困线以下，而农村为 33.8%。2011—2012 年度，只有 13.7% 的印度城市人口生活在贫困线以下，而农村为 25.7%（见表 4-2）。

表 4-2　　　　　　　印度农村和城市贫困人口变化情况

年度	农村 人数（千）	农村 贫困率（%）	农村 贫困线（每月消费卢比）	城市 人数（千）	城市 贫困率（%）	城市 贫困线（每月消费卢比）	整体 人数（千）	整体 贫困率（%）
2004—2005	325810	42.00	446.68	81410	25.50	578.80	407220	37.20
2009—2010	278210	33.80	672.80	76470	20.90	859.60	354680	29.80
2011—2012	216658	25.70	816.00	53125	13.70	1000.00	269783	21.92

资料来源：Reserve Bank of India, *Handbook of Statistics on Indian Economy 2016-2017*, pp. 253-255.

最后是收入不平衡。根据《福布斯》财富榜，印度在 1993 年之前没有一个亿万富翁，在经济改革几年后，富裕阶层开始出现。印度现在的亿万富翁人数仅次于美国、中国和俄罗斯，位居世界第 4 位，中产阶级人数仅次于中国和美国，位居世界第 3 位。同时，印度也是世界上贫困人口最多的国家。④ 根据瑞士信贷银行股份有限公司（Credit Suisse）发布的全球

---

① Ashutosh Varshney, "India's Democracy at 70: Growth, Inequality, and Nationalism", *Journal of Democracy*, Vol. 28, No. 3, July 2017, p. 45.
② Arun Kumar Nayak, "Democracy and Development in India: An Investigation", *World Affair Winter*, Vol. 18, No. 4, 2014, p. 52.
③ Arun Kumar Nayak, "Democracy and Development in India: An Investigation", *World Affair Winter*, Vol. 18, No. 4, 2014, p. 51.
④ Ashutosh Varshney, "India's Democracy at 70: Growth, Inequality, and Nationalism", *Journal of Democracy*, Vol. 28, No. 3, July 2017, p. 41.

财富报告，2017年印度个人资产超过10万美元的有440万人，只占全国成年人口的1%，超过100万美元的有24.5万人，只占全国成年人口的0.7%。① 同年，印度个人资产超过10亿美元的有42人，5亿—10亿的有59人，1亿—5亿的有660人，5000万到1亿的有1054人，1000万—5000万的有11778人。也就是说，印度个人净资产超过1000万美元的有13593人。② 2000—2004年，在新兴经济体阿根廷、巴西、埃及、印度、印尼、马来西亚、秘鲁、菲律宾、南非和俄罗斯这些国家中，不平等情况在"快速上升"。印度的财富不平等现象尤为突出，自2000年以来，印度10%最富裕阶层的财富迅速增加，到2014年，他们拥有了整个社会四分之三的财富。更重要的是，1%最富裕家庭拥有的社会财富从2000年的36.8%增长到2014年的50%左右，比世界的平均水平要高。③ 根据经合组织的报告，"过去20年间，印度的收入不平等已翻倍，是所有新兴国家中表现最糟糕的一个。20世纪60年代，10%最高收入者的收入是10%最低收入者收入的6倍，现在则是12倍"。④

印度对社会民生项目的投入长期以来都不高。对于民生项目的投入，全球的平均花费占GDP的比例为8.8%，在金砖国家中，印度的花费是最少的，只有2.5%，巴西最高为21.2%，比印度人口还多的中国是6.5%。⑤ 在医疗卫生方面，印度同样表现不佳。印度人口占世界的16%，但婴儿出生死亡率却占世界的30%。⑥ 印度的健康指数甚至不如其邻国孟加拉国，人均GDP更是比较低，这就是为什么印度的经济增长没有给人留下深刻印象的重要原因。经济增长使富人和中产阶级获得的收益较大，而对广大的贫困人口来说则微不足道，⑦ 造成这种情况的主要原因是教育程

---

① Credit Suisse (Switzerland), *Global Wealth Databook 2017*, p. 117.
② Credit Suisse (Switzerland), *Global Wealth Databook 2017*, p. 123.
③ Zoya Hasan, "Democracy and Growing Inequalities in India", *Social Change*, Vol. 46, No. 2, 2016, p. 294.
④ Zoya Hasan, "Democracy and Growing Inequalities in India", *Social Change*, Vol. 46, No. 2, 2016, p. 294.
⑤ Zoya Hasan, "Democracy and Growing Inequalities in India", *Social Change*, Vol. 46, No. 2, 2016, p. 296.
⑥ Arun Kumar Nayak, "Democracy and Development in India: An Investigation", *World Affair Winter*, Vol. 18, No. 4, 2014, p. 52.
⑦ Ashutosh Varshney, "India's Democracy at 70: Growth, Inequality, and Nationalism", *Journal of Democracy*, Vol. 28, No. 3, July 2017, p. 46.

第四章 软实力的缺陷及对印度崛起的消极影响

度低,文盲多,食物不充足,营养不良,居住条件不卫生,空气和水遭到污染,医疗条件差,医生不足。据统计,印度70%的初级医疗保健是由不具备从业资格或者未经培训的人员提供的。①

有人指出,印度最大的失败是贫穷和贫困,② 这虽然说得有点极端,但确实反映了印度比较贫困的现实。印度最穷8个邦的人口比非洲最贫穷26个国家的人口总和还多,这说明印度没能为社会大部分人确保"实质性自由和公平的发展"。③ 甚至连曼莫汉·辛格也承认,印度经济发展和收益分配中的失误比政治不公平还大。④ 显而易见,印度需要找到更合适的方式,使其政治能保证人民平等享受经济发展的成果。印度政府想要实现更好治理的途径之一,就是将其人民视为拥有平等权利的公民,而不是将他们划分为几个等级。从这个角度来说,印度的政治制度是不彻底的。⑤ 对此,沙希·塔鲁尔表示:"印度的经济增长并未惠及仍然生活在贫困线以下三分之一的人口。我们必须要确保他们能够享受到经济发展的果实。否则,我们的软实力在国内外都会落空。"⑥

总之,印度是一个充满矛盾的国家。其经济规模庞大,但贫困人口也最多;尽管生活水平在不断提升,但非常缓慢,总的来讲还是一个穷国。世界上的穷人有一半多生活在印度,印度现在仍然是一个人口稠密(其中大部分是农民)、居住拥挤、充满贫困和饥饿的半文盲社会。⑦ 贫穷不仅使印度没有太多的精力和能力发展软实力,而且还会对印度的国际形象带来负面影响,这对印度崛起十分不利。

---

① Arun Kumar Nayak, "Democracy and Development in India: An Investigation", *World Affair Winter*, Vol. 18, No. 4, 2014, p. 52.
② Arun Kumar Nayak, "Democracy and Development in India: An Investigation", *World Affair Winter*, Vol. 18, No. 4, 2014, p. 49.
③ Poorvi Chitalkar and David M. Malone, "Democracy, Politics and India's Foreign Policy", *Canadian Foreign Policy Journal*, Vol. 17, No. 1, March 2011, p. 79.
④ Poorvi Chitalkar and David M. Malone, "Democracy, Politics and India's Foreign Policy", *Canadian Foreign Policy Journal*, Vol. 17, No. 1, March 2011, p. 87.
⑤ [英]爱德华·卢斯:《不顾诸神:现代印度的奇怪崛起》,张淑芳译,中信出版社2007年版,第249页。
⑥ Daya Kishan Thussu, "The Soft Power of Popular Cinema-The Case of India", *Journal of Political Power*, Vol. 9, No. 3, 2016, p. 427.
⑦ [美]斯蒂芬·科亨:《大象和孔雀:解读印度大战略》,刘满贵等译,新华出版社2002年版,第23页。

二 严重的腐败

印度的腐败无处不在，向公务员行贿以图办事方便已成为民众普遍可接受的生活方式。[①] 据估算，全印度每年行贿总额高达50亿美元。排在首位的受贿者是政治家，紧随其后的是警察、法官和土地管理部门的官员。[②] 不仅受贿，公共部门的官员还经常截留政府划拨给民众的各种物资。根据印度中央监察委员会的报告，用于补助贫困线以下人口的公共分配系统中，31%的粮食和36%的食糖被转移到黑市；用于反贫困工程的每一个卢比中，只有15派沙（1卢比等于100派沙）能到受益者手中。[③] 这种从"穷人身上赚钱"的行为曾让印度前总理拉吉夫·甘地非常痛心，"政府拨付给穷人的钱，每卢比真正送到民众手中的只有15%，其余的全部被截留了"。[④]

在印度，许多部长和议员经常贪腐。在选举中，候选人经常用现金、酒和小礼物购买选票。[⑤] 据统计，在2004年选举出的下院545名议员中，100人有犯罪背景，罪名包括勒索、强奸和谋杀。[⑥] 这些犯罪嫌疑人均得到了捐资人和大公司的支持，当选后会竭力为其资助人和赞助公司谋利。2010年11月，印度爆发了著名的电信丑闻，印度审计署出具的报告显示，在2007年至2008年期间，印度信息技术和通信部低价向多家电信运营商发放122张2G频段牌照和35张军民两用通信牌照。因为售价远低于市场价格，印度政府因此蒙受了将近390亿美元的损失，这相当于印度GDP的3%，印度媒体将之称为印度"史上最大"的腐败丑闻。[⑦]

即使位高权重的人有时也会涉及腐败。2000年，印度前总理拉奥被判

[①] Transparency International, *Country Study Report India 2003*, p. 17.
[②] Krishna K. Tummala, "Combating Corruption: Lessons out of India", *International Public Management Review*, Vol. 10, No. 1, 2009, p. 35.
[③] 王晓丹：《印度反腐败机制的设计思路》，《当代亚太》2005年第10期。
[④] Ludia Polgreen, "Indian State Empowers Poor to Fight Corruption", *The New York Times*, December 2, 2010.
[⑤] Simon Weschle, "Punishing Personal and Electoral Corruption: Experimental Evidence from India", *Research and Politics*, Vol. 3, No. 2, 2016, p. 1.
[⑥] Alan Heston and Vijan Kumar, "Institutional Flaws and Corruption Incentives in India", *Journal of Development Studies*, Vol. 44, No. 9, October 2008, p. 1252.
[⑦] 时宏远：《印度的反腐机制及其成效》，《国际资料信息》2011年第3期。

第四章 软实力的缺陷及对印度崛起的消极影响

处三年监禁（当年已 79 岁）。他被指控贿赂小党党员，以使他们在对政府的信任投票中投赞成票，不过，该案 2002 年被撤销。① 2015 年，曼莫汉·辛格也遭到调查，至少因腐败案被传唤过一次出庭作证。2014 年，泰米尔纳德邦首席部长贾娅拉姆·贾亚拉利塔（Jayalalithaa Jayaram）被控收入与财产不匹配超过了 1000 万美元。②

对于普遍存在的腐败，印度一位前内阁秘书长苏布拉马尼亚姆表示："许多人，尤其是外国人，并没有正确评价腐败在印度蔓延的程度。他们认为这只是原有体制的一项附加的有害的东西。他们没有意识到在许多方面，在印度的许多地方，腐败本身就是一种体制。"③ 他的观点得到了印度国防部一位官员的赞同。这位官员说："在某些国家，腐败扭曲体制。在印度，腐败就是体制。"④ 2007 年新德里电视台在印度独立 60 周年时曾进行过一次民意调查，在对"印度最大的耻辱"表达观点时，38% 的人选择了贪污腐败，28% 的人认为是饥饿。⑤

非营利性组织"透明国际"将印度列为腐败严重的国家。在该组织历年给出的清廉指数得分中，印度的分数都比较低。在 1995 年的排名中，印度的清廉度仅得 2.78 分，位列 41 个国家中的第 35 位。2019 年，印度的清廉指数得分为 4.1 分，位居 180 个国家中的第 80 位（见表 4-3）。而世界平均得分为 4.3 分，亚太地区平均得分为 4.4 分，也就是说，印度的得分落后于世界和亚太地区的平均得分，与非洲和北非 3.9 的得分最为接近，所以，印度属于腐败非常严重的国家。⑥ 而根据 2011 年的全球行贿指数，28 个主要工业国家和新兴工业国家及地区平均得分是 7.8 分，最高的是荷兰 8.8 分，最低的是俄罗斯 6.1 分，印度得分 7.5，低于平均得分，

---

① Parkes Riley and Ravi K. Roy, "Corruption and Anticorruption: The Case of India", *Journal of Developing Societies*, Vol. 32, No. 1, 2016, p. 84.

② Simon Weschle, "Punishing Personal and Electoral Corruption: Experimental Evidence from India", *Research and Politics*, Vol. 3, No. 2, 2016, p. 1.

③ [英] 爱德华·卢斯：《不顾诸神：现代印度的奇怪崛起》，张淑芳译，中信出版社 2007 年版，第 56 页。

④ [英] 爱德华·卢斯：《印度的腐败》，张一峰译，《国外社会科学文摘》2002 年第 12 期。

⑤ 黄恒：《印度人票选本国"最大荣誉"：民主压倒 IT》，《新华每日电讯》2007 年 8 月 14 日第 3 版。

⑥ Transparency International, *Corruption Perceptions Index 2019*, p. 8.

183

排在第19位，属于行贿比较严重的国家。①

2017年，"透明国际"在进行了一份民意调查后得出结论说，印度是亚洲腐败最严重的国家。41%的民众认为印度的腐败比以前有所上升，每10个人中有7个人向政府人员行过贿，这一比例是亚洲国家中最高的，印度公共教育的行贿率高达58%左右，健康领域为59%。② 38%的土地和产权交易涉及行贿。法制部门腐败最严重，62%的官员受过贿，30%的护照审批存在受贿行为，额度从500卢比到5000卢比不等。60%的公路管理站存在向货车司机索贿的情况，货车司机每年行贿的金额为222千万卢比。60%的人通过行贿获得了驾驶证，而不用参加驾驶证资格考试。印度政府11个基础部门如教育、医疗、司法部门的腐败资金高达3197万卢比。在向农民发放的谷物中，只有40%能最终达到农民手里。③

表4-3　　　　　　　　　印度历年清廉指数排名

年	排名	得分	国家总数
1995	35	2.78	41
2005	88	2.90	159
2006	70	3.30	163
2007	72	3.50	180
2008	85	3.40	180
2009	84	3.40	180
2010	87	3.30	178
2011	96	3.10	183
2012	94	3.60	176
2013	94	3.60	177
2014	85	3.80	175

---

① Transparency International, *Bribe Payers Index 2011*, p.5.
② Kumar Shakti Shekhar, "India Most Corrupt Nation in Asia, Most Indians Believe PM Modi Is Checking It", *India Today*, June 6, 2017.
③ Rohit Bhattacharya, "8 Shameful Statistics That Prove How India Is The Most Corrupt Country in Asia", https://www.scoopwhoop.com/india-most-corrupt-country-in-asia-statistics/#.m9um2ias2，上网时间：2020年7月19日。

第四章　软实力的缺陷及对印度崛起的消极影响

续表

年	排名	得分	国家总数
2015	76	3.80	168
2016	79	4.00	176
2017	81	4.00	180
2018	78	4.10	180
2019	80	4.10	180

说明：清廉度满分为10分，得分越高表示越清廉。

资料来源：根据"透明国际"历年报告整理。有的年份使用的是10分制，有的年份使用的是100分制，为了便于比较，在整理时统一换算成了10分制。

对于严重的腐败问题，有学者指出，印度因出现过较大的腐败事件和许许多多小事件而在世界腐败史上占有突出地位。[1] 印度著名自由运动人士拿兰恩（Jaya Prakash Narayan）则说，"自独立以来，印度的政治、公众和商业道德一直在稳定下降"。[2] 沙希·塔鲁尔在20世纪90年代中期也说："印度没有一个月不发生腐败丑闻的。"[3] 印度智库政策研究中心主任梅赫塔（Pratap Bhanu Mehta）针对人民院出现的用金钱购买选票的丑闻说："我们的政治没有顾忌，没有原则，没有共同的责任心，没有共同的深谋远虑。印度政治已经堕落到了令人讨厌的程度。"[4] 印度著名政治家萨瓦帕利·拉达克里希南则表示，一个自由的印度必须要根据衣食住行和社会服务来判断政府是否服务于所有人的利益，是否在管理、生产和分配中存在腐败行为。[5]

严重的腐败对印度产生了非常大的负面影响。首先，腐败加剧了印度政党之间的斗争。每当爆发比较大的腐败丑闻时，反对党都会借机向执政

---

[1] Parkes Riley and Ravi K. Roy, "Corruption and Anticorruption: The Case of India", *Journal of Developing Societies*, Vol. 32, No. 1, 2016, p. 73.

[2] Parkes Riley and Ravi K. Roy, "Corruption and Anticorruption: The Case of India", *Journal of Developing Societies*, Vol. 32, No. 1, 2016, p. 81.

[3] Parkes Riley and Ravi K. Roy, "Corruption and Anticorruption: The Case of India", *Journal of Developing Societies*, Vol. 32, No. 1, 2016, p. 84.

[4] Rahul Verma Vikas Tripathi, "Making Sense of the House: Explaining the Decline of the Indian Parliament amidst Democratization", *Studies in Indian Politics*, Vol. 1, No. 2, 2013, p. 162.

[5] Arun Kumar Nayak, "Democracy and Development in India: An Investigation", *World Affair Winter*, Vol. 18, No. 4, 2014, p. 44.

党发难，要执政党深入调查，给公众一个交代。为了迫使执政党让步，树立本党的反腐斗士形象，反对党经常故意缺席议会，致使议会无法正常议事。像电信丑闻爆发后，最大的反对党印度人民党就要求曼莫汉·辛格彻查此事，并拒绝出席议会，导致议会在2010年冬季闭会前瘫痪了三周。不仅如此，腐败还冲击了印度的政治格局。2011年，安纳·哈扎尔（Anna Hazare）发起了群众运动，要求政府惩治腐败，数千民众参加了这场运动。2012年11月，阿尔温德·凯杰里瓦尔（Arvind Kejriwal）组建了平民党（Aam Aadmi Party），打着反腐旗号，该党2013年12月在德里地方选举中表现出色，获得70个议席中的28席，印度人民党获得32席，国大党仅获8席。在印度人民党组建政府失败后，平民党联合其他政党执政，凯杰里瓦尔成为首席部长。不过，49天后，凯杰里瓦尔因一项反腐法案没有通过辞去了首席部长职务。之后德里一直没有固定政府，暂由联邦当局直接管辖。2015年2月，在德里的议会选举中，平民党赢得了全部70个席位中的67席，印度人民党只得到了3席，国大党未获得任何席位。凯杰里瓦尔再度出任首席部长。① 接连发生的几起腐败大案严重削弱了国大党在民众中的形象，民众不再信任国大党。这是国大党在2014年大选中丢掉政权的重要原因之一。

其次，腐败影响了印度的经济进步。腐败不仅会直接导致国家财富的流失（据美国智库"全球金融诚信"分析师德夫卡尔的报告，自1948年以来非法资金流动给印度造成的经济损失高达4500亿美元。其中在2000—2008年间，超过1250亿美元的资金被印度腐败政治家和公司转移到了国外②），而且还会间接抬高投资印度的成本。据1999年世界银行发布的《人类发展报告》显示，如果印度的腐败程度能降低到斯堪的纳维亚国家的水平，那么印度的国民生产总值将增长1.5%，外国直接投资将增加12%。③ 曼莫汉·辛格也表示："腐败是印度经济崛起前景的最大单一威胁。腐败已渗透到印度的各个层面，这大大损伤了印度的形象，使投资

---

① Arun Kumar Nayak, "Democracy and Development in India: An Investigation", *World Affair Winter*, Vol. 18, No. 4, 2014, p. 44.

② "30% of India Is Corrupt", http://www.asiaone.com/News/Latest + News/Asia/Story/A1Story20100917-237690.html，上网时间：2020年7月20日。

③ 王晓丹：《印度社会观察》，世界知识出版社2007年版，第285页。

第四章 软实力的缺陷及对印度崛起的消极影响

者望而却步。"①

再次，腐败阻碍了社会进步，侵蚀了政治体制。虽然截至目前印度还没有因腐败而发生比较大的社会动乱，但由于腐败破坏了社会公平，使富者愈富，贫者愈贫，不少年轻人因为不满而走上了犯罪道路。有学者表示，腐败犹如一个毒瘤，会腐蚀印度的政治体制、破坏法律秩序、违反人权、扰乱市场秩序、降低民众的生活质量，并成为其他社会问题如有组织的犯罪和恐怖主义的根源。② 印度前内阁秘书纳热西·乾德拉就不无担忧地说："在印度，腐败已经泛滥成灾，我有时在想我们对它究竟还能承受多久。"③ 阿马蒂亚·森则表示，"印度政治制度实践面临的其中一个主要挑战就是在市政管理的不同领域和公众生活中铲除腐败。在所有可怕后果中，蔓延的腐败会腐蚀和破坏政治肌体。如果政治领导人、公务员、警察、法官和其他人能被动员通过非法手段来获取私人和特别利益，政治机制是不能充分发挥作用的。腐败对伦理道德和社会规范的腐蚀作用同样与政治制度的价值格格不入"。④

最后，腐败影响了印度的国际形象。印度一直对自己稳定运转的政治体制引以为豪。虽然政治体制与腐败并无直接关系，在政治体制比较成熟的国家里也存在腐败，但作为所谓的自由国家却不能有效应对腐败，无论如何都不是一件光彩之事，这不能不对印度的国际形象产生负面影响，在一定程度上削弱了印度的软实力。⑤ 印度一位分析家表示："没有那么多的文化促进能抵消严重腐败在国际上对印度形象的破坏。"⑥

---

① Emma Hartley, "Corruption Retarding India's Growth, Says Indian PM", http：//thecandideye. wordpress. com/2009/12/18/corruption-retarding-india% E2% 80% 99s-growth-says-manmohan-singh/，上网时间：2020 年 7 月 20 日。

② Ghulam Nabi Naz, "Corruption in India：Causes and Remedial Measures", *World Academy of Science*, *Engineering and Technology International Journal of Humanities and Social Sciences*, Vol. 11, No. 4, 2017, p. 915.

③ [英]爱德华·卢斯：《不顾诸神：现代印度的奇怪崛起》，张淑芳译，中信出版社 2007 年版，第 56 页。

④ Jean Dreze and Amartya Sen, "Democratic Practice and Social Inequality in India", *Journal of Asian and African Studies*, Vol. 37, No. 6, 2002, p. 17.

⑤ 时宏远：《印度的反腐机制及其成效》，《国际资料信息》2011 年第 3 期。

⑥ Asima Sahu, "Soft Power and India：A Critical Analysis", *Scholarly Research Journal for Humanity Science and English Language*, Vol. 3, No. 13, 2016, p. 3310.

三 猖獗的恐怖主义和极端主义

印度是恐怖主义和极端主义的严重受害国。2005—2020 年，印度因恐怖袭击致死人数多达 23641 人，其中平民 7743 人，安全人员 4401 人，恐怖分子 11342 人，身份不明 528 人。[①] 在各种形式的恐怖主义和极端主义中，有四类不仅十分活跃，而且对印度构成的威胁也最大。

第一类是跨境恐怖活动。这主要发生在克什米尔地区，克什米尔是印度与巴基斯坦有争议地区，自 1988 年爆发极端分离运动以来，印占克什米尔地区的恐怖活动就从未停止过，开始比较活跃的恐怖组织主要有克什米尔自由解放阵线和真主穆斯林游击队（Hizbul Mujahideen），这两个组织由于内讧在 20 世纪 90 年代渐渐失去了影响。近年来不断崛起的是虔诚军和穆罕默德军两个恐怖组织，穆罕默德军创建于 2000 年，曾于 2001 年袭击了印控克什米尔地方议会大楼，造成 29 人死亡；成立于 1987 年的虔诚军，是基地组织之后南亚最危险的恐怖组织。印度 2000 年红堡袭击、2001 年议会遭袭、2006 年孟买列车爆炸、2007 年印巴跨境火车爆炸都出自虔诚军之手。[②] 虽然"9·11"后巴基斯坦取缔了该组织，但其改头换面后仍在从事恐怖活动，2008 年更是实施了孟买特大恐怖袭击。这些组织的主要目的是使克什米尔脱离印度，要么独立，要么并入巴基斯坦。最近几年，克什米地区的分离主义和恐怖主义呈现出这样几个特点。一是内外联动。克什米尔地区的分离组织和恐怖组织与克什米尔地区以外的恐怖主义组织和恐怖分子联合，不断扩大实施恐怖袭击的范围。二是克什米尔地区分离组织和恐怖组织将自己视为全球"圣战"的一部分，与全球性的恐怖组织逐渐取得了联系。三是克什米尔地区的分离组织和恐怖组织鼓动民众用投掷石块的方式表达对政府的不满，散布民族主义仇恨，以使自己的恐怖行为能获得更多人的支持，同时也使政府的打击行动变得困难。[③]

[①] https://www.satp.org/datasheet-terrorist-attack/fatalities/india，上网时间：2020 年 8 月 5 日。

[②] Ashley J. Tellis, "The Menace That Is Lashkar-e-Taiba", *Report of Carnegie Endowment for International Peace*（*Washington D. C.*）, March 2012, p. 1.

[③] Navnita Chadha Behera, "The Kashmir Conflict: Multiple Fault Lines", *Journal of Asian Security and International Affairs*, Vol. 3, No. 1, 2016, p. 43.

第四章　软实力的缺陷及对印度崛起的消极影响

克什米尔地区的恐怖活动造成了大量人员伤亡。因恐怖事件造成的死亡人数超过了印度任何其他冲突中的平民死亡人数。[①] 1990—2016年，克什米尔地区因恐怖袭击造成了13936名平民死亡，5043名安全部队人员死亡。[②] 2005—2020年，克什米尔地区共发生了3934次有人员死亡的恐怖袭击，共造成7260人死亡，其中平民1326人，安全人员1306人，恐怖分子4482人，身份不明146人。[③]

第二类是分离主义恐怖活动。这主要发生在东北地区。印度东北地区与不丹、尼泊尔、缅甸、孟加拉国和中国接壤，是印度与外国接壤数量最多的地区，也是与外国边界线最长的地区。印度东北地区有8个邦（包括所谓的阿鲁纳恰尔邦，也就是我国藏南地区），200多个民族和部族，面积占全国的8%，人口占全国的4%。[④]

东北地区与印度本土大陆仅靠狭长的西里古里走廊相连。自1956年以来，东北地区一直存在严重的叛乱活动。目前约存在30多个武装分离组织，[⑤] 主要集中在阿萨姆、那加兰德、曼尼普尔和特里普拉邦。这些组织的主要目标是建立高度自治的政治实体、邦或是从印度分离出去，它们认为自己的种族群体与印度本土大陆的种族群体明显不同，不仅如此，在英国统治者到来之前这些土地也并不属于印度。[⑥] 所以，从这个角度讲，印度东北地区的恐怖主义的产生根源在于这些组织要求确认自己与众不同的身份。在许多情况下，这种确认身份的要求不仅针对印度本土大陆，也针对东北其他不同种族。[⑦] 而为了实现自己的目标，这些组织经常借助恐怖手段，虽然有些组织已被政府控制或衰落，但仍有不少组织在继续从事

---

① Indian Ministry of Home Affairs, *Annual Report 2011 - 2012*, p. 7.
② Indian Ministry of Home Affairs, *Annual Report 2011 - 2012*, p. 6.
③ https：//www.satp.org/datasheet-terrorist-attack/fatalities/india，上网时间：2020年8月5日。
④ "North East India", http：//databank.nedfi.com/content/north-east-india，上网时间：2020年7月19日。
⑤ Wasbir Hussain, "Ethno-Nationalism and the Politics of Terror in India's Northeast", *Journal of South Asian Studies*, Vol. XXX, No. 1, April 2007, p. 93.
⑥ S. Kalyanaraman, "Thinking about Counter Terrorism in India's National Strategy", in Krishnappa Venkatshamy and Princy George, eds., *Grand Strategy for India*: 2020 *and beyond*, New Delhi: Pentagon Security International, 2012, p. 112.
⑦ S. Kalyanaraman, "Thinking about Counter Terrorism in India's National Strategy", in Krishnappa Venkatshamy and Princy George, eds., *Grand Strategy for India*: 2020 *and beyond*, New Delhi: Pentagon Security International, 2012, p. 112.

恐怖活动。其中比较活跃的有阿萨姆统一解放战线、那加国家社会主义委员会、波多国家民主阵线、卡塔普尔解放组织、狄玛沙民族解放阵线、统一国家自由阵线、特里普拉民族解放阵线等。

由于组织众多,活动频繁,东北地区成为印度恐怖致死人数高发区。2005—2020年,东北地区共发生3926次有人员死亡的恐怖袭击,共造成6695人死亡,其中平民2365人,安全人员554人,恐怖分子3583人,身份不明195人。① 不过,自2008年以来,印度东北地区的恐怖活动在减少。

第三类是左翼极端恐怖主义。左翼极端主义又称纳萨尔武装运动,起源于1967年4月纳萨尔巴里地区爆发的一场农民武装运动。后由于内部分裂,运动逐渐走向低潮。2004年9月,几个主要纳萨尔分支进行了合并,左翼极端势力大大增强。左翼极端主义的主要目标是,通过游击战争农村包围城市,发动新民主主义革命,推翻印度现在的半殖民地、半封建制度,建立全新的社会主义共和国。② 为了实现这一目标,左翼极端主义经常借助恐怖手段,袭击的对象从先前的警察哨所、铁路扩大到现在的学校、公共汽车和主要医疗机构。受左翼极端主义影响最大的几个邦是安得拉邦、查蒂斯加尔邦、贾坎德邦、中央邦、马哈拉施特拉邦、奥里萨邦。③ 在左翼极端主义组织中,威胁最大的当属印度共产党(毛主义),简称印共(毛)。印共(毛)引发的暴力事件和造成的死亡人数占整个左翼极端主义造成死亡人数的80%。④ 根据印度内政部前部长齐丹巴拉姆的说法,印共(毛)在全国626个县中的223个县都比较活跃。内政部则称印共(毛)能"发号施令"的区域面积达4万平方公里,相当于瑞士的国土面积。⑤ 印共(毛)每年的收入约有4亿美元。⑥ 由于造成的威胁很大,内

---

① https://www.satp.org/datasheet-terrorist-attack/fatalities/india,上网时间:2020年8月5日。
② Vivek Chadha, "Left Wing Extremism-Challenges and Approach", in Krishnappa Venkatshamy and Princy George, eds., *Grand Strategy for India*: 2020 *and Beyond*, New Delhi: Pentagon Security International, 2012, p. 93.
③ Indian Ministry of Home Affairs, *Annual Report 2016 – 2017*, p. 5.
④ Indian Ministry of Home Affairs, *Annual Report 2016 – 2017*, p. 5.
⑤ Jonathan Kennedy, "Gangsters or Gandhians? The Political Sociology of the Maoist Insurgency in India", *India Review*, Vol. 13, No. 3, 2014, p. 212.
⑥ Jonathan Kennedy, "Gangsters or Gandhians? The Political Sociology of the Maoist Insurgency in India", *India Review*, Vol. 13, No. 3, 2014, p. 217.

第四章 软实力的缺陷及对印度崛起的消极影响

政部将印共（毛）称为"冷血杀手"。①

包括印共（毛）在内的左翼极端主义造成的死亡人数较多。2005—2020年，其发动了3999次有人员死亡的恐怖袭击，共造成8559人死亡，其中平民3168人，安全人员2093人，恐怖分子3181人，身份不明117人（见表4-4）。对于左翼极端主义的威胁，奇丹巴拉姆表示，纳萨尔永久性武装人员从最初的不到300人，发展到现在的4万人，另外还有10万名游击队成员，其活动范围从印度与尼泊尔交界处一直延伸到西孟加拉邦，被称为红色走廊。② 曼莫汉·辛格2006年4月则称："可以毫不夸张地说，纳萨尔反政府武装是印度国内安全最大的单一威胁。"③ 为了对之进行打击，印度已将左翼极端主义最主要的几个分支列为恐怖组织。

表4-4　　　　　印度左翼极端主义活动情况

年	袭击次数	平民	安全部队	恐怖分子	身份不明	死亡总计
2005	343	259	147	282	24	712
2006	248	249	128	343	14	734
2007	274	218	234	195	25	672
2008	246	184	215	228	19	646
2009	407	368	319	314	12	1013
2010	480	630	267	264	18	1179
2011	302	259	137	210	0	606
2012	235	156	96	125	1	378
2013	186	164	103	151	0	418
2014	185	127	98	121	4	350

---

① Jonathan Kennedy, "Gangsters or Gandhians? The Political Sociology of the Maoist Insurgency in India", *India Review*, Vol. 13, No. 3, 2014, p. 213.

② Swadesh M. Rana, "The Gravest Threat to India's National Security", *Report of The Academic Council on the United Nations System* (Ontario, Canada), No. 82, 2010, p. 1.

③ Vivek Chadha, "Left Wing Extremism-Challenges and Approach", in Krishnappa Venkatshamy and Princy George, eds., *Grand Strategy for India: 2020 and beyond*, New Delhi: Pentagon Security International, 2012, p. 93.

续表

年	袭击次数	平民	安全部队	恐怖分子	身份不明	死亡总计
2015	171	90	56	110	0	256
2016	263	122	62	250	0	434
2017	200	109	76	150	0	335
2018	217	108	73	231	0	412
2019	176	99	49	154	0	302
2020	66	26	33	53	0	112
总计	3999	3168	2093	3181	117	8559

注：2020年数据截至8月2日

资料来源：https://www.satp.org/datasheet-terrorist-attack/fatalities/india，上网时间：2020年8月5日。

第四种是宗教极端恐怖主义。这主要包括伊斯兰教、印度教和锡克教极端主义，这些都是印度本土恐怖主义。锡克教极端主义主要出现在20世纪70和80年代，现在比较少见。伊斯兰教和印度教极端主义主要出现于1992年巴布里清真寺被拆前后，并在2002年古吉拉特邦宗教骚乱后得到发展壮大。其中影响比较大的伊斯兰教极端组织主要有达乌德·易卜拉欣集团、印度穆斯林游击战士和学生伊斯兰运动。达乌德·易卜拉欣集团于1993年制造了孟买系列爆炸案，造成260人死亡，这是当时世界上最严重的恐怖袭击事件。该集团声称是为了报复印度教徒拆毁巴布里清真寺残忍杀害穆斯林的行为。[1] 近年来比较活跃的是印度穆斯林游击战士和学生伊斯兰运动。印度2007年北方邦系列爆炸案，2008年新德里、斋普尔、班加罗尔、艾哈迈达巴德、海德拉巴系列恐怖事件以及2011年孟买爆炸案、德里高等法院爆炸案都是印度穆斯林游击战士所为。学生伊斯兰运动创建于1977年的北方邦，最初主要传播伊斯兰教，但在1992年后开始变得激进，号召印度穆斯林对民主、民族主义、世俗主义和多神论说"不"，

---

[1] David Barnard-Wills and Cerwyn Moore, "The Terrorism of the Other: Towards a Contrapuntal Reading of Terrorism in India", *Critical Studies on Terrorism*, Vol. 3, No. 3, December 2010, p. 390.

第四章 软实力的缺陷及对印度崛起的消极影响

从而走上了恐怖主义道路,该组织将伊斯兰教看作是政治议程,长期目标是重建哈里发国家。①

印度教极端组织主要有国民志愿团、湿婆军和印度青年民兵组织(Bajrang Dal)。不同于伊斯兰教极端主义,印度教极端主义有明确的攻击目标,就是少数民族,最主要是穆斯林,也包括基督教徒,一般不针对国家,尽管其行为在客观上损害了国家政治制度的目标和实践。② 其中,印度青年民兵组织又最为激进,该组织在全国开设有30多个训练营。一位评论家称,"如果不采取措施抑制不断上升的印度教极端主义,印度青年民兵组织将会变成印度的塔利班"。③

这些宗教极端主义与前面三类恐怖主义和极端主义存在交叉。2005—2020年,伊斯兰宗教极端主义或其他冲突发动者共实施了103起恐怖袭击,造成1035人死亡,其中平民861人,安全人员35人,恐怖分子67人,身份不明72人。④

恐怖主义和极端主义对印度的国家安全构成了严重威胁,使印度不得不花费大量精力和资源进行应对。即便如此,印度仍经常遭到恐怖袭击。此外,恐怖主义和极端主义还破坏了印度的经济发展环境,减少了外国直接投资。有学者研究发现,恐怖主义是影响印度经济发展的一个重要因素。2004年,恐怖主义使印度GDP增长率降低了0.91%,2013年则使GDP增长率降低了2.05%。⑤

再以旅游业为例,虽然恐怖主义不是导致印度旅游业下降的唯一原因,但两者之间存在着关联却不容否认,因为外国游客往往将印度视为是"不安全的国家"。事实也证明,每一次大的恐怖袭击事件发生后,印度的

---

① S. Kalyanaraman,"India and the Challenge of Terrorism in the Hinterland",*Strategic Analysis*,Vol. 34,No. 5,September 2010,p. 705.

② Julia Eckert,"Theories of Militancy in Practice:Explanations of Muslim Terrorism in India",*Social Science History*,Vol. 36,No. 3,Fall 2012,p. 329.

③ Michael Kugelman,"Looking in, Looking out:Surveying India's Internal and External Security Challenges",in Michael Kugelman, ed.,*India's Contemporary Security Challenges*,Washington, D. C.:Woodrow Wilson International Center for Scholars,2011,p. 7.

④ https://www.satp.org/datasheet-terrorist-attack/fatalities/india-islamistotherconflicts,上网时间:2020年8月5日。

⑤ Alam Khan,"Terrorism and India:An Economic Perspective",*Quality & Quantity*,Vol. 50,No. 4,2016,p. 1883.

旅游业就会遭到重挫。像2003年8月孟买爆炸案、2005年10月德里爆炸案、2006年7月孟买火车爆炸案、2007年8月海德拉巴爆炸案均对印度的旅游业产生了非常大的负面影响。① 2008年11月孟买特大恐怖袭击更是在几个月内使游客减少了10%,绝对人数是6万。这种影响程度与"9·11"恐怖事件对美国旅游业的影响程度大体一致。② 外国游客进入印度主要借助三种方式:陆运、海运和空运,其中空运所占比例最大,占到了91.7%,在空运中,目的地为德里和孟买的又占到了55%。③ 2008年孟买特大恐怖袭击发生后,德里机场的外国游客减少了1.5万人,孟买机场更是减少了3.6万人。④ 2009年,赴印度的外国游客比2008年下降了2.2%,绝对人数减少了11万。⑤

四 糟糕的社会治安

印度的社会治安情况一直都不容乐观,犯罪率长期居高不下。根据印度国家犯罪统计局公布的数据,违反刑事法典（Indian Penal Code, IPC）、特别法和地方法律（Special and Local Laws, SLL）的犯罪案件从2000年的177.11万起上升到2004年的183.2万起,⑥ 从2005年的502.63万起上升到2015年的732.61万起。2015年的犯罪案件比2005年增加了45.8%。2005—2015年,印度的犯罪案件年均增长率为2.5%。在犯罪率方面,2005年每十万人中的犯罪案件是455.8起,到了2015年则上升为581.8起,达到了历史最高水平。2015年的犯罪率比2005年增加了27.6%,年均增率为1.2%（见表4-5）。

---

① Sangeetha Gunasekar, "International Tourist Arrival in India: Impact of Mumbai 26/11 Terror Attack", *Foreign Trade Review*, Vol. 53, No. 1, 2017, p. 6.
② Sangeetha Gunasekar, "International Tourist Arrival in India: Impact of Mumbai 26/11 Terror Attack", *Foreign Trade Review*, Vol. 53, No. 1, 2017, p. 15.
③ Sangeetha Gunasekar, "International Tourist Arrival in India: Impact of Mumbai 26/11 Terror Attack", *Foreign Trade Review*, Vol. 53, No. 1, 2017, p. 4.
④ Sangeetha Gunasekar, "International Tourist Arrival in India: Impact of Mumbai 26/11 Terror Attack", *Foreign Trade Review*, Vol. 53, No. 1, 2017, p. 15.
⑤ Indian Ministry of Tourism, *India Tourism Statistics 2015*, p. 2.
⑥ Arun Kumar Nayak, "Democracy and Development in India: An Investigation", *World Affair Winter*, Vol. 18, No. 4, 2014, p. 60.

第四章 软实力的缺陷及对印度崛起的消极影响

表 4-5　印度国内违反刑事法典、特别法和地方法律犯罪案件数和犯罪率

年	案件数			犯罪率		
	IPC	SLL	合计	IPC	SLL	合计
2005	1822602	3203735	5026337	165.3	290.5	455.8
2006	1878293	3224167	5102460	167.7	287.9	455.7
2007	1989673	3743734	5733407	175.1	329.4	504.5
2008	2093379	3844725	5938104	181.5	333.4	515.0
2009	2121345	4553872	6675217	181.4	389.4	570.8
2010	2224831	4525917	6750748	187.6	381.7	569.3
2011	2325575	3927154	6252729	192.2	324.5	516.7
2012	2387199	3654371	6041559	196.7	301.2	497.9
2013	2647722	3992656	6640378	215.5	324.9	540.4
2014	2851563	4377630	7229193	229.2	351.9	581.1
2015	2949400	4376699	7326099	234.2	347.6	581.8
2015 比 2005 增长（%）	61.8	36.6	45.8	41.7	19.7	27.6
2005—2015 年均增长（%）	1.3	4.9	2.5	3.4	3.5	1.2

注：犯罪率指每十万人口中的犯罪案件数

资料来源：Indian National Crime Records Bureau, *Crime in India 2015*, p. 3.

印度的社会治安状况不佳集中体现在针对妇女和儿童的犯罪上。2011年，印度针对妇女的犯罪案件为22.87万起，2015年为32.74万起。虽然2015年的犯罪案件比2014年的33.79万起有所下降，但比2011年则增加了43.2%。2015年每十万女性中就有53.9人遭到了各种侵犯，这意味着每2分钟就会发生一起针对女性的犯罪。不仅如此，2015年针对女性的犯罪案件占所有违反印度刑法典犯罪案件的11.1%，该比例在2011年为9.4%。[①]

在针对女性的各种犯罪中，又数强奸案引起的关注最大。这主要因为2012年印度发生了一起震惊世界的强奸案，当年12月，印度一名女大学生在德里一辆"黑公交上"惨遭6名暴徒轮奸和殴打，虽然这名大学生后

---

① Indian Ministry of Home Affairs, *Annual Report 2016–2017*, p. 75.

195

来被送往新加坡医治，但最终因伤病过重而死亡。这引发了印度民众大规模抗议活动。然而，这并非个案，印度国内经常发生强奸案。2011年，印度发生的强奸案有24206起，比2007增加了9.2%，几乎每20分钟就有1名女性被强奸。[1] 2012年，强奸案更是达到了24923起，而未报告的则更多。一些社会活动家认为报告的数字只占整个强奸案数量的10%。[2] 即便2012年黑公交强奸案发生后，印度议会通过了进一步保护女性、严惩强奸犯的法律修正案，民众也对强奸案大加鞭挞，女性的防护意识有所提高，但2013年的强奸案仍比2012年增加了8784起，为33707起。与1971年相比，印度2013年的强奸案增加了1255.3%，达到了历史最高水平。[3] 而2014年又进一步增加到36735起，2015年为34651起（见表4-12）。德里更是由于强奸案最多被称为"强奸之都"。[4] 2013年1—10月，在德里及其郊区共发生了1330起强奸案，而整个2012年为706起。[5] 2015年，德里是全国违反刑事法典案件最多的城市，为17.39万起，占全国67.61万起的25.73%。[6]

如果仅从数量来看，妇女遭受丈夫以及丈夫亲属虐待的案件最多，2011年有9.91万起，2015年增加到11.34万起。在企图侵犯妇女尊严方面，2011年有4.3万起，2015年增加到8.24万起。[7]

在印度，针对儿童的犯罪情况也比较严重。2011年，针对儿童的犯罪案件有3.31万起，2015年增加到9.42万起，几乎是2011年的3倍，比2014年增加了5.3%。在每十万18岁以下人口中，针对儿童的犯罪案件是21.1起。[8] 在这些案件中，数量最多的是诱拐和绑架。2011年的诱拐和

---

[1] Radha R. Sharma, Rupali Pardasani, "The Problem of Rape in India: A Multi-dimensional Analysis", *International Journal of Managing Projects in Business*, Vol. 7, No. 3, 2014, p. 365.

[2] Terrence McCoy, "India's Gang Rapes-And the Failure to Stop Them", *The Washington Post*, May 30, 2014.

[3] Monica Sakhrani, "Reading Rape Post Mathura", *Indian Journal of Gender Studies*, Vol. 23, No. 2, 2016, p. 263.

[4] V. Narayan, "Shame: Delhi Still India's Rape Capital", *The Times of India*, June 4, 2012.

[5] Sheasley, "Troubling Questions for India after Another Gang-rape", *Christian Science Monitor*, January 15, 2014.

[6] Indian National Crime Records Bureau, *Crime in India* 2013, p. 61.

[7] Indian Ministry of Home Affairs, *Annual Report 2016 - 2017*, p. 75.

[8] Indian Ministry of Home Affairs, *Annual Report 2016 - 2017*, p. 78.

第四章　软实力的缺陷及对印度崛起的消极影响

绑架案件是 1.53 万起，2015 年增加到 4.19 万起。在儿童强奸案方面，2011 年是 7112 起，2015 年增加到 10854 起。①

　　社会治安状况不佳，尤其强奸案频发对印度产生了非常不好的影响，不仅冲击了印度的旅游业，而且还使印度的国际形象严重受损。世界各国媒体都对黑公交强奸案以及民众大规模抗议活动进行了广泛报道，并称印度存在"强奸危机"。② 汤姆森路透集团更是在一份调查中将印度列为女性危险国家的全球第 4 位，比索马里还危险。③ 这使国际社会产生了一种印象：印度是不安全的，女性在印度尤其不安全，所以不要轻易到印度去。而根据印度工业联合会的数据，强奸事件频发使赴印度的女性游客急剧下降，仅在 2013 年 1—3 月就下降了 35%。④ 对于强奸案，国大党前主席索尼娅·甘地表示："在我们国家首都发生悲惨的强奸事件是我们所有人的耻辱。"⑤ 德里联邦直辖区首席部长狄克希特（Sheila Dikshit）也表示："无论作为首席部长，还是作为德里的普通市民，我都对强奸案感到耻辱。每一个人都必须确保类似事件不再发生。"⑥ 莫迪则称："每当听到强奸案发生，我们就像被挂在了耻辱柱上。强奸案令印度蒙羞。"⑦ 他还说："我对发生的强奸事件感到耻辱，印度必须要改变年轻人对强奸案的态度，尊重女性，确保女性安全。"⑧

五　低下的议事效率

　　印度的议员构成一直以来都不均衡。例如，女性将近占全国人口的一

---

① Indian Ministry of Home Affairs, *Annual Report 2016 – 2017*, p. 77.
② B. L. Himabindu, "Whose Problem Is It Anyway? Crimes against Women in India", *Global Health Action*, Vol. 7, No. 1, 2016, p. 1.
③ Lakshmi Chaudhry, "Rape in the 'New India'", *The Nation*, Vol. 296, No. 5, 2013, p. 6.
④ Sheasley, "Troubling Questions for India after Another Gang-rape", *Christian Science Monitor*, January15, 2014.
⑤ "Child Rape Case: Action and Not Words Needed to Stop Heinous Incidents, Says Sonia Gandhi", *The Economic Times*, April 20, 2013.
⑥ "Leaders Condole Delhi Gang-rape Victim's Death", *The Hindu*, December 29, 2012.
⑦ "Prime Minister Narendra Modi's Speech on 68th Independence Day", *The Indian Express*, August 16, 2014.
⑧ Dean Nelson, "I'm Ashamed of Rape and Poor Sanitation in India, Says Narendra Modi", *The Telegraph*, August 15, 2014.

半，但在议会拥有的席位长期以来都不到10%，平均只有5.83%左右。①在管理部门，女性也只占7%，穆斯林占2.1%。其他落后种姓几乎占全国人口的60%，但在管理部门中只占2%。② 在人民院，穆斯林仅拥有3.7%的席位。③ 最多的时候是1980年的49席，最少的是1952年的21席。④ 1952—1999年，共有超过1400名女性参加了人民院选举，但只有365人成功当选。穆斯林成功当选率从1952年的61%下降到1991—1999年的18%—20%。⑤ 然而，在2004年的第14届人民院选举中，却有128位受到犯罪指控的候选人当选为议员。在2009年的第15届人民院大选中，有162位受到犯罪指控的候选人当选为议员。⑥ 位于德里的运动组织民主改革协会（The Association for Democratic Reforms）称，根据候选人的书面陈述材料，2014年第一轮选举时，9%的候选人都面临犯罪指控，大约30%在任国会议员面临犯罪指控。⑦

不仅议员的构成不均衡，议会的议事效率也不高。20世纪50年代，印度议会召开会议的天数每年平均为120—138天，现在只有70—80天。对比之下，英国下院召开会议的天数为每年170天，美国为150天。⑧ 根据另一项更为详细的统计，从1981年到1987年，联邦院每年开会的时间是37—41天，每年真正工作的时间为175—194个小时。人民院每年开会的时间为33—36天，只有1987年为40天，真正工作的时间为175—181

---

① Sushila Ramaswamy, "India's Crisis of Governance: The Women's Perspective", *Policy and Society*, Vol. 24, No. 3, 2005, p. 122, p. 130.
② Arun Kumar Nayak, "Democracy and Development in India: An Investigation", *World Affair Winter*, Vol. 18, No. 4, 2014, p. 61.
③ Christophe Jaffrelot, "India's Democracy at 70: Toward a Hindu State?", *Journal of Democracy*, Vol. 28, No. 3, July 2017, p. 59.
④ Abdul Majid, "State of Human Rights in India: A Case Study of Muslim Minority Oppression", *A Research Journal of South Asian Studies*, Vol. 32, No. 1, January-June 2017, p. 55.
⑤ Arun Kumar Nayak, "Democracy and Development in India: An Investigation", *World Affair Winter*, Vol. 18, No. 4, 2014, p. 64.
⑥ Ghulam Nabi Naz, "Corruption in India: Causes and Remedial Measures", *World Academy of Science, Engineering and Technology International Journal of Humanities and Social Sciences*, Vol. 11, No. 4, 2017, p. 917.
⑦ Chandrashekhar, Vaishnavi, "India's Election: Five Questions on the World's Largest Democracy", *Christian Science Monitor*, July 4, 2014.
⑧ ［英］爱德华·卢斯：《不顾诸神：现代印度的奇怪崛起》，张淑芳译，中信出版社2007年版，第259页。

第四章　软实力的缺陷及对印度崛起的消极影响

个小时。为此，有人批评议会开会时间较少，从而导致了政府过多颁布行政法令的不良后果。① 第10届人民院（1991—1996）每年召开会议的天数也只有44天，第13届（1999—2004）更是减少到36天，第14届（2004—2009）为32天，第15届（2009—2014）为30天。

会期过短一方面会导致一些议案无法通过，另一方面又使得一些议案未经充分论证就获得了通过。据统计，2009年，人民院27%的法案在不到5分钟内就获得了通过，只有17%的法案讨论时间超过了3个小时。② 2011年81%的预算要求和2012年92%的预算要求几乎没有讨论就获得了通过。③ 2011年，政府提交了54个议案给议会进行表决，结果只有21个获得了通过。2012年，政府提交的议案是94个，只有22个获得了通过。④ 总体来看，印度议会通过的议案数量在不断下降。第13届议会两院通过的议案是297件，第14届是248件，第15届为179件，第16届（仅统计了3年，2014—2016）是84件。⑤ 对此，有分析家表示，印度的政治家们常常对某项议题和项目会表现出极大的热情，但是在辩论、审议甚至最后表决时，却都懒于到场。由于议员们无法保持纪律，议长常常不得不推迟决议过程。印度本身就是一个矛盾体，在它出色的政治体制里却塞满了平庸的政治家，⑥ "印度议会在公众面前的形象正面临严重赤字"。⑦

印度政治制度的一个突出优点是能将众多的政党、集团、阶层、民族、部族都纳入合法的斗争轨道，使他们均能发表看法。然而，这个优点同时也是缺点。因为无论何事，人人都要说话，因此致使许多议案和决策要么永远停留在争论阶段，要么通过之后，实效性已大打折扣。印度杂志

---

① 林良光主编：《印度政治制度研究》，北京大学出版社1995年版，第89页。
② Arun Kumar Nayak, "Democracy and Development in India: An Investigation", *World Affair Winter*, Vol. 18, No. 4, 2014, p. 61.
③ Rahul Verma Vikas Tripathi, "Making Sense of the House: Explaining the Decline of the Indian Parliament amidst Democratization", *Studies in Indian Politics*, Vol. 1, No. 2, 2013, p. 160.
④ Rahul Verma Vikas Tripathi, "Making Sense of the House: Explaining the Decline of the Indian Parliament amidst Democratization", *Studies in Indian Politics*, Vol. 1, No. 2, 2013, p. 161.
⑤ Indian Ministry of Parliamentary Affairs, *Statistical Handbook* 2016, pp. 51-53.
⑥ ［英］爱德华·卢斯：《不顾诸神：现代印度的奇怪崛起》，张淑芳译，中信出版社2007年版，第259页。
⑦ Rahul Verma Vikas Tripathi, "Making Sense of the House: Explaining the Decline of the Indian Parliament amidst Democratization", *Studies in Indian Politics*, Vol. 1, No. 2, 2013, p. 153.

《经济与政治周刊》2009年曾刊发了一篇名为《议会功能是衰退还是死亡?》的社论。此文一针见血地指出:"吵嚷、混战和中断而不是通过讨论来审议或反对相关议案,已逐渐成为人民院和联邦院的准则。各邦议会亦是如此。"① 该文还指出,如此经常和反复的行为"将助长民众对政治进程和多种正式政治活动的冷漠态度",议会权威和自治功能的下降和衰减"将导致其他部门权力不成比例的增加",破坏监督和平衡体制,使这种体制发生扭曲,并最终弱化。② 曾经担任克林顿政府国家安全委员会亚洲事务助理的李侃如称:"印度政府从来都有一个雄心勃勃的计划,但只是'Paper Plan'(纸面上的计划),从来没有变成'Real Plan'(真实的计划)。一项基础设施必须要与不同的利益集团讨价还价,谈项目要好几年,干项目又要好几年。"③ 而根据世界银行2017年公布的《全球治理指数》,2014年,印度政府效率(包括政府公共服务质量、政策制订和实施能力以及兑现政策承诺的可信度)只得了45.19分(满分100分),位居全球214个国家中的第115位,2015年得分为56.25分,位居第92位,2016年得分为57.21分,位居第90位。④ 对此,有分析家指出,印度政治制度的一大弊端就是决策过程漫长,政党无休止地论证、争辩并相互掣肘,使政令不畅、效率低下,往往延误时机、影响发展。⑤

办事效率低下也体现在司法上。阿马蒂亚·森曾表示,由于受一系列根深蒂固的社会传统限制,印度的政治实践是经常打折的。虽然声称是自由和公平的选举,但仍存在裙带关系和政治犯罪;由于经济财富和社会特权不同,无处不存在选举机会不平等;在司法制度上同样如此。印度的司法制度有着坚实的基础,在法律面前融合了基本的原则如公平、世俗主义及平等,然而,在实践中,印度的司法制度在许多方面与政治制度理想存在差异,其中一个典型例子是,据估计,印度待办的案件多达3000万件,

---

① Rahul Verma Vikas Tripathi, "Making Sense of the House: Explaining the Decline of the Indian Parliament amidst Democratization", *Studies in Indian Politics*, Vol. 1, No. 2, 2013, p. 162.

② Rahul Verma Vikas Tripathi, "Making Sense of the House: Explaining the Decline of the Indian Parliament amidst Democratization", *Studies in Indian Politics*, Vol. 1, No. 2, 2013, p. 162.

③ 权衡:《印度式经济增长:基于"印度式民主"视角的分析》,《社会科学》2007年第7期。

④ 世界银行全球治理指数数据库,http://info.worldbank.org/governance/wgi/#home,上网时间:2020年7月29日。

⑤ 陈峰君:《印度特色民主甘苦有知》,《同舟共进》2008年第1期。

要全部结案需要花费数年（如果不是十年的话），这说明印度的司法系统实际上处于瘫痪状态。① 就连最高法院自己也承认，仅最高法院每个月待判决的诉讼案件就超过了7000件，一年下来有6.2万积压案件尚未判决。由于每一级法院都缺少优秀法官，法院的效率非常低。②

议事和办事效率低，缺乏强有力的决断和执行机制对印度的崛起和发展极为不利，使印度浪费了太多时间和精力，错失了很多发展机遇，像建立经济特区这种涉及国家重要经济发展战略的计划，讨论了几十年都无最终结果。而法院不能及时结案又意味着腐败分子不会很快就受到惩罚，这大大助长了腐败分子的贪欲。在他们看来，腐败是一种低风险、高利润的行当，值得一搏。不仅如此，做事拖沓，繁文缛节过多也会严重影响外国对印度的直接投资。长期以来，印度吸引的外国直接投资都远远落后于中国，其中原因与此不无关系。

第三节　外交政策方面的缺陷及对印度崛起的消极影响

虽然印度的外交成效显著，与主要大国的关系都比较友好，但也存在严重不足之处。印度最大的外交挑战是在南亚地区，也就是如何与南亚国家打交道，使这些邻国能够信赖自己，愿意与自己建立真正的友好合作关系。

一　得不到南亚邻国信任

长期以来，南亚国家都用疑虑和恐惧的眼光看待印度，这种不信任是多种因素共同作用的结果。一是无论面积、人口还是国内生产总值，印度在南亚地区都占绝对优势，别说单个国家的实力赶不上印度，就是它们的实力总和也仍落后于印度。印度的国土面积是其他南亚国家面积总和的2.5倍，人口是3.2倍，GDP是4.4倍，军费开支是4.3倍。不仅如此，

---

① Jean Dreze and Amartya Sen, "Democratic Practice and Social Inequality in India", *Journal of Asian and African Studies*, Vol. 37, No. 6, 2002, p. 8.
② Ronojoy Sen, "India's Democracy at 70: The Disputed Role of the Courts", *Journal of Democracy*, Vol. 28, No. 3, July 2017, p. 103.

南亚的地缘政治构造也有利于印度,印度与所有的南亚国家都接壤,而其他南亚国家却彼此都不搭界。这种情况一方面使印度在潜意识里就将自己视为南亚地区的主导者和中心,整个南亚地区都是自己的势力范围,另一方面也使其他南亚国家对印度抱有戒心。国际关系理论学者布尔(Bull)曾说过:"在国际体系中,小国最大的恐惧就是它有一个强大的邻国。"[1]这句话用在南亚小国身上最为贴切不过。世界大国过去也许不怎么看重印度,但印度对其邻国首都的影响却是巨大的。其南亚邻国都将印度视为一个可以造成毁灭性灾难的国家,新德里能轻易控制它们。尼泊尔、斯里兰卡、孟加拉国、不丹甚至于巴基斯坦的外交政策,始终都围绕着适应印度这个地区大国来制定。[2] 一位评论家非常精辟地指出:"南亚地区出现的大部分紧张关系都是由印度的行为和姿态造成的。印度潜意识地要在南亚地区发挥主导作用以及贯彻这个目标的粗暴方法常常使其他南亚邻国感到不舒服。"[3]

　　印度确实存在轻视其邻国的倾向。几乎所有印度人撰写的著作都非常在意印度同大国或超级大国的关系,而对与小国的关系却鲜有描述。但是,在其小邻国的眼里,印度俨然已是一个超级大国,在各方面都深刻影响着它们。印度在文化和经济上对它们施加的影响远远超过美国、中国和欧洲对印度施加的影响。[4] 这种影响很有可能会腐蚀甚至吞噬掉它们的国家身份。[5]

　　二是冷战期间印度对其他南亚国家进行过干涉。印度独立后继承了英属印度的思想,希望充当南亚地区的主宰者,于是对南亚邻国采取了一些控制措施。1949年,印度迫使不丹签署了《印不和平友好条约》,要求不丹在对外关系上接受印度的指导。虽然不丹仅将此条约看作是在涉及印度

---

[1] Iftekhar Ahmed Chowdhury,"How Neighbours See the Elephant",*The Straits Times*,May 29,2009.

[2] [美] 斯蒂芬·科亨:《大象和孔雀:解读印度大战略》,刘满贵等译,新华出版社2002年版,第21页。

[3] Vandana Asthana,*India's Foreign Policy and Subcontinental Politics*,New Delhi:Madan Sachdeva for Kanishka Publishers,1999,p. 38.

[4] [美] 斯蒂芬·科亨:《大象和孔雀:解读印度大战略》,刘满贵等译,新华出版社2002年版,第27页。

[5] Rajesh M. Basrur,*India's External Relations:A Theoretical Analysis*,New Delhi:Ajay Verma for Commonwealth Publishers,2000,p. 106.

第四章 软实力的缺陷及对印度崛起的消极影响

利益的事务中要尊重印度的一种约束,但印度却希望通过该条约牢牢控制不丹,使不丹无法自主地与其他国家发展关系。1950年,印度与锡金签署了《印锡和平友好条约》,将锡金置于被保护国的地位。锡金虽然拥有内政自主权,但国防事务则由印度负责。1975年,印度更是直接出兵吞并了锡金,设为锡金邦。1950年,印度与尼泊尔签署了《印尼和平友好条约》以及《印尼贸易协定》,取代了于1947年"终止"的1923年英属印度与尼泊尔签订的条约。新条约规定双方就"可能导致两国政府友谊破裂的与任何其他邻国的……严重冲突"互相通报。更重要的是,该条约规定尼泊尔只能从印度或通过印度进口武器,这等于将尼泊尔绑定在印度的战车上,尼泊尔在国防上需要严重依赖印度。至此,除巴基斯坦外,印度承担了英国殖民政府当年对南亚各邻国所承担的所有战略义务。

为了防止南亚国家与区外大国发展关系,20世纪80年代,英迪拉·甘地执政期间更是出台了"英迪拉主义",或者说真正的"印度版门罗主义"。"英迪拉主义"明确要维护新德里在南亚地区的管理人角色。也就是说,"印度强烈反对南亚以外的国家干涉南亚国家的内部事务,尤其是那些对印度处心积虑想破坏印度利益的大国。因此,任何南亚国家都不应该寻求外部大国的帮助,而应寻求来自印度的帮助。如果不这样做,将会被视为是反印度的"。[①] 基于这种思维,1987年,印度以"维和"名义,出兵斯里兰卡,干涉斯里兰卡国内的民族冲突。1989年,尼泊尔希望从其他国家购买军火,摆脱印度的控制,这引发了印度的不满。为了教训尼泊尔,印度封锁了两国之间的边界口岸,给地处内陆的尼泊尔带来了极大不便,尼泊尔最后只能屈服。所有这些都让南亚国家对印度存有"以大欺小"的深刻印象,尤其是印度1971年肢解巴基斯坦和吞并锡金两件事让这些国家感到非常恐惧,担心有一天厄运会降临到自己身上。

为了平衡印度的优势,维护国家安全,这些南亚国家往往会采取三种战略:一是尽量减少与印度的双边经济联系。由于彼此都不接壤,其他南亚国家要发展经济就必须寻求与印度进行合作,这使得它们在经济上过度依赖印度,在对印度的贸易中一般都处于逆差地位,且越来越严重。为了

---

① Harsh V. Pant, "Is India Developing a Strategy for Power?", *The Washington Quarterly*, Vol. 38, No. 4, 2016, p. 104.

减轻对印度的经济依赖,这些国家在与印度进行经济合作时态度都比较谨慎。二是寻求区外大国支持,与一些大国保持比较密切的政治、军事和经济关系,如巴基斯坦就一直与美国保持着密切的关系,孟加拉国和斯里兰卡也不断发展与中国的关系。三是尽量将与印度有争议的问题国际化,避免与印度进行双边谈判时处于不利地位,争取国际社会的支持。如孟加拉国邀请尼泊尔参与恒河水分配问题的解决;斯里兰卡呼吁联合国和不结盟运动组织参与解决与印度有争议的泰米尔人问题等。[1]

然而,南亚这些国家的行为却让印度十分不安。作为南亚实力最强的国家,印度并不比其邻国感到更安全。它始终担心这些国家会联手对付自己,认为自己已做出了较大让步,但这些邻国仍不满足。关于印度的这种心态,科亨指出,印度自身所感觉的弱小感和易受攻击感,与其来自于独特文明和历史的大国"适当"地位形成了鲜明对比。[2] 印度学者古普塔（Arvind Gupta）也表示,"安全关切在印度对邻国的政策中始终占据主导地位。这就是为什么印度对其邻国采取现实主义政策的原因所在。而这又与印度领导人公开宣称的外交政策理想相反。"[3] 为了防止不利于己情况的发生,使自己的战略后院不脱离控制,印度采取了三种反制措施。一是通过各种途径强化与邻国的政治、经济和文化联系。二是坚决反对区外大国插手南亚事务。三是坚决反对将两国之间的问题国际化,主张通过双边会谈加以解决。[4] 然而,印度采取的这些措施反过来又进一步加深了其他南亚国家对印度的恐惧,为了减轻不安全感,它们又会采取进一步的防范措施。就这样,印度与其南亚邻国陷入了互不信任的恶性循环之中。分析家恩·姆·克黑拉纳尼（N. M. Khilnani）这样描述印度在南亚的处境:"印度在南亚经常处于政治困境当中,这涉及它如何在保护自己利益的同时又不招致邻国的仇视以及如何巧妙地照顾邻国的感情而又不表现得过于软弱

---

[1] Rajesh M. Basrur, *India's External Relations: A Theoretical Analysis*, New Delhi: Ajay Verma for Commonwealth Publishers, 2000, p. 91.

[2] Stephen Philip Cohen, *India: Emerging Power*, Washington, D. C.: Brookings Institution Press, 2001, p. 203.

[3] Rabindra Sen, "India's South Asia Dilemma and Regional Cooperation: Relevance of Cultural Diplomacy", *Strategic Analysis*, Vol. 38, No. 1, 2014, p. 74.

[4] Rajesh M. Basrur, *India's External Relations: A Theoretical Analysis*, New Delhi: Ajay Verma for Commonwealth Publishers, 2000, p. 92.

第四章　软实力的缺陷及对印度崛起的消极影响

以致无法保护自己的利益。"①

二　与巴基斯坦纠缠不清

在南亚国家中，印度最大的挑战者是巴基斯坦。印度和巴基斯坦原本是一个国家，后根据蒙巴顿方案分治，各自成立了国家。然而，印度领导人对于分治耿耿于怀，认为巴基斯坦就不应该建立，即便建立，也终究会被印度重新统一。像尼赫鲁虽然接受了分治的事实，但他始终认为统一印度和巴基斯坦仅是时间问题。他曾说："你们看起来不理解我们的立场和权利。我们是一个世俗的国家，没有建立在宗教的基础上。我们给予每个人自由。巴基斯坦是一个以不可能的神权概念为基础的中世纪国家。"② 所以，1954 年以前，印度并未将巴基斯坦视为严重军事威胁。直到 1954 年美国向巴基斯坦提供现代武器装备，并与巴基斯坦建立了稳固的军事同盟关系，印度才意识到巴基斯坦是个威胁。③ 这种判断一直到今天都存在。学者维嘉亚·达尔（Vijaya Dar）表示："一个处于崩溃边缘、敌视印度、拥有核武器的巴基斯坦，以及阿拉伯国家伊斯兰极端主义的不断蔓延都对印度构成了严重挑战。印度最优先的目标是保护自己免遭敌人的危害。敌人不仅受扩展主义热情驱使，也受到宗教教条主义驱使。"④

而从巴基斯坦的角度来看，仅将印度作为一个邻国对待被证明是非常困难的，因为印度对巴基斯坦身份界定的核心是巴基斯坦是个分裂出去的国家。⑤ 在巴基斯坦教科书中，典型的印度人是"狡猾、诡诈、骗人的"。印度教民族主义国民志愿团则在其所属两万个学校中使用的教科书里，将穆斯林描绘成残忍嗜血的。⑥ 巴基斯坦学者侯赛因·哈卡尼（Hussain

---

① Vandana Asthana, *India's Foreign Policy and Subcontinental Politics*, New Delhi: Madan Sachdeva for Kanishka Publishers, 1999, p. 48.

② Nalin Kant Jha, "Cultural and Philosophical Roots of India's Foreign Policy", *International Studies*, Vol. 2, No. 1, 1989, p. 54.

③ ［美］斯蒂芬·科亨：《大象和孔雀：解读印度大战略》，刘满贵等译，新华出版社 2002 年版，第 136 页。

④ Aakriti Tandon, "India's Foreign Policy Priorities and the Emergence of a Modi Doctrine", *Strategic Analysis*, Vol. 40, No. 5, 2016, p. 354.

⑤ Subrata Mitra, "Intimate Enemies: Trauma, Violence and Longing in India-Pakistan Relations: A Review Article", *India Review*, Vol. 16, No. 2, 2017, p. 269.

⑥ ［英］爱德华·卢斯：《不顾诸神：现代印度的奇怪崛起》，张淑芳译，中信出版社 2007 年版，第 177 页。

Haqqani)表示:"印度人从尼赫鲁和巴特尔开始对巴基斯坦建国的态度就是惩罚而不是劝诱。通过这样做,他们巩固了真纳继承者对巴基斯坦军事化和伊斯兰化的努力。从英国殖民者手中继承的军事遗产多于经济遗产的巴基斯坦这个新国家,通过反对印度来构建国家身份。巴基斯坦选择构建数个世纪印度教徒和穆斯林之间的冲突历史,将两国界定为不可调和的敌人。克什米尔争端、恐怖主义、核武器又增加了两国之间的这种竞争。"①

相互敌对使两国关系一直起伏不定,并发生过三次战争和多次冲突,更重要的是,这种对立还会继续,因为双方有持续憎恨的传统。两国会继续竞争,相互比较,以证明自己如何比对方好,另一方则被视为具有侵略性的敌人。这种印象不仅是建构出来的,而且还会因为边界冲突、政策变动、指责游戏和间接或直接攻击而不断升级,这是巨大的信任赤字。② 对此,科亨指出,两个民族的心理冲突是世界上最难处理的冲突,因为这种冲突源自于彼此都认为他们会受到威胁,自己处于弱势,另一方会攻击自己,即使那些很可能在数量上占多数的民族也这么认为。这些持续不断的冲突是由长期的不信任造成的,结果,即使是一些小问题,双方也都不愿意做出让步或妥协,因为这样做就等于向对方承认了自己的软弱,对方可能会借机提出进一步的要求。③ 分析家则表示,巴基斯坦是以一种非常特殊的方式建国的,印度因此而得以分裂,两国人民心里都受到了非常大的创伤。处理心理问题是非常困难的,不可能从表面上就得到治愈。④

在所有争执中,克什米尔问题是焦点。印度占有克什米尔五分之三的领土,巴基斯坦占有五分之二的领土。然而,双方都声称拥有克什米尔全部领土主权,对方是掠夺者,占有的土地是属于自己的。虽然经过几次战争,但并未解决克什米尔问题。直到今天,双方在克什米尔问题上的立场依然迥异。

---

① Subrata Mitra, "Intimate Enemies: Trauma, Violence and Longing in India-Pakistan Relations: A Review Article", *India Review*, Vol. 16, No. 2, 2017, p. 269.

② Devika Mittal and Amit Ranjan, "India-Pakistan: Contours of Relationships", *Space and Culture, India*, Vol. 4, No. 1, 2016, p. 14.

③ Stephen Philip Cohen, *India: Emerging Power*, Washington, D.C.: Brookings Institution Press, 2001, pp. 198 – 199.

④ Ashutosh Misra, "The Problem of Kashmir and the Problem in Kashmir: Divergence Demands Convergence", *Strategic Analysis*, Vol. 29, No. 1, Jan-Mar 2005, p. 16.

第四章 软实力的缺陷及对印度崛起的消极影响

一是巴基斯坦认为克什米尔问题是分治未完成的结果,并质疑1947年印度强行将克什米尔并入自己领土的合法性。而印度则认为,克什米尔并入印度是合法的,是无可争议的和最终的,两国之间的分治问题已经结束。① 在此基础上,印度认为巴占克什米尔地区也是印度的领土。

二是巴基斯坦将克什米尔看作是两国之间的核心问题,认为只有这个问题得到解决,才能拓宽其他问题的解决渠道和途径,两国关系也才能真正实现正常化。巴基斯坦前总统扎尔达里曾说过:"克什米尔是两国的核心问题,历届巴基斯坦政府都坚持这个观点。"② 2015年,巴基斯坦总理谢里夫的外交事务顾问阿齐兹(Sartaj Aziz)也表示:"在两国对话中,印度不想谈克什米尔问题……这对巴基斯坦来说完全不能接受……没有克什米尔问题,巴基斯坦不会与印度谈判。"③ 而印度则认为,克什米尔问题不应被放在两国之间最重要的位置,更不应与两国关系的正常化捆绑在一起。

三是巴基斯坦坚持根据联合国决议和公民投票原则解决克什米尔问题,希望将克什米尔问题公开化和国际化,寻求国际社会的力量加以解决。而印度则主张,克什米尔问题只能在印巴两国之间进行解决,反对将这一问题公开化和国际化,坚决抵制国际社会的介入。

四是巴基斯坦主张让克什米尔地区的代表参加和谈,认为只有这样才能更好地解决克什米尔问题,因为克什米尔人的声音不能被忽视。而印度对此的态度是,自己可以单独与印控克什米尔地区的组织会谈,但决不允许这些组织加入印巴之间的和谈。

在克什米尔问题久拖未决的情况下,印度近年来又不断指责巴基斯坦对印度发动代理人战争,支持恐怖分子越界向印度渗透,给印度带来了非常大的威胁。每次国内出现大规模恐怖袭击,印度都控诉巴基斯坦是幕后指使者,像2001年印度议会大厦遭袭和2008年孟买恐怖袭击均是如此。越界恐怖主义使克什米尔问题变得更加复杂。

与南亚邻国纠缠不清特别是与巴基斯坦的长期对抗不仅耗费了印度大

---

① Ashutosh Misra, "The Problem of Kashmir and the Problem in Kashmir: Divergence Demands Convergence", *Strategic Analysis*, Vol. 29, No. 1, Jan-Mar 2005, p. 16.

② Khalid Hasan, "Zardari Favors Bilateral Solution of Kashmir Dispute with India", *Daily Time Lahore*, September 25, 2008.

③ S. D. Muni, "Narendra Modi's Foreign Policy: Rebuild South Asian Neighbourhood", *CLAWS Journal*, No. 1, Summer 2015, p. 29.

量的资源和精力,而且还使印度失去了一个和平发展的周边环境。有分析家指出,虽然自1991年实行经济自由化改革以来,印度经济实力的持续增长和核能力的不断提升为印度崛起为一个大国奠定了重要基础,但印度要想取得进一步的成就还必须解决两个问题,一个是地区和平,另一个是稳定而又可靠的能源供应。① 拉贾·莫汉也指出,印度能否成为亚洲的一个主要国家在很大程度上要看它能否与其南亚邻国处理好关系。虽然不能将南亚地区的矛盾和相互敌视完全归结于印度的过错,但印度无疑是最大的责任承担者。② 孟加拉国前外交部部长乔乌德胡瑞(Chowdhury)则表示:"印度要想在全球发挥作用,就必须要处理好与其南亚邻国的关系。印度应该成为一个对其他南亚国家负有特别责任的年长者(edler),而不是对它们指手画脚的老大哥(big brother)。"③ 也有学者表示,处理与邻国的各种纠葛会将印度的战略雄心限制在南亚地区。印度在国际舞台上发挥作用的能力在很大程度上取决于其能否处理好与南亚邻国的关系。④

过去六十多年的历史也证明,印度试图绕开其"讨厌"的邻国,集中精力追逐更大战略的雄心从来就没有不受阻碍的。⑤ 事实上,如果邻国使印度的政策注意力主要集中在南亚地区,印度是很难崛起为全球大国的。对印度来说,南亚不是其腾飞的垫脚石,而是绊脚石。⑥ 这在印度加入安理会常任理事国问题上表现得非常明显。印度的最大反对者是巴基斯坦,虽然巴基斯坦的实力远不如印度,面积只有印度的三分之一,但印度在过去几十年里对巴政策总不成功。即使在2008年孟买特大恐怖袭击发生后,

---

① Marie Lall, "Indo-Myanmar Relations in the Era of Pipeline Diplomacy", *Contemporary Southeast Asia*, Vol. 28, No. 3, 2006, p. 425.

② S. D. Muni and C. Raja Mohan, "Emerging Asia: India's Options", *International Studies*, Vol. 41, No. 3, 2004, p. 318.

③ Iftekhar Ahmed Chowdhury, "How Neighbours See the Elephant", *The Straits Times*, May 29, 2009.

④ Srinath Raghavan, "Stability in Southern Asia: India's Perspective", in Ashley J Tellis and Sean Mirski, eds., *Crux of Asia: China, India, and the Emerging Global Order*, Washington, D. C.: Carnegie Endowment for International Peace, 2013, p. 135.

⑤ Srinath Raghavan, "Stability in Southern Asia: India's Perspective", in Ashley J Tellis and Sean Mirski, eds., *Crux of Asia: China, India, and the Emerging Global Order*, Washington, D. C.: Carnegie Endowment for International Peace, 2013, p. 135.

⑥ Varun Sahni, "India's Foreign Policy: Key Drivers", *South African Journal of International Affairs*, Vol. 14, No. 2, 2007, p. 25.

印度仍缺少可靠的政策选择。① 2015年2月，巴基斯坦总理谢里夫表示，印度加入安理会常任理事国是不可接受的，印度不具备这样的资格，因为印度没有遵守联合国关于克什米尔问题的所有决议，没有恪守诺言给克什米尔人民自治的权利。② 对此，有评论家指出，印度谋求安理会常任理事国的外交努力受阻于其所在该地区的不支持。

第四节　海外印度人方面的缺陷及对印度崛起的消极影响

这里所说的海外印度人缺陷不是指海外印度人本身存在什么问题，而是指印度在海外印度人政策方面存在缺陷。可以这样说，由于对海外印度人不重视，印度长期都没有一个海外印度人政策。

一　印度对海外印度人比较冷淡

印度独立后把主要精力都放在了这样几件事情上：一是建设新国家，捍卫国家政权；二是进行经济建设，但强调自给自足，不对外开放；三是与巴基斯坦竞争；四是反帝反殖，倡导不结盟运动。在这种情况下，印度的重点是进行境内公民的身份构建。而把那些居住在领土之外的人贴上"外部人"标签。印度政府对这些人持怀疑态度，认为他们缺乏对新建国家的忠诚。③

不仅如此，尼赫鲁还担心和海外印度人接触会削弱与发展中国家的关系，破坏其在不结盟运动中的领导地位。④ 所以，尼赫鲁认为让海外印度人融入当地社会最符合印度利益。尼赫鲁表示："印度政府的政策是，凡是取得了外国国籍的海外印度人都应融入和认同居住国的主流社会和政治

---

① Harsh V. Pant, "A Rising India's Search for a Foreign Policy", *Orbis*, Vol. 53, No. 2, 2009, p. 253.
② "India's Permanent UNSC Seat Unacceptable, Nawaz Sharif Tells Barack Obama", *Hindustan Times*, February 13, 2015.
③ Amit Kumar Mishra, " Diaspora, Development and the Indian State", *The Round Table*, Vol. 105, No. 6, 2016, p. 702.
④ Devesh Kapur, *Diaspora, Development, and Democracy*, Princeton: Princeton University Press, 2010, pp. 189 - 190.

生活。"① 他还说："居住在国外的海外印度人必须与所在国民众合作，通过友谊和服务为自己赢得一席之地……海外印度人要与非洲人配合，尽可能地帮助非洲人，不要谋求特殊地位。"② 他进而表示："如果你不能，也没有对当地人友好，你是无法返回印度的，因为这会玷污印度的名声。"③

在这种政策下，当海外印度人遭到政治、经济和社会歧视，甚至发生严重危机时，印度不愿意卷入其中，对他们的态度比较冷淡。海外印度人及其家庭处于社会边缘，不被鼓励参与印度的经济发展。④ 1947 年，数百名牙买加印度人组织了"返回印度"游行，但没产生实际效果，印度政府未采取任何行动。1948 年，一些特立尼达印度人威胁其所在国政府，称如果不让他们返回印度，他们就大规模自杀。尽管尼赫鲁这次进行了呼吁，一些侨民也回到了印度，但绝大部分不久又返回了特立尼达。1962 年，奈温通过军事政变在缅甸建立了军事政权。在接下来的 20 年里，超过 30 万印度人遭到驱逐，尼赫鲁（在世时）对此感到非常苦恼，但仍未采取任何行动，不仅如此，尼赫鲁还劝这些人积极融入当地人的生活。⑤ 对于尼赫鲁的表现，分析家表示，在尼赫鲁看来，印度人的身份只能在印度的领土内出现，只能在一个国家的制度框架内呈现。⑥ 学者安鲁德·古普塔（Anirudh Gupta）称，"尼赫鲁的政策充满了理想主义，是建立在宽泛的亚非民族主义基础上，这使得海外印度人的移民身份被遗忘。"⑦ 比黑库·帕

---

① Devesh Kapur, *Diaspora, Development, and Democracy*, Princeton: Princeton University Press, 2010, p. 189.

② Ajay Kumar Dubey, "The Indian Diaspora as a Heritage Resource in Indo-African Relations", in Ajay Kumar Dubey and Aparajita Biswas, eds., *India and Africa's Partnership: A Vision for a New Future*, New Delhi: Springer (India) Pvt. Ltd, 2015, p. 122.

③ Ajay Kumar Dubey, "The Indian Diaspora as a Heritage Resource in Indo-African Relations", in Ajay Kumar Dubey and Aparajita Biswas, eds., *India and Africa's Partnership: A Vision for a New Future*, New Delhi: Springer (India) Pvt. Ltd, 2015, p. 123.

④ Aparajita Gangopadhyay, "India's Policy towards Its Diaspora: Continuity and Change", *India Quarterly*, Vol. 61, No. 4, 2005, p. 97.

⑤ Kishan S. Rana, "India's Diaspora Diplomacy", *The Hague Journal of Diplomacy*, Vol. 4, No. 3, 2009, p. 364.

⑥ Aparajita Gangopadhyay, "India's Policy towards Its Diaspora: Continuity and Change", *India Quarterly*, Vol. 61, No. 4, 2005, p. 99.

⑦ Aparajita Gangopadhyay, "India's Policy towards Its Diaspora: Continuity and Change", *India Quarterly*, Vol. 61, No. 4, 2005, p. 100.

第四章　软实力的缺陷及对印度崛起的消极影响

雷克（Bhiku Parekh）则说："尼赫鲁对海外印度人兴趣不浓的主要原因是海外印度人的价值不大。对于包括尼赫鲁和社会主义者在内的具有政治头脑的人来说，这时候的海外印度人要么是穷人，要么是文盲，要么是靠剥削当地人发家的富人，无论哪一种，与之接触都非常尴尬。"[1]

由于尼赫鲁是印度外交政策的缔造者和掌控者，其女儿英迪拉·甘地出任总理后也秉承了对海外印度人的这种政策。[2] 1967 年，肯尼亚独立后实施了肯尼亚化政策，所有非肯尼亚人主要是海外印度人只能从事被限定的工作，只能与特定地区就特定产品进行贸易，并受到居住限制。[3] 面对这种情况，英迪拉没有采取有效措施帮助这些海外印度人，坚持不过问原则。20 世纪 70 年代，暴君阿明在乌干达执政后，约有 6 万名海外印度人被要求在 90 天内离境。[4] 对此，印度外交部副部长说："我们正与乌干达政府接触。保证会竭尽全力保护海外印度人的利益。"[5] 一些印度议员也表示："我们应该向每个国家树立这种形象：每一个海外印度人，即使他已获得了外国国籍，但都深深根植于印度的文化、土壤和传统，是我们的兄弟。"[6] 印度总统更是称："乌干达事件已经使好几个非洲国家的海外印度人充满了担忧和疑虑。"[7] 然而，为了维护亚非团结，英迪拉依然坚持不介入政策，没有采取实际行动帮助这些侨民。[8]

---

[1] Aparajita Gangopadhyay, "India's Policy towards Its Diaspora: Continuity and Change", *India Quarterly*, Vol. 61, No. 4, 2005, p. 100.

[2] Aparajita Gangopadhyay, "India's Policy towards Its Diaspora: Continuity and Change", *India Quarterly*, Vol. 61, No. 4, 2005, p. 98.

[3] Ajay Kumar Dubey, "The Indian Diaspora as a Heritage Resource in Indo-African Relations", in Ajay Kumar Dubey and Aparajita Biswas, eds., *India and Africa's Partnership: A Vision for a New Future*, New Delhi: Springer (India) Pvt. Ltd, 2015, p. 123.

[4] Maria Nzomo, "Foreign Policy and Diplomacy in India-East African Relations", *Insight on Africa*, Vol. 6, No. 2, 2014, p. 98.

[5] Ajay Kumar Dubey, "The Indian Diaspora as a Heritage Resource in Indo-African Relations", in Ajay Kumar Dubey and Aparajita Biswas, eds., *India and Africa's Partnership: A Vision for a New Future*, New Delhi: Springer (India) Pvt. Ltd, 2015, p. 128.

[6] Yudhishthir Raj Isar, "Cultural Diplomacy: India Does It Differently", *International Journal of Cultural Policy*, Vol. 23, No. 6, September 2015, p. 708.

[7] Ajay Kumar Dubey, "The Indian Diaspora as a Heritage Resource in Indo-African Relations", in Ajay Kumar Dubey and Aparajita Biswas, eds., *India and Africa's Partnership: A Vision for a New Future*, New Delhi: Springer (India) Pvt. Ltd, 2015, p. 128.

[8] Ajay Kumar Dubey, "The Indian Diaspora as a Heritage Resource in Indo-African Relations", in Ajay Kumar Dubey and Aparajita Biswas, eds., *India and Africa's Partnership: A Vision for a New Future*, New Delhi: Springer (India) Pvt. Ltd, 2015, p. 123.

1977年，这种情况开始有所改变。国大党在大选中失利，独立后首次沦为在野党，而由多个党派组成的人民党联盟则获胜上台执政。为了彰显自己的理念，同时也为了巩固执政地位，人民党政府对内政和外交都进行了调整。在对海外印度人方面，人民党政府的态度比较积极，1977年11月，时任外长的瓦杰帕伊在一次由印度政府主办的关于海外印度人的研讨会上说："海外印度人在我们心目中是非常重要的……印度永远都不会忘记他们。"① 基于这种理念，人民党政府取消了海外印度人返回母国印度的限制，要求印度文化关系委员会的活动必须涵盖海外印度人，强调会在追求外交目标和与海外印度人接触之间保持平衡。② 然而，人民党是个非常松散的联盟，内部充满了各种矛盾，虽然认识到了海外印度人的重要性，但无力推行自己的政策。所以，尚未制订出海外印度人政策，人民党就因内部争斗丢掉了政权。1980年国大党重新执政后，英迪拉政府又恢复了之前对海外印度人的政策。

1984年，拉吉夫·甘地执政后，对海外印度人的政策稍有改变，这主要体现在对待斐济驱逐海外印度人事件上。斐济1986年发生军事政变后，很多海外印度人被撵出政府部门，一些海外印度人被迫离开斐济，为了反击斐济，印度在多个国际场合都采取了孤立斐济的政策。③ 这与对肯尼亚和乌干达的态度有所不同。不仅如此，拉吉夫·甘地还邀请一些海外印度人返回印度帮助母国发展一些核心事业如信息通讯业，这是印度第一次对海外印度人打开国门。④ 1985年，印度在外交部下面成立了一个特别协调处，负责协调海外印度人事务。⑤ 1987年，印度成立了海外印度人商业和文化办公室，专门处理海外印度人事务，这是印度独立后第一次设置专门处理海外印度人事务的政府机构。不仅如此，印度还允许非居住印

---

① The Government of India, *Report of the High Level Committee on the Indian Diaspora*, December 2001, pp. 510 – 511.

② Aparajita Gangopadhyay, "India's Policy towards Its Diaspora: Continuity and Change", *India Quarterly*, Vol. 61, No. 4, 2005, p. 102.

③ Devesh Kapur, *Diaspora, Development, and Democracy*, Princeton: Princeton University Press, 2010, p. 190.

④ Paokholal Haokip, "India's Diaspora Policy in Africa: Half-Baked for Francophone", *Insight on Africa*, Vol. 2, No. 1, 2010, p. 35.

⑤ Amit Kumar Mishra, "Diaspora, Development and the Indian State", *The Round Table*, Vol. 105, No. 6, 2016, p. 706.

度人及其家庭在印度购买财产，只是需要遵守严格的规定。[1] 不过，由于当时对国际贸易不够重视，印度没能利用海外印度人在贸易中的作用，这就是为什么东非和香港的海外印度人没能引起印度关注的重要原因。[2] 所以，拉吉夫政府对海外印度人的政策虽有调整，但幅度并不大，尤其是在鼓励海外印度人促进印度经济发展方面，基本上仍与英迪拉政府一样。

二 海外印度人未积极促进印度发展

整体来看，冷战期间，印度对海外印度人的态度十分冷淡。海外印度人感受不到母国对自己的关心，当自己的利益受到威胁或损害时，母国没有提供过帮助。这让海外印度人非常失望，找不到渠道也不愿意推动印度发展，这不利于印度的崛起。海外印度人对印度在政治、经济、外交上均没有发挥应有的作用。

政治和外交上，几乎没有促进印度与其所在国关系的典型案例。1962年中印边界冲突后，印度特别希望发展中国家能支持自己的立场，但响应者寥寥无几。海外印度人没有积极推动其所在国出面支持印度。印度与美国的关系在冷战期间比较平淡，印裔美国人同样没有设法推动。

经济上，海外印度人汇回的侨汇和对印度的直接投资都非常少。1975年汇回的侨汇只有4.3亿美元，到了20世纪80年代也才20多亿美元。[3] 这跟冷战后特别是21世纪汇回的侨汇有着天壤之别。1990年，印度吸引的外国直接投资仅有4亿美元，而中国有35亿美元，是印度的8倍多。更重要的是，海外印度人对印度的直接投资贡献率只有不到10%，而海外侨民对中国的直接投资贡献率却高达60%—70%。即使按照10%来计算，海外印度人1990年对印度的直接投资也只有区区4000万美元，而海外侨

---

[1] Aparajita Gangopadhyay, "India's Policy towards Its Diaspora: Continuity and Change", *India Quarterly*, Vol. 61, No. 4, 2005, p. 102.

[2] Devesh Kapur, *Diaspora, Development, and Democracy*, Princeton: Princeton University Press, 2010, p. 190.

[3] Amit Kumar Mishra, "Diaspora, Development and the Indian State", *The Round Table*, Vol. 105, No. 6, 2016, p. 706.

民对中国的直接投资为21亿—24.5亿美元。① 侨汇和外国直接投资较少根本无法对印度的经济发展起到推动作用。所有这些都说明，印度需要调整海外印度人政策，借助海外印度人力量实现快速崛起。

---

① Zhiqun Zhu, "Two Diasporas: Overseas Chinese and Non-resident Indians in Their Homelands' Political Economy", *Journal of Chinese Political Science*, Vol. 12, No. 3, Fall 2007, p. 285.

第五章　印度加强软实力的主要措施

虽然软实力非常重要，印度也比较重视软实力建设，以树立良好的国际形象，提升综合国力，但印度迄今还没有一个专门实施软实力建设的综合机构。软实力建设主要由政府各个部门在单独推进：人力资源部主要负责教育发展；文化部主要负责文化建设；中央监察委员会、中央调查局主要负责查处腐败；内政部和国防部主要负责国内治安、打击恐怖主义和极端主义；印度传统医学部（Ministry of AYUSH）主要负责瑜伽的推广和传播；外交部文化关系委员会和文化部国际文化关系司主要负责印度文化在海外的传播；外交部公共外交司主要负责印度的公共外交，海外印度人司主要负责海外印度人事务，经济与技术合作司和发展伙伴关系管理局（Development Partnership Administration）主要负责对外援助。其中，外交部发挥的作用最大，承担着印度国际形象塑造和提升的主要任务。由于软实力涉及面很广，难以做到一一叙述。所以，本章主要对印度采取的重要措施进行阐述和分析。

第一节　文化方面的措施

一　大力发展教育

教育是一个国家软实力的重要构成部分，不仅能提升民众对自身和社会事务的认知水平，改善民众的社会经济地位，促进民众参与政治活动，而且还能提升一个国家的整体科学文化素质，保持文化传承，推动国家科技进步，促进国家在国际事务上发挥更大作用。对于印度这样一个教育起点低，贫困人口多，种姓制度盛行，男女不平等和贫富分化严重的国家而言，教育更是承担了特别重要的功能。只有教育得到了发展，印度的软实力才能有一个坚固的基础，才能支撑印度的持续快速崛起。正如阿玛蒂亚·森所说，教育进步与社会变革之间存在辩证关系：教育的传播有助于克服传统的种姓、阶级和性别的不平等，就像消除这些不平等对教育的普及所作的贡献。基础教育作为一种肯定性社会工具，对印度人民来说并未失去价值。实际上，对农村和家庭进行调查的一个共同发现是，社会或经济上处于贫困群体的人民普遍认为教育是他们的孩子向社会上层流动的最有希望的机会。[①] 他进行表示，一个不识字的人无法在法庭上保护自己、获得银行贷款、执行继承权、利用新技术、争取稳定的工作、搭乘正确的公共汽车、参加政治活动，总之，识字才能成功地参与现代经济和社会。基础教育也是社会变革的催化剂。[②]

　　印度政府也高度肯定教育的作用，称教育是促进印度社会、经济和政治变革最重要的杠杆。在 21 世纪，受过良好教育、拥有技术和知识的大量人口是推进经济和社会发展必不可少的条件。教育是社会经济流动最有潜力的工具，是构建公平公正社会的关键手段。教育为提升生活水平提供了技能和竞争力。通过向民众传授积极参与治理进程所需要的知识，教育能够强化民主。不仅如此，教育还能在社会中发挥整合作用，促进社会团结和国家身份的构建。[③]

　　应该说，印度一直都非常重视教育，独立后先后成立了大学教育委员会（1948—1949）、初等教育委员会、中等教育委员会（1952—1953）、教育委员会（1964—1966）、教师国家委员会1—2（1983—1985），并制定和实施了一系列教育政策。1950 年开始生效的印度宪法规定，任何印度公民都享有接受教育的权利，并鼓励各邦到 1960 年为 14 岁以下的人提供免费义务教育。1966 年，印度教育委员会向政府提交了一份名为《教育与国家发展》的报告，称教育十分重要，"印度的未来将在教室里

[①] [印] 阿玛蒂亚·森、让·德雷兹：《印度：经济发展与社会机会》，黄飞君译，社会科学文献出版社 2006 年版，第 130 页。

[②] [印] 阿玛蒂亚·森、让·德雷兹：《印度：经济发展与社会机会》，黄飞君译，社会科学文献出版社 2006 年版，第 129 页。

[③] Planning Commission (Government of India), *Twelfth Five Year Plan: Social Sectors (2012 - 2017)*, New Delhi: SAGE Publications India Pvt Ltd, 2013, p. 47.

被塑造",[①] 并建议改革教育体制。1968年,印度政府根据这份报告,公布了有关教育的《十七点决议》,强调了改革教育体制的必要性,计划提升各个层次学校的教学质量,发展科学和技术,培育道德和价值观,拉近教育和民众生活的关系。具体内容包括对所有14岁以下儿童实行义务免费教育、减少学校教育中的浪费、萧条和辍学、消除地区间发展的不平衡、为学生提供工作实践的机会、增设技术和职业教育机构、提高高等教育质量等。[②]

这是印度公布的第一个国家教育政策,是指导性原则。根据这份政策,全国逐步确定了8+2+2+3的统一学制。8年是初等教育,其中5年小学(primary),3年高等小学(upper primary),2年中等教育(secondary),2年高级中等教育(senior secondary),3年大学。这种教育体制一直延续至今。印度现在把教育分为两大块,一块是学校教育(school education),另一块是高等教育(higher education)。学校教育包括初等教育、中等教育和高级中等教育。

随着社会经济、人口、教育情况的变化,印度1986年公布了第二份国家教育政策(1992年进行了修订)。该政策的总目标是鼓励民众特别是青年的积极进取精神,促进国家的进步与发展,加强科学与技术教育,使教育同就业和国家经济建设的需要联系起来。该政策规定,所有学生,不论种姓、信仰、住处或者性别如何,均享有接受优质教育的权利,在21世纪之前实现向14岁以下所有学龄儿童提供优质免费义务教育。印度政府承诺将国内生产总值的6%拨给教育部门,其中50%用于初等教育。[③] 为了贯彻这一政策,印度议会还通过了《二十三点行动纲领》。该行动纲领的重点是到1990年普及初等教育并在15—35岁年龄组的人口中扫除文盲。为此,印度政府1986年用于教育的经费是47亿美元,仅次于国防费用。[④]

为了加强初等教育,印度1995年开始向公立学校和民办公助学校等

[①] T. K. Oommen, "Education in Independent India: Distortions in Its Vision", *Contemporary Education Dialogue*, Vol. 15, No. 1, 2018, p. 6.
[②] 苏印环:《印度独立以来的教育政策及其成就和问题》,《南亚研究》1987年第3期。
[③] 刘建等:《印度文明》,中国社会科学出版社2004年版,第619页。
[④] 苏印环:《印度独立以来的教育政策及其成就和问题》,《南亚研究》1987年第3期。

教育机构中的小学和高等小学学生提供免费午餐（Mid-Day Meal Scheme）。该计划的主要目的是在提高入学率和巩固率的同时加强孩子们的营养，这是一个全国性计划，具体实施由各邦进行。迄今，该计划已使 1 亿多孩子受益，有 255.7 万名人员因这一计划而获得了就业，其中 80% 是女性。[1]

2001 年，为了提高入学率，印度又实施了全体教育激励计划（Sarva Shiksha Abhiyan），该计划旨在向 6—14 岁年龄段的所有儿童提供实用的基础教育。2009 年，印度通过了赋予 6—14 岁儿童在附近学校免费接受义务教育的权利（Right of Children to Free and Compulsory Education），该法从 2010 年 4 月 1 日生效。到 2015 年 9 月，在全体教育激励计划下，印度已累计建设了 35.9 万所小学和高等小学，修建了近 19 万栋小学建筑物，10.44 万栋高等小学建筑物，另外还修建了 171.41 万间教室，购买了 22.66 台饮水设备，修建了 93.71 万个厕所，招聘了 155.8 万名教师，向 7020 万名学生免费发放了教科书。2016—2017 年度，印度政府又向该项目拨款 2250 亿卢比。[2]

在中等教育方面，印度早在 20 世纪 60 年代就提出了中等普通教育和职业教育适当分流的主张。印度教育委员会和 1968 年的国家教育政策都强调中等职业教育要与经济发展紧密联系。1986 年的《国家教育政策》提出，力争到 2000 年把中等教育阶段 25% 的学生分流到职业教育中。[3] 2009 年，印度开展了中等教育普及计划（Rashtriya Madhyamik Shiksha Abhiyan），这一项目主要为 9—10 年级学生提供入学机会，提升中等教育入学率，确保科学、数学和英语这些课程在中等教育中的教学质量，减少入学、辍学和认知等方面的性别、社会和地区差异，这一项目还包含了女生专门宿舍（Girls' Hostel）计划和残疾人专门教育计划。在中等教育普及计划下，2012—2016 年度（截至 2015 年 12 月），2166 所新学校被批准建设，其中 1008 所已开始投入使用，4670 所学校办学条件得到了改善，招聘了 12810 名教师。[4] 印度对中等教育的公共支出从 2007—2008 年度的 3580.6 亿卢比增加到 2011—2012 年度的 9418.3 亿卢比，占 GDP 的比重

---

[1] Indian Ministry of Human Resource Development, *Out Come Budget 2016 - 2017*, p. 2.
[2] Indian Ministry of Human Resource Development, *Out Come Budget 2016 - 2017*, p. 8.
[3] 安双宏：《印度教育 60 年发展的成就与问题评析——基于教育政策的视角》，《比较教育研究》2011 年第 6 期。
[4] Indian Ministry of Human Resource Development, *Out Come Budget 2016 - 2017*, p. 3.

第五章 印度加强软实力的主要措施

从0.78%提升到1.05%，资助比例为中央占75%，邦占25%。特别情况下，中央占90%，邦占10%。[1]

经过多年努力，印度的学校教育取得了较大发展。各个年级的毛入学率都有了显著提升。小学的毛入学率从1950—1951年度的42.6%，上升到2014—2015年度的100.1%，上升了2倍多，其中男生毛入学率从同期的60.6%上升到98.9%，女生从24.8%上升到101.4%。男生毛入学率最高的时候是2007—2008年度的115.4%，女生是2008—2009年度的114%。高等小学的毛入学率从1950—1951年度的12.7%，上升到2014—2015年度的91.2%，其中男生毛入学率从同期的20.6%上升到87.7%，女生从4.6%上升到95.3%。整个小学（1—8年级）的毛入学率从1950—1951年度的32.1%上升到2014—2015年度的96.9%，其中男生毛入学率从同期的46.4%上升到94.8%，女生从17.7%上升到99.2%（见表5-1）。中等教育毛入学率从2004—2005年度的51.7%上升到2014—2015年度的78.5%，其中男生毛入学率从同期的57.4%上升到78.5%，女生从5.3%上升到78.9%。高级中等教育毛入学率从2004—2005年度的27.8%上升到2014—2015年度的54.2%，其中男生毛入学率从同期的30.8%上升到54.6%，女生从24.5%上升到53.8%。整个中等教育（含高级中等教育）毛入学率从2001—2002年度的33.3%上升到2014—2015年度的65.3%，其中男生毛入学率从同期的38.2%上升到65.9%，女生从27.7%上升到65.8%。表列种姓和表列部落的毛入学率也有了大幅提升。表列种姓1—8年级的毛入学率从1986—1987年度的68.4%上升到2014—2015年度的108%。整个中等教育（含高级中等教育）毛入学率从2001—2002年度的32.6%上升到2014—2015年度的68.3%。表列部落1—8年级的毛入学率从1986—1987年度的69.6%上升到2014—2015年度的104%。整个中等教育（含高级中等教育）毛入学率从2001—2002年度的25.7%上升到2014—2015年度的56.5%。[2]

---

[1] Planning Commission (Government of India), *Twelfth Five Year Plan: Social Sectors (2012-2017)*, New Delhi: SAGE Publications India Pvt Ltd, 2013, p. 70.

[2] Indian Ministry of Human Resource Development, *Educational Statistics-At a Glance 2016*, pp. 27-29.

表 5-1　　　印度 2014—2015 年度各层次学校毛入学率（%）

层次	所有 男性	所有 女性	所有 总共	表列种姓 男性	表列种姓 女性	表列种姓 总共	表列部落 男性	表列部落 女性	表列部落 总共
小学（1—5 年级）	98.9	101.4	100.1	110.7	113.2	111.9	110.6	108.2	109.4
高等小学（6—8 年级）	87.7	95.3	91.2	97.2	105.5	101.0	93.0	95.2	94.1
初等教育（1—8 年级）	94.8	99.2	96.9	105.8	110.5	108.0	104.4	103.7	104.0
中等教育（9—10 年级）	78.1	78.9	78.5	81.6	83.9	82.7	71.8	72.6	72.2
高级中等教育（11—12 年级）	54.6	53.8	54.2	53.5	55.3	54.3	39.8	37.8	38.8
高等教育	25.3	23.2	24.3	20.0	18.2	19.1	15.2	12.3	13.7

资料来源：Indian Ministry of Human Resource Development，*Educational Statistics-At a Glance 2016*，p. 27.

在识字率方面，1951 年进行人口统计时，印度整个社会的识字率只有 18.3%，其中男性为 27.2%，女性为 8.9%。根据 2011 年的人口统计，印度整个社会的识字率为 73%，其中男性为 80.9%，女性为 64.6%（见表 5-2）。表列种姓的识字率从 2001 年的 54.7% 上升到 2011 年的 66.1%，其中男性从 67% 上升到 75.2%。女性从 42% 上升到 56.5%。表列部落识字率从 2001 年的 47.4% 上升到 2011 年的 59%，其中男性从 59% 上升到 68.5%，女性从 35% 上升到 49.4%（见表 5-3）

表 5-2　　　　　　　印度识字率情况（%）

人口统计年份	整体	男性	女性
1951	18.3	27.2	8.9
1961	28.3	40.4	15.4
1971	34.5	46.0	22.0
1981	43.6	56.4	29.8
1991	52.2	64.1	39.3
2001	64.8	75.3	53.7
2011	73.0	80.9	64.6

注：1951—1971 年统计的识字率是 5 岁及以上人口，1981—2011 年统计的是 7 岁及以上人口

资料来源：Indian Ministry of Human Resource Development，*Educational Statistics-At a Glance* 2016，p. 17.

表5-3　　　　　7岁及以上表列种姓和表列部落识字率（%）

年	2001			2011		
	所有	表列种姓	表列部落	所有	表列种姓	表列部落
整个	64.8	54.7	47.4	73.0	66.1	59.0
男性	75.3	67.0	59.0	80.9	75.2	68.5
女性	53.7	42.0	35.0	64.6	56.5	49.4

资料来源：India Ministry of Human Resource Development, *Educational Statistics-At a Glance* 2016, p.2.

在学校数量上，1950—1951年度分别有小学20.97万所，高级小学1.36万所，高级中等教育有7400所。到了2014—2015年度分别有小学84.71万所，高等小学42.51万所，中等教育13.53万所，高级中等教育10.93万所，各个层次的学校数量都比1950—1951年度有了大幅增加。[1] 在在校生人数上，1950—1951年度，印度小学在校生有1920万人，高等小学310万人，高级中等教育150万人。到了2014—2015年度，小学在校生人数上升到1.31亿人，高等小学6720万人，中等教育3830万人，高级中等教育2350万人。各个年级的学生人数都增加了很多。1980—1981年度，表列种姓的小学在校生人数为1100万人，高等小学为220万人，高级中等教育为120万人。2014—2015年度，表列种姓的小学在校生人数增加到2600万人，高等小学为1310万人，中等教育为710万人，高级中等教育为410万人。1980—1981年度，表列部落的小学在校生人数为460万人，高等小学为70万人，高级中等教育为30万人。2014—2015年度，表列部落的小学在校生人数增加到1410万人，高等小学为660万人，中等教育为330万人，高级中等教育为150万人。[2]

在教育投入上，印度的教育支出也是不断增加的。1951—1952年度，

---

[1] Indian Ministry of Human Resource Development, *Educational Statistics-At a Glance 2016*, p.17.
[2] Indian Ministry of Human Resource Development, *Educational Statistics-At a Glance 2016*, pp.18-23.

印度的教育支出为6.45亿卢比,占GDP的0.64%,2014—2015年度则增加到5.03万亿卢比,占GDP的比重上升到4.04%(见表5-4)。初等教育所占的比重一直都是最高的。像2013—2014年度,初等教育的支出是2.07万亿卢比,占GDP的1.84%,占整个教育开支的44.59%。中等教育的支出为1.16万亿卢比,占GDP的1.03%,占整个教育开支的24.87%。大学和高等教育的支出为7113.9亿卢比,占GDP的0.63%,占整个教育开支的15.29%。职业教育的开支为6958.18亿卢比,占GDP的0.62%,占整个教育开支的14.96%。成人教育的开支为132.41亿卢比,占GDP的0.01%,占整个教育开支的0.28%。[①]

表5-4　　　　　　　　印度教育支出情况　　　　　　(单位:千万卢比)

年度	印度GDP(按目前价格)	整个教育支出	教育支出占GDP比重(%)
1951—1952	10080	64.46	0.64
1960—1961	16220	239.56	1.48
1970—1971	42222	892.36	2.11
1980—1981	130178	3884.2	2.98
1990—1991	510964	19615.85	3.84
2000—2001	1991982	82486.48	4.14
2005—2006	3390503	113228.71	3.34
2006—2007	3953276	137383.99	3.48
2007—2008	4582086	155797.27	3.40
2008—2009	5303567	189068.84	3.56
2009—2010	6108903	241256.02	3.95
2010—2011	7248860	293478.23	4.05
2011—2012	8376039	333930.38	3.82
2012—2013	9946636	368132.87	3.70
2013—2014	11236635	433640.59	3.86
2014—2015	12433749	502929.34	4.04

注:根据2011—2012年价格

资料来源: Indian Ministry of Human Resource Development, *Educational Statistics - At a Glance 2018*, p.40.

[①] Indian Ministry of Human Resource Development, *Educational Statistics-At a Glance 2016*, p.16.

第五章 印度加强软实力的主要措施

在学校教育方面,印度长期以来都优先关注四个领域:入学;公平;质量;治理。在"十二五"计划(2012—2017)中,印度政府对这四个方面都进行了具体规定。在入学方面,印度政府表示,不能再简单追求入学率的提高,而是要提高到校率,降低辍学率和提高中等教育入学率,这需要小学各个年级将辍学率降到10%以下,将所有邦的儿童失学率降到2%以下,包括少数民族。到"十二五"计划末,印度计划将中等教育的毛入学率提升到90%以上,高级中等教育毛入学率提升到65%以上,辍学率降到25%以下,同时提升教学质量,使学生在科学、数学、语言和交流方面具有竞争力。[①] 为此,政府将采取五个方面的措施。一是切实评估最困难孩子面临的问题。二是帮助学校化解师生比、教室和其他基础设施面临的挑战,因为这些会直接影响孩子的认知。三是优化管理系统,更好地处理和监督学校的运转。四是重点改善教与学的过程。五是提升学习效果。在公平方面,印度政府承诺继续对表列种姓、表列部落、穆斯林和女孩实施教育保护,使这些弱势群体能平等地接受教育,消除社会歧视。在质量方面,由于教学质量涉及各个方面,印度政府承诺将采取更加综合的方法来构建一个强有力的系统。该系统主要聚焦于提升教师和学校领导的管理能力、加强学术支持、促进社区和家长更好地参与、用可持续方式测试教学效果等。此外,为了提高教学质量,印度政府还承诺将改善办学硬件设施,改善学生伙食。在治理方面,印度承诺将优先提升县、乡和学校层面的管理水平,重点是更好地利用数据和教育管理系统。这一系统的根本目的是提升各个年级的学习效果。[②]

在高等教育方面,印度古代就存在高等教育机构,像阿育吠陀(Ayurveda)是世界上最早的医学院。建立于公元前7世纪的塔克西拉大学(Takshila University)被认为是世界上第一所大学。塔克西拉大学学科门类有60个,学生最多时超过1.05万,这些学生来自世界各地。[③] 那烂陀大学(Nalanda University)建于公元前4世纪,是印度古代高等

[①] Planning Commission (Government of India), *Twelfth Five Year Plan*: *Social Sectors* (2012 - 2017), New Delhi: SAGE Publications India Pvt Ltd, 2013, p. 72.

[②] Planning Commission (Government of India), *Twelfth Five Year Plan*: *Social Sectors* (2012 - 2017), New Delhi: SAGE Publications India Pvt Ltd, 2013, pp. 50 - 51.

[③] Gautam Rajkhowa, "Cross Border Higher Education in India: Challenges and Opportunities", *International Journal of Organizational Analysis*, Vol. 21, No. 3, 2013, p. 472.

教育辉煌的象征，吸引了来自朝鲜、中国、印尼、波斯和世界其他国家和地区的学生，中国唐代高僧玄奘法师也曾到此讲学取经。不过，印度的古代高等教育机构最终都没能演变为现代意义上的大学。印度现代意义上的高等教育机构出现在被殖民统治期间，1857 年，英国殖民主义者以伦敦大学为模式，分别在加尔各答、孟买和马德拉斯各建立了 1 所大学和 28 所学院。到 1947 年独立时，印度已有 21 所大学和 496 所学院在运行。①

独立后，印度政府十分重视高等教育的发展。尼赫鲁表示："年轻人代表着印度的力量，印度的未来决定在他们手里。"② 1948 年，印度成立了大学教育委员会，专门负责制定发展高等教育的政策和文件。1956 年，印度成立了大学拨款委员会（UGC），该委员会一直到现在都还在运转，其主要的功能是促进和协调大学教育，决定大学的教学、考试和科学研究。除了向各个大学和学院拨款外，该委员会还会向中央和各邦政府提出发展高等教育的建议。

为了促进教育公平，印度对社会边缘化群体给予了政策倾向。像高等教育为表列种姓保留了 15% 的入学名额，为表列部落保留了 7.5% 的入学名额。2006 年，根据宪法第 93 次修正案，印度决定在所有高等院校单独为其他落后阶层保留 27% 的入学名额。这样，针对弱势群体的保留席位的总比例达到了 49.5%。各邦和联邦直辖区可以根据本邦弱势群体占人口的比例确定本地区的保留额度，有的地方的保留比例高达 70% 左右。③

经过几十年建设，印度的高等教育已经形成完备的体系。许多印度大学在国际上享有盛誉，为国家培养了大量高水准的科技、管理和人文等方面的人才。④ 如果仅从高等学校的数量来衡量，印度位居世界第二，拥有的学校数量是美国的四倍，是整个欧洲之和。如果从招生规模来说，印度

---

① ［美］德瓦什·卡普尔、裴宜理：《中国与印度高等教育改革中的国家角色》，钟周、农雨桐译，《清华大学教育研究》2015 年第 5 期。
② Francis Kuriakose and Deepa Kylasam Iyer, "India of Ideas: Mapping the Status of Higher Education in India and Mobilizing Discourse towards a Quest for Equity and Excellence", *Higher Education for the Future*, Vol. 3, No. 2, 2016, p. 215.
③ 安双宏：《印度高等教育优待弱势群体保留权政策研究》，《比较教育研究》2016 年第 4 期。
④ 刘建等：《印度文明》，中国社会科学出版社 2004 年版，第 623 页。

第五章　印度加强软实力的主要措施

则仅次于中国和美国。① 2014 年，印度在校大学生人数超过了美国，拥有世界第二大规模高等教育体系，仅次于中国。2014—2015 年度，印度拥有 760 所大学（university），3.85 万所学院（college），1.23 万所独立学院，②在校生人数 3420 万（1950—1951 年度只有 40 万人）。其中男生 1850 万，女生 1570 万。2015—2016 年度，在校生人数 3460 万，其中男生 1860 万，女生 1600 万。③ 高校表列种姓学生 480 万，表列部落学生 170 万。④

在入学率方面，印度的高等教育毛入学率从 2001—2002 年度的 8.1% 上升到 2014—2015 年度的 24.3%（见表 5-1）。其中表列种姓的毛入学率是 19.1%，表列部落的毛入学率是 13.7%。⑤ 印度高等教育已实现了从"精英教育"向"大众教育"（毛入学率超过 15%）的转变。印度计划将 2017—2018 年度的高等教育毛入学率提升到 25.2%，到 2020—2021 年提升到 30%，达到世界平均水平。⑥ 而现阶段发展中国家的高等教育平均毛入学率是 13%，发达国家是 58%。⑦ 到 2030 年，印度将成为世界上年轻人口最多的国家。届时会有 1.4 亿人处于读大学的年龄，世界上每 4 个大学毕业生中就有 1 个是来自印度。⑧

为了促进高等教育的国际化，印度还招收外国留学生。2015—2016 年度，印度高等学校招生的外国留学生人数是 4.54 万，其中男性 2.02 万，女性 1.52 万，招收的外国留学生最多的 10 个国家是尼泊尔、阿富汗、不

---

① Francis Kuriakose and Deepa Kylasam Iyer, "India of Ideas: Mapping the Status of Higher Education in India and Mobilizing Discourse towards a Quest for Equity and Excellence", *Higher Education for the Future*, Vol. 3, No. 2, 2016, p. 214.

② Indian Ministry of Human Resource Development, *Educational Statistics-At a Glance 2016*, p. 3.

③ Indian Ministry of Human Resource Development, *Educational Statistics-At a Glance* 2018, p. 24.

④ Indian Ministry of Human Resource Development, *Educational Statistics-At a Glance 2018*, p. 26.

⑤ Indian Ministry of Human Resource Development, *Educational Statistics-At a Glance 2018*, pp. 29, 31.

⑥ Planning Commission (Government of India), *Twelfth Five Year Plan: Social Sectors (2012-2017)*, New Delhi: SAGE Publications India Pvt Ltd, 2013, p. 91.

⑦ Francis Kuriakose and Deepa Kylasam Iyer, "India of Ideas: Mapping the Status of Higher Education in India and Mobilizing Discourse towards a Quest for Equity and Excellence", *Higher Education for the Future*, Vol. 3, No. 2, 2016, p. 217.

⑧ Francis Kuriakose and Deepa Kylasam Iyer, "India of Ideas: Mapping the Status of Higher Education in India and Mobilizing Discourse towards a Quest for Equity and Excellence", *Higher Education for the Future*, Vol. 3, No. 2, 2016, p. 214.

丹、尼日利亚、苏丹、马来西亚、阿联酋、伊朗、也门和斯里兰卡。① 与此同时，印度还有大量的学生留学海外。印度现在是仅次于中国的第二大留学生输出国。1995年，印度还只有3.96万名海外留学生，仅排世界第7位，但到了2005年就上升为世界第2位，人数达到了14.63万，2012年又上升到18.95万，2015年则有25.5万，2019年为33.2万，占整个全球海外留学生的6.3%（中国占17.5%）。印度学生2015年赴海外留学最多的10个国家是美国、澳大利亚、加拿大、英国、德国、阿联酋、新西兰、乌克兰、吉尔吉斯斯坦和俄罗斯，其中仅美国一国就有14.26万。② 按照印度的统计方法，在国外的留学生属于海外印度人，是印度软实力的重要组成部分。

"十二五"计划期间，印度在高等教育方面的政策主要是扩张、公平和卓越，但印度转变了实现这三个目标的方式。首先是特别强调质量。印度之前不断扩招，虽然学生人数迅速增加，但教学质量却没有相应提升。为此，印度将对已有的教育机构进行改造和扩建，促进教育机构的多样化和特色化建设，以满足不同学生和雇主的要求，同时普遍使用信息和通信技术，提升教学质量，减少教学成本，提高效率。其次是努力促进高等教育机会的多样化，不仅针对就业，也为年轻人提供更多获得成功的机会。印度将建设世界级的研究型大学和先进的教学机构，传授关键性的技能和通用技术，以适应快速变化的劳动力市场需求。基于没有一所大学进入世界前100名大学，印度政府打算在"十二五"规划结束时创建20所研究型和创新型大学。为此，印度政府将增加高等教育项目发展资金。最后是突出卓越。通过治理改革，使教育机构拥有自主权，发挥其独特力量，同时确保教育质量提升。这需要建立以学生为中心的教学方法、发挥教和学协同效应、扩充师资力量、进行国际化办学、创建全国性的高等教育网络联盟等。③

莫迪执政后非常重视教育。早在竞选中，他就说："教育系统应成为

---

① Indian Ministry of Human Resource Development, *Educational Statistics-At a Glance* 2018, p. 11.
② 联合国教科文组织网站，http://uis.unesco.org/en/uis-student-flow，上网时间：2020年8月5日。
③ Planning Commission (Government of India), *Twelfth Five Year Plan: Social Sectors (2012 - 2017)*, New Delhi: SAGE Publications India Pvt Ltd, 2013, pp. 90 - 91.

变革的先驱。"① 就任印度总理后,他又表示:"我们的教育机构不能只培养像机器人一样的学生。这可以发生在实验室。但我们必须要促进人的综合发展。"② 为了凸显自己的教育理念,莫迪授意人力资源部酝酿起草新的国家教育政策。2016年4月,印度人力资源部公布了新的国家教育政策草案,在全国进行公开讨论。这是印度第三个国家教育政策,虽然仍是草案,但已引起了广泛关注,因为这份草案一旦获得通过将会影响印度的整个国家教育。新教育政策旨在满足人口对高质量教育、创新和研究不断变化的需求,目的是开发学生的潜能,通过技能和知识培训武装学生,使印度成为知识的超级大国,弥补在科学、技术、学术和工业方面的人才短缺。此外,新国家教育政策还强调培养学生对印度历史、文化、传统的兴趣,尊重所有宗教,接受印度多样化的现实。③

与前两份国家教育政策相比,新国家教育政策草案有三个不同之处。一是它不仅是莫迪提出的一种政策倡议,也是构建一种教育体制的努力。这种教育体制是为了适应和支撑印度快速变化的社会和经济变革。二是这个政策征集意见的范围非常广。为了广泛征求意见,印度政府成立了新教育政策演变委员会(Committee for Evolution of the New Education Policy),并以三种方式征集意见:网上;社会;国家层面的专题讨论。更重要的是,这次征集意见是从底层开始的,也就是从村教育委员会开始的。三是新教育政策拒绝将教育福利集中于特定的阶层,而是为所有人提供平等的教育机会,使所有人都能参与教育,并从教育中获得成功。不像前两份国家教育政策,新教育政策草案重点解决的是游离于教育系统之外最困难儿童的教育问题,将之纳入包容性教育里,而不是用其他替代办法。其他替代办法只会使这些儿童更加疏远社会。④

为了使这些措施能顺利得到实施和贯彻,新教育政策草案建议将教育

---

① Madhulika Sharma, "Narendra Modi and the New Education Policy: Retrospection, Reform and Reality", *Journal of Asian Public Policy*, Vol. 9, No. 2, 2016, p. 141.

② Madhulika Sharma, "Narendra Modi and the New Education Policy: Retrospection, Reform and Reality", *Journal of Asian Public Policy*, Vol. 9, No. 2, 2016, p. 140.

③ Rajan Varughese, "National Policy on Education and Higher Education", *Higher Education for the Future*, Vol. 4, No. 2, 2017, p. 159.

④ Madhulika Sharma, "Narendra Modi and the New Education Policy: Retrospection, Reform and Reality", *Journal of Asian Public Policy*, Vol. 9, No. 2, 2016, p. 143.

的投入提升到占GDP的6%。①

虽然印度的教育还存在很多问题,如辍学率和失学率仍比较高、弱势群体的教育处境未得到本质改善、性别和地区教育不平等、中等教育入学率偏低、教育的投入远未达到占GDP 6%的目标、高等教育质量不高、招收的外国留学生较少等,但印度的教育取得了很大成就却是不争的事实。印度也希望能将教育建设好,提升教育软实力,改善国际形象,支撑国家崛起。所以,印度会进一步加大教育改革力度,采取更多措施促进教育发展。

二 积极推广印度文化

印度政策制订者认为,文化有潜力塑造、改变和影响公众的思想和观念。从更广泛的观点看,文化有能力解决种族、宗教、社团、国家和国际冲突,消除偏见,在国家、宗教和地区间创造一种包容、尊重和理解的氛围,因此,文化是进行和平友好交流和沟通的媒介。② 沙希·塔鲁尔也表示:"印度的文化气质是使我们能屹立于世界的无价之宝。如果我们想在世界上充当真正领导者的话,我们就不能允许宗教暴力或者政治机会主义者去破坏我们的文化特质。"③ 他进一步说:"当印度的板球队获胜或者网球运动员成为大满贯得主,当印度音乐跻身于西方流行音乐排行榜或印度舞蹈家成功地将本国舞蹈与芭蕾舞结合在一起的时候,当印度女性横扫世界小姐和环球小姐桂冠的时候,当印度电影《季风婚宴》获得评论家的齐声称赞和《印度往事》获得奥斯卡提名的时候,当印度作家获得普利策图书奖的时候,印度的软实力就得到了提升。"④ 莫迪则表示:"当今是一个知识时代,我们的作用和责任在提升。我们必须要崛起为世界的领导者,不仅要给出世界的新方向,而且也要能保护和传播我们的文化遗产。"⑤

---

① Rajan Varughese, "National Policy on Education and Higher Education", *Higher Education for the Future*, Vol. 4, No. 2, 2017, p. 160.

② Iftekharul Bashar, "Indian Soft Power: The Role of Culture", *Journal of International Affairs*, Vol. 13, No. 2, July-December 2009, p. 1.

③ Shashi Tharoor, "India as a Soft Power", *India International Centre Quarterly*, Vol. 35, No. 1, 2008, p. 45.

④ Shashi Tharoor, "India as a Soft Power", *India International Centre Quarterly*, Vol. 35, No. 1, 2008, p. 40.

⑤ Swaroopa Lahiri, "Soft Power-A Major Tool in Modi's Foreign Policy Kit", *Journal of South Asian Studies*, Vol. 5, No. 1, 2017, p. 40.

第五章　印度加强软实力的主要措施

印度向外推广文化最初主要由世界事务理事会负责。该理事会早在1943年就成立了,是研究国际关系的高级智库。1947年3月的亚洲关系会议就是在世界事务理事会的组织下在印度召开的,甘地出席了这次大会并发表了演讲。1950年,印度成立了文化关系委员会,自此起,文化关系委员会就成为展示印度文化的主要窗口,而世界事务理事会则转变为进行学术交流的机构。2015年,世界事务理事会被吸收为联合国学术影响力项目(United Nations Academic Impact Program, UNAIP)。该理事会现在至少与38个国家的类似组织存在伙伴关系。[①]

文化关系委员会隶属于印度外交部,主要通过三种方式宣传和推广印度的历史和文化,提升印度的软实力。第一种方式是为外国留学生提供奖学金。通过向外国学生提供到印度学习的奖学金,文化关系委员会既能让这些学生增加对印度的了解和好感,又能减轻外国留学生的负担。[②] 2015—2016年度,文化关系委员会为外国留学生提供了3339个奖学金名额,其中为邻国学生提供的最多,对阿富汗则有专门的奖学金项目。从2012—2013年度开始,印度每年提供给阿富汗学生的专门奖学金名额为1000名,一直持续到2016—2017年度。到期后,印度决定将这一计划再延长5年,从2016—2017年度到2021—2022年度,名额不变。[③] 2016—2017年度,文化关系委员会为外国留学生提供了3452个奖学金名额。此外,2017年1—3月,文化关系委员会还在阿富汗喀布尔向500名学生开设了"英语桥"课程,以让阿富汗学生更好地了解和使用英语。[④]

第二种方式是在国外设立文化中心,文化关系委员会已在35个国家设立了36个文化中心。在国内则有20个地区中心。[⑤] 这些文化中心多开设在海外印度人比较多的国家如毛里求斯、圭亚那、苏里南、印尼、特立尼达和多巴哥、南非、斯里兰卡、马来西亚、斐济,以及对了解印度有浓

[①] Debidatta Aurobinda Mahapatra, "From a Latent to a 'Strong' Soft Power? The Evolution of India's Cultural Diplomacy", *Palgrave Communications*, Vol. 2, 2016, p. 6.

[②] Bhanu Pratap, "India's Cultural Diplomacy: Present Dynamics, Challenges and Future Prospects", *International Journal of Arts, Humanities and Management Studies*, Vol. 1, No. 9, September 2015, p. 56.

[③] Indian Ministry of External Affairs, *Annual Report 2016 – 2017*, p. 182.

[④] Indian Ministry of External Affairs, *Annual Report 2016 – 2017*, p. 252.

[⑤] Indian Ministry of External Affairs, *Annual Report 2016 – 2017*, p. 252.

厚兴趣的外国城市，如伦敦、柏林、莫斯科、阿拉木图、塔什干等。在此基础上，印度计划在国外再开设15个文化中心，主要开设在印度的邻国、五个常任理事国首都、非洲和拉丁美洲。近年来，印度外交政策的一个新目标就是扩展在海外的文化存在。而这些文化中心就是提升印度软实力的重要平台和媒介。[1] 文化中心主要开设三种涉及印度的课程。一是教授不同的印度文化课，由来自印度国内的老师或者聘请当地有资质的老师进行授课。文化中心会分发相关书籍、乐器和传统服装，也会庆祝印度的传统节日。二是举办关于印度现当代的文化活动如讲座、谈话、小组讨论和研讨班，旨在提升对印度的了解。三是设置印度研究的讲席教授职位。文化中心主要通过与外国大学签订协议，邀请印度国内的专家讲授关于印度的文化、历史、经济、工程、金融管理、公司治理等方面的内容。文化中心现在已经与至少10所外国大学签署了70个这样的讲席教授职位，其中包括用印地语讲授的课程。[2] 2016—2017年度，印地语讲席教授的职位在原有22个的基础上又增加了8个，共有30个。这一年度，印度派遣了13位印地语老师赴海外讲授印地语。[3]

  第三种方式是在海外举办印度文化节。这一活动直到20世纪80年代初才开始开展。时任印度总理的英迪拉·甘地逐渐认识到需要向外界宣传当代印度取得的成就，所以决定在海外举办印度文化节，进行文化外交。为此，英迪拉委派其密友普普尔·贾亚卡尔（Pupul Jayakar）赴美国监督举办印度文化节相关事宜。普普尔·贾亚卡尔将举办印度文化节视为是向美国民众展现印度传统、价值观、生活方式、向现代迸发、民主成就的重要机会。普普尔·贾亚卡尔表示："数个世纪以来，印度都被视为是巨额财富、智慧、魔术和奇幻之地。近代，这种形象逐渐变得模糊，印度被视为是人口拥挤、贫穷落后之地。而统计显示，自独立以来，印度已取得了很大进步。"[4] 她进而说："这是印度第一次能够平等地面对西方。如果你

---

[1] Iftekharul Bashar, "Indian Soft Power: The Role of Culture", *Journal of International Affairs*, Vol. 13, No. 2, July-December 2009, p. 2.

[2] Yudhishthir Raj Isar, "Cultural Diplomacy: India Does It Differently", *International Journal of Cultural Policy*, Vol. 23, No. 6, September 2015, p. 709.

[3] Indian Ministry of External Affairs, *Annual Report 2016 - 2017*, p. 252.

[4] Yudhishthir Raj Isar, "Cultural Diplomacy: India Does It Differently", *International Journal of Cultural Policy*, Vol. 23, No. 6, September 2015, p. 712.

第五章　印度加强软实力的主要措施

能在一个国家民众中留下印迹，这种印迹一定会产生影响。印度文化节能使民众层面的交流和认知发生很大变化。"① 拉吉夫·甘地执政后，也积极在国外举办印度文化节。在这种情况下，印度在海外举办了一系列文化节：1982 年在英国；1985—1986 年在法国；1985—1986 年在美国；1987 年在瑞典和瑞士；1987—1988 年在苏联；1988 年在日本；1991 年在德国；1994 年在中国；1995—1996 年在泰国。② 在英国举办的印度文化节被称为是历史上国家间举办的最大的文化节。而在美国举办的文化节则历时 18 个月，在美国 36 个州 90 个城市举办了 500 场展览，耗费 1000 万卢比，其中印度政府出资四分之一，其余的则由美方负担。这次活动旨在通过文化节影响美国 1.5 亿人口对印度的印象。一位美国组织者表示："对印度而言，这代表的是一种政治行为。每一场实实在在的展览，而不是他们的教科书构成了印度最引人注目的特点"。③ 在苏联举办的文化节，号称比印度在任何一个国家的举办规模都要大，共在苏联 90 个城市举办了 20 场展览，放映了 80 部有印度文化特色的电影，邀请了 1700 名艺术家表演。④

近年来，这种文化节越来越多。例如，2016 年 5 月，文化关系委员会在伊朗德黑兰举办了一次小型文化节；2016 年 9—11 月，在澳大利亚举办了名为"汇聚"（Confluence）的文化节，在法国举办了名为"向法国致敬—2"（Namaste France 2）的大规模文化节；2017 年 1 月，在尼泊尔举办了"向尼泊尔致敬"（Namaste Nepal）文化节；⑤ 2016 年 11 月到 2017 年 3 月，在阿曼举办了文化节；2017 年 1—2 月，在柬埔寨举办了文化节；2017 年 1—3 月在荷兰和加纳举办了文化节；2017 年 3—10 月在乌克兰举办了文化节；2017 年 8 月到 2018 年 1 月，在科特迪瓦举办了文化节；2017 年 11 月到 2018 年 8 月，在乌兹别克斯坦举办了文化节；2017 年 10

---

① Yudhishthir Raj Isar, "Cultural Diplomacy: India Does It Differently", *International Journal of Cultural Policy*, Vol. 23, No. 6, September 2015, p. 712.

② Yudhishthir Raj Isar, "Cultural Diplomacy: India Does It Differently", *International Journal of Cultural Policy*, Vol. 23, No. 6, September 2015, p. 712.

③ Yudhishthir Raj Isar, "Cultural Diplomacy: India Does It Differently", *International Journal of Cultural Policy*, Vol. 23, No. 6, September 2015, pp. 712–713.

④ Yudhishthir Raj Isar, "Cultural Diplomacy: India Does It Differently", *International Journal of Cultural Policy*, Vol. 23, No. 6, September 2015, pp. 712–713.

⑤ Indian Ministry of External Affairs, *Annual Report 2016–2017*, p. 252.

月到 2018 年 3 月,在斐济举办了文化节。对于文化节的作用,印度文化关系委员会前主席卡兰·辛格(Karan Singh)表示:"早期的文化外交被认为是不重要的,处于边缘地位。现在的情况非常明确:软实力十分重要,举办文化节背后的理念是展示印度多元、多文化的社会形象,以达到政治外交的目的。"① 2016—2017 年度,文化关系委员会还向 50 个国家派遣了 142 个文化团体,并组织了 42 个外国文化团体在印度的演出。②

为了加强文化交往,印度与很多国家都签署了文化合作协议,如 1978 年与马来西亚、1969 年与菲律宾、1976 年与越南、1994 年与老挝、2001 年与缅甸、2010 年与英国、2014 年与中国、2016 年与伊朗、日本、泰国、马里、南非等,迄今,印度至少与 121 个国家签署过文化合作协议。③ 这些协议为双方加强文化交流与合作奠定了重要基础。

在推广印度文化方面,电影发挥了非常重要的作用。印度的电影从 1931 年就开始对外出口。冷战期间,印度电影在世界上产生了广泛影响。20 世纪 90 年代,随着电视的普及,印度的电影业有所衰落,国际影响不断下降。2000 年,印度电影业迎来了新的发展机遇,印度政府正式承认了电影行业的工业地位,允许银行向电影生产者贷款。印度此举主要有三个目的。一是让电影业成为财政收入的一个主要来源。二是让电影业成为提升软实力的重要工具。三是让外国投资者对印度的电影业进行投资。印度政府的支持使得资金开始不断从通讯、软件和媒体部门流向电影工业,这为宝莱坞电影实现快速发展提供了重要契机和新的发展平台。④ 不仅如此,印度政府还通过广播宣传部门对电影厂家给以原则上的指导,并限制外国电影进口。这些措施大大推动了印度电影业的发展。

印度电影的重新崛起促进了印度软实力的提升,成为国家间友好交往的重要媒介。2014 年 9 月,习近平访问印度期间,两国签署了合拍电影的协议,《玄奘》《功夫瑜伽》《大闹天竺》就属于根据该协议而拍摄的电

---

① Patryk Kugiel, "India's Soft Power in South Asia", *International Studies*, Vol. 39, No. 3 – 4, 2012, p. 355.
② Indian Ministry of External Affairs, *Annual Report 2016 – 2017*, p. 252.
③ Rabindra Sen, "India's South Asia Dilemma and Regional Cooperation: Relevance of Cultural Diplomacy", *Strategic Analysis*, Vol. 38, No. 1, 2014, p. 73.
④ Cherian George, "Soft Power: Looking beyond American Hegemony", *Media Asia*, Vol. 43, No. 2, 2016, p. 79.

影,大大推动了两国之间的文化合作。宝莱坞与好莱坞之间的合作则始于 2002 年,这一年的惊悚片《荆棘》是印度第一部雇用好莱坞制作团队拍摄的主流电影。《抗暴英雄》(Mangal Pandey: The Rising)则是第一部由印度拍摄制作,美国影业巨头 20 世纪福克斯电影公司在全世界发行的电影。此后,美国的主要电影公司如哥伦比亚三星公司、华纳兄弟、迪士尼和福克斯都不断对宝莱坞电影进行投资。另一方面,印度的公司也开始投资好莱坞电影。2008 年,信实娱乐公司就对好莱坞一流公司梦工厂投资了 5 亿美元。它们之间最成功的合作是 2012 年获得奥斯卡最佳影片的《林肯》。[1]越来越多的宝莱坞明星出演了好莱坞电影或者电视剧。像宝莱坞影星朴雅卡·乔普拉(Priyanka Chopra)就领衔主演了美国电视剧《谍网》和电影《海滩救护队》、迪皮卡·帕度柯妮(Deepika Padukone)则主演了电影《极限特工 3:终极回归》。[2] 为了扩大印度电影的全球影响,宝莱坞电影奖、全球印度电影奖、zee 电影奖经常在海外举行颁奖典礼。2014 年,有着"宝莱坞奥斯卡"之称的印度国际电影学院奖颁奖典礼则首次在美国佛罗里达州的坦帕市举行。宝莱坞巨星阿米尔·汗则被印度政府任命为"不可思议的印度"品牌形象大使,这是史无前例的做法,2016 年,印度政府任命阿穆布·巴克强和朴雅卡·乔普拉为阿米尔·汗的后继者。选择宝莱坞明星出任形象大使是一个非常好的市场行为,因为这些明星在全球影响很大,能吸引大量游客赴印度旅游。[3]

在全世界推广瑜伽是印度近年来非常引人注目的一个文化活动。2014 年 9 月,在联合国大会上,莫迪称,"瑜伽是印度给予世界的礼物","瑜伽是来自我们古代传统非常珍贵的遗产,能使心智和身体,思想和行为保持统一。瑜伽对我们的身体和财富都有着非常重要的意义",[4] 并积极游说

---

[1] Daya Kishan Thussu, "The Soft Power of Popular Cinema-The Case of India", *Journal of Political Power*, Vol. 9, No. 3, 2016, p. 423.

[2] Debidatta Aurobinda Mahapatra, "From a Latent to a 'Strong' Soft Power? The Evolution of India's Cultural Diplomacy", *Palgrave Communications*, Vol. 2, 2016, p. 5.

[3] Bhanu Pratap, "India's Cultural Diplomacy: Present Dynamics, Challenges and Future Prospects", *International Journal of Arts, Humanities and Management Studies*, Vol. 1, No. 9, September 2015, p. 44.

[4] Debidatta Aurobinda Mahapatra, "From a Latent to a 'Strong' Soft Power? The Evolution of India's Cultural Diplomacy", *Palgrave Communications*, Vol. 2, 2016, p. 4.

大会设立国际瑜伽日。这一倡议得到了177个国家的支持,其中包括美国和中国。联合国大会最后通过决议将每年的6月21日设为国际瑜伽日,[1]并在其网站上对瑜伽进行了介绍:瑜伽起源于印度,是古代身体、心智和精神的练习方法。该词来源于梵文,意思是使身体和意识达到统一和平衡。设立国际瑜伽日的目的是在全世界提升练习瑜伽的意识,因为这会带来很多益处。为了推广瑜伽,印度设立了一个单独的传统医学部,与其他各部平级,旨在把保护和传播传统文化机制化,并使阿育吠陀(印度古代医学)能获得较高的地位。[2]

在2015年国际瑜伽日这一天,全世界有1.25亿人练习了瑜伽。在迪拜,有10万人参加了练习,创造了瑜伽单次练习人数吉尼斯世界纪录。莫迪则带领来自84个国家的35985名瑜伽爱好者在新德里国王大道上做了21个瑜伽动作,这是不同国籍参加者人数最多的一次。[3] 2016年的国际瑜伽日,文化关系委员会派遣了35名瑜伽老师到其他国家指导庆祝活动。[4] 莫迪则在旁遮普邦首府昌迪加尔庆祝了这一节日,他强调从2017年国际瑜伽日开始印度将会对在瑜伽领域做出突出贡献的人颁发两个奖,一个是国内的,另一个是国际的。[5] 迄今,已有6大洲192个国家的251个城市的瑜伽爱好者在国际瑜伽日练习过瑜伽。此外,文化关系委员会还与印度传统医学部合作,在中国云南民族大学创办了瑜伽学院。对于推广瑜伽活动,评论家指出,莫迪并非一时兴起,其主要是为了提升印度的国际吸引力。[6] 莫迪政府传递出这样一个信号,要把印度的过去和世界的未来

---

[1] Bhanu Pratap, "India's Cultural Diplomacy: Present Dynamics, Challenges and Future Prospects", *International Journal of Arts, Humanities and Management Studies*, Vol. 1, No. 9, September 2015, p. 60.

[2] Bhanu Pratap, "India's Cultural Diplomacy: Present Dynamics, Challenges and Future Prospects", *International Journal of Arts, Humanities and Management Studies*, Vol. 1, No. 9, September 2015, p. 41.

[3] Debidatta Aurobinda Mahapatra, "From a Latent to a 'Strong' Soft Power? The Evolution of India's Cultural Diplomacy", *Palgrave Communications*, Vol. 2, 2016, p. 4.

[4] Indian Ministry of External Affairs, *Annual Report 2016 – 2017*, p. 252.

[5] Debidatta Aurobinda Mahapatra, "From a Latent to a 'Strong' Soft Power? The Evolution of India's Cultural Diplomacy", *Palgrave Communications*, Vol. 2, 2016, p. 8.

[6] Aakriti Tandon, "Transforming the Unbound Elephant to the Lovable Asian Hulk: Why Is Modi Leveraging India's Soft Power?", *The Round Table*, Vol. 105, No. 1, 2016, p. 61.

联系起来。①

印度近年来还利用佛教提升自身的软实力。2013年，印度和缅甸在仰光共同举办了为期三天的佛教学者研讨会。2014年，印度重建了那烂陀大学，并面向全球招生，阿玛蒂亚·森被任命为那烂陀大学理事会首任主席。那烂陀大学现有来自12个国家的130名学生，主要从事两个学科的研究，一个是历史，另一个是生态和环境。2016—2017年度，那烂陀大学开设了第三个研究学科：佛教，包括哲学和宗教学比较研究。截至2016—2017年度，印度已与参加东亚峰会的9个国家，以及没有参加东亚峰会的4个国家签署了共建那烂陀大学的协议。印度已拨款272.7亿美元，用于重建费用，计划到2021—2022年度完成建设。② 一位分析家指出，那烂陀大学注定会在两个层面上提升软实力。一个是崛起的亚洲对西方。另一个是印度对亚洲。③ 2015年5月，印度主办了国际佛诞节（纪念佛陀诞辰），决定主办这一盛会的是莫迪，莫迪表示："没有佛陀，这个世纪将不会是亚洲世纪"。④ 2016年，印度举办了世界佛教大会。此外，印度还计划在新德里修建佛教徒祭拜和学习中心，并考虑对一些国家实施落地签证政策，以方便这些国家的佛教徒能到印度进行宗教旅游。印度旅游部、文化部也在与世界银行合作，研制能快速查询佛教旅游线路的方法。那烂陀大学则将向佛教徒占人口多数的国家提供奖学金名额。所有这些都有助于树立印度的积极形象，促进印度与相关国家的双边和多边合作。对此，有评论家指出，莫迪政府努力将印度打造成佛教精神的诞生地和佛陀的出生地，尽管佛陀出生在今天的尼泊尔境内。⑤

为了提升软实力，印度还积极进行"国家品牌"塑造活动。对于"国

---

① Harsh V. Pant, "Is India Developing a Strategy for Power?", *The Washington Quarterly*, Vol. 38, No. 4, 2016, p. 103.
② Indian Ministry of External Affairs, *Annual Report 2016 – 2017*, p. 250.
③ Patryk Kugiel, "India's Soft Power in South Asia", *International Studies*, Vol. 39, No. 3 – 4, 2012, p. 366.
④ Bhanu Pratap, "India's Cultural Diplomacy: Present Dynamics, Challenges and Future Prospects", *International Journal of Arts, Humanities and Management Studies*, Vol. 1, No. 9, September 2015, p. 58.
⑤ Bhanu Pratap, "India's Cultural Diplomacy: Present Dynamics, Challenges and Future Prospects", *International Journal of Arts, Humanities and Management Studies*, Vol. 1, No. 9, September 2015, p. 58.

家品牌"和软实力的关系，塔鲁尔表示，一个国家的品牌是由其投放到国际意识领域的软实力决定的，要么是故意为之，如出口文化产品、培养外国公众，甚至进行国际宣传，要么是无意识的，如作为全球大众媒体新闻故事的主角。① 为了塑造印度的"国家品牌"，印度于1996年成立了品牌资产基金会（India Brand Equity Foundation），由印度商工部管理。该基金会的主要目的是通过宣传印度的历史和文化促进国际社会对印度的认知和了解，增加对印度的投资和赴印度旅游。然而，直到2002年，该基金会才开始产生一些影响。为了吸引外国直接投资，瓦杰帕伊政府在国际上积极推广印度，提出了"印度大放光芒"（India Shining）口号，将印度包装成一个欣欣向荣的国家。

印度的旅游资源非常丰富，拥有28处世界文化遗产和多处自然人文景观，泰姬陵更是驰名世界。然而，印度的旅游市场一直没有得到有效开发，国外游客对印度知之甚少。为了吸引外国游客，"9·11"后，印度旅游部将危机当作机遇，适时打出了具有强烈吸引力的口号"不可思议的印度"，通过重点展示印度丰富多样的文化遗产和精神面貌，将印度塑造成非常适合旅游的国家。这一标语通过广播、电视、互联网和一系列展览而得到不断宣传。2003年，印度旅游部又发动了精神遗产的品牌塑造活动，并取得了显著效果，这一年赴印度旅游的人数增加了16%，2004年，游客又增加了29%。② 时任印度旅游部联合秘书的康特表示，这些活动的"主要目的是将印度塑造成一个全球品牌，以利用世界日益增长的旅游贸易和印度作为旅游大国尚未开发的巨大潜力"。③

在2006年的达沃斯世界经济论坛上，品牌资产基金会更是打出了"无处不在的印度"标语，向外界传递出印度已经从社会主义国家转变为商业国家，渴望国际投资的强烈信号。为了增加吸引力，品牌资产基金会聘请宝莱坞影星和歌手展示印度的流行文化。与会代表团则被赠予内有当代印度歌曲的苹果夹子（Ipod shuffles）、阿育吠陀沐浴液和一部90分钟叫

---

① Daya Kishan Thussu, *Communicating India's soft power: Buddha to Bollywood*, New York: Palgrave Macmillan, 2013, p. 156.
② Daya Kishan Thussu, *Communicating India's soft power: Buddha to Bollywood*, New York: Palgrave Macmillan, 2013, p. 162.
③ Daya Kishan Thussu, *Communicating India's soft power: Buddha to Bollywood*, New York: Palgrave Macmillan, 2013, p. 162.

作"现在印度"的短电影。① 对于这次活动,一位外国参会者评论说:"干净的购物中心,昂贵的各种奢侈品,兴高采烈而又富有的消费者,富有技巧的科学家和工程师,白领工人,耳机,平坦的高速公路,新拔地而起的高楼大厦,玻璃幕墙,绿色草地,这些在世界各地都有。然而,印度却通过文化视角来呈现自己……装饰的大象,甘地的眼镜和泰姬陵……印度在转变为大国的同时仍保留着文化的真实性和民族的吸引力。"②

2007年,国际旅游博览会在德国柏林举行,印度作为伙伴国参加了博览会,印度的食品、人体艺术、天文学成就得到了展示。同年,在伦敦,印度进行了"现在印度"的宣传活动,公交车和出租车霓虹灯打着"不可思议的印度"标语沿着伦敦的主干道行驶。与此同时,公交车站的户外展板上也打有这样的标语。2007年9月,印度在纽约进行了"不可思议的印度@60年"宣传活动。这次活动正好与联合国大会的会期重合,因而产生了非常大的影响。印度在纽约时代广场树立广告牌,在公交车和出租车上打标语,在公交车站展板展示标语。印度还在纽约举办了文化展览,举行了相关会议和食品品尝活动,这次活动的主要目的是想用印度故事打动美国和国际媒体。③ 同年,印度还在俄罗斯、中国、新加坡和美国举办了一系列展览。2009年9月,印度在美国好莱坞露天剧场举办了主题为"印度在呼叫"的品牌塑造活动。④ 2012年,印度旅游部发起了一个国际性的宣传活动,活动主题叫作"发现你所寻找的",这标志着印度"国家品牌"塑造活动进行了十周年。一系列的品牌塑造活动除增加了印度的旅游收入外(旅游人数从2001年的250万人增长到2011年的630万人),也展示了印度在全球舞台上的崛起状况。⑤

---

① Daya Kishan Thussu, *Communicating India's soft power: Buddha to Bollywood*, New York: Palgrave Macmillan, 2013, p. 159.

② Yudhishthir Raj Isar, "Cultural Diplomacy: India Does It Differently", *International Journal of Cultural Policy*, Vol. 23, No. 6, September 2015, p. 714.

③ Daya Kishan Thussu, *Communicating India's soft power: Buddha to Bollywood*, New York: Palgrave Macmillan, 2013, p. 163.

④ Yudhishthir Raj Isar, "Cultural Diplomacy: India Does It Differently", *International Journal of Cultural Policy*, Vol. 23, No. 6, September 2015, p. 713.

⑤ Daya Kishan Thussu, *Communicating India's soft power: Buddha to Bollywood*, New York: Palgrave Macmillan, 2013, p. 163.

莫迪执政后，印度主要进行的"国家品牌"塑造活动是"印度制造"，这是莫迪政府提出的广泛国家倡议的一部分，旨在将印度打造成全球设计和制造中心，促进印度经济的可持续发展，即使在全球经济不确定的情况下。莫迪表示："'印度制造'不是一句口号，不是一个品牌，而是一项新的国家运动。"① 这项运动包括三个方面的内容：一是提升印度民众、潜在的国外合作伙伴和印度商业行业的信心；二是为印度 25 个工业部门提供丰富的信息；三是通过社交媒体与海内外民众接触和交流，使他们及时了解印度的机会和最新的改革措施。② 2015 年 4 月，在汉诺威贸易展览会上，印度对"印度制造"进行了广泛宣传。在这次展览会上，共有 6500 家参展商，其中印度就有 400 家企业参展。在汉诺威，从户外广告牌到有轨电车和公共汽车，"印度制造"的标语随处可见。③

　　2014 年 6 月，莫迪政府还提出了"季风计划"（Mausam），并向联合国教科文组织申请世界遗产项目，但未成功。"Mausam"一词源自阿拉伯语，指船能安全航行的季节。印度洋地区的古代商人、渔民和水手利用季风往返于印度洋各地，久而久之使印度洋各地产生了密切的文化和经济联系。印度希望利用这些古代的联系，加强与印度洋国家的关系，建立以印度为中心的印度洋贸易线路。④ 该计划有两个目标层次：宏观上，该计划旨在印度洋国家之间重建联系和沟通，进而理解相互的价值观和关切；微观上，该计划旨在促进对印度洋各个地区的文化理解。该计划涵盖的范围从东非、阿拉伯半岛、南亚次大陆、斯里兰卡延伸到东南亚。该计划主要由印度文化部英迪拉国家艺术中心推动，印度考古局和国家博物馆协助执行。对于"季风计划"，印度前外交秘书苏杰生说："'季风计划'能促进彼此在文化、商业和宗教方面的考古和历史研究。它已成为知识交换、交

---

① Debidatta Aurobinda Mahapatra, "From a Latent to a 'Strong' Soft Power? The Evolution of India's Cultural Diplomacy", *Palgrave Communications*, Vol. 2, 2016, p. 8.
② Debidatta Aurobinda Mahapatra, "From a Latent to a 'Strong' Soft Power? The Evolution of India's Cultural Diplomacy", *Palgrave Communications*, Vol. 2, 2016, p. 8.
③ Debidatta Aurobinda Mahapatra, "From a Latent to a 'Strong' Soft Power? The Evolution of India's Cultural Diplomacy", *Palgrave Communications*, Vol. 2, 2016, p. 8.
④ Atul Aneja, "China's Silk Road Diplomacy Willing to Enmesh India's Projects", *The Hindu*, April 6, 2015.

第五章　印度加强软实力的主要措施

流和出版的媒介。"[1] 然而,有分析家指出,"季风计划"至少有战略成分,是印度意欲在印度洋占主导地位的体现,印度洋一直被印度视为其天然的影响范围。[2]

莫迪在出访时也经常推广印度的文化。2015年访问斯里兰卡期间,莫迪出席了由印度资助的贾夫纳文化中心,并参观了摩诃菩提寺(Mahabodhi Temple)。一位学者表示,对印度而言,在斯里兰卡,文化联系可能是最有用的工具,能够减少敌意,促进双边关系更加友好。[3] 在韩国,莫迪栽种了菩提树苗。在西安,莫迪参观了大雁塔。大雁塔是玄奘远赴印度伟大行程的重要象征。莫迪向西安市政府赠送了一颗菩提树苗。[4] 在访问阿联酋时,莫迪感谢阿联酋国王批准建设一座印度教寺庙,称这是在一个阿拉伯国家里取得的了不起的成就。[5] 2015年7月,莫迪对中亚五个国家进行了访问,是第一位同时访问五个中亚国家的印度总理。期间,莫迪表示:"印度和中亚拥有共同的伊斯兰文化遗产。这种遗产的最高理想是:知识;虔敬;同情心;福祉。"[6]

在接待外国领导人时,莫迪同样设法展示印度文化。2014年接待中国国家主席习近平时,莫迪与习近平在古吉拉特邦艾哈迈达巴德举行了双边会谈,随后参观了甘地纪念馆。习近平向甘地纪念馆敬献了花圈,并受邀体验手摇纺车。2015年12月,安倍访问印度期间,莫迪特邀其访问了印度的宗教圣地瓦拉纳西。瓦拉纳西是印度教徒和佛教徒共同的圣地。2500年前,佛陀在该城郊区进行了第一次布道。莫迪和安倍在恒河里乘船参观

---

[1] Rajeev Ranjan Chaturvedy, "The Indian Ocean Policy of the Modi Government", in Sinderpal Singh, ed., *Modi and the World: (Re) Constructing Indian Foreign Policy*, Singapore: World Scientific Publishing Company, 2017, p. 183.

[2] Thomas Daniel, "Project Mausam-A Preliminary Assessment of India's Grand Maritime Strategy from a Southeast Asian Perspective", in Vijay Sakhuja and Gurpreet S Khurana, eds., *Maritime Perspectives* 2015, New Delhi: National Maritime Foundation, 2016, p. 168.

[3] Swaroopa Lahiri, "Soft Power-A Major Tool in Modi's Foreign Policy Kit", *Journal of South Asian Studies*, Vol. 5, No. 1, 2017, p. 40.

[4] Swaroopa Lahiri, "Soft Power-A Major Tool in Modi's Foreign Policy Kit", *Journal of South Asian Studies*, Vol. 5, No. 1, 2017, p. 40.

[5] Aakriti Tandon, "Transforming the Unbound Elephant to the Lovable Asian Hulk: Why Is Modi Leveraging India's Soft Power?", *The Round Table*, Vol. 105, No. 1, 2016, p. 61.

[6] Harsh V. Pant, "Is India Developing a Strategy for Power?", *The Washington Quarterly*, Vol. 38, No. 4, 2016, p. 102.

了印度教祭拜仪式。2017年9月，安倍再次访问印度时，莫迪在古吉拉特邦安排了长达8公里的公路表演，并陪安倍夫妇参观了甘地纪念馆。2018年1月，以色列总理内塔尼亚胡访问印度期间，莫迪邀请其观看了印度文化路演，并陪同其参观了甘地纪念馆。

在相互依赖程度不断加深和技术飞速发展的今天，莫迪的这些行为不仅能吸引印度人的注意，也会引起外国人的关注。莫迪不仅想恢复本国民众对国家古代价值观的骄傲，还希望利用软实力的优势提升硬实力。在将过去遗产和当代价值观投放到全球舞台上，印度现在比过去更加自信。[1]对此，美国布鲁金斯学会研究员皮科恩（Ted Piccone）评论说："与上届政府不同的是，莫迪积极推广印度在包容性和民主方面的经验，不仅面向国内的追随者，也面向更广阔的世界。作为一个虔诚的印度教徒，莫迪并不回避宣传他所认为的优点所在。他想宣传的不是一种宗教，而是包括了所有社会阶层的一种生活方式。他尽可能地利用一切场合来宣传印度的包容性和多元化。"[2]

第二节　政治制度方面的措施

一　保障大选顺利举行

每五年一次的大选，既是印度政治制度的集中体现，令印度人非常自豪和骄傲，同时也是对印度的一大挑战。印度的人口基数大，选民多，凡年满18周岁的印度公民都有权参加选举，任何人不得因宗教、种族、种姓、性别等原因而被剥夺选举权。2019年大选登记的选民有9亿多。印度的政党也特别多，诉求不尽相同，往往难以平衡。而大选可以让这些政党有公平参与竞争的机会，能够释放这些政党平日里积攒的不满。即便选举结果不理想，这些政党也宣传和展示了自己。所以，印度的政党，无论大小，都对大选充满了期待和热情，并会积极参与角逐。2019年大选登记参与的政党就多达673个，其中全国性的政党有7个，这在世界大国中实属

---

[1] Harsh V. Pant, "Is India Developing a Strategy for Power?", *The Washington Quarterly*, Vol. 38, No. 4, 2016, p. 103.

[2] Debidatta Aurobinda Mahapatra, "From a Latent to a 'Strong' Soft Power? The Evolution of India's Cultural Diplomacy", *Palgrave Communications*, Vol. 2, 2016, p. 8.

第五章 印度加强软实力的主要措施

罕见。不仅如此,印度的经济状况整体上仍比较落后,人均国内生产总值非常低,民众的平均受教育程度也比较低,文盲占比高。在选民和政党多、经济程度不发达、等级制度仍较严重的情况下,如何保证每次大选公平而又顺利地进行是个大问题。

为了解决这个问题,印度专门设置了一个选举委员会。印度的选举机构由四级选举机关组成,这四级机关是:选举委员会;邦选举机关;县选举机关;选区选举机关。其中,选举委员会是根据宪法设立的常设机构,形式上,它是一个不受政府和任何政党制约的独立机构,其成员为国家的公职人员,领取俸禄。该委员会由一名选举总监和若干名选举委员组成。选举总监是常任职务,其罢免方式与最高法院法官相同,委员人数由总统确定,选举委员会所有成员都由总统任命,对选举委员的罢免须经选举总监的提议。选举委员会的这种法律地位使其能奉行中立的立场,不偏袒或歧视任何政党和个人,能在大选中发挥至关重要的作用,任何政党和个人都不得向其施压,即便政府也不能影响其立场和态度,其完全根据宪法赋予的职能运转。每次大选,选举委员会都要花费大量物力、人力和财力进行准备。像2019年的大选,为了便于选民进行投票,选举委员会安排了7个阶段耗时39天进行,设置了103.63万个投票站,投入了179万名工作人员。对于交通不便的地方,选举委员则动用手推车、骆驼、大象等工具将选票送达选区。对于不识字的选民,选举委员会则在投票机上每位候选人名字旁标识出其所属政党的标志性图案,如印度人民党的标志性图案是一朵莲花,国大党的标志性图案是一只象征印度国家、手心向上的手掌,大众社会党(Bahujan Samaj Party)的标志性图案是一只行走的大象。简言之,每个政党都有自己的标志性图案,以方便选民识别。这是选举委员会根据印度特殊的国情设计出的一种操作性非常强的方案,在世界上可以说独一无二的。

选举委员会的中立地位和细致的工作得到了各个政党、选民和候选人的高度认可和信任。从1951年第一届大选到2019年第十七届大选,均未发生有争议的事件和大规模的骚乱事件,选举过程十分顺利,对于选举结果也没有政党和候选人提出异议。

为了保护表列种姓和表列部落的权益,帮助他们提升政治地位,印度在大选中则设计出了另外一种方案,通过宪法条款专门在人民院为其保留一定席位。在1951年第一届大选中,人民院为表列种姓保留的席位是72

个,为表列部落保留的席位是 26 个。在 2019 年第十七届大选中,人民院为表列种姓保留的席位是 84 个,为表列部落保留的席位是 47 个。① 对此,有学者指出,在任何一个国家,当社会存在巨大不平等、被剥夺和被压制的情况,建立政治制度和实施成人普选都是一场革命,均为大胆的政治实验。印度了不起的经验是在这样如此多元化的社会中先进行政治革命,印度的政治革命要早于社会革命。②

二 惩治腐败

印度认为腐败是国家治理不善最糟糕的结果之一,会危及社会经济发展目标,必须要对这个严重、复杂、根深蒂固的毒瘤进行清除。③ 为此,印度构建了一整套反腐机制。这种机制由两部分内容构成,一部分是法律体系,另一部分是机构体系。

在法律体系方面,印度制定了不少打击腐败的法律,其中比较重要的有《防止腐败法》《中央文官行为准则》《全印文官行为准则》《信息权利法》《官员腐败调查法》(Lokpal and Lokayuktas Act)。

印度最早的《防止腐败法》制定于 1947 年,是专门防止贿赂和腐败的法律。然而,该法条款过于简单,经常滞后于社会变化和新出现的腐败现象,需要经常修改。1988 年,印度制定了新的《防止腐败法》,新《防止腐败法》将贪污贿赂犯罪的主体界定为公务员,在公务员的概念上采取了广义的含义,凡是一切执行与国家、公众和团体有利害关系的职务的人员都是公务员。④

1964 年制定的《中央文官行为准则》详细规范了公务员及其亲属的行为。《全印文官行为准则》是根据《全印文官法》制定的关于全印行政和警务人员行为准则的规定,共 20 条,其中涉及反腐败的主要内容与

---

① 印度选举委员会网站,https://eci.gov.in/files/category/1359-general-election-2019/,上网时间:2020 年 7 月 22 日。
② Zoya Hasan, "Democracy and Growing Inequalities in India", *Social Change*, Vol. 46, No. 2, 2016, p. 292.
③ Indian Central Vigilance Commission, *Annual Report 2016*, p. 13.
④ 王晓丹:《印度反腐败机制的设计思路》,《当代亚太》2005 年第 10 期。

《中央文官行为准则》大体相同。①

2005年通过并生效的《信息权利法》（Right to Information Act）是印度在反腐方面的又一重要立法。该法不仅明确规定印度公民有权从政府那里获取信息，而且还将信息范围界定得特别广泛，除涉及国家安全的情报、内阁文件以及受法庭保护的内容外，公民有权要求查看其他以任何形式出现的任何资料。民众只要支付10卢比，相关部门就必须在一定期限内对申请予以答复。申请人如果在30天内没有收到回复可以提出申诉。再过30天还没有回复，相关部门责任人将被处以每天250卢比的罚金，最高限额可达2.5万卢比，这笔罚金将从责任人的工资内扣除。如果公务员向公民提供了虚假或者不准确的信息，也将被处以2.5万卢比的罚金。②在该法生效的当年，约有42876位民众向中央各部门递交了信息公开申请。之后，每年的申请者人数都以8—10倍的速度增加。③

2010年的电信腐败丑闻使得全国爆发了大规模抗议活动，要求政府采取切实措施解决严重的腐败问题，这迫使印度又制定了一些反腐败法律。2011年，印度制定了《举报人保护法》（Whistle Blowers Protection Act）。该法鼓励民众积极举报各种贪腐行为，并保证举报者安全，替举报者保密，防止信息泄露。2013年，印度通过了《官员腐败调查法》。该法要求在中央成立专门的监察机构（Lokpal），各邦成立相应的监察机构（Lokayuktas）。中央和各邦的监察机构就像司法部门一样，独立开展工作，任何人都不得对调查施加影响。该法主要对特别人员进行腐败调查，并要求腐败案必须提高效率，尽快结案，调查环节应在一年内结束，贪腐官员应在两年内被投进监狱。该法还规定，民众到相关部门办理业务，如果相关部门没有在限定时间内给予办理，民众可向监察机构反映，监察机构会对责任人进行经济处罚，然后把罚款交给投诉者，作为补偿。为了避免与中央监察委员会和中央调查局的职能重叠，该法要求把中央调查局和中央监察委员会（这两个机构将在下面进行介绍）的一些机构移并到中央监察机构中，但具体怎样移并却没有详细说明，这也是该法遭到质疑的其中一个

---

① 王晓丹：《印度反腐败机制的设计思路》，《当代亚太》2005年第10期。
② 时宏远：《印度的反腐机制及其成效》，《国际资料信息》2011年第3期。
③ Transparency International, *Report of Overview of Corruption and Anti-Corruption Efforts in India*, January 2009, p. 7.

原因。不过，按照这个法律，中央监察机构有权对任何官员、法官和政治家包括总理进行调查。各级监察机构均拥有自己的调查部门、起诉机构和特别法庭。①

在机构体系方面，印度的反腐机构主要有铁路贪污调查委员会、行政监控司、防止腐败委员会、中央监察委员会和中央调查局。其中，最重要的是中央调查局和中央监察委员会两大机构，前者主要从外部对公务员进行监督，后者则从内部监督公务员。

中央调查局成立于1963年4月，是专门的反贪侦查机构，下设调查和反腐败处、技术处、犯罪记录和统计处、研究处、法律法规处和管理处。中央调查局隶属于当时的行政监控司，受其指导和监督，同时也协助、配合各部门监控员的工作，在反腐方面的主要任务是负责调查原来特警处负责的案件。中央调查局在全国各地设有分站，各分站再向各地区派驻工作组，各分站设有各自的调查、起诉和文书人员，独立行使职能。中央调查局的管辖范围主要是中央（联邦）政府行政权属的各部门和国有企事业单位的公务人员。中央调查局局长由总理任命。1970年，中央调查局从内政部转属内阁秘书处人事部，1972年划归内阁秘书处行政改革部，现在则隶属印度人事、督察和养老金部。1987年，中央调查局又增加了一个部门，就是特别犯罪处，主要负责调查传统犯罪和经济犯罪。中央调查局主要通过三种渠道搜索反腐情报：公民检举；新闻媒体的报道；政府各部门之间传递的信息。②

2014年，中央调查局登记的腐败案件有1174起，2015年为1135起，2016年为1047起，2017年为1076起，2018年为899起。在2018年登记的899起中，37起是应邦或者联邦直辖区政府的要求登记的，209起是根据宪法法院指示登记的。在899起案件中，又有156起属于索贿，47起属于不能说明财产来源的合法性。在调查环节，中央调查局2014年进行调查的案件有1094起，2015年有1029起，2016年有1041起，2017年有765起，2018年有611起（见表5-5）。在2018年的899起中，又有611起是常规案件，109起是初询案件。2018年尚有1541起未被调查。2018

---

① Ranu Choubey, "Corruption in India and Fight against Corruption: Lokpal Bill", *International Journal of Advancements in Research & Technology*, Vol. 3, No. 8, August 2014, p. 94.
② Indian Central Vigilance Commission, *Annual Report 2016*, p. 16.

年，中央调查局起诉的案件是671起，收到的法院判决书是850份，判罪率为68%。在各级法院有9255起案件尚未进行审理或判决。[①] 2016年，印度中央调查局在境内逮捕红色通缉令嫌犯13人，在境外逮捕红色通缉令嫌犯21人。印度同年也逮捕了遭外国政府通缉的2名嫌犯。[②]

表5-5　　　　中央调查局最近几年登记和处理的腐败案数量

年	登记的腐败案数	调查或侦讯的腐败案数
2014	1174	1094
2015	1135	1029
2016	1047	1041
2017	1076	765
2018	899	611

资料来源：Indian Ministry of Personnel, Public Grievances and Pensions, *Annual Report 2018 - 2019*, p. 124.

中央监察委员会成立于1964年2月，隶属内政部。中央监察委员会是一个监督机关，宗旨是惩罚、预防和警戒，职能是对公务人员腐败行为进行调查并审核调查报告；对被调查人员应给予的处分提出建议；派出部门调查员对应给予严厉处分的官员进行查证并审核查证报告；裁决各部门与中央调查局在查处案件时发生的分歧。[③] 在各邦，有相应的邦监察委员会或调查官。中央监察委员会独立于政府各部和局。政府各部、局和国有企事业单位的反腐工作由各部门内的监控官负责，而中央监察委员会对各部门监控官的任命拥有否决权。从成立之日到80年代初，中央监察委员会负责监察的范围只限于载入公报的官员和月薪在1000卢比以上的国营企业的雇员，后来则扩大到一切涉嫌腐败的公务人员。为了加强对中央政府和邦政府高级官员的监督，2003年9月，印度议会通过了《中央监察委员

[①] Indian Ministry of Personnel, Public Grievances and Pensions, *Annual Report 2018 - 2019*, p. 115.
[②] Indian Ministry of Personnel, Public Grievances and Pensions, *Annual Report 2018 - 2019*, p. 118.
[③] 王晓丹：《印度政府反腐败机构》，《当代亚太》2000年第11期。

会法》（The Central Vigilance Commission Bill），从法律上进一步确立了这个机构独立于政府之外的地位，并赋予它接受公众投诉和检举、对问题官员进行调查、向政府提出处理建议的权力，同时规定政府部门对中央监察委员会的处理意见必须进行反馈。

2012 年，中央监察委员会收到的案件数是 5528 起，处理的案件数 5720 起，2015 年收到的案件数是 4355 起，处理的案件数 4604 起，2018 年收到的案件数是 3133 起，处理的案件数 3162 起（见表 5-6）。

表 5-6　　2012—2018 年中央监察委员会收到和处理的案件数

年	收到的案件数	处理的案件数
2012	5528	5720
2013	5423	4801
2014	5492	5867
2015	4355	4604
2016	3980	3804
2017	3134	3425
2018	3133	3162

资料来源：Indian Central Vigilance Commission, *Annual Report* 2018, pp. 14-15.

2012 年，中央监察委员会收到了 37039 个投诉，处理了 33308 个，2017 年收到的投诉是 23609 个，处理了 22386 个，2018 年收到了 29979 个投诉（如果包括 2017 年未处理延推到 2018 年的 3666 个，则投诉总数为 33645 个），处理了 30575 个，尚有 3070 个未处理，推迟到 2019 年（见表 5-7）。在信息公开方面，2014 年，中央监察委员会收到的信息公开申请有 2427 起，处理了 1316 起，2017 年，收到的信息公开申请为 1553 起，处理了 1452 起，2018 年，收到的信息公开申请为 1260 起，处理了 1179 起。2014 年，中央监察委员会收到的信息公开申诉是 441 起，处理了 400 起，2017 年收到的是 377 起，处理了 354 起，2018 年收到的是 398 起，处理了 384 起。[①]

[①] Indian Central Vigilance Commission, *Annual Report* 2018, p. 27.

表 5-7　　　　2012—2018 年中央监察委员会收到和处理的投诉数

年	收到的投诉数	处理的投诉数
2012	37039	33308
2013	31432	33284
2014	62362	62099
2015	29838	30789
2016	49847	48764
2017	23609	22386
2018	29979	30575

资料来源：Indian Central Vigilance Commission, *Annual Report* 2018, p. 22.

2012 年，中央监察委员会共处罚了 2507 名公职人员，其中严重处罚的是 1051 人，轻微处罚的是 1125 人，行政处罚的是 331 人。2017 年，中央监察委员会共处罚了 2589 人，其中严重处罚的是 1398 人，轻微处罚的是 800 人，行政处罚的是 391 人。2018 年，中央监察委员会共处罚了 2145 人，其中严重处罚的是 1100 人，轻微处罚的是 695 人，行政处罚的是 350 人。[1] 此外，2012 年，中央监察委员会还起诉了 199 名公职人员，2017 年为 152 名，2018 年为 108 名。[2]

为了使反腐能产生更大效果，印度还不断加强国际合作，参加国际社会联合打击腐败的行动。2005 年，印度签署了《联合国反腐败公约》，2011 年 5 月，印度批准了《联合国反腐败公约》。印度现在是二十国集团反腐败工作组成员。这个工作组主要打击全球金融系统中的腐败，特别是拒绝腐败官员入境或不给其发放签证，并向举报者提供保护措施，鼓励反腐机构、私人协会、商业部门在反腐斗争中发挥有效作用。印度已多次参加了工作组会议，仅在 2016 年就参加了 2 次。2016 年 6 月，在杭州二十国集团领导人峰会期间，中国、印度与其他国家一道批准了工作组年度行动计划（2017—2018）。不仅如此，印度还是亚洲发展银行反腐败倡议发起国之一，并于 2011 年在新德里举办了第 6 次指导小组会议和第 7 次地区

---

[1] Indian Central Vigilance Commission, *Annual Report* 2018, p. 18.
[2] Indian Central Vigilance Commission, *Annual Report* 2018, p. 18.

倡议会议。印度也一直积极加强与国际反腐败学院（International Anti Corruption Academy，IACA）的联系与合作，进行信息交换，联合研究和培训反腐败官员。2013年5月，印度加入了国际反腐败学院，2016年2月，国际反腐败学院在新德里对印度的监察官员和国有公司官员进行了反腐败培训，2016年11月，国际反腐败学院再次对印度的监察官员进行了反腐败培训。2016年，印度成为金砖国家轮值主席国。这一年，印度举办了两次金砖国家反腐败工作组会议，分别是6月在伦敦和10月在巴黎举行的第二次和第三次工作组会议，工作组所有成员均同意今后每年召开2次会议，加强反腐国际合作。[①] 2016年5月，印度中央监察委员会官员参加了在北京和天津举行的国际反贪局联合会第8次和第9次会议。2016年5月，印度中央监察委员会官员参加了在伦敦举行的国际反腐败峰会。2016年6月，中央监察委员会官员参加了在越南举行的《联合国反腐败公约》履约机制第7次会议。

莫迪执政后，进一步加大了打击腐败的力度。其中，废钞运动备受关注。2016年11月，莫迪宣布500卢比和1000卢比两种面值最大的货币将不能再在市场上流通。民众有50天的时间到银行兑换新发行的500卢比和2000卢比的货币或者直接将旧币存入银行。莫迪政府估计，最终能收回这两种货币的86%，未收回的均为黑钱，将予以作废，这有利于打击腐败。[②] 莫迪反复表示："我敦促所有人，特别是我年轻的朋友，要引导这种变化，并动员其他人参与这项运动。这会为印度奠定一个强有力的基础，印度不会再有腐败和黑钱。"[③] 他进而说："这一行动主要针对的是富人和特权阶层。穷人能睡得安稳和踏实，富人则难以入睡，只好去买安眠药。"[④]

废钞运动引发了广泛争议。印度最大的反对党国大党和左翼政党均对这一政策持强烈的批评态度，称该政策会导致混乱，给普通民众带来不

[①] Indian Ministry of Personnel, Public Grievances and Pensions, *Annual Report 2016 – 2017*, pp. 116 – 117.

[②] Ghitis and Frida, "Will Modi's Demonetization Scheme Solve India's Corruption Problem?", *World Politics Review*, May 1, 2017.

[③] Ghitis and Frida, "Will Modi's Demonetization Scheme Solve India's Corruption Problem?", *World Politics Review*, May 1, 2017.

[④] Rajeev Deshpande, "India's Demonetisation: Modi's 'Nudge' to Change Economic and Social Behaviour", *Asian Affairs*, Vol. XLVIII, No. II, 2017, p. 225.

便，影响国家的经济发展。前总理曼莫汉·辛格就表示，这一决定相当于"有组织的掠夺"和"严重的管理不善"，并认为 GDP 有可能因此而下降 2%。[1] 阿玛蒂亚·森则称废钞运动非常蛮横，会破坏政府的公信力。[2] 也有学者认为，现金与腐败有一定联系，但并不必然导致腐败。像尼日利亚很少使用现金，但腐败依然很严重。[3] 著名杂志《经济学人》则对莫迪的行动大声叫好："现金是犯罪的母乳。"[4] 莫迪政府坚称这一运动能达到四种效果。一是有助于打击腐败和在非正式经济中使用的黑钱，增加税收收入。二是有助于打击假币铸造者和使用者，建立正常的货币秩序。三是有助于打击恐怖主义，切断其资金来源。四是有助于鼓励民众减少使用现金，多用电子支付。[5] 这又被称为"人民货币计划"。该计划要求公立银行向穷人开放账户，即使这种账户对银行而言没有商业意义。莫迪政府希望通过这一计划将穷人从非正常的信贷市场中解放出来，使他们能享受到正规的银行服务，为穷人谋利。而穷人则能通过自己的银行账户直接交易，跳过中间人，减少贪污和腐败。[6] 总之，为了显示废钞运动的合法性，莫迪强调，反对这项运动就相当于反对政府打击腐败。[7]

整体而言，这项运动得到了民众的理解。尽管也有很多民众抱怨，特别是要在银行排很长时间的队，但兑换期间没有发生严重的暴力事件和大规模的民众抗议活动。[8] 2017 年 2 月，印度中央统计办公室表示，废钞运动对印度经济确实产生了负面影响，但程度并不像分析家预测的那样大，

---

[1] Rajeev Deshpande, "India's Demonetisation: Modi's 'Nudge' to Change Economic and Social Behaviour", *Asian Affairs*, Vol. XLVIII, No. II, 2017, p. 223.

[2] Rajeev Deshpande, "India's Demonetisation: Modi's 'Nudge' to Change Economic and Social Behaviour", *Asian Affairs*, Vol. XLVIII, No. II, 2017, p. 222.

[3] Ghitis and Frida, "Will Modi's Demonetization Scheme Solve India's Corruption Problem?", *World Politics Review*, May 1, 2017.

[4] Ghitis and Frida, "Will Modi's Demonetization Scheme Solve India's Corruption Problem?", *World Politics Review*, May 1, 2017.

[5] Ashutosh Varshney, "India's Democracy at 70: Growth, Inequality, and Nationalism", *Journal of Democracy*, Vol. 28, No. 3, July 2017, p. 47.

[6] Ashutosh Varshney, "India's Democracy at 70: Growth, Inequality, and Nationalism", *Journal of Democracy*, Vol. 28, No. 3, July 2017, p. 47.

[7] Rajeev Deshpande, "India's Demonetisation: Modi's 'Nudge' to Change Economic and Social Behaviour", *Asian Affairs*, Vol. XLVIII, No. II, 2017, p. 223.

[8] Ghitis and Frida, "Will Modi's Demonetization Scheme Solve India's Corruption Problem?", *World Politics Review*, May 1, 2017.

印度的经济增速有所放缓，但并未停止。① 2017年3月，印度人民党在几个邦特别是人口最多的北方邦的选举中获胜，也从另一个侧面验证了民众并未因废钞运动而放弃对莫迪的支持。② 2017年8月，印度税务机关称，废钞运动使税收大幅增加，2016—2017年度的税收比2015—2016年度增加了25%。③ 在"人民货币计划"方面，在废钞令发布后的45天内，有4150亿卢比存进了480万个账户里。到了2017年3月，"人民货币计划"下的账户有2.8亿个，账户存款达6388.5亿卢比。④

然而，根据印度联邦储备银行公布的数据，到2017年6月末，500卢比和1000卢比面值的货币回收率高达98.96%。市场流通中的这两种货币有15.44万亿卢比，回收了15.28万亿卢比，仅有1.04%、价值0.16万亿的卢比被宣布作废，这与莫迪政府当初预想的将有15%的货币被作废有很大出入。⑤ 这引发了国大党的批评，称这意味着废钞运动的失败。而印度财政部长贾斯特利则表示："废钞运动的主要目的是减少现金经济、实行数字化和经济的正规化、扩大税收基础、控制恐怖主义资金、打击黑钱和假币，这些已经实现。废钞运动在这些领域都产生了非常积极的作用。"⑥

面对这种情况，莫迪仍表示要积极进行反腐。他说："我打击腐败的决心是非常坚定的。任何人只要涉及腐败都不会被宽恕。我本人没有任何亲属从腐败中受益。"⑦

---

① Rajeev Deshpande, "India's Demonetisation: Modi's 'Nudge' to Change Economic and Social Behaviour", *Asian Affairs*, Vol. XLVIII, No. II, 2017, p. 226.

② Rajeev Deshpande, "India's Demonetisation: Modi's 'Nudge' to Change Economic and Social Behaviour", *Asian Affairs*, Vol. XLVIII, No. II, 2017, p. 226.

③ Amy Kazmin, "India Sees Surge in Tax Returns after Modi Tightens Net", *Financial Times*, August 8, 2017.

④ Rajeev Deshpande, "India's Demonetisation: Modi's 'Nudge' to Change Economic and Social Behaviour", *Asian Affairs*, Vol. XLVIII, No. II, 2017, pp. 233 – 234.

⑤ Gopika Gopakumar, "RBI Says 99% of Demonetised Rs 500, Rs 1, 000 Returned to Banking System", *Hindustan Times*, August 31, 2017.

⑥ Gopika Gopakumar, "RBI Says 99% of Demonetised Rs 500, Rs 1, 000 Returned to Banking System", *Hindustan Times*, August 31, 2017.

⑦ "I Have No Relatives to Benefit from Corruption, Says PM Modi at BJP Meet", *The Times of India*, September 26, 2017.

第五章 印度加强软实力的主要措施

三 打击极端主义和恐怖主义

对于极端主义和恐怖主义，印度采取了多种措施，希望能将之铲除。孟买特大恐怖袭击发生后，印度更是加大了打击极端主义和恐怖主义的力度。这主要包括以下几个方面。

第一，完善反恐法律。迄今，印度议会通过的专门反恐法律有三个。一是1985年的《恐怖主义与破坏活动阻止法》（Terrorist and Disruptive Activities Prevention Act）。二是2002年的《恐怖主义阻止法》（Prevention of Terrorism Act）。三是1967年的《非法活动阻止法》（Unlawful Activities Prevention Act）。《恐怖主义与破坏活动阻止法》最初旨在打击旁遮普邦及其邻近邦的分离主义运动，之后被应用到全国。依据这一法律，印度曾对1993年的孟买系列爆炸案嫌犯进行过审判。系列爆炸案共造成257人死亡，上千人受伤。但随着旁遮普分离主义运动的逐渐消退，印度于1995年废除了该法案。在废除后的一段时间内，出现了打击恐怖主义的法律真空。美国"9·11"事件发生后，印度感到有必要制订一部与全球反恐大环境相接轨的反恐法律。然而，尚未制订新的反恐法律，印度就发生了议会大厦遭袭事件。这次事件发生于2001年12月，共造成9名安全人员死亡，16人受伤。[1] 议会被视为是印度民主的象征，袭击议会大厦就是对印度民主的挑战。为了打击恐怖主义，印度加快了制订反恐法律的步伐。

2002年，印度议会通过了《恐怖主义阻止法》。该法规定，无论谁故意窝藏或隐瞒，或者企图窝藏或隐瞒恐怖分子，都将被判处不少于3年的有期徒刑，但也有可能被判终身监禁，同时处以罚款。[2] 不仅如此，该法还将为恐怖活动募集和提供资金行为也判定为犯罪行为，并设有特别法庭。根据这一法律，印度对2001年议会恐怖袭击的4名嫌犯进行了逮捕，判处3人死刑，1人有期徒刑。[3] 2002年古吉拉特邦宗教冲突发生后，印

---

[1] Anupama Roy and Ujjwal Kumar Singh, "The Masculinist Security State and Anti-terror Law Regimes in India", *Asian Studies Review*, Vol. 39, No. 2, 2015, p. 313.

[2] Anupama Roy and Ujjwal Kumar Singh, "The Masculinist Security State and Anti-terror Law Regimes in India", *Asian Studies Review*, Vol. 39, No. 2, 2015, p. 312.

[3] Anupama Roy and Ujjwal Kumar Singh, "The Masculinist Security State and Anti-terror Law Regimes in India", *Asian Studies Review*, Vol. 39, No. 2, 2015, p. 314.

度逮捕了125名嫌犯，是根据该法逮捕人数最多的一次。① 由于滥用反恐权力、侵犯民众权利，该法饱受诟病，甚至被控也是"非法的"。一些邦更是认为该法的权力过大，削弱了邦的自主性，拒绝执行。在这种情况下，国大党领导的团结进步联盟2004年执政后废除了《恐怖主义阻止法》。

为了填补反恐法律的空白，印度同年对《非法活动阻止法》进行了修订，使之适用反恐新变化。1967年的《非法活动阻止法》允许政府取缔非法社团，判定和处罚恐怖犯罪行为。但该法长期被搁置，没能发挥应有的作用。修订后的《非法活动阻止法》突出了阻止和惩罚煽动恐怖主义的行为。孟买特大恐怖事件发生后，印度又对《非法活动阻止法》进行了修订，重点突出了反恐条款，使安全部门拥有更大司法权。2013年，印度对该法进行了第二次修订。根据最新修订的版本，东北地区16个组织被列为恐怖组织或者非法组织。② 不过，该法同样出现了被滥用的情况，很多遭到逮捕的都是人权组织成员和记者。例如，印度文化活动者吉谭·马兰迪（Jeetan Marandi）创作了关于贫穷、饥饿、腐败、反映达利特和少数民族艰难处境的歌曲，结果遭到逮捕，其妻子也遭到扣押，警察指控她同情印共（毛）。③ 对印度而言，如何在打击恐怖主义的同时，使法律不被滥用，是一大挑战。

此外，印度还颁布了一些行业反恐法律或规则，如2003年的《洗钱组织法》、2008年的《国家调查局法》。印度的一些邦如查蒂斯加尔、中央、古吉拉特邦甚至通过了自己本邦的反恐法律。

第二，组建反恐情报机构。孟买特大恐怖袭击能发生的一个重要原因是印度的情报部门没能提供准确的预警。甚至在袭击开始后，对于到底有多少恐怖分子，这些分子从何而来以及他们之间是如何联系和实施行动的，情报部门依然无法提供准确的信息。这让印度政府下决心对情报部门进行调整和改组。印度原先的反恐情况机构主要是内政部下属的跨机构中心（Multi-Agency Centre）。该中心的主要功能是收集、分析和发布涉及恐

---

① Anupama Roy and Ujjwal Kumar Singh, "The Masculinist Security State and Anti-terror Regimes in India", *Asian Studies Review*, Vol. 39, No. 2, 2015, p. 310.
② Indian Ministry of Home Affairs, *Annual Report 2016–2017*, p. 330.
③ Anupama Roy and Ujjwal Kumar Singh, "The Masculinist Security State and Anti-terror Regimes in India", *Asian Studies Review*, Vol. 39, No. 2, 2015, p. 318.

怖主义和军事的情报。孟买特大恐怖袭击发生后，印度政府要求跨机构中心在全国建立跨机构次中心网络，使全国都能共享情报。截至2017年2月底，跨机构中心已扩展到中央政府层面的所有机构，可以时时进行信息共享，并在各邦成立了429个跨机构次中心。这一项目正在连接县级层面的475个次中心，一旦完成，将能覆盖全国。①

2008年12月，印度成立了国家调查局。国家调查局类似于美国的联邦调查局，有权调查所有涉恐案件机构而不需要各邦批准。国家调查局总部位于新德里，并在海德拉巴、古瓦哈蒂、孟买、勒克瑙、科钦、加尔各答设立了6个分局。印度计划在赖布尔和查谟再成立2个分局。不仅如此，国家调查局还在全国成立了40个特别法庭。截至2017年3月15日，这些特别法庭共登记157起案件，其中对110起案件进行了审理。在24起案件中，129人被判有罪。国家调查局下属的恐怖资金和假币中心则登记了11起恐怖主义资金案件和24起假币案件。②

2012年3月，印度成立了反恐中心。该中心挂靠在国家情报局下面，类似于美国的反恐中心，主要功能是提高与相关机构的协调能力、及时收集情报以及动员所需要的资源执行反恐任务。③ 目前，反恐中心是印度唯一一个中央政府能在全国全面推行反恐政策的机构。④

2013年1月，印度成立了国家情报网（National Intelligence Grid），共花费了100.3亿卢比。国家情报网能连接政府11个部门的21类数据库。安全机构和执法部门可进入情报网查询自己想要的信息。在此基础上，印度又划拨34.61亿卢比，用以建设在德里的数据中心，实施商业连接计划以及在班加罗尔的数据恢复计划。⑤

第三，加强警察和准军事部队力量。印度反恐主要依靠两种力量。一种是正规军队。另一种是警察和准军事部队。正规军队只能部署在限定区域。根据1967年的《武装力量特别权力法》（The Armed Forces Special

---

① Indian Ministry of Home Affairs, *Annual Report 2016–2017*, p. 29.
② Indian Ministry of Home Affairs, *Annual Report 2016–2017*, p. 29.
③ Uday Ravi, "Is Political Discordance Leading to India's National Counter Terrorism Center's Fallout?", *Counter Terrorist Trends and Analysis*, Vol. 4, No. 6, 2012, p. 2.
④ Uday Ravi, "Is Political Discordance Leading to India's National Counter Terrorism Center's Fallout?", *Counter Terrorist Trends and Analysis*, Vol. 4, No. 6, 2012, p. 4.
⑤ Indian Ministry of Home Affairs, *Annual Report 2016–2017*, p. 29.

Powers Act），东北地区的整个曼尼普尔（首府因帕尔除外）、那加兰德、阿萨姆挨着阿萨姆邦 16 个设立警察站的地区和其他三个县特拉普（Tirap）、长朗（Changlang）、隆定县（Longding）可以部署军队。梅加拉亚邦挨着阿萨姆邦 20 公里宽的地带也可以部署军队。这一法律到 1990 年开始适用于克什米尔地区。换言之，能够部署军队进行打击恐怖主义的只有东北一些地方和克什米尔地区。不适用《武装力量特别权力法》的其他地区则主要依靠警察进行反恐。

由于警察是反恐的中坚力量，印度不断增加警察人数，在偏远地区修建警察哨所，配备先进的反恐设备。孟买特大恐怖袭击发生后，印度加大了警察和准军事部队的建设力度，计划增加 40 万名警员。2008—2009 年度，印度政府批准未来三年增加 10 个突击营。2009 年，政府同意增加 38 个中央后备警察战斗营。①

从 2016 年 1 月 1 日起，印度把克什米尔地区特种警察的待遇从每月 3000 卢比提升到 6000 卢比，并与新增的 1 万名特种警察签署了协议。为了支持当地政府，中央政府同意在需要的时候让中央武装警察部队（Central Armed Police Forces）对克什米尔地区提供支援。从 1989 年到 2017 年 2 月 28 日，印度以安全项目名义划拨给克什米尔地区警察和特种警察的资金为 108.24 亿卢比。其中，2016—2017 年度划拨的经费为 98.86 亿卢比，为历年最高。② 2016 年 9 月，印度各党派联合代表团在内政部的组织下访问了克什米尔首府斯利那加。所有代表均表示文明社会是不会容忍暴力的，在国家安全方面决不能妥协，必须坚决打击恐怖主义。③

在东北地区，除了维持边界安全的军队和中央武装警察部队外，印度还部署了专门维持国内安全和打击恐怖主义的中央武装警察部队和突击队。2017 年 3 月，印度又批准了在东北地区建立 51 个预备役战斗营的计划，其中，阿萨姆、特里普拉和曼尼普尔各 9 个，那加兰德 7 个，米佐拉姆各 5 个，梅加拉亚 4 个，锡金 3 个。51 个预备役战斗营中有 48 个已组

---

① Vivek Chadha, "Left Wing Extremism-Challenges and Approach", in Krishnappa Venkatshamy and Princy George, eds., *Grand Strategy for India: 2020 and beyond*, New Delhi: Pentagon Security International, 2012, p. 99.
② Indian Ministry of Home Affairs, *Annual Report 2016 – 2017*, p. 8.
③ Indian Ministry of Home Affairs, *Annual Report 2016 – 2017*, p. 8.

第五章　印度加强软实力的主要措施

建完毕。①

在左翼极端主义受影响地区，截至2017年3月，印度已部署了118个战斗营的中央武装警察部队，以加强受影响邦的警察力量。印度政府还批准了在受影响的10个邦部署56个预备役战斗营的计划，已经部署到位的有36个。② 2016—2017年度，印度又以安全项目名义向10个受左翼极端主义影响的邦划拨了21亿卢比。这些资金主要用于对死亡安全人员和平民家庭的补助、死亡安全人员的保险金、安全人员的培训费用和对投降的左翼极端分子的安置费用。③ 不仅如此，印度还不断对受左翼极端主义影响地区400个警察站进行了改造和巩固。中央政府出资80%，邦政府出资20%。2010—2016年度，这个项目已划拨62.39亿卢比。其中，356个警察站已改造和巩固完毕。④

2013—2019年（截至3月31日），印度向各邦下拨的强化警察力量的资金共计420亿卢比。⑤

第四，修建隔离网，强化海上安全。为了防范跨境恐怖渗透，印度在与巴基斯坦和孟加拉国的边界地区修建了隔离网。印度计划在印巴边界修建长达2063公里的隔离网，到2019年底已修建2004.66公里。与此同时，印度还在印巴边界地区安装强力照明设施，拟安装2043.76公里，到2019年底已安装1983.76公里。⑥ 此外，印度还打算在印巴边界修建697个哨所，已修建656个。印度计划再额外修建93个综合性哨所，已修建87个。印度计划在印巴沿海边界地区修建18个哨所。⑦

印度计划在印孟边界修建长达3326.14公里的隔离网，到2016年底已修建2731公里。与隔离网配套的边界巡逻公路，印度拟修建4223.04公里，已修建3596.83公里。强力照明方面，印度拟投资132.7亿卢比安装长达2894.61公里的强力照明设施，已安装2398.16公里。⑧ 不仅如此，

---

① Indian Ministry of Home Affairs, *Annual Report 2016–2017*, p. 18.
② Indian Ministry of Home Affairs, *Annual Report 2016–2017*, p. 24.
③ Indian Ministry of Home Affairs, *Annual Report 2016–2017*, p. 25.
④ Indian Ministry of Home Affairs, *Annual Report 2016–2017*, p. 25.
⑤ Indian Ministry of Home Affairs, *Annual Report 2018–2019*, pp. 310–311.
⑥ Indian Ministry of Home Affairs, *Annual Report 2018–2019*, p. 39.
⑦ Indian Ministry of Home Affairs, *Annual Report 2018–2019*, pp. 38–39.
⑧ Indian Ministry of Home Affairs, *Annual Report 2016–2017*, p. 46.

印度还打算在两国边界修建1185个边界哨所,其中已完成1011个。印度政府已批准沿着印巴和印孟边界再修建422个综合性边界哨所,费用达258.49亿卢比。其中沿着印孟边界修建的综合性哨所有326个。[①]

在中印边界,印度计划修建27条道路,耗资193.7亿卢比,长度804.93公里。到2016年底已修建7条公路。而印度国防部准备修建的道路是48条。[②] 印度与尼泊尔边界虽然是开放的,但印度准备修建和升级的战略公路有1377公里,耗资将达385.3亿卢比。[③]

在保障陆地边界安全的同时,印度也在不断加强海上安全。印度海岸线长达7516.6公里,有9个邦和4个联邦直辖区临海,极易遭到来自海上的恐怖袭击。1993年和2008年的孟买恐怖袭击,恐怖分子就是从海上进入印度实施的。对于海上恐怖主义威胁,印度海军参谋长杜万表示:"海洋不再是一个良性的媒介……威胁是实实在在的。"[④]

印度海洋安全实行三层管理制度。12海里领海范围内由印度海警进行管理。200海里专属经济区内由印度海岸警卫队进行管理。200海里以外区域由印度海军进行管理。印度海岸警卫负责整个海岸安全,包括海警巡逻区的安全。而印度海军的管理权限更大,既负责保卫海岸安全,也负责保卫海上安全。虽然印度海军负责整个海洋安全,但海岸日常安全工作则由海岸警卫队来执行,所以需要加强海岸警卫队力量。

印度海岸警卫队的主要职责和功能是:捍卫和保护海洋区域内人工岛、海上终端、设备以及其他构造和装置的安全;保护渔民安全,包括在灾难发生后向其提供帮助;保护海洋环境,防止和控制海洋污染;协助海关和其他部门打击海上走私活动;执行在海洋区域内颁布的正在实施的其他法令;保护海上生命和财产安全,进行科学数据采集。随着海洋事务范围的不断扩大,印度海岸警卫队还要承担其他几项功能和职责:与其他部门协调进行海上搜救;协调处理海上石油溢出事故;协调保护海上油田安全;在《打击亚洲海盗和武装劫持船只地区合作协议》框架下与其他国家

[①] Indian Ministry of Home Affairs, *Annual Report 2018 – 2019*, p. 36.
[②] Indian Ministry of Home Affairs, *Annual Report 2016 – 2017*, pp. 41 – 42.
[③] Indian Ministry of Home Affairs, *Annual Report 2016 – 2017*, pp. 41 – 42.
[④] Camelia Nathaniel, "India, China Heading for Standoff Over Ocean Security", *Making Waves*, Vol. 23, No. 12 (1), December 2014, p. 11.

第五章　印度加强软实力的主要措施

共享特定区域信息；引导海上边界地区的情报机构（Lead Intelligence Agency for maritime borders）。①

早在孟买特大恐怖袭击发生之前，印度就已着手对海岸安全进行建设。2005—2006年度，印度启动了海岸安全行动第一阶段计划。该计划包括修建73个海岸警察站、97个检查站、58个哨所、30个营地、204艘拦截船、153辆吉普车、312辆摩托车、10艘坚硬的气垫船，预算资金达64.6亿卢比。该计划已于2011年底完成。孟买特大恐怖袭击发生后，印度又启动了海岸安全行动第二阶段计划。该计划从2011年4月1日起，计划用时5年修建海岸警察站131个，码头60个，行动中心10个，建造12吨的船只150艘，5吨的船只10艘，19米长的船只20艘，大型船只10艘（用于安达曼尼克巴群岛），提供气垫船35艘，汽车131辆，摩托车242辆，总投资达158亿卢比。② 到2016年底，第二阶段计划已修建109个海岸警察站，23个码头，4个行动中心，提供127辆汽车，234辆摩托车。③ 很显然，第二阶段计划没有完成。面对这种情况，印度内政部已提请内阁秘书处，希望能将第二阶段计划延长到2020年3月31日。④ 2009—2019年（截至3月31日），印度海岸警卫队共举行了185次演习，针对海岸安全进行演练，共开展了369次海岸安全行动，实施了20多万次登船检查任务。⑤

2018—2019年度，印度海岸警卫队共执行搜救任务253个，搜救368次，海上救援的人员801人，海上救援后送往医院的45人，逮捕非法捕鱼的船只10艘53名船员，遣返渔民211人。⑥

第五，促进落后地区经济发展，与一些转变立场的极端组织进行谈判。2004年，曼莫汉·辛格总理在视察克什米尔地区时提出了"重建计划"，给予2400亿卢比专项支持资金，主要用于扩建克什米尔地区的经济基础设施和服务设施、修建道路桥梁、促进就业、增加救济、安置受军事行动影响的不同群体等11个部门的67个项目。加上其他中央经费，到

---

① Indian Ministry of Defence Ministry, *Annual Report 2016 – 2017*, pp. 44 – 45.
② Indian Ministry of Home Affairs, *Annual Report 2016 – 2017*, pp. 48 – 49.
③ Indian Ministry of Home Affairs, *Annual Report 2016 – 2017*, p. 49.
④ Indian Ministry of Home Affairs, *Annual Report 2016 – 2017*, p. 50.
⑤ Indian Ministry of Defence Ministry, *Annual Report 2018 – 2019*, pp. 50 – 51.
⑥ Indian Ministry of Defence Ministry, *Annual Report 2018 – 2019*, p. 56.

2011年底，克什米尔地区的项目建设总经费达到了2800.4亿卢比。[①]
2015年，莫迪总理启动了对克什米尔的特别援助计划，总金额高达8006.8亿卢比，涉及15个部门63个项目。其中，6239.3亿卢比是新倡议或新项目，包括道路部门3325亿卢比，电力部门389.5亿卢比，新能源和可再生能源部门235亿卢比，旅游部门210亿卢比，医疗健康部门490亿卢比，教育部门200亿卢比，体育部门20亿卢比，城市发展部门160亿卢比，国防部门20.7亿卢比，纺织部门5亿卢比。其余的是旧项目。[②] 不仅如此，印度内政部还发起了公私模式（PPP）的"特别工业倡议"，具体由印度国家技术发展公司（National Skill Development Corporation）贯彻执行。该倡议主要对克什米尔地区失业的年轻研究生、本科生和三年工程技术文凭拥有者进行技能培训，促进他们就业。截至2017年3月31日，共有84家大公司加入了这一倡议，培训人员超过了1.9万名。[③]

为了促进东北地区发展，印度于1971年成立了东北地区理事会，由其全面负责管理东北地区的经济和社会发展事务。1974年，印度中央政府又启动了东北部山区发展项目。2001年9月，印度成立了东北地区发展署，专门负责东北地区的全面发展。2004年，印度成立了东北地区发展部（与其他部一样隶属于中央政府），专门负责东北地区发展计划的起草、协调、执行和落实，以使东北地区能赶上印度内地的发展。除阿萨姆邦外，东北地区其余各邦均享有中央政府财政拨款和补助的特殊权益。这些优惠措施主要表现在政策扶持、财政援助和技术帮助三个方面。

首先，在地位界定上，东北各邦基本上都被印度政府归类为有"特殊地位"的邦。全国发展委员会，作为负责全印计划资金划拨的最高机构，每年将高达30%的计划资源作为中央对地方邦发展的援助划拨给"特殊邦"。"特殊邦"所接受资金的90%都无须偿还，只有10%是需要偿还的贷款。[④]

其次，在资金支持上，1996年，高达总理宣布向东北地区提供高达610亿卢比的经济援助。之后，古吉拉尔总理和瓦杰帕伊总理也先后做出

---

① Indian Ministry of Home Affairs, *Annual Report 2011–2012*, p.12.
② Indian Ministry of Home Affairs, *Annual Report 2016–2017*, p.13.
③ Indian Ministry of Home Affairs, *Annual Report 2016–2017*, p.8.
④ 刘虎：《印度东北部地区分离主义问题分析》，《兰州学刊》2006年第5期。

类似承诺，并增加了援助额。2008年7月，曼莫汉·辛格总理宣布《东北地区2020年远景规划》，为东北地区全面发展制定了路线图。实施该计划大约需要14万亿卢比，重点是加强公路、铁路、机场等基础设施建设。①1996年，印度政府出台了"看东北"政策，要求中央政府各部委将年度预算资金的10%定向投入到东北地区。为此，印度政府还专门成立了一个"中央结余资金管理委员会"，负责统一收集和使用各部委剩余的东北地区开发资金。②从该项目开始实施到2016—2017年度（截至2017年1月31日），中央节余资金共资助东北地区项目1576个，资金达1453.2亿卢比。其中942个项目已完成，费用为631.14亿卢比，634个项目还在实施，费用为822.06亿卢比。③

最后，政府积极支援部落地区的开发和建设。印度政府兴修水利、建设公路、推广新的技术和耕作方法，发展小规模的工业生产等。此外，印度政府还拨款为他们提供医疗设备、开办医院、改善卫生条件，并帮助他们盖房、打井，解决居住、饮水等困难。同时，为了提高少数民族地区经济发展水平，印度政府还实施了一些行政干预措施，如重新分配土地，限制土地转让等。④

莫迪执政后，进一步加大了对东北地区的支持力度，不仅任命两位东北地区的人为内阁部长或国务部长，而且还要求其他部长和官员定期到东北地区访问，评估基础设施项目进展情况。莫迪自己则已多次访问了东北地区，宣布了多个发展项目。⑤像2014年11月访问曼尼普尔邦时，莫迪宣布将在该邦建立一所体育大学。2015年访问那加兰德邦时，莫迪又宣布要在东北地区修建8个服装生产中心，成立8所新的农业大学，划拨5300亿卢比用于修建东北地区的铁路，打通邦与邦之间的交通。⑥

在受到左翼极端主义影响较大的10个邦的106个县，特别是受影响最

---

① 李莉：《印度东北地区分离主义活动情况概述》，《国际资料信息》2009年第8期。
② 李益波：《印度东北地区部族分离主义运动探析》，《世界民族》2007年第3期。
③ Indian Ministry of Development of North Eastern Region, *Annual Report 2016 – 2017*, pp. 16 – 17.
④ 杨晓萍：《印度东北部民族问题的政府治理及其启示》，《东南亚南亚研究》2011年第4期。
⑤ M. Amarjeet Singh, "Narendra Modi and Northeast India: Development, Insurgency and Illegal Migration", *Journal of Asian Public Policy*, Vol. 9, No. 2, 2016, p. 114.
⑥ Iibd., p. 115.

严重的7个邦的35个县，印度宣布了国家政策和行动计划（National Policy and Action Plan）。该计划主要是加强构建受影响地区的安全和发展能力。2010—2011年度，印度计划委员会为受左翼极端主义影响较大的78个县划拨了150亿卢比，以促进基础设施和服务设施建设，2011—2012年度又划拨了109亿卢比。① 不仅如此，印度还从2009年开始在受左翼极端主义影响的34个县实施道路修建计划，预计修建道路5422公里，花费858.5亿卢比，到2016年12月31日，已修建4195公里，花费了603.6亿卢比。2016年12月，印度又实施了一项道路连接工程，旨在在受左翼极端主义影响的44个县修建和升级5411.81公里的公路和126座桥梁，预计花费1172.45亿卢比。②

在促进落后地区经济发展的同时，印度也与一些转变立场的极端组织展开谈判。在东北地区，印度推出了"停止行动计划"（Suspension of Operations），通过和谈劝说极端组织放弃武力。在这一计划下，截至2017年3月，阿萨姆邦已有7个组织、梅加拉亚邦已有2个组织、曼尼普尔已有2大组织23个分支机构、那加兰德已有4个组织、特里普拉已有1个组织与印度政府签订了"停止行动计划"或停火协议，有的则直接进行了解散。③ 对于拒不与政府谈判，或者谈判破裂仍从事分离主义运动和恐怖主义活动的，印度政府则予以坚决打击。从1998年开始，印度政府对东北地区放弃武装，愿意接受政府安置的反政府武装人员提供资助，每人每年给予15万卢比，为期三年，存入固定的银行账户，以促进放弃武装人员就业。另外，政府还向放弃武装人员提供每人每月3500卢比的生活补助，为期一年。如果发放超过一年，邦政府则需要同内政部协商。此外，各邦政府也会对放弃武装人员进行职业技能培训。④ 2012—2016年，东北地区共有3176名武装分子放下武装，接受了政府的安置，其中最多的是2012年的1161名，最少的是2015年的143名。⑤

对于放下武装的左翼极端分子，印度政府同样进行安置，标准是高级

---

① Indian Ministry of Home Affairs, *Annual Report 2011-2012*, p. 36.
② Indian Ministry of Home Affairs, *Annual Report 2016-2017*, p. 26.
③ Indian Ministry of Home Affairs, *Annual Report 2016-2017*, pp. 18-19.
④ Indian Ministry of Home Affairs, *Annual Report 2016-2017*, p. 19.
⑤ Indian Ministry of Home Affairs, *Annual Report 2016-2017*, p. 20.

第五章　印度加强软实力的主要措施

别人员每年给予25万卢比，中等和低级别人员给予15万卢比，为期三年。这些钱将被存入银行固定账户，如果三年后表现不好，这些钱将被收回。此外，放下武装的人员每人每月还可获得4000卢比的生活补贴，并能享受政府提供的职业培训。①

第六，寻求国际合作。几十年的反恐经验，让印度懂得了一个道理，要想打击国内的恐怖主义，单靠自己的力量是不行的，必须要寻求国际社会进行合作。所以，"9·11"事件发生后，印度后很快加入了美国领导的全球反恐战争，与多个国家建立了反恐联合工作组，以加强反恐信息交流和情报互换，并与缅甸、孟加拉国、不丹联合对印度东北地区的极端分离组织和恐怖活动进行打击，防止这些组织盘踞在边界地区或逃窜到邻国。

1995年，印度与缅甸携手对印度东北地区民族分离组织跨界行为进行了军事打击。2004年，缅甸领导人丹瑞大将访问印度时承诺，缅甸政府决不允许反印势力在其领土上活动。2010年7月，丹瑞再次访问了印度。两国签署了《刑事司法互助协定》等一系列协议，深化两国在打击有组织的跨境犯罪、恐怖主义、洗钱、武器和毒品走私等领域的合作。2011年10月，缅甸总统吴登盛访问了印度。吴登盛向印度公开保证，"缅甸的领土不允许用来从事针对印度的武装行动"②。2012年，印度总理辛格对缅甸进行了访问，这是印度总理25年来首次访问缅甸。双方签署了一系列合作协定。两国关系上升到一个新高度。2014年6月，莫迪政府执政后，印度开始将"向东看"政策变为"向东干"（Do East Policy）政策，旨在切实推进与东南亚的合作。这更离不开缅甸的支持与配合。对此，印度前驻缅甸大使帕塔萨拉蒂（Parthasarathy）表示："如果真想推进项目和投资合作的话，我们应坦诚相待，因为我们签署的一些协议已经很迟了（再不及时行动损失会更大）。"③

2014年5月，印度与缅甸签署了《边界合作谅解备忘录》。双方决定在安全方面加强合作如交换信息情报、在边界地区联合巡逻等。④ 2014年

---

① Indian Ministry of Home Affairs, *Annual Report 2016 - 2017*, p. 27.
② 吕昭义主编：《印度国情报告（2011—2012）》，社会科学文献出版社2012年版，第138页。
③ Pierre Gottschlich, "New Developments in India-Myanmar Bilateral Relations?", *Journal of Current Southeast Asian Affairs*, Vol. 32, No. 2, 2015, p. 143.
④ Pierre Gottschlich, "New Developments in India-Myanmar Bilateral Relations?", *Journal of Current Southeast Asian Affairs*, Vol. 32, No. 2, 2015, p. 143.

11月，莫迪总理对缅甸进行了访问，并与缅甸总统吴登盛进行了会谈。会谈前，莫迪总理在推特上发文称："我将与缅甸领导人、一位尊贵的朋友进行会谈，与缅甸建立强有力的关系是印度的优先方向。"① 会谈后，莫迪又在推特上发文说："与吴登盛总统的会谈非常友好。我们就双边关系中的众多领域广泛交换了意见。"② 2015年，在缅甸许可下，印度越过边界对那加兰民族社会主义委员会——卡普兰派（National Socialist Council of Nagaland-Khaplang，NSCN-K）进行了打击。③

2010年1月，孟加拉国总理哈西娜对印度进行了访问，并与曼莫汉·辛格总理进行了会晤。两国总理表示要向前看以建立"不可逆转的合作关系"。2011年9月，曼莫汉·辛格对孟加拉国进行了回访，这是印度总理自1999年以来首次访问孟加拉国。两国领导人就经济合作、联合反恐、边界管理以及河流水资源共享等一系列问题交换了意见，并签署了多项协议和谅解备忘录。其中，签署的边界协议草案意义重大，涉及所有突出的陆地边界问题。这包括三个部分：一是尽快在三个未划定陆地边界的邦划定边界，即划定西孟加拉邦戴克哈塔—56、特里普拉邦穆胡瑞河—柏劳尼亚（Muhuri River-Belonia）和阿萨姆邦杜玛巴里（Dumabari）地区边界；二是交换飞地；三是交换相互占领的对方土地。按照草案，两国将完成162块飞地（印度在孟加拉国的111块，孟加拉国在印度的51块）的交换。④ 2015年6月，印度总理莫迪对孟加拉国进行了访问，双方正式签署关于领土边界协议的文件。该协议的签署使两国糟糕的关系成为过去，大大促进了两国关系的发展，正因为此，莫迪将该协议的签署比喻为是两国关系中的"柏林墙倒塌"。⑤ 两国关系的提升有利于打击印度东北地区分离

---

① Pierre Gottschlich, "New Developments in India-Myanmar Bilateral Relations?", *Journal of Current Southeast Asian Affairs*, Vol. 32, No. 2, 2015, p. 152.

② Pierre Gottschlich, "New Developments in India-Myanmar Bilateral Relations?", *Journal of Current Southeast Asian Affairs*, Vol. 32, No. 2, 2015, p. 157.

③ M. Amarjeet Singh, "Narendra Modi and Northeast India: Development, Insurgency and Illegal Migration", *Journal of Asian Public Policy*, Vol. 9, No. 2, 2016, p. 118.

④ Bhumitra Chakma, "Bangladesh-India Relations: Sheikh Hasina's India-positive Policy Approach", *Report of S. Rajaratnam School of International Studies (Singapore)*, November 2012, p. 15.

⑤ Naresh Kumar Bhari, "India-Bangladesh Relations: Analyzing the Recent Developments", *International Journal of Advanced Research in Management and Social Sciences*, Vol. 4, No. 8, August 2015, pp. 60–61.

第五章　印度加强软实力的主要措施

主义运动。2008—2009 年,孟加拉国哈西娜政府与印度展开合作,成功逮捕了阿萨姆联合解放阵线领导人拉宾达·拉克霍瓦（Arabinda Rajkhowa）。[①] 2009 年,阿萨姆联合解放阵线总书记兰坚·乔杜里也在孟加拉国达卡被捕。[②]

2002 年 7 月,不丹国民议会通过决议,要求逃避在不丹境内的印度反叛组织和平离境,如果武装分子置若罔闻,不丹政府将被迫使用武力。2003 年 12 月,印度军队和不丹皇家军队联合行动,对不丹境内的阿萨姆联合解放阵线营地进行了打击,共摧毁了 30 个武装分子训练营地,打死 120 多名武装分子,缴获了大批武器装备。不丹向印度政府移交了 43 名被抓获的武装分子,其中包括阿萨姆联合解放阵线的 4 名高级头目。[③]

对于克什米尔地区的跨境恐怖主义,印度主要是向巴基斯坦施压。2001 年,印度议会恐怖袭击发生后,印度指责巴基斯坦是幕后操纵者,并往印巴边界调动了 50 万大军,两国战争一触即发。2008 年孟买特大恐怖袭击发生后,印度再次强硬向巴基斯坦表示,必须要严惩凶手,采取切实措施打击恐怖主义,停止支持代理人的非对称战争行为。曼莫汉·辛格表示:"我们对我们的邻国强烈不满,他们允许恐怖组织从其领土发动对我们的攻击,这决不能被容忍。"[④] 2014 年 8 月,莫迪总理说:"我们的邻国已没有能力发动一场常规战争,但却继续在进行恐怖主义的代理人战争。我们将以铁腕手段打击跨境恐怖主义。"[⑤] 莫迪政府的一位官员则表示:"如果再发生类似孟买这样的事件,印度必须做出反应,唯一的选择是对巴基斯坦占领的克什米尔地区进行外科手术式打击。"[⑥]

不仅向巴基斯坦直接施压,印度还希望借助美国之力制裁巴基斯坦,"鉴于美巴关系的密切程度以及美国是巴基斯坦的主要援助国,美国有能

[①] Namrata Goswami, "Northeast India: The Emerging Scenarios", *Issue Brief of Society for the Study of Peace and Conflict* (New Delhi), April 7, 2014, p. 5.

[②] 赵伯乐:《印度民族问题研究》,时事出版社 2015 年版,第 244 页。

[③] Namrata Goswami, "Northeast India: The Emerging Scenarios", *Issue Brief of Society for the Study of Peace and Conflict* (New Delhi), April 7, 2014, p. 5.

[④] "Text of the PM's Address to the Nation", *Hindustan Times*, November 27, 2008.

[⑤] Shashank Bengali, "India's New PM Talks Tough on Terrorism in Pakistan", *The Los Angeles Times*, August 13, 2014.

[⑥] George Perkovich & Toby Dalton, "Modi's Strategic Choice: How to Respond to Terrorism from Pakistan", *The Washington Quarterly*, Vol. 38, No. 1, 2015, p. 26.

力向巴基斯坦施加巨大压力。印度对美国的这种作用非常期待，尤其是在2008年孟买特大恐怖袭击发生后"①。印度的这一战略在2017年获得了丰厚回报。美国不仅宣布将在巴控克什米尔地区活动的圣战者游击队（Hizbul Mujahideen）头目赛伊德·沙拉胡丁认定为恐怖分子，并将该组织列为恐怖组织，而且还在新南亚战略中，点名批评巴基斯坦支持恐怖主义，并希望印度在阿富汗重建中发挥更大作用。2018年1月初，特朗普更是在推特上指责"巴基斯坦除了欺骗和说谎外，什么也没为我们做。巴基斯坦为我们在阿富汗打击的恐怖分子提供庇护所"。随后，美国国务院决定暂停向巴基斯坦提供安全援助。这可能会影响每年13亿美元的援助。②比暂停援助更重要的是，特朗普政府不再将巴基斯坦视为"非北约盟友"。美国对巴基斯坦政策的改变，是印度外交的一大胜利。

第三节　外交政策方面的措施

一　推行睦邻政策

冷战后，印度实施了睦邻政策。其中，最著名的就是"古吉拉尔主义"。"古吉拉尔主义"是由时任印度外交部部长的古吉拉尔于1996年提出来的，主要包括五个方面的内容。一是印度对其邻国（巴基斯坦除外）给予印度所能给的，而不要求这些国家采取对等行动。二是任何南亚国家的领土都不能被用来反对其他南亚国家。三是互不干涉内政。四是相互尊重主权与领土完整。五是通过双边和平谈判解决彼此之间的矛盾和分歧。③1997年，古吉拉尔出任总理后积极推行"古吉拉尔主义"。

印度之所以倡导"古吉拉尔主义"主要有三个原因。一是经济因素。由于印度及其邻国都进行了经济改革，不断融入全球化，地区经济合作对它们来说都非常重要。这些国家希望在南亚次大陆能有一个自由市场。随着其他地区经济集团的不断出现，印度也开始意识到在南亚地区促进贸易

---

① Vandana Asthana, "Cross-Border Terrorism in India: Counterterrorism Strategies and Challenges", *Report of University of Illinois at Urbana-Champaign (US)*, June 2010, p. 17.

② Dipanjan Roy Chaudhury, "US Freezes $1.3-bn Security Aid to Pakistan", *The Economic Times*, January 5, 2018.

③ Vandana Asthana, *India's Foreign Policy and Subcontinental Politics*, New Delhi: Madan Sachdeva for Kanishka Publishers, 1999, p. 72.

第五章　印度加强软实力的主要措施

合作的紧迫性。① 而南亚是世界上融合度最低的地区。虽然南亚区域合作联盟（SAARC）早在1985年就成立了，但发展极其缓慢，与全球化的迅速蔓延和其他地区的经济密切合作形成了鲜明对比。这对印度和其他南亚国家均无益处。作为南亚实力最强的国家，印度有责任推动区域的快速发展。不仅如此，印度1991年实行的经济改革和"向东看"政策，也需要有一个稳定的地区发展环境。二是印度逐渐认识到，只要仍陷于地区内部冲突，要成为全球性大国是不现实的。印度要冲破地区藩篱，就需要有一个充满耐心而又具有敏感性和复杂性的外交政策，来处理与邻国的关系，消除合作障碍，获取信任。严格的互利原则是不可能成为有效邻国政策基础的。② 由于实力与印度相差太大，其他国家无力与印度进行对等互利，这就要求印度必须做出更大让步和牺牲。当然，新德里也意识到，与邻国最终的关系不可能完全建立在单方面的让步上。"古吉拉尔主义"并不意味着为了与邻国合作而付出无休止的代价。"古吉拉尔主义"希望看到的是，来自印度方面非互利和非对称性的让步能使其邻国积极看待与印度存在的政治、经济合作潜力。③ 三是美国和中国在南亚地区影响力的不断增长以及邻国出现的反印情绪迫使印度必须调整对邻国的政策。④ 在南亚地区，印度不愿看到其邻国与区外大国走得过近，将区外大国力量引入南亚。

在"古吉拉尔主义"政策下，印度与其南亚邻国解决了一些争端，如1996年与孟加拉国签署了一直制约两国关系发展的恒河水分享协议，与尼泊尔达成了为尼泊尔提供过境运输协议，对斯里兰卡的民族问题保持中立，并于1999年与斯里兰卡签署了自由贸易协定。对此，新加坡学者巴鲁尔（Rajesh M. Basrur）评论说："尽管印度在冷战期间对邻国干涉和施压经常发生，但现在不是这样，在很大程度上，即使受到邀请，印度也会

---

① C. Raja Mohan, *Crossing the Rubicon: The Shaping of India's New Foreign Policy*, New Delhi: Penguin Books India, 2003, p. 242.

② C. Raja Mohan, *Crossing the Rubicon: The Shaping of India's New Foreign Policy*, New Delhi: Penguin Books India, 2003, p. 242.

③ C. Raja Mohan, *Crossing the Rubicon: The Shaping of India's New Foreign Policy*, New Delhi: Penguin Books India, 2003, p. 243.

④ C. Raja Mohan, *Crossing the Rubicon: The Shaping of India's New Foreign Policy*, New Delhi: Penguin Books India, 2003, p. 243.

竭力避免干涉他国内政。"①

古吉拉尔之后的历届政府基本上都秉承了这种思想，尽管没有使用"古吉拉尔主义"这个名称。印度前外交秘书萨兰2005年表示："我们的外交挑战在于说服我们的邻国：印度是机会而不是威胁。它们没有被印度围困。借助印度，它们有巨大的生产腹地，能够给它们带来比仅靠国内市场更大的经济增长机会。"②他进一步说："我们将会促进民众之间的相互交流，构建紧密的文化关系将民众联系起来。我们需要超越政府，与南亚民众接触，在整个地区构建一种和平与和谐的氛围。"③印度前外交秘书拉奥琦也表示："南亚只是一个文化和地缘上的概念，不是政治概念。尽管南亚国家在政治上存在分歧，但享有共同的历史和文化能成为发展良好伙伴关系的重要基础。"④曼莫汉·辛格2007年也表示："我始终相信，南亚人民的命运是联系在一起的。我们不仅过去存在密切的联系，将来亦会如此。如果我们的邻国在经济上不发达，在政治上不稳定，印度在经济上也不可能出现繁荣，在政治上也难以实现稳定，反之亦然。"⑤

受"古吉拉尔主义"影响，国大党领导的团结进步联盟执政期间（2004—2014），印度在经济上倡导促进南亚贸易，加强投资和互联互通方面的合作，支持阿富汗成为南亚区域合作联盟成员国，成立南亚大学，推动南亚各国之间的文化和民众交流。⑥不过，在这10年里，团结进步联盟未提出具有较大影响、能切实促进南亚区域经济合作的理念和政策。

莫迪执政后改变了这种情况，提出了"邻国优先"（Neighbourhood

---

① Rabindra Sen, "India's South Asia Dilemma and Regional Cooperation: Relevance of Cultural Diplomacy", *Strategic Analysis*, Vol. 38, No. 1, 2014, p. 70.
② Patryk Kugiel, "India's Soft Power in South Asia", *International Studies*, Vol. 39, No. 3 – 4, 2012, p. 364.
③ Patryk Kugiel, "India's Soft Power in South Asia", *International Studies*, Vol. 39, No. 3 – 4, 2012, p. 365.
④ Rabindra Sen, "India's South Asia Dilemma and Regional Cooperation: Relevance of Cultural Diplomacy", *Strategic Analysis*, Vol. 38, No. 1, 2014, p. 71.
⑤ C. Raja Mohan, "How Obama Can Get South Asia Right", *The Washington Quarterly*, Vol. 32. No. 2, 2009, p. 179.
⑥ S. D. Muni, "Narendra Modi's Foreign Policy: Rebuild South Asian Neighbourhood", *CLAWS Journal*, No. 1, Summer 2015, p. 26.

First）的外交理念。根据布鲁金斯学会印度中心研究员德鲁瓦·贾伊尚卡尔（Dhruva Jaishankar）的分析，"印度优先"主要包括四个方面的内容。一是印度愿意给予其直接邻国（immediate neighbours）和印度洋岛国政治和外交优先权。二是印度愿意向这些国家提供它们所需要的支持。三是促进地区更大的连接性和一体化。四是构建一个由印度领导的地区主义，同时又能使其邻国感到愉快，不反感。①

与"古吉拉尔主义"相比，"邻国优先"在内容上并无太大变化，但更容易实施，这有三个原因。一是莫迪政府在议会拥有绝对多数，是过去30年都未有过的强政府，在很大程度上能推行自己想要实施的政策。而古吉拉尔政府是个少数政府，执政根基不稳，执政不到1年就垮台了，根本无法持续有力地推行"古吉拉尔主义"。二是"古吉拉尔主义"提出时，印度刚刚进行经济改革没几年，尚处在摸索阶段，经济实力不强。印度现在的总体经济实力已位居世界前列（尽管按人均仍比较少），有更大能力对邻国提供更多帮助。三是莫迪的个性强硬，敢说敢做，有利于政策的顺利推进。

"邻国优先"理念是建立在莫迪政府对南亚地区发展现状取得新认知之上的。最明显的体现就是南亚区域合作联盟没有取得显著进展。南亚区域合作联盟区内贸易仅占5%，而欧盟是60%，东盟为25%。② 不仅如此，1985—2015年，南亚区域合作联盟由于成员国之间的矛盾，有12次年度领导人峰会没有举行。③ 这种情况对于有着强烈大国抱负的莫迪政府来说，是不可接受的。印度要想实现经济腾飞，在国际上发挥更大作用，必须要先在南亚地区促进经济合作，让南亚邻国得到实惠，认可印度的做法，真正愿意与印度打交道，帮助印度走出南亚，走向世界。对此，有分析家表示，印度逐渐认识到，其在南亚的最终目标不仅仅是努力与其邻国建立紧密的关系，更重要的是使这种关系能够坚固和持久，不因邻国政府的更迭

---

① Kamal Madishetty, "Modi's Neighbourhood First Policy Must March on, With or Without Pakistan", *Report of The Centre for Land Warfare Studies* (New Delhi), No. 1716, March 16, 2017, p. 1.

② Ritika Passi and Aryaman Bhatnagar, "India, India's Neighbourhood and Modi: Setting the Stage", in Aryaman Bhatnagar and Ritika Passi, eds., *Neighbourhood First: Navigating Ties Under Modi*, Delhi: Vinset Advertising, 2016, p. 5.

③ S. D. Muni, "Narendra Modi's Foreign Policy: Rebuild South Asian Neighbourhood", *CLAWS Journal*, No. 1, Summer 2015, p. 24.

而发生变化。① 拉贾·莫汉就表示，印度需要将焦点更多地集中在双边的互动上，避免过去那种粗鲁地强调印度要给予什么的做法。②

莫迪对此也有清醒的认识。在2014年11月举行的南亚区域合作联盟第18次领导人峰会上，他表示："我梦想中的印度的未来，也是整个地区的未来。这依赖于五根支柱：贸易；投资；援助；各领域的合作；民众之间的交流，以实现全方位无缝对接。我们未能按照人们期望和预想的速度推动南亚区域合作联盟向前发展。对于南亚区域合作联盟，我们要战胜犬儒主义和怀疑主义，挖掘我们无限的潜力和信任。我们可以选择自己的道路通往目的地。如果我们手挽手往前走，道路就会变得顺畅，路程就会变得轻快，目的地就会越来越近。"③ 他还说："我们被分歧之墙堵住，在消除过去不愉快阴影方面犹豫不决。由于规模和位置，印度对此负有责任……印度将提供便利条件，资助南亚地区的基础设施项目，提高我们之间的互联互通和贸易。印度已向五个南亚区域合作联盟成员国实施了零关税政策，它们99.7%的商品可以免税进入印度市场。我们准备向更多国家提供零关税准入政策。"④

在"邻国优先"理念影响下，莫迪政府采取了很多具体措施。在就职典礼上，莫迪邀请了所有南亚区域合作联盟成员国领导人出席，这在印度总理就职典礼上还是头一次。巴基斯坦总理谢里夫谈及参加仪式的感受时称非常受鼓舞，认为这是积极的举措。⑤ 不仅如此，莫迪第二天还分别与这些领导人举行了会谈，表示要推动南亚区域合作联盟的发展，将南亚区域合作联盟打造成地区经济增长的发动机。

2014年6月，就职不到一个月，莫迪就对不丹进行了访问，不丹是莫迪就任总理后第一个出访的国家。印度外交部称，不丹是印度最亲密、最

---

① Rabindra Sen, "India's South Asia Dilemma and Regional Cooperation: Relevance of Cultural Diplomacy", *Strategic Analysis*, Vol. 38, No. 1, 2014, p. 70.
② Rabindra Sen, "India's South Asia Dilemma and Regional Cooperation: Relevance of Cultural Diplomacy", *Strategic Analysis*, Vol. 38, No. 1, 2014, p. 72.
③ S. D. Muni, "Narendra Modi's Foreign Policy: Rebuild South Asian Neighbourhood", *CLAWS Journal*, No. 1, Summer 2015, p. 31.
④ S. D. Muni, "Narendra Modi's Foreign Policy: Rebuild South Asian Neighbourhood", *CLAWS Journal*, No. 1, Summer 2015, p. 32.
⑤ Debidatta Aurobinda Mahapatra, "From a Latent to a 'Strong' Soft Power? The Evolution of India's Cultural Diplomacy", *Palgrave Communications*, Vol. 2, 2016, p. 6.

第五章　印度加强软实力的主要措施

友好的南亚邻国之一，总理对之访问具有象征意义，反映了印度将南亚邻国置于最优先的外交地位。[①] 莫迪在不丹议会发表了演讲，承诺将在不丹"十一五"规划（2013—2018）期间，向其提供450亿卢比的援助。[②] 莫迪还将两国关系称为"B2B"（Bhutan to Bharat and Bharat to Bhutan，不丹通往印度，印度通往不丹），并表示，将进一步强化两国友好关系。[③]

2014年8月，莫迪对尼泊尔进行了访问。这是印度总理11年来首次访问尼泊尔，也是莫迪就任总理后出访的第二个国家。莫迪在尼泊尔制宪议会上发表了演讲，是第一位在尼泊尔议会发表演讲的外国领导人。莫迪表示："印度和尼泊尔享有很多相似性，有着类似的文化，享有共同宗教，是时候进一步促进两国关系了……我希望我的访问能翻开两国关系的新篇章，进行更多政治接触和全方位紧密合作，为促进南亚国家之间的伙伴关系走向繁荣树立榜样，添加催化剂。"[④] 2014年11月，莫迪再次访问了尼泊尔，并参加了在尼泊尔举行的南亚区域合作联盟第18次领导人峰会。期间，两国签署了10项合作协议和谅解备忘录。[⑤] 尼泊尔2015年发生地震后，印度对尼泊尔提供了物质援助，并派救援队赴现场进行了救助。莫迪政府的快速反应赢得了尼泊尔的称赞。

2014年6月，印度外交部部长斯瓦拉吉访问了孟加拉国，这是斯瓦拉吉出任外交部部长后的首次出访，显示出莫迪政府对邻国的高度重视。2014年7月，莫迪政府接受了国际海洋法法庭关于与孟加拉国海上领土划界的仲裁，解决了与孟加拉国的海上纠纷。印度外交部发言人赛义德·阿克巴鲁丁（Syed Akbaruddin）说："我们会遵守裁决结果，履行我们的义务。"[⑥] 孟加拉国外交部部长马哈茂德·阿里（Mahmud Ali）则说："这是孟印友谊的胜利。两国的海上争端随着此次仲裁而画上了句号。这将推动双方关系向前一大步。"[⑦] 2015年5月，莫迪访问了孟加拉国，双方签署

[①] Indian Ministry of External Affairs, *Annual Report 2014–2015*, p. 8.
[②] Indian Ministry of External Affairs, *Annual Report 2014–2015*, p. 8.
[③] "In Bhutan, Narendra Modi Vows to Nurture 'B2B' Ties", *The Hindu*, June 15, 2014.
[④] Debidatta Aurobinda Mahapatra, "From a Latent to a 'Strong' Soft Power? The Evolution of India's Cultural Diplomacy", *Palgrave Communications*, Vol. 2, 2016, p. 6.
[⑤] Indian Ministry of External Affairs, *Annual Report 2014–2015*, p. 15.
[⑥] Haroon Habib, "Bangladesh Wins Maritime Dispute with India", *The Hindu*, July 9, 2014.
[⑦] Haroon Habib, "Bangladesh Wins Maritime Dispute with India", *The Hindu*, July 9, 2014.

了《陆地边界协议》，解决了两国之间的又一大难题。[1] 2016年11月，印度国防部长帕里卡尔对孟加拉国进行了访问，这是印度国防部长第一次访问孟加拉国，双方同意加强防务合作。2017年4月，孟加拉国总理哈西娜访问了印度。双方签署了11项协议和24项谅解备忘录。[2] 印度宣布将向孟加拉国提供45亿美元的优惠信用贷款，其中5亿美元用以帮助孟加拉国购买武器装备。这是印度单次向外国提供的最大一笔优惠信用贷款。[3]

2015年3月，莫迪对印度洋三个关键性岛国毛里求斯、塞舌尔和斯里兰卡进行了访问，莫迪是10年来访问毛里求斯、34年来访问塞舌尔、28年来访问斯里兰卡的第一位印度总理。对于此次访问，莫迪表示："这表明我们的外交政策优先地区是在印度周边和扩展了的邻国……我相信这次访问能使印度与它们的关系在印度洋重新焕发活力，而印度洋是我们的共同家园。"[4] 分析家则指出，莫迪的访问显示出印度决心并认真地在加强与海洋邻国的关系，表明印度要强化在印度洋的重要存在。[5] 还有分析家表示，印度在印度洋的核心政策就是在安全和政治方面将为数不多的几个岛国凝聚起来，因为这些岛国由很多岛屿组成，扼守着海上交通要道。像马尔代夫就由1200个岛屿组成，能辐射印度洋9万平方公里的海域。[6] 印度前海军参谋长马赫塔（Mehta）则说："这些岛国的重要性已不在我们的雷达上。印度需要在这些岛国保持永久存在。我们现在要重振海军事务。"[7]

在毛里求斯，莫迪与对方签署了5项协议，其中包括发展蓝色经济的

---

[1] Sumit Ganguly, "Has Modi Truly Changed India's Foreign Policy?", *The Washington Quarterly*, Vol. 40, No. 2, 2017, p. 133.

[2] Haroon Habib "Visit to India Was Hugely Satisfying, Says Hasina", *The Hindu*, April 11, 2017.

[3] "India Assures Bangladesh on Teesta Water Sharing, As the Two Countries Broadbase Ties", *The Hindu*, April 11, 2017.

[4] Dinakar Peri, "India Deepening Strategic Footprint in Indian Ocean", *The Hindu*, March 11, 2015.

[5] Rajeev Ranjan Chaturvedy, "The Indian Ocean Policy of the Modi Government", in Sinderpal Singh, ed., *Modi and the World：(Re) Constructing Indian Foreign Policy*, Singapore：World Scientific Publishing Company, 2017, p. 172.

[6] Pal Chaudhuri and Pramit, "Making Waves in Indian Ocean：PM Modi Building Bridges to Island States", *Hindustan Times*, March 15, 2015.

[7] Pal Chaudhuri and Pramit, "Making Waves in Indian Ocean：PM Modi Building Bridges to Island States", *Hindustan Times*, March 15, 2015.

谅解备忘录。莫迪同意帮助毛里求斯提升南北阿加莱岛的空中和海上联系，并提供5亿美元信贷。① 莫迪还向毛里求斯移交了一艘海上巡逻船。这是印度为外国建造的第一艘这样的船只。②

在塞舌尔，两国签署了5个协议，其中包括帮助提升塞舌尔阿桑普申岛（Assumption Island）基础设施建设水平的投资协议。莫迪出席了印度为塞舌尔援建的8个雷达中第1个雷达的落成仪式。这8个雷达能加强塞舌尔监控海洋的能力，并将与毛里求斯的8个雷达、斯里兰卡的6个雷达和马尔代夫的10个雷达连接起来。这些雷达网络会与位于印度的50多个接收站相连接，最终接入新德里附近的一个综合分析中心。③ 双方还决定成立蓝色经济合作工作组。印度向塞舌尔捐赠了第二架"多尼尔飞机"（Dornier Aircraft）。④ 莫迪表示："我们之间的安全伙伴关系是坚固的，这能使我们承担起责任，共同促进这一地区的海洋安全。在安全能力提升方面，印度是塞舌尔的优先战略伙伴。"⑤

在斯里兰卡，莫迪宣布将向对方提供3亿美元的信贷。⑥ 2016年5月，斯里兰卡遭遇了罕见的洪灾和山体滑坡，印度出动了空军直升机携带5吨救助物资对斯里兰卡进行了援助，印度海军舰艇随后也赶赴灾区进行救助。⑦

2015年12月和2016年6月，莫迪两次访问了阿富汗。2015年4月，阿富汗总统加尼访问了印度。2016年9月，加尼再次访问了印度，并与莫迪举行了会谈。印度表示将向阿富汗提供10亿美元援助，用于阿富汗的

---

① G. Padmaja, "Modi's Maritime Diplomacy: A Strategic Opportunity", *Maritime Affairs: Journal of the National Maritime Foundation of India*, Vol. 11, No. 2, Winter 2015, p. 28.

② G. Padmaja, "Modi's Maritime Diplomacy: A Strategic Opportunity", *Maritime Affairs: Journal of the National Maritime Foundation of India*, Vol. 11, No. 2, Winter 2015, p. 28.

③ Lindsay Hughes, "Modi and India's Security in the Indian Ocean", *Strategic Analysis Paper*, August 30, 2016, p. 3.

④ G. Padmaja, "Modi's Maritime Diplomacy: A Strategic Opportunity", *Maritime Affairs: Journal of the National Maritime Foundation of India*, Vol. 11, No. 2, Winter 2015, p. 28.

⑤ Ramtanu Maitra, "Modi Strengthens India's Ties with Its Indian Ocean Neighbors", *Executive Intelligence Review*, Vol. 42, No. 12, 2015, p. 15.

⑥ Ramtanu Maitra, "Modi Strengthens India's Ties with Its Indian Ocean Neighbors", *Executive Intelligence Review*, Vol. 42, No. 12, 2015, p. 16.

⑦ Darshana M. Baruah, "Expanding India's Maritime Domain Awareness in the Indian Ocean", *Asia Policy*, No. 22, 2016, p. 52.

教育、健康、农业、技术发展、妇女培训、能源和基础设施建设。[1]

对巴基斯坦这个宿敌,莫迪政府也与之进行了接触。除邀请谢里夫出席自己的就职典礼外,莫迪还多次与谢里夫通电话,讨论两国之间的问题。2015年4月和6月,莫迪就与谢里夫通话了两次。2015年12月,在谢里夫生日这天,莫迪更是突访拉合尔,这是印度总理12年来首次访问巴基斯坦。莫迪不仅与谢里夫举行了会谈,还参加了谢里夫孙女的婚礼,这表明,莫迪政府希望改善与巴基斯坦的关系。

2018年11月,莫迪出席了马尔代夫总统萨利赫的就职典礼,并对马尔代夫进行了访问。莫迪是唯一一位出席萨利赫就职典礼的外国领导人,显示出印度对马尔代夫的重视。2019年12月,就任总统刚刚一个月的萨利赫就对印度进行了访问。萨利赫表示,印度不仅是马尔代夫"最亲密的朋友",还是马尔代夫最大的贸易伙伴之一,马尔代夫已经做好迎接更多来自印度的投资的准备。而萨赫利的前任亚明自2014年就任总统后至少3次访问过印度,[2] 并宣布印度是马尔代夫"最重要的朋友",马尔代夫将奉行"印度优先的外交政策"[3]。2016年4月,印度与马尔代夫签署了6项协议,其中包括《国防合作行动计划》。亚明表示:"两国在南亚和印度洋和平与稳定方面享有共同观点。这是马尔代夫奉行'印度优先外交政策'的重要原因。"[4] 莫迪则说:"马尔代夫的稳定和安全符合印度的利益。印度理解马尔代夫的安全需求。亚明总统也承诺会注重印度的战略和安全利益。"[5] 2019年,莫迪连任后,首次出访就选择了马尔代夫,这说明印度非常希望加强与印度洋岛国马尔代夫的关系,扩大在南亚和印度洋的影

---

[1] Indian Ministry of External Affairs, *Annual Report 2016 - 2017*, p. 2.

[2] Prakash Gopal, "India and Maldives: A Triumph for Maritime Diplomacy", in Vijay Sakhuja and Gurpreet S Khurana, eds., *Maritime Perspectives* 2016, New Delhi: National Maritime Foundation, 2017, p. 109.

[3] Prakash Gopal, "India and Maldives: A Triumph for Maritime Diplomacy", in Vijay Sakhuja and Gurpreet S Khurana, eds., *Maritime Perspectives* 2016, New Delhi: National Maritime Foundation, 2017, p. 109.

[4] G. Padmaja, "Maldives President Visits India: Bilateral Partnership for Regional Security", in Vijay Sakhuja and Gurpreet S Khurana, eds., *Maritime Perspectives 2016*, New Delhi: National Maritime Foundation, 2017, p. 115.

[5] G. Padmaja, "Maldives President Visits India: Bilateral Partnership for Regional Security", in Vijay Sakhuja and Gurpreet S Khurana, eds., *Maritime Perspectives 2016*, New Delhi: National Maritime Foundation, 2017, p. 115.

响。两国发布的联合声明称，莫迪选择将马尔代夫作为其连任后首访的第一个国家，是一个"重要的象征性姿态"，反映了两国之间的一种"特殊关系"。

总体来看，莫迪政府提出的"邻国优先"理念并非只是一个空洞的口号，而是采取了很多具体措施，这有助于树立印度的积极形象，提升印度在南亚的软实力。

二 实施公共外交

尽管自独立后印度就开始使用公共外交谋求外交目标，但公共外交真正作为一个专有术语进入印度决策层是在21世纪，标志之一是2006年在外交部成立了公共外交司专门推行公共外交。

为了增加印度的软实力，印度在公共外交方面采取了这样几个措施。

一是人文外交。印度人文外交的主要实践者是文化关系委员会和公共外交司。关于文化关系委员会的功能已在本章第一节中进行了比较详细的阐述，所以在这里主要分析公共外交司的作用。印度公共外交司的主要功能是对外宣传印度，讲好印度故事，促进外国对印度的正确认知，提升印度的国际形象，增进印度的利益。分析家指出，公共外交司的成立有三个含义。一是印度要积极在国内、西方和发展中世界寻找听众。二是印度希望在对外问题上通过更民主和互动的方式接触越来越多的民众，包括国外民众。三是印度希望借助新媒体而不是旧媒体谋求外交目的。[1]

自成立以来，公共外交司开展了大量工作。印度驻外使领馆经常会准备一些关于印度的纪录片、宝莱坞电影和唱片进行展映和播放，并展出印度领导人的一些高清晰照片，以宣传印度，增加外国民众对印度的好感。为了让外国民众更直观和客观地了解印度，也使印度能增加对外部世界的认知，公共外交司每年都会邀请一些外国记者参访印度，同时也派记者访问外国。2016年，印度邀请了阿富汗、尼泊尔、斯里兰卡、孟加拉国、金砖国家、克罗地亚等国的记者参访印度；2017年2月，13名中国记者受邀对印度进行了参访；2017年3月，来自东盟的10名记者对印度进行了

---

[1] Patryk Kugiel, "India's Soft Power in South Asia", *International Studies*, Vol. 39, No. 3–4, 2012, p. 360.

参访。①

为了更好地宣传印度，公共外交司每年还会出版一些关于印度和南亚地区的书籍和资料，主要使用的是英语和南亚国家语言，包括达里语和普什图语版本以满足阿富汗公众的需要以及泰米尔语和尼泊尔语版本。其中，《印度视野》（India Perspectives）双月刊在全球150多个国家发行，每期用16种语言印刷7万册，并可进行在线阅读。公共外交司也经常举办国际研讨会，2013年就举办了18场国际研讨会。②

除在国外展开人文外交外，印度还在国内举办活动，使国内民众增加对印度外交政策的了解，支持国家的对外政策。2010年，公共外交司在多个城市如兰契、因帕尔、阿加尔塔拉、孟买的22个大学开展了外交官演讲活动，这是印度高校教师和学生第一次与外交官的面对面交流。这一活动涵盖了100所教育机构，并已在46所中央大学和其他类型的大学举办过外交官演讲活动。2016—2017年度，公共外交司举办了41场这样的演讲活动。③

二是媒体外交。这主要指新媒体。2010年7月，印度外交部在推特上开设了账户，是印度政府第一个在推特上开设账户的部门。接着，印度外交部又在脸书、优图和博客上开设了账户。为了更好地利用这些新媒体，印度外交部转换了24部比较短的纪录电影，时长为6—8分钟，这样便于上传到优图上。印度外交部同时也把驻外使馆的一些视频放到优图上，来自演讲和其他事件的信息则被放到推特和脸书上，演讲的文本被放到博客上以供评论和讨论，来自世界有关印度软实力和发展伙伴关系的信息则直接放在外交部公共外交司网页上。不仅如此，印度外交部还更新了网页，上传了200多段关于印度文化、历史、政治的视频。通过这些措施，到2010年底，印度基本上实现了在互联网上塑造存在的目标。④ 2012年，印度外交部几乎又将自1981年以来的全部文件上传到优图上，并对网站进行了改版，使用英语、印地语、乌尔都语、西班牙语和法语均可访问，上

---

① Indian Ministry of External Affairs, *Annual Report 2013 – 2014*, p. 244.
② Indian Ministry of External Affairs, *Annual Report 2013 – 2014*, p. 155.
③ Indian Ministry of External Affairs, *Annual Report 2013 – 2014*, p. 244.
④ Navdeep Suri, "Public Diplomacy in India's Foreign Policy", *Strategic Analysis*, Vol. 35, No. 2, March 2011, p. 300.

第五章　印度加强软实力的主要措施

传了272份新闻发布稿、191份演讲和声明、96份双边和多边文件、129份媒体短报道。①

2016年底，印度外交部在脸书上的账号被点"赞"超过了200万次，印度外交部和发言人账号在推特上的"跟随者"分别超过了107万人和112万人。印度外交部在优图上的频道订阅者达到了1.77万人，观看次数168.75万，总观看时长173.12万分钟。印度外交（并不仅仅是印度外交部）优图频道访问量更高，订阅者有3.42万人，观看次数795.84万，总观看时长3316.24万分钟。印度外交部在推特上的"跟随者"、印度在谷歌主页上的收藏者则达到了87.02万人，浏览3819.03万次。2016年，印度外交部又在移动客户端照片墙（Instagram）社交软件上开设了账户，短时内就有2万名"跟随者"。②

莫迪总理本人更是一个社交媒体"达人"，几乎每天都会访问推特、脸书和其他社交媒体平台，并经常在推特上发送推文，拥有的"跟随者"多达3200万人，仅次于奥巴马和特朗普，是世界上拥有"跟随者"第三多的国家领导人。③ 而自2010年11月开通推特账号至2016年6月25日，印度外交部部长斯瓦拉吉发送了4184条推文，拥有547万名"跟随者"。④

为了提升社交媒体在外交中的作用，公共外交司要求驻外使领馆必须利用网络，与居住国民众和海外印度人进行在线沟通和交流。⑤ 印度所有驻外使领馆均已在脸书上开设了账户。通过与脸书合作，印度外交部会对所有账号进行核实，并统一账号名称如"印度在美国""印度在爱尔兰"等。这些账号被用来固定发布使领馆的活动、印度软实力故事、投资渠道、参与印度一些著名项目如"印度制造""数字印度"等。在推特上，约有163个印度使领馆的账号比较活跃。⑥

---

① Indian Ministry of External Affairs, *Annual Report 2016 – 2017*, p. 243.
② Indian Ministry of External Affairs, *Annual Report 2016 – 2017*, p. 243.
③ Usha M. Rodrigues, Michael Niemann, "Social Media as a Platform for Incessant Political Communication: A Case Study of Modi's 'Clean India' Campaign", *International Journal of Communication*, Vol. 11, 2017, p. 3435.
④ Debidatta Aurobinda Mahapatra, "From a Latent to a 'Strong' Soft Power? The Evolution of India's Cultural Diplomacy", *Palgrave Communications*, Vol. 2, 2016, p. 6.
⑤ Indian Ministry of External Affairs, *Annual Report 2016 – 2017*, p. 243.
⑥ Indian Ministry of External Affairs, *Annual Report 2016 – 2017*, p. 243.

在对新媒体大加利用的同时，印度也对传统媒体进行了改造和提升。1991年，印度只有1个国有电视频道。到了2006年，印度已有150多个频道，并且还以每月3—4个频道的速度增加。截至2016年11月30日，印度共有892个电视频道，有229家固定和830家非固定多系统运营商（Multi System Operators），有7家直接到户卫星运营商，2家数字空中头端设备（HITS）运营商和7家互联协议电视运营商。[①]

印度国家电视台（Doordarshan）在1959年开始运营时只有一个频道，现在则有34个频道，包括1个国际频道，67个播音室，1416个信号传送器，能够覆盖81%的国土面积和92%的人口。其新闻频道能每天24小时不间断播报。[②]

刚独立时，印度全印广播电台（All India Radio）只有6个播报中心，18个信号传送器，只能覆盖2.5%的国土面积和11%的人口。经过改造和提升，现在则有419个播报中心，222个播音室，608个信号传送器，能覆盖92%的国土面积和99%的人口。[③] 其中，对外广播（The External Services of All India Radio）现在能用27语言（15种外国语言和12种印度国内语言）向108个国家进行广播。尤其是用英语进行的对外广播每天播放的时间超过了8个小时，涵盖的国家多达79个。其他语言的对外广播针对的是特定地区和国家，每天播放的时间为1—2个小时。对外广播的目的是把"印度的观点、进步、政策以及艺术和文化"带到亚洲、非洲、澳大利亚、新西兰以及英国。[④]

三是援助外交。印度独立后不久就开始向其他国家提供援助。尼赫鲁表示，尽管是一个穷国，资源有限，但印度有责任与其他发展中国家分享自己的资源和能力。这些国家大多都是刚刚挣脱殖民枷锁赢得独立。[⑤] 然而，毕竟国力有限，印度对外援助的规模长期都不大，且只能向周边的邻

---

① Indian Ministry of Information and Broadcasting, *Annual Report 2016 - 2017*, pp. 97, 101.
② Indian Ministry of Information and Broadcasting, *Annual Report 2016 - 2017*, p. 133.
③ Indian Ministry of Information and Broadcasting, *Annual Report 2016 - 2017*, p. 156.
④ Ian Hall, "India's New Public Diplomacy: Soft Power and the Limits of Government Action", *Asian Survey*, Vol. 52, No. 6, 2012, p. 1101.
⑤ Shailly Nigam, "India's Foreign Aid: Social Responsibility or Hegemonic Strategy?", *International Journal of Technical Research and Applications*, No. 34 (Special Issue), September 2015, p. 18.

国提供无现金援助如技术援助、知识转移等。即使到了1991—1992年度，印度的对外援助规模也只有10亿卢比。①

进入新世纪后，随着国力的不断提升，印度对外援助的力度也大幅增加。2004年印度洋海啸和2010年海地地震发生后，印度都是第一个向受灾国提供援助的国家。② 不仅如此，2012年印度还在外交部下成立了发展伙伴关系管理局，专门负责对外援助工作。虽然不像美国国际开发署那样是一个单独的部门，但成立发展伙伴关系局已清楚地表明，印度将发展援助视为实现外交目标越来越重要的工具。③

印度的发展援助包括信用贷款、赠款、小型发展项目、技术咨询、灾难救济和人道主义援助、民众能力构建、军事培训等。其中，信用贷款和赠款援助最为重要。近年来，印度的对外援助呈现出这样几个特点。

第一，援助额不断增加。2000年，印度对外援助额只有112.9亿卢比，2013—2014年度增至709.6亿卢比，是2000年的6倍多，2014—2015年度援助额约为947.8亿卢比。④ 之后略有下降。2015—2016年度为816.51亿卢比，2018—2019年度为720.91亿卢比，2020—2021年度计划援助832亿卢比（见表5-8）。截至2016—2017年度，印度政府各个部门已累计向外国政府提供了241笔总额为188.78亿美元的信用贷款，其中向非洲提供91.33亿美元，向非洲以外国家提供97.45亿美元。⑤

表5-8　　　　　　　　印度对外国政府援助情况

（包括赠款和信用贷款，单位：千万卢比）

序号	国家	年度		
		2018—2019	2019—2020（修订后的预算）	2020—2021（预算）
1	不丹	2480.50	2674.51	2884.65

---

① Anne Hammerstad, "The International Humanitarian Regime and Its Discontents: India's Challenge", *The Round Table*, Vol. 104, No. 4, 2015, p. 458.
② Claudia Meier and C. S. R. Murthy, "India's Growing Involvement in Humanitarian Assistance", *Report of Global Public Policy Institute* (*Berlin*), No. 13, 2011, p. 8.
③ Patryk Kugiel, "India's Soft Power in South Asia", *International Studies*, Vol. 39, No. 3-4, 2012, p. 361.
④ Indian Ministry of Finance, *Expenditure Budget 2014-2015*, Vol. I, p. 29.
⑤ Indian Ministry of External Affairs, *Annual Report 2016-2017*, p. 183.

续表

序号	国家	年度		
		2018—2019	2019—2020（修订后的预算）	2020—2021（预算）
2	阿富汗	469.98	400.00	400.00
3	孟加拉国	131.81	150.00	200.00
4	尼泊尔	763.39	1200.00	800.00
5	斯里兰卡	168.78	205.00	200.00
6	马尔代夫	439.40	326.45	300.00
7	缅甸	376.22	170.00	300.00
8	蒙古国	0.62	2.00	2.00
9	非洲国家	339.98	450.00	350.00
10	欧亚国家	29.52	45.00	45.00
11	拉丁美洲国家	10.02	10.00	20.00
12	其他发展中国家	124.99	150.00	120.00
13	灾难救助	19.12	30.00	20.00
14	恰巴哈尔港口建设	—	—	100.00
15	毛里求斯	659.81	1100.00	1025.00
16	塞舌尔	99.80	50.00	140.00
17	支持国际培训或项目	343.56	459.50	543.00
18	其他援助	751.96	1257.99	871.13
	对外援助总计	7209.46	8680.45	8320.78

资料来源：Indian Ministry of Finance, *Expenditure Budget 2018 - 2019*, Vol. I, pp. 200 - 201.

第二，南亚是优先援助地区。印度的命运与南亚休戚相关，在亚洲，没有比南亚对印度更重要的地方。印度的优先战略必须是推进南亚地区的经济合作。[1] 对印度而言，与南亚邻国保持稳定关系是一个关键的地缘政治目标。[2]

---

[1] Sunil Khilnani and Rajiv Kumar, "Non Alignment 2.0: A Foreign and Strategic Policy for India in the Twenty First Century", *Report of Centre for Policy Research (New Delhi)*, 2012, p. 15.

[2] Srinath Raghavan, "Stability in Southern Asia: India's Perspective", in Ashley J Tellis and Sean Mirski, eds., *Crux of Asia: China, India, and the Emerging Global Order*, Washington, D. C., Carnegie Endowment for International Peace, 2013, p. 135.

第五章　印度加强软实力的主要措施

2004年，印度洋海啸发生后，印度不仅拒绝了外国对自己的援助，自己还立即向斯里兰卡和马尔代夫提供了2200万美元和1100万美元的援助。印度军队则动用飞机和军舰向受灾国运送救援物资，包括运送国际组织的200吨物资。[①] 2005年尼泊尔发生大地震后，印度是最大的援助提供国。印度不仅立即派遣了多达450人的救援队，而且向尼泊尔提供了价值10亿美元的救援物资。此外，印度还派出了10架战机参与运送包括帐篷和食物在内的10吨救援物资，派遣了10个医疗队，设立了3个战地医院。2007年和2010年，印度又向尼泊尔提供了1亿美元和2.5亿美元的信用贷款。2014年，印度向尼泊尔提供了一笔10亿美元的信用贷款，用以支持尼泊尔水电站、灌溉和道路项目建设。[②] 2015年，尼泊尔大地震发生后，印度再次向尼泊尔提供了6700万美元的援助，并承诺会承担尼泊尔15%的重建资金。[③] 2018—2019年度，印度向尼泊尔提供了76.34亿卢比的援助（见表5-8）。

在巴基斯坦2005年地震和2010年洪水发生后，印度同样进行了援助。印度提供了2500万美元的现金援助和1500万美元的物资援助。[④] 2009年，"猛虎组织"被击败后，印度向斯里兰卡提供了5000万美元的援助，为流离失所的难民提供医疗和家庭必需品救助，并帮助难民建造房屋。[⑤] 2010年，印度向孟加拉国提供了一笔10亿美元的信用贷款。2012年，印度将其中的2亿美元转为赠款，其余的8亿美元信用贷款用于支持孟加拉国的基础设施建设。2015年，印度又向孟加拉国提供了一笔20亿美元的信用贷款，用于支持孟加拉国15个项目的建设。[⑥] 2018—2019年度，印度向孟加拉国提供了13.18亿卢比的援助（见表5-8）。

[①] Shailly Nigam, "India's Foreign Aid: Social Responsibility or Hegemonic Strategy?", *International Journal of Technical Research and Applications*, No. 34 (Special Issue), September 2015, p. 20.

[②] Indian Ministry of External Affairs, *Annual Report 2016–2017*, p. 183.

[③] Bhanu Pratap, "India's Cultural Diplomacy: Present Dynamics, Challenges and Future Prospects", *International Journal of Arts, Humanities and Management Studies*, Vol. 1, No. 9, September 2015, p. 43.

[④] Shailly Nigam, "India's Foreign Aid: Social Responsibility or Hegemonic Strategy?", *International Journal of Technical Research and Applications*, No. 34 (Special Issue), September 2015, p. 21.

[⑤] Shailly Nigam, "India's Foreign Aid: Social Responsibility or Hegemonic Strategy?", *International Journal of Technical Research and Applications*, No. 34 (Special Issue), September 2015, p. 21.

[⑥] Indian Ministry of External Affairs, *Annual Report 2016–2017*, p. 183.

自塔利班倒台后，印度对阿富汗的援助也不断增加。截至 2012 年，印度对阿富汗提供的援助累计已达 20 亿美元。[①] 2013—2014 年度，印度又向阿富汗提供了 52.5 亿卢比的援助。[②] 这些援助帮助阿富汗建设了很多大型项目。2015 年 12 月，在由印度援建 9000 万美元的阿富汗议会大厦启用仪式上，莫迪表示："作为一个国家和民主制度，印度的援助与阿富汗取得的进步相比微不足道。它会永久矗立，作为连接我们情感与价值观、喜好与愿望特别关系的纽带。"[③] 2016 年 6 月，莫迪在阿富汗总统加尼陪同下出席了阿富汗赫拉特省萨拉玛大坝的启用仪式。该大坝由印度出资 2.9 亿美元援建。[④] 2016 年 9 月，印度宣布再向阿富汗提供 10 亿美元的援助重建资金。[⑤] 2018—2019 年度，印度向阿富汗提供了 47 亿卢比的援助（见表 5-8）。

2014 年 12 月，马尔代夫首都马累因火灾而发生了水危机，10 万居民急缺饮用水。面对这种情况，印度军舰第一时间载着 35 吨淡水和两个防渗透淡化装置到达马尔代夫。两个防渗透淡化装置每天能生产 20 吨淡水。随后，印度又派遣载有 900 吨淡水的军舰赶赴马尔代夫。印度空军也派遣两架载有 90 吨饮用水的飞机支援马尔代夫。[⑥] 2018—2019 年度，印度向马尔代夫提供了 44 亿卢比的援助（见表 5-8）。

从表 5-8 中可看出，南亚邻国是印度最大的对外援助接收国。其中，不丹接收的最多，接收了 248 亿卢比。其次是尼泊尔，接收了 76.34 亿卢比。第三是毛里求斯，接收的数额为 66 亿卢比。然后是阿富汗和马尔代夫，接收的数额分别为 47 亿卢比和 44 亿卢比。2020—2021 年度，按照预算，不丹仍是印度最大的援助接受国，接收额为 288.47 亿卢比。其次是

---

① Indian Ministry of External Affairs, *Annual Report 2012 - 2013*, p. 156.
② Indian Ministry of Finance, *Expenditure Budget 2014 - 2015*, Vol. I, p. 29.
③ Debidatta Aurobinda Mahapatra, "From a Latent to a 'Strong' Soft Power? The Evolution of India's Cultural Diplomacy", *Palgrave Communications*, Vol. 2, 2016, p. 9.
④ Debidatta Aurobinda Mahapatra, "From a Latent to a 'Strong' Soft Power? The Evolution of India's Cultural Diplomacy", *Palgrave Communications*, Vol. 2, 2016, p. 9.
⑤ Bhanu Pratap, "India's Cultural Diplomacy: Present Dynamics, Challenges and Future Prospects", *International Journal of Arts, Humanities and Management Studies*, Vol. 1, No. 9, September 2015, p. 43.
⑥ Harsh V. Pant, "India and China Slug It Out in South Asia", *Making Waves*, Vol. 23, No. 12 (1), December 2014, pp. 17 - 18.

第五章 印度加强软实力的主要措施

毛里求斯，接收额为102.5亿卢比。然后是尼泊尔，接收额均为80亿卢比（见表5-8）。有分析人士指出，印度之所在在南亚实施软实力政策主要有三个原因。一是过去的硬实力没有产生印度想要的结果。换言之，印度在南亚实施硬实力是失败的。二是印度必须消除在南亚的不良形象。三是中国不断在南亚提升软实力，印度认为受到了威胁。[①]

第三，非洲是重要援助对象。非洲国家众多，是国际社会中的一支重要力量。不仅如此，非洲资源也比较丰富，能为印度的经济发展提供重要支撑。然而，非洲国家大多都比较贫穷，需要国家社会帮助。所以，印度很早就开始对非洲提供援助，只是数额不大，近年来则大幅增加。2000年，印度向非洲提供的援助仅有5000万卢比，2013—2014年度则增加到25亿卢比，是2000年的50倍。[②] 在2015年举行的第三次印度—非洲首脑峰会上，莫迪表示未来5年内将向非洲国家提供100亿美元的信用贷款和6亿美元的赠款，并向非洲留学生提供5万个奖学金名额。[③] 2016年6月对非洲访问时，莫迪引用了甘地当年离开南非时的名言：这块大陆已变成一块令我牵挂的亲切之地，仅次于我的祖国母亲。莫迪表示，南非将甘地变成了圣雄。在这里，甘地将政治概念化，这里是非暴力不合作运动的诞生地。[④] 2018—2019年度，印度对非洲的援助为34亿卢比，如果加上毛里求斯和塞舌尔这两个非洲岛国，则多达110亿卢比。2020—2021年度，按照预算，印度对非洲的援助将是35亿卢比，如果加上毛里求斯和塞舌尔，则达151.5亿卢比，均比2014—2015年度有很大提升（见表5-8）。迄今，印度在非洲最大的单一援助项目是"泛非电子网络工程"（E-Pan Africa Network）。这一项目于2009年启动，耗费1.17美元，将印度和非洲53个国家的大学与医院连接起来，使非洲的学生在本国就能接受印度大学和教育机构的课程学习，并获得相应的文凭。非洲的患者在线就可以得到印度医生的诊断。[⑤]

---

① Patryk Kugiel, "India's Soft Power in South Asia", *International Studies*, Vol. 39, No. 3-4, 2012, p. 363.

② Indian Ministry of Finance, *Expenditure Budget 2014-2015*, Vol. I, p. 29.

③ Indian Ministry of External Affairs, *Annual Report 2016-2017*, p. 185.

④ Debidatta Aurobinda Mahapatra, "From a Latent to a 'Strong' Soft Power? The Evolution of India's Cultural Diplomacy", *Palgrave Communications*, Vol. 2, 2016, p. 9.

⑤ Elizabeth C. Hanson, "India, China, Public Diplomacy", *Meeting Paper*, New Delhi, December 10-12, 2012, p. 7.

第四，不断向其他发展中国家提供援助。2014年11月，莫迪对斐济进行了访问，这是印度总理33年来首次访问该国。期间，莫迪表示将向斐济制糖工业提供两笔总额为7500万美元的信用贷款，向斐济村庄和中小企业提供500万美元的赠款。在访问太平洋岛国期间，莫迪宣布将提供特别适应基金和技术援助及培训，以提升这些国家的能力构建。这些国家包括库克群岛、汤加、图瓦卢、瑙鲁、基里巴斯、瓦努阿图、所罗门群岛、萨摩亚、纽埃、帕劳、密克罗尼西亚、马绍尔群岛、斐济、巴布亚新几内亚等。[1] 2015年5月，访问蒙古国时，莫迪宣布将向蒙古国提供10亿美元的信用贷款以促进蒙古国的基础设施建设。[2] 2018—2019年度，印度对蒙古国提供的援助为620万卢比，对欧亚国家的援助为3亿卢比，对拉丁美洲的援助为1亿卢比，对其他发展中国家的援助为12.5亿卢比。2020—2021年度，印度计划对蒙古国援助2000万卢比，对欧亚国家的援助为4.5亿卢比，对拉丁美洲的援助为2亿卢比，对其他发展中国家的援助为12亿卢比（见表5-8）。

第五，除常规援助外，还提供技术援助。这主要通过技术与经济合作项目进行。该项目允许发展中国家的民众赴印度学习软件技术和畜牧农业管理，帮助一些国家修建工厂、医院和学校等设施，并派医生、教师和IT专家去这些国家进行相应的培训。[3] 2016—2017年度，印度通过经济和技术项目对169个伙伴国家的10469名民众进行了短期和中期培训，以提升他们的能力，课程多达330门。同年度，印度对来自伙伴关系国的1898名军人进行了防务知识培训。[4] 在费用上，2016—2017年度，印度在技术和经济合作项目培训上的花费为36亿卢比。[5]

第六，转变了对国际组织的援助态度。印度早期对国际一些援助组织尤其是联合国附属援助组织有所不满，一方面因为这些组织主要由西方国家掌控，另一方面是这些组织未能有效利用援助资金，在"国际咨询公

---

[1] Debidatta Aurobinda Mahapatra, "From a Latent to a 'Strong' Soft Power? The Evolution of India's Cultural Diplomacy", *Palgrave Communications*, Vol. 2, 2016, p. 8.

[2] Debidatta Aurobinda Mahapatra, "From a Latent to a 'Strong' Soft Power? The Evolution of India's Cultural Diplomacy", *Palgrave Communications*, Vol. 2, 2016, p. 9.

[3] Manish Chand, "Knowledge Brotherhood", *India Perspectives*, Vol. 28, No. 3, 2014, p. 9.

[4] Indian Ministry of External Affairs, *Annual Report 2016-2017*, pp. 185–186.

[5] Indian Ministry of Finance, *Expenditure Budget 2017-2018*, Vol. II, p. 99.

司"上浪费了太多钱。① 所以,印度喜欢将自己的人道主义援助模式称为"需求驱动型"。按照印度的说法就是唯一的合法者是当事国政府,既不是民间社会组织,也不是联合国及其附属组织。基于此,印度更愿意直接向当事国政府提供援助。② 不过,最近几年,印度的态度有所转变,不断加强与联合国救济与工程处、红十字国际委员会、联合国难民署、世界粮食计划署、联合国人道主义事务协调办公室的合作。这明显体现在印度不断增加给这些机构的援助上,如对联合国、南亚地区合作联盟和英联邦基金会提供的援助从 2010—2011 年度的 18.2 亿卢比提升到 2014—2015 年度的 40 亿卢比,四年增加了 140%。③ 2015—2016 年度,印度政府各部门向国际组织提供的援助为 150.83 亿卢比,2016—2017 年度为 172.16 亿卢比,④ 2018—2019 年度为 197 亿卢比,2020—2021 年度计划援助 175.6 亿卢比(见表 5-8)。印度现在是世界粮食计划署第十五大捐助国。⑤ 不仅如此,印度十多年来还一直代表 77 国集团向联合国大会提议并起草关于救助、安置和发展的决议案。⑥ 由于表现突出,印度被称为"崛起的"人道主义行动者。⑦ 红十字国际委员会称赞说,"作为一个不断崛起的大国,印度发挥的国际作用越来越大"⑧。

对于对外援助,印度前外交秘书兰詹·马塔伊表示:"我们与发展中国家的接触是'需求驱动型'的。我们会对伙伴国家的发展优先做出回应。我们不设前提条件,不规定政策,不挑战国家主权。我们旨在促进发

---

① Claudia Meier and C. S. R. Murthy, "India's Growing Involvement in Humanitarian Assistance", *Report of Global Public Policy Institute* (Berlin), No. 13, 2011, p. 25.

② Anne Hammerstad, "The International Humanitarian Regime and Its Discontents: India's Challenge", *The Round Table*, Vol. 104, No. 4, 2015, p. 462.

③ Anne Hammerstad, "The International Humanitarian Regime and Its Discontents: India's Challenge", *The Round Table*, Vol. 104, No. 4, 2015, p. 467.

④ Indian Ministry of Finance, *Expenditure Budget 2020–2021*, Vol. I, p. 208.

⑤ Claudia Meier and C. S. R. Murthy, "India's Growing Involvement in Humanitarian Assistance", *Report of Global Public Policy Institute* (Berlin), No. 13, 2011, p. 4.

⑥ Claudia Meier and C. S. R. Murthy, "India's Growing Involvement in Humanitarian Assistance", *Report of Global Public Policy Institute* (Berlin), No. 13, 2011, p. 8.

⑦ Anne Hammerstad, "The International Humanitarian Regime and Its Discontents: India's Challenge", *The Round Table*, Vol. 104, No. 4, 2015, p. 458.

⑧ Claudia Meier and C. S. R. Murthy, "India's Growing Involvement in Humanitarian Assistance", *Report of Global Public Policy Institute* (Berlin), No. 13, 2011, p. 26.

展经验和资源的有益交换。"① 莫迪总理2014年则在联合国大会上说："每个国家的世界观都受其文明和哲学传统影响。印度古代的智慧是将世界看作一个整体……印度虽属发展中国家，但我们准备竭尽全力与需要援助的国家共同分享印度有限的资源。"②

然而，分析人士却表示，印度的对外援助明显是为了实现更大的外交政策目标：确保支持经济发展的能源安全；为印度的工业和服务部门打开外国市场；促进与关键邻国的战略关系。③ 学者查纳拿（Chanana）就称，印度对外援助的对象国很多都是拥有石油和自然资源丰富的国家，这对印度经济增长至关重要。④ 学者杜特（Dutt）也表示，印度将发展援助作为对外政策的工具，主要想达到这样几个目的：提升双边关系；改善印度的形象；向接收国施加影响；换取接收国支持印度的政策；维持在接收国稳定的地位。⑤ 印度外交部也坦承，发展援助能促进印度的政治、经济和商业利益，援助能帮助印度公司赢得合同和订单，信用贷款有助于帮助这些地区发展基础设施，宣传印度的善意。⑥ 评论家则称，印度开展对外援助是其大国雄心的展现，是其扩充软实力的重要步骤和进程。⑦

三 参与全球治理

全球治理包括的领域众多，每一个领域又都存在很多挑战，要取得明显治理成效非常困难。对全球治理参与国来说，这是非常大的考验。然而，印度不仅参与了许多领域的全球治理，而且还发挥了很大作用。这主

---

① Patryk Kugiel, "India's Soft Power in South Asia", *International Studies*, Vol. 39, No. 3 - 4, 2012, pp. 361 - 362.

② Anne Hammerstad, "The International Humanitarian Regime and Its Discontents: India's Challenge", *The Round Table*, Vol. 104, No. 4, 2015, p. 463.

③ Patryk Kugiel, "India's Soft Power in South Asia", *International Studies*, Vol. 39, No. 3 - 4, 2012, p. 362.

④ Shailly Nigam, "India's Foreign Aid: Social Responsibility or Hegemonic Strategy?", *International Journal of Technical Research and Applications*, No. 34 (Special Issue), September 2015, p. 20.

⑤ Shailly Nigam, "India's Foreign Aid: Social Responsibility or Hegemonic Strategy?", *International Journal of Technical Research and Applications*, No. 34 (Special Issue), September 2015, p. 20.

⑥ Shailly Nigam, "India's Foreign Aid: Social Responsibility or Hegemonic Strategy?", *International Journal of Technical Research and Applications*, No. 34 (Special Issue), September 2015, pp. 19 - 20.

⑦ Kalathmika Natarajan, "Digital Public Diplomacy and a Strategic Narrative for India", *Strategic Analysis*, Vol. 38, No. 1, 2014, p. 93.

第五章　印度加强软实力的主要措施

要体现在以下几个方面。

第一，安全领域。这集中表现在印度积极参加维和行动和倡导国际反恐上。印度参加的维和行动呈现出四个特点。一是历史长。早在1960年联合国向刚果派遣维和任务时（这是联合国在非洲部署的第一次维和行动），印度就参加了。联合国维和行动的第一支女维和部队也是由印度提供的，于2007年在非洲利比亚执行任务。二是人数多。截至2015年10月，印度共参加了联合国69次维和行动中的48次，派遣维和人员18万，累计派遣人数位居各国之首。[1] 2020年6月，联合国维和人员有82863人，在22个维和行动中执行任务，其中印度维和人员5427人，参与了联合国9个维和任务，位于埃塞俄比亚、孟加拉国、卢旺达和尼泊尔之后，居世界第5位。5427人中有警察168人，军事专家40人，军人5108人，工作人员111人，男性5335人，女性92人。[2] 由于贡献了大量维和人员，印度被称为是维和行动"必不可少的参加者"。[3] 三是牺牲大。自1948年到2020年6月，共有3964名维和人员死亡，其中印度维和人员牺牲最多，有171名人员阵亡。[4] 四是坚持在联合国统一指挥下采取行动，恪守维和行动三原则即保持中立、除自卫外不使用武力、同意原则。[5] 学者库马尔（Kumar）表示，印度维和立场并不接受在平民受到严重威胁时使用武力，除非有联合国授权。[6] 此外，印度还对至少来自82个国家的800名维和官兵进行过培训，[7] 并于2016年向联合国和平建设基金捐款100万美元。[8]

---

[1] Indian Ministry of External Affairs, *Annual Report 2015 - 2016*, p. 144.

[2] 联合国维和行动网站，https://peacekeeping.un.org/en/troop-and-police-contributors，上网时间：2020年8月5日。

[3] Miles Kahler, "Rising Powers and Global Governance: Negotiating Change in a Resilient Status Quo", *International Affairs*, Vol. 89, No. 3, 2013, p. 718.

[4] 联合国维和行动网站，https://peacekeeping.un.org/en/fatalities，上网时间：2020年8月5日。

[5] Nawaz B. Mody and B. N. Mehri, *India's Role in the United Nations: 1945 - 1995*, Bombay: Shri S. M. Sachdev for Allied Publishers Limited, 1995, p. 223.

[6] Garima Mohan and Olivia Gippner, "Chinese and Indian Approaches to United Nations Peacekeeping: A Theoretical Appraisal of Contribution Patterns and Decision-making Structures", *Contemporary Readings in Law and Social Justice*, Vol. 7, No. 1, 2015, p. 67.

[7] Montgomery Blah, "India's Stance and Renewed Commitment to UN Peacekeeping", *Strategic Analysis*, Vol. 41, No. 3, 2017, p. 258.

[8] Indian Ministry of External Affairs, *Annual Report 2016 - 2017*, p. 154.

由于在维和领域表现突出，印度得到了国际社会的高度称赞。联合国一位副秘书长说："在维和行动方面，印度走在了绝大多数国家前列，我们会继续倚重印度的观察和建议。"① 有学者评论称，作为联合国维和行动具有丰富经验和实力的一个派遣国，印度能够引领21世纪维和行动新思维，②"当今世界面临的挑战和威胁的性质需要新思维，在维和行动中不能再机械地使用教条主义。印度不仅显示出能同时向多个维和行动派遣大量人员，而且还能证明自己是一个'可信赖'的维和者"，③ "印度已成为'国际安全公共产品的积极贡献者'"④。

在国际反恐方面，印度积极呼吁国际社会打击恐怖主义，推动国际反恐合作。1994年，在印度倡议下，联合国通过了《消除国际恐怖主义措施宣言》，第一次明确了国家不能支持恐怖主义，国家有义务打击和引渡恐怖罪犯。1996年，印度负责拟定了《全面制止国际恐怖主义公约》草案，提高了国际反恐行动效率。⑤ 1999年，联合国通过了《消除国际恐怖主义措施宣言》决议，主要讨论了印度关于恐怖主义问题的草案。该决议"呼吁国家不要鼓励恐怖活动，为其提供资金、训练营或其他方面的支持"⑥。"9·11"事件发生后，在阿富汗反恐问题上，印度与包括美国、俄罗斯、一些欧盟成员国、中国以及日本在内的多个国家共享情报、冻结恐怖分子银行账户、搭建反恐运输走廊，并积极支持联合国安理会通过的一系列打击恐怖主义的决议。⑦ 2014年11月，印度总理莫迪在联合国大会上敦促各

---

① Kabilan Krishnasamy, "A Case for India's 'Leadership' in United Nations Peacekeeping", *International Studies*, Vol. 47, No. 2 - 4, 2010, p. 227.

② Kabilan Krishnasamy, "A Case for India's 'Leadership' in United Nations Peacekeeping", *International Studies*, Vol. 47, No. 2 - 4, 2010, p. 225.

③ Kabilan Krishnasamy, "A Case for India's 'Leadership' in United Nations Peacekeeping", *International Studies*, Vol. 47, No. 2 - 4, 2010, p. 227.

④ Garima Mohan and Olivia Gippner, "Chinese and Indian Approaches to United Nations Peacekeeping: A Theoretical Appraisal of Contribution Patterns and Decision-making Structures", *Contemporary Readings in Law and Social Justice*, Vol. 7, No. 1, 2015, p. 48.

⑤ Arpita Anant, "Global Governance and the Need for 'Pragmatic Activism' in India's Multilateralism", *Strategic Analysis*, Vol. 39, No. 5, 2015, p. 492.

⑥ Arpita Anant, "Global Governance and the Need for 'Pragmatic Activism' in India's Multilateralism", *Strategic Analysis*, Vol. 39, No. 5, 2015, p. 268.

⑦ Srikanth Kondapalli, "Asian Security: India's Perspective", in Ashley J Tellis and Sean Mirski, eds., *Crux of Asia: China, India, and the Emerging Global Order*, Washington, D. C., Carnegie Endowment for International Peace, 2013, p. 117.

第五章 印度加强软实力的主要措施

国通过《全面制止国际恐怖主义公约》，并呼吁国际社会团结一致打击恐怖主义和极端主义。此外，印度还固定参加安理会反恐执行局会议，并与安理会制裁基地组织和塔利班委员会紧密合作。① 对于印度的表现，有评论家指出，"9·11"事件发生后，美国领导的"全球反恐战争"在联合国层面创造了一种新的规范性环境（normative environment），这种环境应由像印度这样新崛起的国家来管理。② 其他学者则指出，在20世纪头十年，印度在联合国层面紧紧抓住反恐议题，在国际和平与安全领域展现出一个自尼赫鲁时代就错失的能达成多边成果的积极主义者形象。自被视为全球新崛起的其中一个经济中心以来，印度获得了更大自信，这明显体现在其对联合国初期反恐机制的指导和引领上。③

第二，经济领域。印度积极要求增加新兴国家在国际金融机构中的话语权和表决权。印度表示，世界银行和国际货币基金组织以及一些地区银行的投票权分配除按该国经济总量和贸易额在世界中所占比重外，还应包括该国人口规模和前五年GDP平均增速。把这两个变量涵盖其中不仅会使规则更有活力（因为反映了成员国未来发展潜力），而且还会使规则更具前瞻性，在很大程度上不再受历史环境的影响。④ 印度进而表示，"一个改革了的和更稳定的国际金融体系，在面对未来危机时将会使全球经济更稳定和富有活力……现在迫切需要一个更稳定、有预见性和多样化的国际货币制度……国际货币基金组织和世界银行急需弥补合法性赤字问题"。这种改革是为了满足"投票权切实向新兴经济体和发展中国家转移，以使它们的表决权与其在世界经济中所占比重相符"的需要。⑤ 在印度以及其他新兴大国的推动下，在国际货币基金组织中，英国、法国和意大利所占份额有所下降，而包括印度在内的8个新兴经济体则从12.42%

---

① Indian Ministry of External Affairs, *Annual Report 2014 - 2015*, p. 136.

② Sreeram Chaulia, "India and The United Nations", in David Scott, ed., *Handbook of India's International Relations*, London: Routledge, 2011, p. 282.

③ Sreeram Chaulia, "India and The United Nations", in David Scott, ed., *Handbook of India's International Relations*, London: Routledge, 2011, p. 282.

④ Rajiv Kumar and Anshuman Khanna, "International Economic System: India's Perspective", in Ashley J Tellis and Sean Mirski, eds., *Crux of Asia: China, India, and the Emerging Global Order*, Washington, D. C., Carnegie Endowment for International Peace, 2013, p. 78.

⑤ Arundhati Ghose, "Emerging Markets and Global Governance: An Indian Perspective", *The International Spectator*, Vol. 45, No. 4, December 2010, p. 53.

上升到15.91%。① 现在，印度在国际货币基金组织中所占份额上升为2.76%，投票权上升到第8位，为2.64%，② 在世界银行中所占份额上升为3.12%，投票权上升到第7位，为2.98%。③ 为了进一步促进国际金融制度改革，2014年7月，金砖国家成立了新发展银行（NDB）和应急储备基金（CRA），初始授权资本为1000亿美元，初始认购资本为500亿美元，首任行长为印度人。④ 对此，莫迪表示："金砖国家银行的成立是全球经济包容性增长的一个重要里程碑。"⑤ 除倡导成立金砖银行外，印度还积极加入亚洲基础设施投资银行。2015年6月，印度签署了由中国发起的亚洲基础设施投资银行协议，该行初始认购资本为500亿美元，⑥ 印度是第二大股东，所占份额为8.52%，投票权为7.5%。⑦

第三，气候变化领域。在应对气候变化国际合作方面，印度一直态度积极。1993年，印度批准了《联合国气候变化框架公约》，2002年批准了《京都议定书》。2002年10月，印度承办了《联合国气候变化框架公约》缔约方第八次会议。2005年7月，"亚太清洁发展和气候伙伴关系"成立，印度是缔约国之一，该组织的宗旨是"加速清洁能源技术的发展和应用"。不仅如此，印度还利用《京都议定书》中"清洁发展机制"（CMD），大力开发印度的清洁发展项目。印度和中国一直都是国际上CMD项目两个最主要的输出国。而在全球气候谈判问题上，印度则始终坚持"共同但有区别的责任"，要求发达国家承担更多义务。印度表示，在1850—2010年间，印度累计排放量只占全球的2.7%，发达国家占70%。工业化国家

---

① Rahul Mukherji, "India and Global Economic Governance: From Structural Conflict to Embedded Liberalism", *International Studies Review*, Vol. 16, No. 3, 2014, p. 462.

② 国际货币基金组织网站，http://www.imf.org/external/np/sec/memdir/members.aspx，上网时间：2020年7月24日。

③ 世界银行网站，http://www.worldbank.org/en/about/leadership/VotingPowers，上网时间：2020年7月24日。

④ Jason Kirk and Vikash Yadav, "From Swagger to Self-Advocacy: India's Postgraduate 'Transition' in the World Bank", *India Review*, Vol. 14, No. 4, 2015, p. 385.

⑤ Deepshikha Shahi, "India in the Emerging World Order: A Status Quo Power or a Revisionist Force?", *Transnational Institute Shifting Power Working Paper* (Amsterdam), December 2014, p. 10.

⑥ Jason Kirk and Vikash Yadav, "From Swagger to Self-Advocacy: India's Postgraduate 'Transition' in the World Bank", *India Review*, Vol. 14, No. 4, 2015, p. 385.

⑦ Puja Mehra, "50 Nations in, AIIB Takes Shape", *The Hindu*, June 30, 2015.

理应承担更大责任。① 在 2015 年 12 月各国达成《巴黎协定》后，印度承诺将减少温室气体排放量，与 2005 年相比，到 2030 年把每单位 GDP 排放量减少 33%—35%。到 2020 年，参照 1990 年的水平，将温室气体排放量减少 25%—30%。借助技术转移和国际低息资金，到 2030 年累计将非化石发电安装量提升 40%。通过增加额外森林覆盖率创造相当于 25 亿—30 亿吨二氧化碳的碳汇。②

第四，全球公域。在网络空间治理方面，印度立场一度摇摆不定，既主张过由联合国主导全球互联网治理，并因此被美国贴上"已失去继续推进网络空间新秩序建立所必需的声望"的标签，③ 也支持过多方利益攸关者模式。④ 直到 2015 年，印度的态度到才变得明确。印度通信和信息技术部部长普拉萨德在当年 6 月举行的世界互联网名称与数字地址分配机构（ICANN）会议上表示："互联网是多元的，必须用多方利益攸关者模式进行管理。我们不仅支持多方利益攸关者模式，而且还鼓励这种模式要包括所有的地理单元（geographies）和社会（community）。这应成为互联网治理的基本原则之一。"⑤ 然而，印度同时也强调如果涉及国家安全，政府应拥有至高无上的管理权和控制权。印度实际上所持的是折中立场。一方面，印度希望能为其众多网民、活跃的私人和公共部门在互联网方面的利益提供保障，因为印度有 3 亿互联网用户和将近 10 亿手机用户以及庞大的信息技术产业，且这些数字仍在快速增长。这些用户的安全与全球互联网治理息息相关。而非法网络活动一年给印度造成的经济损失高达 40 亿美元。印度可能是遭受分布式拒绝服务（Distributed Denial of Service）攻击最多的国家。⑥ 另一方面，印度也担心再次发生类似于 2008 年孟买特大

---

① Rajiv Kumar Chaturvedi, "India's Climate Pledge and the Global Goal of Limiting Warming Below 2℃", *Current Science*, Vol. 109, No. 10, 2015, p. 1770.

② Rajiv Kumar Chaturvedi, "India's Climate Pledge and the Global Goal of Limiting Warming Below 2℃", *Current Science*, Vol. 109, No. 10, 2015, p. 1769.

③ 沈逸：《全球网络空间治理原则之争与中国的战略选择》，《外交评论》2015 年第 2 期。

④ Mahima Kaul, "Global Internet Governance: India's Search for a New Paradigm", *Observer Research Foundation Issue Brief* (New Delhi), No. 74, 2014, p. 4.

⑤ "Indian Government Declares Support for Multistakeholder Model of Internet Governance at ICANN53", https://www.icann.org/resources/press-material/release-2015-06-22-en, 上网时间：2020 年 7 月 30 日。

⑥ Swaran Singh and Jayanna Krupakar, "Indo-US Cooperation in Countering Cyber Terrorism: Challenges and Limitations", *Strategic Analysis*, Vol. 38, No. 5, 2014, p. 707.

恐怖袭击那样的事件，因为"这次袭击计划是通过谷歌地图完成的。恐怖分子使用手机网络进行指挥和控制，并利用社交媒体对印度突击队进行跟踪和阻击"。[1] 所以，印度不敢放松政府对互联网的控制。

虽然远离南北极，但印度认为自己与极地治理密切相关。在极地治理方面，印度的观点是，无论南极还是北极都是"全球公地"（global commons）和人类共同继承的财产。[2] 所以，极地治理不能仅由极地国家或发达国家决定。印度前外交秘书希亚姆·萨兰（Shyam Saran）表示，与南极一样，北极地区的生态环境不能遭到破坏，不能只有北极地区的国家才有治理权。[3] 印度国防研究与分析研究所研究员高塔姆（Gautam）则称，"非北极国家在北极不断增长的利益不能被忽视"[4]，"让国际组织、非北极利益攸关者（国家和非国家角色）以及当地民众组织加入治理能增加北极治理的合法性、权威性和有效性"[5]。印度驻联合国大陆架界限委员会前秘书拉詹（Rajan）表示："五十多年来，印度积极参加了所有海洋法的谈判，并做出了重要贡献。印度同时还在南极地区进行过30多年的科学研究和探索。这都使印度能在北极治理中发挥主要作用。"[6] 希亚姆·萨兰则说："印度要把在南极的治理经验应用到北极。"[7]

在南极治理上，印度在20世纪50年代经常在联合国提出一些治理建议，这为《南极条约》的起草和通过奠定了重要基础。[8] 印度现在是南极

---

[1] Swaran Singh and Jayanna Krupakar, "Indo-US Cooperation in Countering Cyber Terrorism: Challenges and Limitations", *Strategic Analysis*, Vol. 38, No. 5, 2014, p. 710.

[2] Sanjay Chaturvedi, "China and India in the 'Receding' Arctic: Rhetoric, Routes and Resources", *Jadavpur Journal of International Relations*, Vol. 17, No. 1, 2013, p. 53.

[3] Sanjay Chaturvedi, "China and India in the 'Receding' Arctic: Rhetoric, Routes and Resources", *Jadavpur Journal of International Relations*, Vol. 17, No. 1, 2013, p. 53.

[4] Sanjay Chaturvedi, "China and India in the 'Receding' Arctic: Rhetoric, Routes and Resources", *Jadavpur Journal of International Relations*, Vol. 17, No. 1, 2013, p. 61.

[5] Sanjay Chaturvedi, "China and India in the 'Receding' Arctic: Rhetoric, Routes and Resources", *Jadavpur Journal of International Relations*, Vol. 17, No. 1, 2013, p. 63.

[6] H. P. Rajan, "The Legal Regime of the Arctic and India's Role and Options", *Strategic Analysis*, Vol. 38, No. 6, 2014, p. 910.

[7] Nadezhda Filimonova, "Prospects for Russian-Indian Cooperation in the High North: Actors, Interests, Obstacles", *Maritime Affairs: Journal of the National Maritime Foundation of India*, Vol. 11, No. 1, Summer 2015, p. 104.

[8] Uttam Kumar Sinha and Arvind Gupta, "The Arctic and India: Strategic Awareness and Scientific Engagement", *Strategic Analysis*, Vol. 38, No. 6, 2014, p. 877.

第五章　印度加强软实力的主要措施

研究科学委员会、南极后勤常设委员会、南极海洋生物资源保护公约的成员。1983年,印度在南极建立了达克辛·甘戈里科考站,1989年建立了迈特里科考站,2012年建立了巴拉蒂科考站。达克辛·甘戈里科考站现已报废。即便如此,印度也是世界上为数不多的在南极设有2个及以上科考站的国家之一。1998年,印度成立了国家南极和海洋研究中心,总部设在果阿。该研究中心现在统筹对南北极进行科考。截至2016年11月,印度对南极共进行了36次科考活动。① 2015年11月开始的第35次科考活动,共有来自26个单位的108名科学家和后勤人员参加,于2016年4月结束。②

在北极治理方面,印度于2007年开始对北极进行科考。2008年7月,印度在斯瓦尔巴德群岛建立了第一个科考站。③ 2013年,印度计划5年内对北极科考投入1200万美元。④ 同年,印度成为北极理事会正式观察员国。截至2015年7月,共有来自18个单位的57位科学家参加了北极科考活动。⑤ 在此基础上,印度政府于2014年10月又批准了建造极地科考破冰船的计划,预算为1.71亿美元,34个月内交船。⑥ 这不仅使印度进入到拥有破冰船国际俱乐部,而且还能切实提升极地科考能力。在北极理事会中,现在拥有破冰船最多的俄罗斯达37艘,瑞典和芬兰同为7艘,加拿大为6艘,美国为5艘,亚洲国家中国、日本和韩国各有1艘。⑦ 然而,有印度学者表示,对印度而言,1艘破冰船是远远不够的,至少得拥

---

① Indian Ministry of Earth Sciences, *Annual Report 2016 – 2017*, p. 51.
② Indian Ministry of Earth Sciences, *Annual Report 2016 – 2017*, p. 49.
③ Nadezhda Filimonova, "Prospects for Russian-Indian Cooperation in the High North: Actors, Interests, Obstacles", *Maritime Affairs: Journal of the National Maritime Foundation of India*, Vol. 11, No. 1, Summer 2015, p. 105.
④ Nadezhda Filimonova, "Prospects for Russian-Indian Cooperation in the High North: Actors, Interests, Obstacles", *Maritime Affairs: Journal of the National Maritime Foundation of India*, Vol. 11, No. 1, Summer 2015, p. 106.
⑤ Nadezhda Filimonova, "Prospects for Russian – Indian Cooperation in the High North: Actors, Interests, Obstacles", *Maritime Affairs: Journal of the National Maritime Foundation of India*, Vol. 11, No. 1, Summer 2015, p. 103.
⑥ Nadezhda Filimonova, "Prospects for Russian – Indian Cooperation in the High North: Actors, Interests, Obstacles", *Maritime Affairs: Journal of the National Maritime Foundation of India*, Vol. 11, No. 1, Summer 2015, p. 105.
⑦ Priya Kumari, "Assessing India's Need for a Polar Icebreaker", in Vijay Sakhuja and Gurpreet S Khurana (eds.), *Arctic Perspectives 2015*, New Delhi: National Maritime Foundation, 2015, p. 39.

有 2 艘。①

目前，印度在北极的科学研究主要集中在四个方面。一是研究北极气候变化和印度洋季风之间的关系。二是评估全球气候变暖对北极的影响。三是研究北极冰川融化对海平面上升的影响。四是评估北极动植物群对人类活动的反应。②

印度力图证明与北极存在联系无非是为进入北极寻找理由，并通过在北极的持续存在实现自己的大国雄心。尤其在其他大国不断进入北极的情况下，印度更不会无动于衷，自甘落后。相反，印度会将北极视为一个新的外交着力点，调整外交政策，对北极给予更多关注。对此，有学者表示，经济自由化改革后的经济快速增长使印度成为一个不断崛起的大国，这促使其"在国际舞台上要有所表现"③。其他学者也称，"作为一个日益崛起的大国，印度的世界观不再局限于当年殖民大国塑造的传统意义上的地缘环境，也不再受冷战时期西方大国处事方法的影响。如今的印度经常会重新评估和思考其在新的全球地缘政治中的作用。南北极就是印度重新定位其作用的重要地区。"④ 分析专家则表示，"印度对北极兴趣很高不仅因为其是北极理事会观察员国，在北极有需要关注的利益，更重要的是印度是一个积极的全球性角色，要在全球事务中拥有相应的地位和话语权。"⑤

第四节　海外印度人方面的措施

一　设立"海外印度人大会"，颁发"海外印度人奖"

冷战后，随着国际和国内形势的变化，印度开始逐渐调整海外印度人

---

① Priya Kumari, "Assessing India's Need for a Polar Icebreaker", in Vijay Sakhuja and Gurpreet S Khurana (eds.), *Arctic Perspectives 2015*, New Delhi: National Maritime Foundation, 2015, p. 40.

② Nadezhda Filimonova, "Prospects for Russian-Indian Cooperation in the High North: Actors, Interests, Obstacles", *Maritime Affairs: Journal of the National Maritime Foundation of India*, Vol. 11, No. 1, Summer 2015, p. 103.

③ Herbert Wulf, "India's Aspirations in Global Politics", *Käte Hamburger Kolleg Centre for Global Cooperation Research Papers* (Duisburg), No. 107, 2013, p. 28.

④ Uttam Kumar Sinha and Arvind Gupta, "The Arctic and India: Strategic Awareness and Scientific Engagement", *Strategic Analysis*, Vol. 38, No. 6, 2014, p. 877.

⑤ Uttam Kumar Sinha and Arvind Gupta, "The Arctic and India: Strategic Awareness and Scientific Engagement", *Strategic Analysis*, Vol. 38, No. 6, 2014, p. 879.

第五章 印度加强软实力的主要措施

政策。1991年，印度发生了严重的经济危机，这迫使其进行自由化改革。这种改革不仅重新定义了印度经济的特征，而且还强调要积极与世界接触，引进外资促进经济发展，同时打开国门，走向世界。

在这种情况下，印度对海外印度人的态度出现了三个转变。一是从反帝反殖的广泛民族主义转变为国家民族主义，更多关注本国的内部整合和面临的实际问题，包括反思对海外印度人的政策。二是外交政策从尼赫鲁的理想主义转变为现实主义，强调密切与海外印度人的关系。三是尽管印度的政治精英和领导人还心存疑虑，但他们竭力鼓励海外印度人帮助印度走出经济困境。[1] 由于需要外汇进口关键商品，当时的财政部长曼莫汉·辛格向海外印度人寻求帮助。海外印度人汇回的侨汇于是大幅上升。1990年，印度接收的侨汇是23.84亿美元，1991年则上升为32.89亿美元。相对应的是，印度开始修正海外印度人概念，称其为"稳定的国民"（valorised subject），而不再是不可信任的群体。[2] 时任财政部国务部长的R. 塔库尔（R. Thakur）表示："我们收支平衡不断提升的结果将有助于恢复对非居住印度人在印度经济中的信任，我们鼓励来自非居住印度人的外汇流入。"[3] 基于此，印度采取了一些激励措施：非居住印度人可以对房地产投资；可以对24个优先发展工业进行100%的投资；投资上限从4%提升到24%；可以对印度开发债券进行投资。[4]

不过，这种调整力度与海外印度人的期望仍存在差距。学者M.C. 拉尔（M. C. Lall）分析称，有三个原因导致了这种情况的出现。一是殖民统治的经历使印度不敢轻易相信任何来自外国的投资。二是"意识形态遗产"仍在推动着印度往前发展，计划与公共部门依旧捆绑在一起。自1947年起就主导着印度经济的官僚主义，建立在许可证基础上。由于严重的管制和公共部门的存在，1991年的经济改革并未触动官僚主义的根基。三是

---

[1] Aparajita Gangopadhyay, "India's Policy towards Its Diaspora: Continuity and Change", *India Quarterly*, Vol. 61, No. 4, 2005, p. 110.

[2] Aparajita Gangopadhyay, "India's Policy towards Its Diaspora: Continuity and Change", *India Quarterly*, Vol. 61, No. 4, 2005, p. 105.

[3] Aparajita Gangopadhyay, "India's Policy towards Its Diaspora: Continuity and Change", *India Quarterly*, Vol. 61, No. 4, 2005, p. 105.

[4] Aparajita Gangopadhyay, "India's Policy towards Its Diaspora: Continuity and Change", *India Quarterly*, Vol. 61, No. 4, 2005, p. 105.

本国的工业家强烈反对取消"保护措施",他们早已习惯了享受这些措施带来的好处,一旦取消,他们将不得不面对来自外部的竞争,丧失长期把控的垄断地位。① 其实,印度政府在1991年就有意实施双重国籍制度,但遭到了很多人的反对。当时的议会事务部和内政部国务部长 M. M. 加考勃(M. M. Jacob)就明确表示:"双重国籍的概念与印度宪法和1955年公民法格格不入。"② 印度政府也担心实行双重国籍会给国家安全带来威胁,因为一些巴基斯坦人会宣布自己是印度人。不仅如此,20世纪90年代,印度政坛还极不稳定,频繁更换政府,根本不可能制订和实施长期的海外印度人政策。这使得印度与海外印度人之间仍存在不信任。③

1998年大选,印度人民党获得了胜利,依靠其他党派的支持上台执政。瓦杰帕伊就任总理后不久就进行了核试验,震惊了国际社会,并招致了严厉制裁,一度使印度的经济面临严峻挑战。然而,依靠侨汇和海外印度人投资,印度在很大程度上经受住了制裁的考验。④ 不仅如此,在美国的海外印度人游说集团还在塑造美国议会有利于印度氛围和不利于印度立法方面发挥了重要作用。可以说,在强化与美国关系方面,海外印度人是无价之宝。⑤ 受这些事情的启发,印度开始采取一些针对海外印度人的长期政策。

1999年,印度人民党政府发表了《金奈宣言》。宣言称:"我们认为海外印度人也是印度大家庭的一部分。我们会持续加强与他们在社会、文化、经济和情感方面的联系。他们是智力、管理和企业资源的丰富储备库。印度政府会设计出创新性的方案让这些储备库对印度进行投资,促进印度全面发展。"⑥ 1999年3月,为了方便海外印度人回国,印度人民党

---

① Aparajita Gangopadhyay, "India's Policy towards Its Diaspora: Continuity and Change", *India Quarterly*, Vol. 61, No. 4, 2005, p. 106.

② Aparajita Gangopadhyay, "India's Policy towards Its Diaspora: Continuity and Change", *India Quarterly*, Vol. 61, No. 4, 2005, p. 107.

③ Aparajita Gangopadhyay, "India's Policy towards Its Diaspora: Continuity and Change", *India Quarterly*, Vol. 61, No. 4, 2005, p. 107.

④ Amit Kumar Mishra, "Diaspora, Development and the Indian State", *The Round Table*, Vol. 105, No. 6, 2016, p. 707.

⑤ Paokholal Haokip, "India's Diaspora Policy in Africa: Half-Baked for Francophone", *Insight on Africa*, Vol. 2, No. 1, 2010, pp. 40-41.

⑥ Paokholal Haokip, "India's Diaspora Policy in Africa: Half-Baked for Francophone", *Insight on Africa*, Vol. 2, No. 1, 2010, p. 35.

第五章 印度加强软实力的主要措施

政府宣布将对印裔群体发放"印裔人卡"（Persons of Indian Origin Card）。这种卡期限为15年，可以延期。根据规定，凡是1935年印度政府法确认的印裔人士及其配偶，或者其父母、祖父母、曾祖父母出生于印度或为印度永久居民的，以及印度公民的配偶，均可申请"印裔人卡"。持卡者没有选举权，但能免签证自由进出印度，并可在经济、金融、教育等方面享有优惠政策，能拥有除农业土地之外的固定资产。不过，巴基斯坦、孟加拉国、阿富汗、中国、伊朗、斯里兰卡、不丹和尼泊尔等国的公民除外。2002年，印度政府开始发放"印裔人卡"。对于印度政府立场的转变，印度学者库马尔·杜拜教授（Ajay Kumar Dubey）总结说，印度之所以会在20世纪90年代末调整海外印度人政策主要有三个原因。一是希望借助这些移民促进印度对外贸易、吸引外国直接投资和借鉴外国先进技术。二是希望借助这些移民进行公共外交、游说和民间外交，尤其是对美国。三是全球化使移民成为一种能促进发展的世俗化社会资源，与印度移民接触有助于消除他们中存在的狭隘的、具有分离倾向的思想。[1]

2000年，印度不仅在外交部设立了海外印度人事务机构，更是任命了一个海外印度人高级委员会。该委员会由印度前驻英国高级专员、时任国会议员的辛格威（L. M. Singhvi）担任主席，所以也被称为辛格威委员会。该委员会的任务主要有三个。一个是调查海外印度人的特点、志向、态度、需求、实力、困难以及他们对印度的期望。二是研究海外印度人在印度经济、社会和技术发展中可能发挥的作用。三是提出一个宽泛而又灵活的政策框架和国家计划，以在印度和海外印度人之间构建一种相得益彰的关系，使海外印度人能便捷地参与印度的经济发展。[2] 该委员会是印度成立的第一个调查海外印度人状况的官方机构，标志着印度的海外印度人政策进入到一个新阶段。

该委员会走访了134个国家，全面描绘了海外印度人在全球的分布、社会、政治、经济状况及其对印度的期望。根据调查结果，该委员会提出

---

[1] Ajay Kumar Dubey, "The Indian Diaspora as a Heritage Resource in Indo-African Relations", in Ajay Kumar Dubey and Aparajita Biswas, eds., *India and Africa's Partnership: A Vision for a New Future*, New Delhi: Springer (India) Pvt. Ltd, 2015, p. 120.

[2] Amit Kumar Mishra, "Diaspora, Development and the Indian State", *The Round Table*, Vol. 105, No. 6, 2016, pp. 708 – 709.

了一些建议，其中有三条比较重要。一是在每年的 1 月份设立"海外印度人大会"。二是颁发"海外印度人奖"，对杰出的海外印度人进行表彰。三是实行双重国籍制度。辛格威委员会认为这样做有几个益处。一是便于充分利用海外印度人的优势，促使他们对印度社会、经济和技术等领域进行投资。二是有利于加强海外印度人对印度的认同，特别是培育年轻一代海外印度人对印度的认同。三是有利于加强印度同海外印度人的联系。①

瓦杰帕伊政府几乎全部采纳了辛格威委员会的建议，采取了一系列影响深远的措施。

2003 年 1 月 9 日，印度举办了首届"海外印度人大会"，来自全球 63 个国家的近 2000 名海外印度人出席了大会。1 月 9 日是圣雄甘地 1915 年从南非回国领导独立运动的日子，印度特意选择这一天作为开幕式一方面想强调海外印度人对印度的重要性，另一方面也是为了突出印度政府对海外印度人的重视。在开幕式上，瓦杰帕伊表示："为了谋求财富或追求更好的生活，你们或你们的先祖离开了印度。现在，印度已是一块希望之地。我们想与你们分享我们的成就、希望、关切、抱负和目标。"② 他进而说："我们想要的不仅仅是你们的投资，我们更想要的是你们的思想和观念。我们不想要你们的财富，我们想要的是你们丰富的经历。我们能从你们丰富的全球经历中获得宽阔的视野。"③ 印度政府一位官员则表示："'海外印度人大会'是富含深情的邀请，是印度祖国母亲给予海外游子充满爱的礼物，是我们伟大总理希望在印度和海外印度人之间搭建友谊桥梁的礼物……我有一种观点，就是海外印度人的力量是印度力量的一部分，印度是全球印度人大家庭力量和安全的最大来源。"④ 在"海外印度人大会"召开期间，印度还为杰出的海外印度人颁发了"海外印度人奖"。为了从国家层面显示对海外印度人的重视，总理出席大会，并发表演讲，总

---

① The Government of India, *Report of the High Level Committee on the Indian Diaspora*, December 2001, p. v.

② Anand Singh, "The Pravasi Bharati Divas and India's Diaspora Outreach through the 'Economy of Affection': Rhetoric and Realities", *Diaspora Studies*, Vol. 10, No. 2, 2017, p. 3.

③ C. Raja Mohan and Rishika Chauhan, "Modi's Foreign Policy: Focus on the Diaspora", *Working Paper of Institute of South Asian Studies (Singapore)*, No. 24, 2015, p. 8.

④ Anand Singh, "The Pravasi Bharati Divas and India's Diaspora Outreach through the 'Economy of Affection': Rhetoric and Realities", *Diaspora Studies*, Vol. 10, No. 2, 2017, p. 4.

统则为获奖的海外印度人颁奖。曼莫汉·辛格总理曾表示："我希望你们能伸出双手，对一个新的印度进行投资，不仅是金融投资，而且还有智力、社会和文化投资，但首先是感情投资。"① 在2017年的"海外印度人大会"上，莫迪则说："对我来说，外国直接投资有两个意义，一个就是外国直接投资，另一个是印度的优先发展。"② 截至2019年1月，获得"海外印度人奖"的共有239人。

"海外印度人大会"和"海外印度人奖"每年举行和颁发一次。每次"海外印度人大会"都会邀请一位成就特别突出的海外印度人作为主要客人，发表主旨演讲。2003年第1届大会的主要客人是毛里求斯总理阿内罗德·贾格纳特（后出任总统）；2017年第14届大会的主要客人是葡萄牙总理安东尼奥·科斯塔（Antonio Costa）；2019年第15届大会的主要客人是毛里求斯总理普拉温德·库马尔·贾格纳特（Pravind Kumar Jugnauth）。在2015年的第13届"海外印度人大会"上，莫迪宣布以后每两年举行一次"海外印度人大会"和颁发"海外印度人奖"。为了培养年轻海外印度人对印度的感情，最近几年，在"海外印度人大会"召开期间还会举行"海外青年印度人大会"。

为了方便不能参加在印度举行的"海外印度人大会"的其他海外印度人，印度自2007年开始在国外举行小型"海外印度人大会"。第一次是在纽约举行，后又在很多地方举行过，如多伦多、德班、毛里求斯、海牙、新加坡、路易港、悉尼、伦敦、洛杉矶等。

二 实行双重国籍制度

在首届"海外印度人大会"上，瓦杰帕伊宣布了一项对印度政府和海外印度人都有重要影响的决定：印度将实行双重国籍制度。说对印度政府有重要影响是因为印度根本就没有一部真正独立的《国籍法》，所谓的《国籍法》制订于1955年，一直融合在宪法之中，是国家宪法的一部分。因此，印度要想实行双重国籍制度就必须先修改宪法。双重国籍制度对于

---

① Amit Kumar Mishra, "Diaspora, Development and the Indian State", *The Round Table*, Vol. 105, No. 6, 2016, p. 710.

② Gauri Agarwal, "Comparing Indian and Chinese Engagement with Their Diaspora", *Report of Institute of Chinese Studies (India)*, No. 44, April 2017, p. 4.

海外印度人的影响则在于他们能更方便地在印度投资、旅游、居住和生活。2003年12月，印度政府提出的宪法修正案在印度议会获得了通过。2004年1月，印度总统批准了宪法修正案，双重国籍制度正式生效。然而，这并非真正的双重国籍制度，因为拥有者没有政治权利。[1] 不仅如此，这项制度也不是对所有国家都开放，印度最初只选择了北美、欧洲和澳洲18个发达国家作为实行双重国籍的对象国，因此被批评为"嫌贫爱富"，严重歧视海外印度人中的穷人。面对这种情况，印度决定，将双重国籍制度向除巴基斯坦和孟加拉国以外的所有国家开放。

双重国籍制度的实施形式是向印裔人发放"印度海外公民卡"（Overseas Citizen of India Card）。凡是1950年1月26日这一天及之后出生的印度公民或者有资格成为印度公民的人，或者是1947年8月15日之后出生在印度领土上的印度公民，而现在又加入了其他国家国籍者，均可申请"印度海外公民卡"。持卡者进出印度终身免签，与非居住印度人享有同等权利，并享有特定的经济、教育和文化权利，无须再到外国人居住区注册办公室登记，无论其在印度停留多长时间，但不能拥有农业和种植园财产，也没有投票权，更不能担任政府职务。如果持卡者想要申请获得真正的印度国籍，则需持卡5年，而"印裔人卡"则需持卡7年。很明显，"印度海外公民卡"比"印裔人卡"有效期更长，享受的权利更多。这引发了"印裔人卡"持有者的不满。为了保持平衡，2014年9月，印度宣布将"印裔人卡"有效期从15年变为终身有效。2015年3月，印度议会又通过公民法修正案，持卡者可免费将"印裔人卡"更换为"印度海外公民卡"。这项规定从2015年1月6日开始生效，更换的截止日期是2017年6月30日（后又延长到2017年12月31日）。截至2016年1月底，已有200多万海外印度人申请了"印度海外公民卡"。大多数申请者都是发达国家的海外印度人，特别是美国、英国和加拿大的海外印度人。[2] 为了提升非居住印度人的权益，印度在2010年修订了《人民代表法案》，给予非居住印度人以投票权。[3]

---

[1] Amit Kumar Mishra, "Diaspora, Development and the Indian State", *The Round Table*, Vol. 105, No. 6, 2016, p. 711.

[2] Indian Ministry of External Affairs, *Annual Report 2015 – 2016*, p. 209.

[3] Amit Kumar Mishra, "Diaspora, Development and the Indian State", *The Round Table*, Vol. 105, No. 6, 2016, p. 711.

三　成立海外印度人事务机构

2004年，印度成立了与外交部平行的海外印度人事务部，是世界上设有这样部门的12个国家之一，另有13个国家在外交部下面设立了相关机构。① 这显示出印度对海外印度人非常重视，是印度采取的一项处理海外印度人事务的重要措施。当时的总理曼莫汉·辛格表示："我致力于在印度和海外印度人之间构建一种更紧密、更广泛的互动关系。这就是为什么我们的政府要成立一个新的、单独的海外印度人事务部的原因所在……我是想让这个部成为海外印度人的朋友，能为所有海外印度人提供帮助。"② 不仅如此，海外印度人输出比较多的邦如古吉拉特邦、喀拉拉邦、旁遮普邦、安得拉邦也成立了类似的邦级机构。不过，2016年2月，海外印度人事务部被合并到外交部，改名为海外印度人事务司。

2006年，印度在海外印度人事务部下面又成立了移民政策司，主要处理所有印度赴海外务工的劳工政策问题。2007年，印度成立了总理海外印度人全球顾问委员会。委员会由15名来自世界各国的著名印裔人组成。这是一个高端思想库，主要为总理提出一些针对海外印度人事务的政策建议。③ 同年，海外印度人事务部与印度工业联合会按照公私模式（PPP）成立了海外印度人服务中心。这是一个独立机构，主要为海外印度人提供精确可靠的资讯，促进海外印度人对印度投资和在印度经商。该中心至少与10个邦建立了伙伴关系。④ 但随着海外印度人事务部被合并到外交部，海外印度人服务中心的功能被其他部门所代替。该中心被关闭。

2008年，印度成立了邦政府年度咨询会议，旨在沟通各邦和中央政府关系中发挥桥梁作用，关注的焦点主要是移民程序、保护海外印度人在印度的土地和财产权、海外印度人婚姻和非法移民问题。⑤ 同年，印度还成

---

① Paramjit S. Sahai, "India's Engagement with Diaspora: Government Communication, Platforms and Structures", *Diaspora Studies*, Vol. 6, No. 1, 2013, p. 54.
② Indian Ministry of Overseas Indian Affairs, *Annual Report 2007–2008*, p. 4.
③ Paramjit S. Sahai, "India's Engagement with Diaspora: Government Communication, Platforms and Structures", *Diaspora Studies*, Vol. 6, No. 1, 2013, p. 54.
④ Paramjit S. Sahai, "India's Engagement with Diaspora: Government Communication, Platforms and Structures", *Diaspora Studies*, Vol. 6, No. 1, 2013, p. 54.
⑤ Paramjit S. Sahai, "India's Engagement with Diaspora: Government Communication, Platforms and Structures", *Diaspora Studies*, Vol. 6, No. 1, 2013, p. 54.

立了印度移民中心（Indian Migration Centre），也就是海外印度人就业委员会（Indian Council of Overseas Employment）。该中心是一个非营利性社会团体，是一个思想库，重点是研究海外印度人的活动，为海外印度人事务部提供政策建议。① 为了促进印度工人在海外就业，印度把移民保护措施不强的国家列为"移民需要检查"（Emigration Check Required）国家。前去这些国家的往往都是教育程度低的无技术工人，其护照会被印上"移民需要检查"字样，在他们出国之前，印度会向他们发放"移民签证"。目前，这样的国家有18个。2010—2016年，印度向这18个国家发放的"移民签证"有506万份，也就是说这期间有506万人次的印度工人出国就业。为了对教育程度不高的工人和蓝领工人加以保护，印度还对"移民需要检查"的过程进行电子化管理，取名为电子化移民工程（e-Migrate）。通过一个在线门户网站，电子化移民工程能对需要出国的工人进行流水化和高效率管理，掌握这些工人的详细信息。②

此外，印度还成立了海外印度人发展基金、海外工人资源中心和海外印度人社团福利基金等机构。海外印度人发展基金是一个非营利性信托机构，主要进行慈善活动，引导海外印度人促进印度的社会发展。2016年，该基金会收集了来自15个邦的88个项目，涉及公共卫生、教育、妇女和儿童发展、可持续生活和医疗等方面。为了筹集资金，印度外交部开通了网上捐款通道。2016年，已有73名海外印度人进行了捐助，已有2个项目开始实施。③ 海外工人资源中心是一个关于移民政策的信息中心。当海外工人遇到困难时，该中心也会对他们及其家庭进行帮助。该中心开通有24小时求助热线，总部位于德里，在一些邦设有分中心，在海外如迪拜也设有分中心。④ 海外印度人社团福利基金最初主要是向在海湾国家遇到困难的印度工人提供援助，现在则扩展到所有国家。截至2017年3月底，已有8万人成为该基金的受益者。⑤。

---

① Paramjit S. Sahai, "India's Engagement with Diaspora: Government Communication, Platforms and Structures", *Diaspora Studies*, Vol. 6, No. 1, 2013, p. 54.
② Indian Ministry of External Affairs, *Annual Report 2016 - 2017*, p. 225.
③ Indian Ministry of External Affairs, *Annual Report 2016 - 2017*, p. 233.
④ Paramjit S. Sahai, "India's Engagement with Diaspora: Government Communication, Platforms and Structures", *Diaspora Studies*, Vol. 6, No. 1, 2013, p. 55.
⑤ Indian Ministry of External Affairs, *Annual Report 2016 - 2017*, p. 224.

为了展示海外印度人的移民历史和取得的辉煌成就,2016 年 10 月,印度在新德里修建了海外印度人大厦(Pravasi Bharatiya Kendra),并将其作为国家的艺术大楼,莫迪出席了揭牌仪式。该大厦有图书馆(收藏的关于海外印度人的图书超过了 2800 本)、会议室、可容纳 350 人的礼堂、永久展览中心、会客厅、宴会厅和餐馆。[①] 莫迪表示:"修建海外印度人大厦是为了向海外印度人致敬,我们想让它成为海外印度人移民经验、斗争、成就和志向的象征。它也将成为印度重新界定与海外印度人关系的重要平台。"[②]

四 开发海外印度人项目

印度开发的海外印度人项目主要包括"认知印度""海外印度人儿童奖学金"和"学习印度"。

"认知印度"主要针对的是 18—26 岁的年轻印裔人,以让这些人了解印度的传统和文化,提升对当代印度不同领域的认知,感受印度取得的进步,培养新一代移民对印度的认同,时间为 3 个星期。截至 2015 年底,印度共组织了 34 次这样的认知活动,参与的海外印度人达 1053 人。[③] 2016 年,印度外交部海外印度人事务司通过与各邦政府合作,组织了 6 组"认知印度"活动,每组 40 人。年龄限定为 18—30 岁。[④]

"海外印度人儿童奖学金"每年从 40 个国家招收大约 100 名海外印度人的孩子到印度学校学习一些课程。从 2016—2017 年度起,涵盖的国家增至 66 个,人数增加到 150 人,增加的 50 人主要是海外印度劳工的孩子。截至 2017 年 3 月,已有 770 人获得了这一项目的奖学金。[⑤]

"学习印度"每年招收几十名年轻海外印度人到印度大学学习有关印度历史、文化、传统、社会和政治的知识。2016 年 2 月,印度组织了这个项目的第四次活动,13 名海外印度人参加了这一项目。[⑥]

[①] Indian Ministry of External Affairs, *Annual Report 2016 – 2017*, p. 231.
[②] 印度海外印度人大会网站,http://pbdindia.gov.in/node/5370,上网时间:2020 年 7 月 20 日。
[③] Indian Ministry of External Affairs, *Annual Report 2016 – 2017*, p. 208.
[④] Indian Ministry of External Affairs, *Annual Report 2016 – 2017*, pp. 230 – 231.
[⑤] Indian Ministry of External Affairs, *Annual Report 2016 – 2017*, p. 230.
[⑥] Indian Ministry of External Affairs, *Annual Report 2015 – 2016*, p. 208.

2016年，印度新开发了一项名为"Bharat ko Janiye"的在线知识竞赛项目。参赛者限定为18—35岁的海外印度人。竞赛分为两轮，第一轮获胜者会被邀请参加第二轮。第二轮之后再进行总决赛。竞赛题目涉及印度的传统、文化、历史以及当代印度的各个方面。2016年的活动吸引了来自96个国家的5000名选手参赛。最终决赛在新德里举行，印度总理为获得金、银、铜牌的选手颁发了奖牌。①

五 撤侨和保护劳工权益

海外印度人在一些国家中的人身、财产安全经常得不到保障，时常会受到排外和武装冲突、战争的威胁，如中东地区的印度劳工经常受到盘剥和非正常对待、第一次海湾危机对海外印度人的财产和生命威胁、2006年黎巴嫩战争对海外印度人的财产和生命威胁、2009—2010年印度留学生在澳大利亚持续遭到暴力袭击、2011年利比亚战争对海外印度人的财产和生命威胁、2015年也门局势动荡对海外印度人的财产和生命威胁等。这迫使印度思考该如何保护海外印度人的利益。印度分析专家表示，当恐怖分子或极端主义者发动的针对海外印度人的袭击，或者发生的类似于海啸这样的自然灾难威胁到海外印度人利益的时候，就存在紧急应对问题。生活在太平洋斐济、印度洋毛里求斯、中东，甚至是特立尼达、圭亚那的海外印度人的人身和财产安全遭到的威胁都应是印度政府的重要考虑。②

针对出现的上述这些情况，印度会采取三种措施进行应对。一是对海外印度人进行撤离。在第一次海湾战争前夕，印度从科威特和伊拉克撤离了17.2万名工人。在萨达姆入侵科威特期间，数千名印度工人在印度驻巴格达大使馆的帮助下，先乘坐公共汽车经过800公里撤离到约旦的安曼，然后又乘飞机返回印度。为了撤离这些工人，印度每天都派遣飞机，最多时有12架，完全没有任何国际援助。③ 在2006年黎巴嫩战争期间，

---

① Indian Ministry of External Affairs, *Annual Report 2016–2017*, p. 231.
② Abhijit Singh, "The Indian Navy's New "Expeditionary Outlook", *Report of Observer Research Foundation* (*New Delhi*), October 2012, p. 9.
③ Kishan S. Rana, "India's Diaspora Diplomacy", *The Hague Journal of Diplomacy*, Vol. 4, No. 3, 2009, p. 365.

印度派出了3艘军舰将2280名海外印度人及其他国家的侨民安全撤离。包括57名斯里兰卡人、47名尼泊尔人、8名黎巴嫩人和2名美国人。[①] 对于此次撤侨行动，曼莫汉·辛格表示："西亚是我们延伸的邻国，那个地方的动荡会影响我们的安全和关键利益。"[②] 在2011年利比亚战争期间，印度启动了"猛犸撤离行动"，动用军舰和运输机对大约15000名海外印度人进行了安全撤离。[③] 2015年上半年，印度派遣军舰和飞机对在也门的海外印度人进行了撤离。2016年7月，当南苏丹安全形势恶化时，印度再次进行了撤侨行动，将143名海外印度人和2名尼泊尔人成功撤离。[④]

二是与一些国家签署保护印度劳工谅解备忘录。印度于2006年和2007年与阿联酋、1985年和2007年与卡塔尔、2007年与科威特、2008年与阿曼、2009年与巴林、2014年和2016年与沙特签署了谅解备忘录。印度与约旦、马来西亚等国也签订了类似备忘录。根据谅解备忘录，双方将加强劳务合作，劳工流入国保证公平对待印度劳工，增加印度劳工用人数，采取有效措施保护印度劳工的合法权益。谅解备忘录还要求中介和雇主在招用印度劳工时必须遵守两国的相关法律。为了有效贯彻这些内容以及及时解决在劳务合作中出现的问题，双方还成立了联合工作组，定期进行会见磋商。

三是要求对方政府采取切实措施保护海外印度人。对于澳大利亚频繁发生的针对印度留学生袭击事件，曼莫汉·辛格就向澳大利亚总理陆克文表达了严重关切，敦促对方采取措施保护印度留学生的安全。陆克文也承诺会采取相关措施。两国成立了印澳学生流动联合工作组，并于2009年10月在新德里举行了第一次会议。在两国共同努力下，印度留学生在澳大利亚频遭袭击现象得到了有效遏制。[⑤]

对于印度的这些行为，分析人士表示，就印度而言，过去60多年与海外印度人接触的最重要的一个教训就是，需要母国将海外印度人纳入与

[①] K. R. Singh, *Maritime Security for India: New Challenges and Responses*, New Delhi: New Century Publications, 2008, p. 119.

[②] David Scott, "India's 'Extended Neighborhood' Concept: Power Projection for a Rising Power", *India Review*, Vol. 8, No. 2, April-June 2009, p. 135.

[③] Indian Ministry of Overseas Indian Affairs, *Annual Report 2010 – 2011*, p. 8.

[④] Indian Ministry of External Affairs, *Annual Report 2016 – 2017*, p. 224.

[⑤] Indian Ministry of External Affairs, *Annual Report 2009 – 2010*, p. 18.

居住国的关系中，努力防止海外印度人在政治和经济上遭到孤立的情况再次出现。①

莫迪执政后进一步加大了与海外印度人联系的力度。有分析人士将莫迪政府的海外印度人政策归纳为"3C"，即请求海外印度人加强与印度的联系（connect），请求海外印度人庆祝他们的文化传统（celebrate），请求海外印度人为母国发展作贡献（contribute）。② 除上文提到的一些措施外，与往届政府相比，莫迪政府还有一个明显不同之处，那就是莫迪每次出访都会拜会海外印度人，或者在海外印度人集会上对成千上万的海外印度人发表讲话，希望将每一位海外印度人转变为印度的驻外大使，宣传印度，为印度的发展贡献自己的力量。莫迪多次请求海外印度人为印度发起的一些项目贡献他们的资金、时间和专业技术，如恒河清洁行动、垃圾清除行动、农村厕所建造行动等，并邀请海外印度人携带家人多回印度参观访问，以促进印度旅游业的发展。在与海外印度人接触的频次和力度方面，莫迪的做法史无前例。

2014年9月，在第一次正式访问美国期间，莫迪在麦迪逊广场对1.8万名海外印度人发表了演讲。现场挤满了海外印度人。找不到位置的海外印度人只能通过大屏幕观看莫迪的演讲。莫迪的话"向祖国母亲印度致敬"引起了在场海外印度人的强烈共鸣。英国广播公司对此评论说，莫迪受到了超级巨星般的对待，是"印度品牌的再造运动"，正如莫迪预言的那样，"这个世纪将会是印度世纪，因为印度拥有年轻的人口和创新精神"③。在这次讲话中，莫迪要求会议的组织者捐赠30万美元用以印度的乡村建设计划。④ 同样，2015年3月在塞舌尔、2015年5月在上海、2015年8月在斐济、2016年3月在布鲁塞尔、2016年7月在约翰内斯堡，莫迪都访问了海外印度人社区，发表了讲话，会见了海外印度人代表，甚至与

---

① Kishan S. Rana, "India's Diaspora Diplomacy", *The Hague Journal of Diplomacy*, Vol. 4, No. 3, 2009, p. 364.

② C. Raja Mohan and Rishika Chauhan, "Modi's Foreign Policy: Focus on the Diaspora", *Working Paper of Institute of South Asian Studies* (*Singapore*), No. 24, 2015, p. 2.

③ Debidatta Aurobinda Mahapatra, "From a Latent to a 'Strong' Soft Power? The Evolution of India's Cultural Diplomacy", *Palgrave Communications*, Vol. 2, 2016, p. 7.

④ Rama Lakshmi, "India Wants to Turn 25 Million in the Diaspora into Global Ambassadors", *The Washington Post*, February 18, 2015.

第五章 印度加强软实力的主要措施

他们一起拍照。莫迪表示:"对我的政府和我个人来说,与海外印度人接触已成为优先事项的一个关键部分。在出国访问期间,我会会见成百数千我们的兄弟姐妹,或者是向他们发表讲话。我们已形成了持续的、制度化的接触。在更广泛、更深入地与印度经济和社会变革连接方面,海外印度人有热切的愿望,是一种新能量和强有力的推动因素。海外印度人汇回的侨汇对印度经济做出了无法估量的贡献。"[1] 在莫迪的倡议下,海外印度人感受到了与印度的关联性,越来越多的海外印度人经常回印度进行访问和投资,尽自己的力量促进印度的发展。[2]

对于印度与海外印度人现在的关系,印度海外印度人事务部前秘书迪塔尔·辛格(Didar Singh)认为是一种相互促进的关系。他说:"我们为海外印度人感到非常骄傲。我们祝贺他们取得的成功,并在每年的'海外印度人大会'上予以承认。但我们认为这是他们自己努力的结果,同时也是印度全球影响不断提升的结果。随着印度经济的迅速增长,我们的声誉和重要性得到了提升,所以海外印度人也受到了高度关注。"[3] 莫迪则表示:"不是每件事都能用美元或英镑来衡量的。我们与海外印度人的关系已超越了金钱,是一种特殊关系。"[4]

---

[1] 印度海外印度人大会网站,http://pbdindia.gov.in/node/5370,网时间:2020年7月20日。
[2] Debidatta Aurobinda Mahapatra, "From a Latent to a 'Strong' Soft Power? The Evolution of India's Cultural Diplomacy", *Palgrave Communications*, Vol. 2, 2016, p. 7.
[3] Rina Agarwala, "Tapping the Indian Diaspora for Indian Development", in Alejandro Portes & Patricia Fernández-Kelly, eds., *The State and the Grassroots: Immigrant Transnational Organizations in Four Continents*, New York: Berghahn Books, 2015, p. 97.
[4] C. Raja Mohan and Rishika Chauhan, "Modi's Foreign Policy: Focus on the Diaspora", *Working Paper of Institute of South Asian Studies (Singapore)*, No. 24, 2015, p. 8.

第六章 对印度软实力的评估

印度的软实力资源非常丰富,印度政府也采取了很多措施来发展软实力。虽然软实力难以量化,要想对印度这样一个异常复杂的国家进行准确评估十分困难,但本章力图通过国际机构对印度软实力的排名和印度近年来的国际形象变化对印度的软实力进行整体评估,然后根据评估结果分析导致这种情况的原因。

第一节 国际机构对印度软实力的评估

国际上明确对各国软实力进行评估和排名的主要有四家机构。一是英国的政府研究所。二是俄罗斯的斯科尔科沃—安永新兴市场研究所。三是西班牙的艾尔卡诺皇家研究所。四是英国的波特兰公关公司。其中,前三个机构的排名涵盖了印度,波特兰公关公司的排名未包括印度。

一 政府研究所对印度软实力的评估

政府研究所是英国的一家智库。负责该智库软实力项目的是乔纳森·麦克格罗瑞(Jonathan McClory)。该研究所于2010年发布了世界上第一份测量软实力的综合报告。之后又于2011年和2012年发布了两份软实力报告,涵盖的国家最初只有30个,2012年则增加到40个。

政府研究所在软实力方面选取了五个一级量化指标,分别是政府、文化、外交、教育和商业/创新。政府指标包括了联合国人类发展指数、政府有效性、个人自由、政治制度、智库影响、影子经济、社会暴力、政府责任(government accountability)、死刑、政府信任、收入不平等。文化指标包括接待的外国游客人数、游客花费、政府资助的媒体机构覆盖范围、外国驻本国记者人数、使用的语言、上一届奥运会金牌数、音乐市场、全球录音带销量、艺术馆参观人数、世界遗产数、在国际足球中的地位、在电影节上取得的成就。外交指标包括对外援助情况（与国民总收入的比例）、对外援助总额、免签证旅游情况、驻国外文化代表团数量、驻外使团数量、全球外交足迹、在多边组织中的外交代表数量、全球网络、环境意识和行动、对寻求避难者的开放程度。教育指标包括中小学质量、大学质量、外国留学生人数、学术出版。商业/创新指标包括国际专利数、商业竞争力、腐败程度、创新情况、外国投资、互联网连通情况。[1]

政府研究所30%的软实力指数基于民意调查，70%基于具体统计的数据，采用10分制，指数越大，软实力越强，反之亦然。[2] 按照上述这些指标和计算方法，印度2010年的软实力指数为0.6，在30个国家中排名第23位，中国的指数为0.8，排名第17位。[3] 2011年，印度的软实力指数为2.64，在30个国家中排名第27位，中国的指数为3.74，排名第20位。[4] 2012年，印度的软实力指数为2.776，在40个国家中排名36位，中国的指数为4.237，排名第22位。软实力指数最高的是英国，指数为7.289，美国排在第2位，指数为6.989。除中国外，日本、韩国、土耳其、新加坡、泰国都排在印度前面，甚至南非和阿根廷也排在印度前面（见表6-1）。

表6-1　　　　　　　　2012年印度软实力在全球的排名

排名	国家	得分	排名	国家	得分
1	英国	7.289	21	新西兰	4.249
2	美国	6.989	22	中国	4.237
3	德国	6.484	23	葡萄牙	4.217
4	法国	6.472	24	爱尔兰	4.160

---

[1] The Institute for Government (England), *The New Persuaders III: A 2012 Global Ranking of Soft Power*, pp. 17-22.

[2] The Institute for Government (England), *The New Persuaders III: A 2012 Global Ranking of Soft Power*, pp. 17-22.

[3] The Institute for Government (England), *The New Persuaders III: A 2012 Global Ranking of Soft Power*, p. 5.

[4] The Institute for Government (England), *The New Persuaders III: A 2012 Global Ranking of Soft Power*, p. 15.

续表

排名	国家	得分	排名	国家	得分
5	瑞典	5.752	25	波兰	3.817
6	日本	5.613	26	新加坡	3.759
7	丹麦	5.598	27	墨西哥	3.590
8	瑞士	5.553	28	俄罗斯	3.564
9	澳大利亚	5.534	29	以色列	3.437
10	加拿大	5.417	30	泰国	3.347
11	韩国	5.350	31	捷克	3.346
12	挪威	5.327	32	智利	3.285
13	芬兰	5.267	33	希腊	3.260
14	意大利	5.186	34	南非	3.117
15	荷兰	5.161	35	阿根廷	3.062
16	西班牙	4.981	36	印度	2.776
17	巴西	4.675	37	马来西亚	2.606
18	澳大利亚	4.650	38	阿联酋	2.416
19	比利时	4.556	39	埃及	2.351
20	土耳其	4.263	40	印尼	1.739

资料来源：The Institute for Government (England)，*The New Persuaders III：A 2012 Global Ranking of Soft Power*，p. 11.

如果分项来看，在政府方面表现最好的是挪威，没有发展中国家进入前10名。在文化方面，美国的表现最好，中国位居第6，韩国位居第10。在外交方面，法国的表现最好，没有发展中国家进入前10名。在教育方面，美国的表现最好，中国位居第5，日本位居第6，韩国位居第9。在商业/创新方面，芬兰的表现最好，新加坡位居第3，日本位居第7。在这五个一级指标中，印度没有进入任何一个指标的前10名（见表6-2）。无论总体还是分项，印度的软实力都比较弱。

表6-2　　　　　各国在五个一级指标中的表现

排名	政府	文化	外交	教育	商业/创新
1	挪威	美国	法国	美国	芬兰

续表

排名	政府	文化	外交	教育	商业/创新
2	瑞士	英国	英国	英国	瑞士
3	瑞典	法国	德国	澳大利亚	新加坡
4	丹麦	澳大利亚	美国	德国	瑞典
5	荷兰	德国	瑞典	中国	丹麦
6	芬兰	中国	荷兰	日本	荷兰
7	新西兰	意大利	挪威	法国	日本
8	加拿大	加拿大	意大利	加拿大	德国
9	澳大利亚	西班牙	比利时	韩国	挪威
10	奥地利	韩国	加拿大	荷兰	英国

资料来源：The Institute for Government (England), *The New Persuaders III: A 2012 Global Ranking of Soft Power*, p. 12.

二 斯科尔科沃—安永新兴市场研究所对印度软实力的评估

俄罗斯的斯科尔科沃—安永新兴市场研究所是一家专门研究新兴国家问题的智库。其评估软实力使用的是三个一级指标：全球形象；全球诚信（global integrity）；全球一体化（global integration）。全球形象指标包括媒体出口、美国大学中招收学习另外一个国家语言的人数、过去两届奥运会获得的奖牌数、《时代》杂志世界100位最有影响人物上榜人数、《财富》杂志最受尊敬公司上榜数量。全球诚信指标包括法律规则、自由度、投票结果、二氧化碳排放情况。全球一体化指标包括接纳的移民数量、接待的外国游客人数、大学在国际上的排名、英语流利程度。

斯科尔科沃—安永新兴市场研究所于2012年春天发布了新兴国家软实力报告（迄今只发布过一份这样的报告）。该报告首先对新兴国家的软实力进行了比较，然后比较了新兴国家与七国集团之间的软实力。斯科尔科沃—安永新兴市场研究所的研究对象并未覆盖世界所有国家。

该研究所发布的报告采用的是百分制，指数越大，软实力越强，反之亦然。根据斯科尔科沃—安永新兴市场研究所的测算，印度的软实力在2005年仅次于中国和俄罗斯，在新兴国家中排名第3位，2006年仅次于中国，居第2位，2007年仅次于中国和俄罗斯，排第3位，2008年仅次于中国，居第2位，2009年仅次于中国和俄罗斯，居第3位，2010年仅次于中国，排第2位。整体来看，2005—2010年，印度的软实力在新兴国家中稳居前3位（见表6-3）。

表6-3　　　　　　　印度在新兴国家软实力中的排名

国家	年						2010年排名
	2005	2006	2007	2008	2009	2010	
中国	31.1	32.2	32.2	32.2	33.7	30.7	1
印度	22.6	21.5	21.9	26.7	22.6	20.4	2
俄罗斯	22.9	18.4	22.9	21.0	23.5	18.0	3
巴西	5.9	6.0	9.3	12.7	9.7	13.8	4
土耳其	10.3	12.5	11.4	14.4	10.3	12.9	5
墨西哥	10.0	11.8	11.8	17.1	19.3	11.5	6
南非	13.0	10.0	8.5	12.6	11.8	10.3	7
匈牙利	12.2	11.1	7.4	9.2	9.2	10.0	8
捷克	8.5	9.2	9.2	9.2	10.7	9.6	9
斯洛伐克	7.0	7.4	6.6	6.6	7.0	9.2	10

资料来源：Ernst & Young, Skolkovo Institute (Russia), *Rapid-growth Markets Soft Power Index*, Spring 2012, p. 10.

如果跟七国集团相比，新兴国家没有任何一个国家的软实力指数超过七国集团。不仅如此，新兴国家与七国集团的软实力差距还非常大。以2010年为例，软实力最强的是美国，软实力指数为87，中国的软实力指数是30.7，两者之间的差距可见一斑（见表6-4）。

表6-4　　　　　　　新兴国家与七国集团软实力比较

国家	年						2010年排名
	2005	2006	2007	2008	2009	2010	
美国	84.0	85.5	86.3	88.1	87.0	87.0	1
法国	49.7	48.4	50.3	49.6	49.6	49.5	2
德国	44.0	46.6	46.6	45.8	44.0	43.2	3

续表

国家	2005	2006	2007	2008	2009	2010	2010年排名
英国	46.0	45.9	46.3	46.0	46.7	43.0	4
加拿大	36.0	39.4	38.6	36.8	35.3	39.0	5
意大利	33.0	34.6	33.9	34.6	34.2	32.0	6
日本	36.9	36.5	35.4	34.7	32.5	31.8	7
中国	31.1	32.2	32.2	32.2	33.7	30.7	8
印度	22.6	21.5	21.9	26.7	22.6	20.4	9
俄罗斯	22.9	18.4	22.9	21.0	23.5	18.0	10
巴西	5.9	6.0	9.3	12.7	9.7	13.8	11
土耳其	10.3	12.5	11.4	14.4	10.3	12.9	12
墨西哥	10.0	11.8	11.8	17.1	19.3	11.5	13
南非	13.0	10.0	8.5	12.6	11.8	10.3	14

资料来源：Ernst & Young, Skolkovo Institute (Russia), *Rapid-growth Markets Soft Power Index*, Spring 2012, p. 14.

具体到印度，在十三个二级指标中，印度表现最好的是名人上榜人数和美国大学中招收学习印度语言的人数，2010年这两项所占比重均为17.7%，其次是法律规则，2010年所占比重为15.6%（见表6-5）。中国同年这三项所占比重分别为1.4%、8.5%和10.4%。中国所占比重最高的三个项目分别是最受尊敬公司上榜数量、接待的外国游客人数和大学在世界上的排名，均为20.9%。[①] 印度在这三个项目上所占比重分别为2.6%、2.6%和0%（见表6-5）。由此可见，印度与中国的软实力优势是不同的。

---

① Ernst & Young, SKOLKOVO Institute (Russia), *Rapid-growth Markets Soft Power Index*, Spring 2012, p. 20.

表6-5　　　　　　　印度各项指标所占比重（%）

名目	2005	2006	2007	2008	2009	2010
美国大学中招收学习其他国家语言的人数	16.8	17.3	17.1	15.4	16.8	17.7
名人上榜人数	6.7	5.2	13.7	15.4	10.1	17.7
法律规则	17.3	17.7	17.5	15.8	17.3	15.6
自由度	13.5	13.8	13.7	12.3	13.5	14.1
接纳的外国移民数量	12.3	12.7	12.5	11.3	12.3	13.0
二氧化碳排放量	6.7	6.9	6.8	6.2	6.7	7.1
投票结果	10.1	10.4	10.3	9.2	6.7	5.3
媒体出口	2.5	1.7	1.7	1.5	2.5	2.7
接待的外国游客人数	2.5	2.5	2.5	4.5	4.9	2.6
最受尊敬公司上榜数量	0.0	0.0	2.5	2.3	2.5	2.6
奥运会奖牌数	0.8	0.9	0.9	0.8	0.8	0.9
英语流利程度	0.8	0.9	0.9	0.8	0.8	0.9
大学排名	9.9	10.1	0.0	4.5	4.9	0.0

注：有些年份比重总和存在略大于或小于100%的情况，原文如此

资料来源：Ernst & Young, SKOLKOVO Institute (Russia), *Rapid-growth Markets Soft Power Index*, Spring 2012, p.20.

三　艾尔卡诺皇家研究所对印度软实力的评估

艾尔卡诺皇家研究所是西班牙的一家智库，主要研究世界各国在全球的存在情况。该研究所2011年发布了第一版全球存在指数报告，对2010年54个国家的全球存在情况进行了详细比较。之后，该研究所每年都发布这样的报告，并将国家数量增加到100个。2015年，该研究所邀请了150位各大洲著名智库的国际关系专家参与评估。

该研究所选取的一级指标有三个，分别是全球的军事存在、经济存在和软存在（软实力）。经济存在指标包括能源产品出口、初级产品出口（不含石油出口）、制造业出口、服务业出口、对外直接投资存量等。军事存在指标包括部署在国际任务和海外基地的军队人数、军事装备情况等。软存在指标包括年中（半年）接纳的移民人数、接待的外国游客人数、在

国际足联中的排名和夏季奥运会获得的奖牌数、文化产品出口、在国际主要通讯社中被提及的次数、技术进步、科学成就、高等教育中外国留学生人数、接收的官方发展援助额等。

根据该研究所的测算，2017年，美国在全球的存在是最高的，指数为2494.1，其次是中国，指数为840.7，第三是英国，指数为636.7。印度位居第13，指数为202.4。虽然中国仅次于美国，但指数与美国相差非常大，印度与美国的差距更大。不仅如此，印度在全球的存在也不如日本和韩国。日本排名第6位，指数为518.1，韩国位居第12，指数为225.8（见表6-6）。

表6-6　　　　　　　　印度2017年在全球存在中的排名

排名	国家	指数	排名	国家	指数
1	美国	2494.1	11	西班牙	233.7
2	中国	840.7	12	韩国	225.8
3	英国	636.7	13	印度	202.4
4	德国	618.5	14	瑞士	190.4
5	法国	531.5	15	澳大利亚	185.5
6	日本	518.1	16	比利时	171.5
7	俄罗斯	337.4	17	新加坡	127.7
8	加拿大	292.9	18	瑞典	126.4
9	荷兰	297.3	19	巴西	118.9
10	意大利	271.1	20	沙特	113.3

资料来源：Elcano Royal Institute (Spain), *Global Presence Index 2017*, p.13.

总体来看，印度在全球的存在是不断上升的，尽管幅度不是很大。1990年，印度在全球的存在排名世界第15位，2000年下降到第17位，2010年上升为第15位，2017年又上升到第13位。尽管如此，印度在全球的存在一直不如中国、日本和韩国这几个亚洲国家。中国1990年位居世界第11，2000年位居第10，2010年位居第5，2017年位居第2。中国的上升幅度非常大。而美国始终高居榜首，日本始终保持在前6名（见表6-7）。

表6-7　　　　　　印度在全球存在中的名次变化

国家	1990	2000	2010	2017
美国	1	1	1	1
中国	11	10	5	2
印度	15	17	15	13
日本	6	5	6	6
韩国	18	13	16	12
俄罗斯	2	9	9	7
巴西	16	18	18	19
新加坡	33	20	20	17
沙特	20	22	22	20
南非	39	40	37	30

资料来源：Elcano Royal Institute（Spain），*Global Presence Index 2018*，pp. 49-51.

具体到软存在，印度2017年的软存在排在第16位，最高的是美国，其次是中国。美国在综合存在指数、软存在、军事存在、经济存在方面均位居世界第1。中国的经济存在位居世界第2，军事存在位居世界第3。印度的经济存在位居世界第16，军事存在位居世界第7（见表6-8）。从软存在角度，印度不及中国、日本、韩国这几个亚洲国家。不仅如此，印度的软存在甚至连沙特都赶不上。

表6-8　　　　　　印度2017年在全球软存在中的排名

国家	软存在名次	军事存在名次	经济存在名次	综合存在指数名次
美国	1	1	1	1
中国	2	3	2	2
英国	3	5	4	3
德国	4	13	3	4
日本	6	6	5	6
法国	5	4	6	5
俄罗斯	8	2	17	7

续表

国家	软存在名次	军事存在名次	经济存在名次	综合存在指数名次
加拿大	7	21	7	8
韩国	11	11	13	12
意大利	10	8	10	10
西班牙	9	17	12	11
澳大利亚	12	15	15	15
荷兰	13	25	5	9
沙特	15	13	28	20
印度	16	7	16	13

资料来源：Elcano Royal Institute (Spain), *Global Presence Index 2018*, pp. 45-48.

四 波特兰公关公司对印度软实力的评估

波特兰公关公司与美国南加利福尼亚州大学公共外交中心合作，从2015年开始发布全球软实力排行榜（A Global Ranking of Soft Power），对30个国家的软实力进行排名。该项目负责人是曾在政府研究中心研究软实力的乔纳森·麦克格罗瑞。不过，波特兰公关公司对政府研究所的指标进行了调整，将一级指标从五个增加到六个，分别为政府、文化、教育、参与度（engagement）、数字和企业。①

政府指标包括联合国人类发展指数得分、自由之家指数得分、国家智库数量、性别平等指数得分、经济学人政治指数得分、影子经济占GDP比重、平均谋杀率、世界银行话语权和问责制指数得分、死刑执行情况、收入不平等情况、世界经济论坛政府信任指数得分、媒体自由度指数得分、世界银行政府有效性得分、世界银行善治管理质量得分、世界银行善治法律规则得分。文化指标包括接待的外国游客人数、每位游客的平均花费、在主要电影节参展的电影数量、外国驻本国记者人数、世界文化遗产数量、世界前100个博物馆年度参观人数、音乐市场规模、在外国前10名音乐专辑中被收录的音乐数量、奥运会奖牌数、在国际足联中的排名、国际航空运输质量、米其林星级餐馆数量、语言能力指数。教育指标包括经

---

① Portland (England), *The Soft Power 30: A Global Ranking of Soft Power* 2017, pp. 143-145.

合组织和国际学生评估项目（PISA）科学、数学和阅读的平均分数、大学的毛入学率、全球顶尖大学的数量、科学学术期刊论文发表数量、外国留学生人数、教育经费占GDP比重。参与度指标包括对外援助情况（与国民总收入的比例）、对外援助总额、驻外大使馆数量、外国驻本国大使馆数量、驻外总领事馆数量、多边组织中常驻代表数量、成为国际组织成员情况、环境条约签署情况、每千位居民中寻求庇护人数、驻外国文化代表团数量、免签证旅游情况、国际广播每周听众人数、环境表现指数。数字指标包括国家领导人在脸书上的外国"跟随者"数量、外国"跟随者"在脸书上为国家领导人所打分数、外交部部长在脸书上的外国"跟随者"数量、外国"跟随者"在脸书上为外交部长所打分数、每百位居民中互联网的使用人数、每百万居民中安全网络服务器数量、每百位居民中拥有手机人数、宽带千兆位/秒情况、政府在线服务指数、电子政务参与指数、每百位居民中固定宽带订购人数。企业指标包括全球专利申请情况（占GDP比重）、世界经济论坛竞争力指数、外国直接投资占GDP比重、经济自由度指数、腐败指数、研发占GDP比重、全球创新指数、中小企业占比、世界银行经商报告、失业率、高技术占制造业出口比重、人均商业启动成本占人均国民总收入比重。

波特兰公关公司2019年发布的软实力指数由两部分组成：35%来自对25个不同国家的民意测验数据（1.25万份调查问卷），65%基于具体统计的数据。该公司软实力指数采用的是百分制，指数越高，软实力越大，指数越小，软实力越小。

根据该公司的测算，2019年软实力最强的是法国，软实力指数为80.28。其次是英国，指数为79.47。美国位居第5，指数为77.40。中国位居第27，指数为51.25。在前30个国家中，没有印度。这说明，印度的软实力还比较弱，未能进入前30个国家之列。不仅如此，印度的软实力还不及日本、韩国、新加坡、巴西和土耳其，这几个国家分别位居第8、第19、第21、第26和29位（见表6-9）。印度的得分只有41.22，连泰国和马来西亚的得分都超过了印度。[①]

[①] Portland (England), *A Global Ranking of Soft Power* 2019, p. 67.

表 6-9　　　　　　　　2019 年软实力 30 强国家

排名	国家	指数	排名	国家	指数
1	法国	80.28	16	奥地利	67.98
2	英国	79.47	17	新西兰	67.45
3	德国	78.62	18	比利时	67.17
4	瑞典	77.41	19	韩国	63.00
5	美国	77.40	20	爱尔兰	62.91
6	瑞士	77.04	21	新加坡	61.51
7	加拿大	75.89	22	葡萄牙	59.28
8	日本	75.71	23	波兰	55.16
9	澳大利亚	73.16	24	捷克	54.35
10	荷兰	72.03	25	希腊	53.74
11	意大利	71.58	26	巴西	51.34
12	挪威	71.07	27	中国	51.25
13	西班牙	71.05	28	匈牙利	50.39
14	丹麦	68.86	29	土耳其	49.70
15	芬兰	68.35	30	俄罗斯	48.64

资料来源：Portland (England), *A Global Ranking of Soft Power* 2019, pp. 37-38.

除上面提及的四家机构对各国软实力进行排名外，2008 年，美国芝加哥全球事务委员会还和韩国东亚研究所联合发布过亚洲国家软实力排名。但该排名只涵盖了美国、中国、日本、韩国、越南和印尼六个国家，未涉及印度。不仅如此，该排名也没有使用一些量化数据，更多的是进行民意调查，所以对本书的参考价值不大。

第二节　国际机构对印度国际形象的评估

一个国家的内政和外交不仅要接受其国内民众的检验和评判，也会受到国际社会的检验和评判。国际形象就是国际社会进行检验和评判的重要依据，也是一个国家软实力的重要体现。一个国家的国际形象越好，其软实力影响就越大，反之亦然。尽管有很多机构都发布过国际形象的调查报告，但本书只选取了全球扫描（GlobeScan）和皮尤研究中心的民意测验结果，因为这两家机构不仅影响较大，而且民意测验对象还涵盖了印度，能够起到评估和比较的作用。此外，本书还选取了北京大学"我国对外传播文化软实力研究"课题组的民意测验结果。

一 全球扫描对印度国际形象的评估

全球扫描是一家加拿大的著名民调测评公司。其所做的国际形象调查是受英国广播公司委托进行的。全球扫描发布的国际形象民调影响很大，是衡量一个国家软实力，特别是国际影响力的一个重要参考指标。

根据全球扫描发布的数据，印度在国际上的形象有一定起伏。最好的是2006年，排在第5位。不过，这一年参评的国家比较少，只有9个国家。从2010年起，参评的国家一直保持在17个，印度排名最高的是2017年。这一年，全球扫描对19个国家的1.8万名民众进行了问卷调查，37%的受访者对印度持积极印象，39%的受访者对印度持消极印象（见表6-10）。与2014年相比，印度提升了3个名次。这在很大程度上跟莫迪政府的执政有关。莫迪政府不仅倡导"印度制造""数字印度""清洁印度""智慧城市"，而且还使印度经济保持了高速增长。在国际上，印度积极促进与主要大国的关系，并奉行"邻国优先"的政策。所有这些都为印度赢得了其他国家民众的好感。当然，事情都有两方面。与2014年相比，2017年对印度持积极印象的比例稍有下降，2014年为38%，2017年为37%，对印度持消极印象的比例则有所上升，甚至达到了历史最高点，2014年为36%，2017年为39%（见表6-10）。

表6-10　　　　　　　　印度历年国际形象排名

	2006	2007	2008	2009	2010	2011	2012	2013	2014	2017
持积极印象比例%	35	37	42	39	36	42	40	34	38	37
持消极印象比例%	25	26	28	33	31	29	27	35	36	39
参评国家个数	9	12	14	15	17	17	17	17	17	17
印度所处位次	5	7	8	7	10	11	10	12	12	9
民意调查国家个数	33	27	34	21	28	27	22	25	24	19

续表

	2006	2007	2008	2009	2010	2011	2012	2013	2014	2017
民意调查人数	39435	28000	17457	13575	29977	28619	24090	26299	24542	18000

注：2015年和2016年未发布数据。

资料来源：根据全球扫描公司进行的历年民意调查整理，https://globescan.com/sharp-drop-in-world-views-of-us-uk-global-poll/，上网时间：2020年7月22日。

人们对印度的积极印象下降主要与德国和巴基斯坦对其积极印象不高有关。德国是对印度积极印象最低的国家，只有1%，巴基斯坦也只有11%。而中国对印度的积极印象为35%。在欧洲，只有英国对印度的积极印象超过了消极印象，印度在英国最受欢迎。印度在印尼也比较受欢迎，达到了50%。印度在非洲的两个国家肯尼亚和尼日利亚的受欢迎程度都比较高，分别为48%和47%。最不欢迎印度的国家是巴基斯坦，高达62%，其次是巴西，为57%，然后是中国，为56%（见表6-11）。这几个国家对印度消极印象较高直接导致了印度整体受欢迎程度的下降。总之，在受访的18个国家中（包括印度），有9个国家对印度的积极印象超过了消极印象，有8个国家对印度的消极印象超过了积极印象。加拿大则大致持平，说明其民众在如何看待印度上存在较大分歧。①

表6-11　　　　　　　　印度2017年受欢迎程度

国家	对印度持积极印象比例%	对印度持消极印象比例%
美国	49	37
加拿大	41	44
墨西哥	42	33
巴西	23	57
英国	56	38
法国	39	53
西班牙	23	35

---

① 资料来源：https://globescan.com/sharp-drop-in-world-views-of-us-uk-global-poll/，上网时间：2020年7月22日。

续表

国家	对印度持积极印象比例%	对印度持消极印象比例%
希腊	19	27
德国	1	33
俄罗斯	41	10
土耳其	32	44
肯尼亚	48	26
尼日利亚	47	39
印度	56	4
印尼	50	18
澳大利亚	49	34
中国	35	56
巴基斯坦	11	62
全球平均（不包括印度）	37	39

资料来源：根据全球扫描公司进行的民意调查整理，https://globescan.com/sharp-drop-in-world-views-of-us-uk-global-poll/，上网时间：2020年7月22日。

中国 2017 年受欢迎程度列 17 个国家中的第 7 位，日本列第 3 位，巴西列第 8 位，韩国列第 9 位，美国列第 12 位（见表 6-12）。也就是说，在亚洲，至少日本、中国和韩国的国际形象要好于印度（虽然韩国与印度并列第 9 位，但对韩国持消极印象的受访者比例要低于印度）。美国的国际形象大幅下滑，主要与特朗普的执政风格有关。特朗普不仅性格多变，经常口出狂言，而且还坚持退出《巴黎协定》和其他多个国际组织，国际社会感觉难以对之信任。加拿大是 2017 年最受欢迎的国家，对其持积极印象的比例达 61%，对其持消极印象的比例为 15%（见表 6-12）。

表 6-12　　　　　　　2017 年各国国际形象排名

国家	对该国持积极印象比例%	对该国持消极印象比例%	名次
加拿大	61	15	1
德国	59	21	2
日本	56	24	3

第六章　对印度软实力的评估

续表

国家	对该国持积极印象比例%	对该国持消极印象比例%	名次
法国	52	23	4
英国	51	25	5
欧盟	48	30	6
中国	41	42	7
巴西	38	30	8
韩国	37	36	9
印度	37	39	9
南非	36	33	11
美国	34	49	12
俄罗斯	29	49	13
以色列	25	50	14
巴基斯坦	18	58	15
朝鲜	17	59	16
伊朗	15	61	17

资料来源：根据全球扫描公司进行的民意调查整理，https://globescan.com/sharp-drop-in-world-views-of-us-uk-global-poll/，上网时间：2020年7月22日。

在受访的19个国家中（包括中国），有9个国家对中国的积极印象超过了消极印象，有9个国家对中国的消极印象超过了积极印象。中国最受欢迎的三个国家是尼日利亚、巴基斯坦和肯尼亚，分别为83%、63%和63%，这也说明中国在发展中国家的传统影响比较大。对中国持积极印象比例最低的是西班牙，只有15%。其次是印度，为19%。对中国持消极印象比例最高的是美国、西班牙、法国和印度，分别为70%、68%、60%和60%（见表6-13）。发达国家普遍对中国持消极印象比例比较高。这说明发达国家对中国的持续快速崛起比较担心，认为会威胁它们的利益。印度则因与中国存在边界争端也对中国抱有戒心。

表6-13　　　　　　　　　中国2017年受欢迎程度

国家	对中国持积极印象比例%	对中国持消极印象比例%
美国	22	70
加拿大	37	51
墨西哥	55	26
巴西	45	38
英国	37	58
希腊	37	25
法国	35	60
德国	20	35
西班牙	15	68
俄罗斯	44	23
土耳其	29	54
肯尼亚	63	27
尼日利亚	83	9
中国	88	10
巴基斯坦	63	12
澳大利亚	28	50
印尼	28	50
印度	19	60
秘鲁	49	34
全球平均（不包括中国）	41	42

资料来源：根据全球扫描公司进行的民意调查整理，https://globescan.com/sharp-drop-in-world-views-of-us-uk-global-poll/，上网时间：2020年7月22日。

二　皮尤研究中心对印度国际形象的评估

皮尤研究中心是一家美国的著名民调机构。2015年，该中心对10个亚太国家和美国发放了15313份调查问卷，就亚太国家如何相互看待对方进行了评估和分析。[1]

---

[1] Pew Research Center (U.S.), *How Asia-Pacific Publics See Each Other and Their National Leaders*, September 2015, p. 2.

第六章 对印度软实力的评估

根据该中心的民意测验,日本获得的积极印象比例最高,为71%,其次是中国,为57%,印度列第3位,为51%,韩国为47%。在获得的消极印象方面,中国最高,为33%,印度其次,为31%,韩国为23%,最少的是日本,为13%(见表6-14)。

表6-14　　　　　中日印韩的积极印象和消极印象情况

国家	对该国持积极印象比例%	对该国持消极印象比例%
中国	57	33
日本	71	13
印度	51	31
韩国	47	23

资料来源:Pew Research Center (U.S.), *How Asia-Pacific Publics See Each Other and Their National Leaders*, September 2015, p.2.

具体而言,印度在越南最受欢迎,为66%,其次是韩国和日本,分别为64%和63%。印度在巴基斯坦和中国最不受欢迎,受欢迎的比例只有16%和24%。中国在巴基斯坦最受欢迎,欢迎程度高达82%,其次是马来西亚,为78%,然后是印尼,为63%。中国在日本最不受欢迎,欢迎程度只有9%,其次是越南,为19%,然后是印度,为41%。这三个国家均与中国存在领土争端,对中国都抱有很深的戒心。日本在马来西亚最受欢迎,受欢迎程度高达84%,在中国和韩国最不受欢迎,受欢迎程度只有12%和25%。韩国在越南最受欢迎,受欢迎程度为82%,在巴基斯坦和日本最不受欢迎,受欢迎程度只有15%和21%(见表6-15)。

表6-15　　　　　中日印韩在亚太国家中的积极印象比例(%)

国家	日本	中国	印度	韩国
马来西亚	84	78	45	61
越南	82	19	66	82
菲律宾	81	54	48	68
澳大利亚	80	57	58	61

续表

国家	日本	中国	印度	韩国
印尼	71	63	51	42
巴基斯坦	48	82	16	15
印度	46	41	—	28
韩国	25	61	64	—
中国	12	—	24	47
日本	—	9	63	21
平均	71	57	51	47

资料来源：Pew Research Center (U.S.), *How Asia-Pacific Publics See Each Other and Their National Leaders*, September 2015, p. 4.

三 北京大学课题组对印度国际形象的评估

北京大学国家社科基金重大项目"我国对外传播文化软实力研究"课题组也曾在全世界范围内展开过大规模的民意调查。虽然主要是调查中国的国际形象和影响力问题，印度不是重点，但其中涉及印度。在2011年的调查问卷中，有一个问题是"你最喜欢哪个国家"，选项包括美国、俄罗斯、德国、中国、日本和印度。问卷调查在除中国之外的五个国家进行。问卷的内容包括社会稳定、环境优美、灿烂文化、政治民主、经济发达、和平外交、公民素质高以及其他。结果显示，美国受欢迎程度位居第1，为31%，日、德、中基本差不多，日本略高一点，排名第2位，为24.6%，德国和中国分别为24.2%和23.6%，印度排在第5位，为10.1%，俄罗斯垫底，为5.5%。喜欢印度的国家先后是俄罗斯（12.6%）、德国（11.1%）、日本（9.3%）、美国（7.5%）（见表6-16）。

表6-16 五国受访者喜欢各国的比例（%）

	中国	美国	德国	俄罗斯	印度	日本
美国受访者	30.2	—	29.9	4.3	7.5	28.1
德国受访者	21.2	35.1	—	7.89	11.1	24.7
俄罗斯受访者	29.4	11.1	20.9	—	12.6	25.9
印度受访者	32.9	28.9	9.9	8.4	—	19.9

续表

	中国	美国	德国	俄罗斯	印度	日本
日本受访者	4.1	48.9	36	1.5	9.3	—
五国平均	23.6	31.0	24.2	5.5	10.1	24.6

资料来源：关世杰：《中华文化国际影响力调查研究》，北京大学出版社 2016 年版，第 609 页。

2013 年，该课题组在日本、韩国、越南、印尼四国进行了问卷调查，候选国从 6 个增加到 14 个，分别为中国、美国、德国、日本、印度、俄罗斯、法国、巴西、印尼、韩国、沙特、南非、英国、越南。问卷的内容保持没变。结果显示，日本最受欢迎，受欢迎程度为 18.2%，美国其次，为 16.2%，中国位列第 3 位，为 11.6%。印度排在第 10 位，为 2.2%。印度的受欢迎程度既不如日本、美国、中国、英国、法国、德国，也不如韩国和俄罗斯。喜欢印度的国家先后是印尼（3%）、韩国（2.8%）、越南（1.8%）和日本（1.4%）（见表 6-17）。

表 6-17　　　　　　　四国受访者最喜欢的国家

国家	日本 %	日本 排名	韩国 %	韩国 排名	越南 %	越南 排名	印尼 %	印尼 排名	四国平均值 %	四国平均值 排名
日本	—	—	7.2	6	32.5	1	33.2	1	18.2	1
美国	23.9	1	22.4	1	13.3	2	5.1	5	16.2	2
中国	1.7	8	5.8	7	12.0	4	27.0	2	11.6	3
英国	15.3	3	15.5	2	6.6	6	3.8	6	10.3	4
法国	12.9	5	15.1	4	8.5	5	3.0	9	9.7	5
德国	14.1	4	15.3	3	2.4	8	3.7	7	8.9	6
其他	21.9	2	8.7	5	2.0	9	2.1	10	8.7	7
韩国	2.7	6	—	—	12.4	3	9.7	3	6.2	8
俄罗斯	0.6	11	2.1	10	5.4	7	1.0	12	2.3	9
印度	1.4	9	2.8	8	1.8	11	3.0	8	2.2	10
沙特	0.2	12	0.4	13	0.5	13	7.3	4	2.1	11
巴西	1.7	8	1.5	11	1.9	10	1.2	11	1.6	12

续表

国家	日本 %	日本 排名	韩国 %	韩国 排名	越南 %	越南 排名	印尼 %	印尼 排名	四国平均值 %	四国平均值 排名
越南	2.2	7	2.5	9	—	—	0.7	13	1.4	13
印尼	1.2	10	0.2	14	0.4	14	—	—	0.5	14
南非	0.2	12	0.6	12	0.6	12	0	14	0	15
总计	100%	—	100%	—	100%	—	100%	—	100%	—

资料来源：关世杰：《中华文化国际影响力调查研究》，北京大学出版社2016年版，第632页。

2017年，该课题组又对美国、德国、日本、印度、俄罗斯五国5046位受访者进行了调查问卷，候选国增加到17个。结果是，美国最受欢迎，其次是英国，然后是意大利，中国排在4位。印度受欢迎程度仍不如美国、英国、意大利、中国、德国、法国和日本，但好于韩国和俄罗斯。[①]

第三节　评估结果分析

一　评估结果

综合上述不同机构的各种评估，可以得出三点结论。

一是印度的软实力不如美国、英国、法国、德国、加拿大、意大利、澳大利亚、西班牙这些主要的西方发达国家。在亚洲，印度的软实力不如中国、日本和韩国。无论哪个国际机构的评估，结果都显示印度的软实力与这些国家存在差距。至于与其他国家如印尼、新加坡、南非、巴西、俄罗斯相比，不同机构的评估结果有所不同。印度的软实力可能比这些国家强，也可能比这些国家弱，不易下定论。

二是在国际形象上，印度不如加拿大、英国、法国、德国、美国（2017年除外）、意大利。在亚洲，印度的国际形象不如中国和日本，无论哪个机构进行的民意测验，结果均是如此。与韩国相比，不同的机构所测结果不同。这说明，印度的国际形象与韩国大致相当。

---

① 游国龙：《软实力的评估路径与中国软实力的吸引力》，《现代国际关系》2017年第9期。

三是国际机构对软实力和国际形象评估使用的方法不一样,对软实力使用的主要是量化模式,根据指标逐项计算得分,并结合民意测验,对每个参评国家进行评估。对国际形象则使用的是民意调查模式,由民众根据自己的喜好进行评判。实际上,国际形象既是软实力的重要组成部分,也是软实力的重要体现。如果将国际形象融入软实力,印度的整体软实力大致是这样的:不如主要的西方国家美国、英国、德国、法国、意大利、加拿大、澳大利亚、西班牙,也不如中国、日本和韩国这几个亚洲国家,与巴西和俄罗斯相当,与其他国家相比则难下定论。

二 原因分析

印度的软实力资源非常丰富,但排名却不高,这主要是由于两个方面的原因。一方面,评估机构的排名本身存在瑕疵。这至少体现在两点上,一是国际评估机构基本上都是西方国家的,带有感情色彩,立场明显偏向西方国家。这也使得西方国家的排名均比较靠前,甚至欧洲的一些小国如瑞士和比利时,都排在印度甚至中国前面。像爱尔兰和捷克也位于印度之前。最为明显的是,由于是一家英国公司,波特兰公关公司2015年和2016年连续将英国的软实力排在所有国家的最前面,2019年则将英国排在第2位。政府研究所2012年同样将英国排在第1位。尽管英国的软实力比较强,但排在首位还是让人心生疑惑。在斯科尔科沃—安永新兴市场研究所给出的排名中,英国的软实力就与美国相差很多。在艾尔卡诺皇家研究所的排名中,英国也远不如美国。这种带有感情色彩的以西方国家为中心的排名对印度和中国非常不利。在北京大学课题组的国际形象调查中,中国的排名就比较靠前。

二是虽然国际机构选取的指标不尽相同,但均有利于西方国家。对印度而言,有些指标是严重短板。例如,将过去两届奥运会获得的奖牌数作为衡量标准,印度无任何优势可言。印度从来都不是一个体育强国。在1984—2008年的历届奥运会上,印度总共只获得了1金1银4铜的成绩。2012年的伦敦奥运会,印度仅获得了2银4铜6枚奖牌,排在奖牌榜的第55位。中国获得了38金27银23铜共88枚金牌,仅次于美国,排在第2位。印度与中国相比简直是天壤之别。而韩国则获得了13金8银7铜共28枚奖牌,排在第5位。日本获得了38枚奖牌,排在第11位。2016年的里约热内卢奥运会，印度仅获得1银1铜2枚奖牌，这与中国26金18银26铜共70枚（排奖牌榜第3位）不可同日而语，与日本和韩国的41枚和21枚奖牌（分别排奖牌榜第6位和第8位）也相去甚远，排在奖牌榜的第66位，不如很多小国。相比在奥运会上的表现，印度的足球在世界上更没什么影响，基本都排在100名以后，有时还排到160名以后。这大大拉低了印度软实力的平均得分。

再如，虽然高等教育比较发达，培养的学生众多，一些特色学院知名度也很高，但在世界知名大学排名中，印度却表现不佳。《泰晤士高等教育》发布的2018年世界大学排名中，在77个国家的1000所院校中，印度只上榜了8所大学，且无一所大学进入前250名。排名最高的是印度科学院，从上一年的201—250名下降到251—300名。印度理工学院德里分校从前一年的351—400名下滑至501—600名，而坎普尔分校也从401—500名降至501—600名，孟买分校351—400的排名区域保持不变。相比之下，中国内地大学则上榜了60所，更有7所位列前200名。根据QS发布的世界大学2018年排名，在1000所大学中，印度大学上榜20所，排名最高的是印度理工学院德里分校，排在第172名，印度技术学院排在第179位，印度科学院排在第190位。其余的全部排在200名之后。而中国内地大学上榜39所，前100名中有6所。对此，美国宾夕法尼亚大学教育学教授马修·哈特利（Matthew Hartley）表示，"印度政府的政策严格限制了在印度留学的国外学生人数，并且阻碍了国际学者受雇于长期的教师职位"。[①] 大学在世界中的排名较低同样对印度不利。

另一方面，印度软实力确实也存在很多不足之处，这是最主要的原因。印度国内存在的一系列负面事件如种姓制度、教派冲突、贫穷、腐败、宗教极端主义等，都严重影响了印度软实力和国际形象提升。关于印度软实力的缺陷已在第四章进行了详细阐述，此处不再赘言。这里仅对印度与其他国家的软实力做一简单比较。

在文化方面，虽然资源十分丰富，但相比英国文化协会、法语联盟和孔子学院，印度的文化关系委员会在国外只有36个文化中心，远远落后

[①] 杨旭编译：《2018泰晤士高等教育大学排行榜：印度高校排名下滑》，《世界教育信息》2017年第21期。

于这些国家。① 宝莱坞的电影产业无论规模和影响范围也都比好莱坞小得多。对此,研究印度软实力的著名学者达雅·屠苏(Daya Kishan Thussu)表示:"表面看,印度好像比中国在全球拥有更有吸引力的媒体文化,但中国的中央电视台、《今日中国》和新华通讯社正把中国的烙印深深镌刻在全球各地,影响力远超印度。这主要因为中国政府在对外宣传上进行了大量投资。"② 他还说:"尽管有400多个24小时不间断播放的新闻频道和一支熟练使用英语的新闻记者队伍,但除了在海外印度人中拥有影响外,印度在国际新闻和当代事务媒体中的存在,几乎微不足道。全印电视台在全球市场中,仍是拥有很少新闻网络可用的国家电视台之一,这跟中国无法相比。至于私营电视频道,如印度新闻18(News 18 India)、24小时不间断播放的新德里电视台、今日头条,主要也是为了迎合海外印度人的喜好。印度私人新闻网络在全球的扩展非常有限。从市场角度,印度新闻拥有的观众和听众都相对较少,广告收入也不可观。"③ 他进一步评论称,印度是世界上最大的英文新闻市场之一,就如同其电视新闻频道使用英文播放一样。这些新闻媒体有着全球扩张的雄心,但缺少政府强有力的支持,所以不可能获得成功,更何况当今全球新闻市场角色众多,竞争激烈。而世界顶尖新闻网络都是由各自政府鼎力资助的。像中央电视台、法国24小时电视、BBC(政府间接资助)、德国之声、今日俄罗斯电视台均是如此。④

至于印度引以为傲的政治制度,也是不完善的。2019年,印度在167个国家中,政治表现仅得分6.90分(满分10分),在54个国家中(第二类国家)排第51位(见表6-18),被列为有缺陷的国家(所有国家被分为四类,第一类是完全自由国家,有22个,第二类是有缺陷的国家,有54个,第三类是混合政权国家,有37个,第四类是专制政权或独裁政权,

---

① Harsh V. Pant, "Is India Developing a Strategy for Power?", *The Washington Quarterly*, Vol. 38, No. 4, 2016, p. 105.
② Cherian George, "Soft Power: Looking beyond American Hegemony", *Media Asia*, Vol. 43, No. 2, 2016, p. 80.
③ Cherian George, "Soft Power: Looking beyond American Hegemony", *Media Asia*, Vol. 43, No. 2, 2016, p. 80.
④ Cherian George, "Soft Power: Looking beyond American Hegemony", *Media Asia*, Vol. 43, No. 2, 2016, pp. 80-81.

有54个），也就是倒数第4位。① 2018年，印度排在第41位，2017年排在第42位（见表6-18）。对于印度的政治表现，有分析人士指出，只有治理能力得到提升，政治参与和代表变得更加包容，当前的政治文化有所改变，印度的政治制度才算完全成功。②

表6-18　　　　　　　　　　　印度的政治表现

年份	名次	得分	选举进程和多元主义	政府功能	政治参与	政治文化	公民自由
2014	27	7.92	9.58	7.14	7.22	6.25	9.41
2015	35	7.74	9.58	7.14	7.22	5.63	9.12
2016	32	7.81	9.58	7.50	7.22	5.63	9.12
2017	42	7.23	9.17	6.79	7.22	5.63	7.35
2018	41	7.23	9.17	6.79	7.22	5.63	7.35
2019	51	6.90	8.67	6.79	6.67	5.63	6.76

资料来源：根据 The Economist Intelligence Unit, *Democracy Index* 2014-2019 整理。

外交上，即使在被认为印度"势力范围"的南亚，印度的软实力影响也难说就在中国之上。虽然南亚与印度享有共同的历史和文化，印度在南亚的海外印度人也要多于中国在南亚的侨民，但南亚国家普遍对中国抱有好感，愿意与中国进行合作。分析人士认为，这有两个原因。一是虽然印度认识到了公共外交的重要性，但并没有像中国那样竭尽全力且有效地去做。二是软实力与硬实力是相结合的，印度的硬实力与中国相比显然处于下风。③ 印度著名智库全球关系研究委员会（Gateway House：Indian Council Of Global Relations）在2012年曾进行过一项民意调查，主题是印度在南亚的软实力影响和国际形象。结果显示，不丹和阿富汗的民众对印度的印象是积极的，而孟加拉国和斯里兰卡的民众抱怨与印度之间存在信任赤字。

---

① The Economist Intelligence Unit, *Democracy Index* 2019, p. 3.
② Arun Kumar Nayak, "Democracy and Development in India: An Investigation", *World Affair Winter*, Vol. 18, No. 4, 2014, p. 69.
③ Obja Borah Hazarika and Vivek Mishra, "Soft Power Contestation between India and China in South Asia", *Indian Foreign Affairs Journal*, Vol. 11, No. 2, April-June 2016, p. 147.

巴基斯坦和尼泊尔的民众则批评印度对自己的国家充当"老大哥"角色。这说明，印度在南亚国家中的形象并不好。① 究其原因，还是由于印度的睦邻政策没有得到邻国的认可。

莫迪执政后虽然实行了"邻国优先"的政策，但要想扭转邻国长期形成对印度的负面印象是十分困难的。不仅如此，印度的睦邻政策还把巴基斯坦排斥在外。像印度20世纪90年代中期提出的"古吉拉尔主义"就明确不涵盖巴基斯坦。1997年，印度推动成立了环孟加拉湾多领域经济技术合作组织（BIMSTEC）。最初成员国包括泰国、缅甸、孟加拉国、斯里兰卡和印度。2004年，该组织邀请不丹和尼泊尔加入。该组织逐渐成为南亚区域合作联盟的翻版，只是不包括巴基斯坦。阿富汗由于距离孟加拉湾较远，不被邀请加入尚可理解，但将巴基斯坦排除在外，明显是印度有意为之。② 莫迪的"邻国优先"政策虽未明确要排除巴基斯坦，但莫迪在2014年第18届南亚区域合作联盟首脑峰会上却说："南亚有了新的觉醒，有了命运相连的新认知，有了共享机会的新信念。通过南亚区域合作联盟或者其他机构，所有我们或者我们中的一些，凝聚力将不断增强。"③ 这被解读为，莫迪暗示会把巴基斯坦排除在外。④ 而巴基斯坦是南亚除印度外实力最强的国家，能极大地牵制印度，没有巴基斯坦加入，印度的睦邻政策是不可能取得成功的。例如，第18届南亚区域合作联盟首脑峰会本来有三个互联互通的协议要签署，由于巴基斯坦持不同意见，最后只签署了一个合作协议。⑤

不仅如此，要想让印度真正平等对待其邻国，真正尊重邻国的意愿，也是非常困难的。例如，2015年10月，印度因尼泊尔通过的新宪法没能满足马德西人的要求（马德西人主要是印度移民及其后裔），而支持马德

---

① Obja Borah Hazarika and Vivek Mishra, "Soft Power Contestation between India and China in South Asia", *Indian Foreign Affairs Journal*, Vol. 11, No. 2, April-June 2016, p. 147.

② S. D. Muni, "Narendra Modi's Foreign Policy: Rebuild South Asian Neighbourhood", *CLAWS Journal*, No. 1, Summer 2015, p. 25.

③ S. D. Muni, "Narendra Modi's Foreign Policy: Rebuild South Asian Neighbourhood", *CLAWS Journal*, No. 1, Summer 2015, p. 34.

④ S. D. Muni, "Narendra Modi's Foreign Policy: Rebuild South Asian Neighbourhood", *CLAWS Journal*, No. 1, Summer 2015, p. 34.

⑤ S. D. Muni, "Narendra Modi's Foreign Policy: Rebuild South Asian Neighbourhood", *CLAWS Journal*, No. 1, Summer 2015, pp. 32 – 33.

西人封锁两国边界口岸的行动，以向尼泊尔施压。印度表示，鉴于尼泊尔国内安全局势不断恶化，将禁止油罐车和食品供应车进入尼泊尔。这被视为是对马德西人的支持。封锁行动共持续了135天，造成尼泊尔国内燃料和食品供应严重短缺。印度的行为招致了尼泊尔的强烈批评，时任尼泊尔总理的利奥说："印度称抗议者占领了无人区，封锁了道路，使印度的卡车无法进入尼泊尔，但这不是真的。"① 尼泊尔外交部发言人更是称："是印度的安全部门人员阻止了卡车进入尼泊尔。"② 学者尼哈儿·纳亚克（Nihar Nayak）则评论说："由于尼泊尔国内反对印度干涉其内政的民族主义情绪高涨，两国关系降到了历史最低点。尼泊尔媒体、民众和学术界都对印度指手画脚的做法持强烈的批评态度。"③

印度的海外印度人政策应该说取得了很大成效，海外印度人也通过自己的努力大大提升了印度的软实力和国际形象。然而，印度的软实力在国际上的影响范围还比较有限。从群体角度来看，印度的软实力影响主要集中在海外印度人身上，在其他群体中的影响比较小。从地域上来说，印度的软实力影响主要集中在南亚、东南亚、中东和非洲。这有三个原因。一是这些地区都是发展中国家集中地，印度实施的很多外交政策都是针对这些地区的，特别是冷战期间的政策。二是这些地区是印度对外援助的重点对象，印度给予了大量援助，尤其是南亚。三是这些地区与印度地域相连或接近，印度传统文化对这些地区的影响较大。这些地区容易接受印度的文化，特别是现在的流行文化。此外，这些地区还是海外印度人，特别是印度劳工比较集中的地方。相比而言，印度在美洲、欧洲和东亚的软实力影响较小，除了海外印度人集中居住地之外。即便如此，中国海外侨民的数量也远多于海外印度人。中国通过海外侨民扩展的软实力影响范围要远大于印度。不仅如此，除海外侨民外，中国还非常注重对其他群体进行宣传，特别是通过孔子学院，越来越多的国家了解和喜欢中国。截至2020年8月，中国在海外的孔子学院有

---

① Bawa Singh, "India's Neighbourhood Policy: Geopolitical Fault Line of Its Nepal Policy in the Post-2015 Constitution", *Journal of International and Area Studies*, Vol. 23, No. 1, June 2016, p. 69.

② Bawa Singh, "India's Neighbourhood Policy: Geopolitical Fault Line of Its Nepal Policy in the Post-2015 Constitution", *Journal of International and Area Studies*, Vol. 23, No. 1, June 2016, p. 69.

③ Bawa Singh, "India's Neighbourhood Policy: Geopolitical Fault Line of Its Nepal Policy in the Post-2015 Constitution", *Journal of International and Area Studies*, Vol. 23, No. 1, June 2016, p. 68.

541个，孔子课堂有1170个。① 这是只有36个海外文化中心的印度所不能比的，这也是中国的软实力远大于印度的一个重要原因。

此外，印度的软实力不强还有两个原因。一个是印度的硬实力弱导致了软实力也弱，或者说是，印度没有很好地将软硬实力结合起来。尽管莫迪政府在国内实施了多项改革，印度经济也处于高位增长，2014—2016年的平均增长率达到了7.27%，2018年为7%，但其整体经济实力与其他大国相比仍偏弱。2018年，印度的GDP是2.73万亿美元（按照目前价格），而美国为20.49万亿美元，中国为13.61万亿美元，日本为4.97万亿美元。在人均国民总收入（GNI）方面，印度2018年是2020美元，美国为6.29万美元，中国为9470美元，日本为4.13万美元。② 阿玛蒂亚·森早就说过："即使赶上了中国的GDP增速，根据人均寿命、识字率、儿童营养率和孕产妇死亡率等指标，印度的进步仍要比中国慢得多。"③ 军事上，从规模上说，印度军队有130万人，排名世界第3位。2010—2014年，印度是世界上最大的军火购买国，占全球军火进口的15%。在过去15年里，印度已花费1200亿美元用以进口军火，未来10年估计还会花费1200亿美元进口军火。大量进口武器一方面说明印度非常重视军事建设，另一方面也说明印度本国的国防工业能力严重不足。④

软实力的影响离不开硬实力的支撑。与主要大国相比，印度的硬实力并不突出，这制约了印度软实力的提升。就对外援助来说，由于经济整体实力不如中国，印度对外援助所产生的软实力影响远不如中国。仅从2010年到2012年，中国对外援助的金额就达到了893.4亿元人民币。若按三年加权平均汇率计算（1美元相当于6.5136元人民币），约合137.16亿美元，平均每年为45.72亿美元，⑤ 是印度的好几倍。2018—2019年度（从

---

① 国家汉办官网，http：//www.hanban.org/confuciousinstitutes/，上网时间：2020年8月7日。
② 世界银行数据库，https：//data.worldbank.org/country/india? view = chart，上网时间：2020年7月25日。
③ Daya Kishan Thussu, "The Soft Power of Popular Cinema-The Case of India", *Journal of Political Power*, Vol. 9, No. 3, 2016, p. 426.
④ Harsh V. Pant, "Is India Developing a Strategy for Power?", *The Washington Quarterly*, Vol. 38, No. 4, 2016, p. 103.
⑤ 胡鞍钢等：《对外援助与国家软实力：中国的现状与对策》，《武汉大学学报》（人文科学版）2017年第3期。

头年的 4 月 1 日到次年的 3 月 31 日）印度的对外援助额为 720.91 亿卢比（按当年汇率约为 10.3 亿美元）。① 美国、日本和德国的对外援助更是印度无法相比的。对此，有分析专家表示，印度的硬实力既不像美国、俄罗斯和中国那样突出，软实力也不像美国、德国和英国那样显著。印度既不属于这也不属于那，其综合实力在世界上似乎没有合适的位置。② 还有分析专家指出，印度的软实力在当今世界中依然比较弱。印度现在仍处于转型阶段，其硬实力甚至在地区中都还不具有压倒性优势，无法支撑其实施有意义的软实力项目，以创建有利于谋求国际目标的政治环境。③

另一个是，印度还没有一个详细阐述软实力战略的官方文件。虽然一些政治领导人对软实力进行过表述，但并未上升为国家综合性政策。软实力还没有引起印度安全和战略界的高度重视。印度研究软实力的出版物较少也从侧面说明了这一点。相较软实力，印度更注重硬实力，安全关切和经济总是占据主导地位。④ 没有一整套软实力发展方案，仅靠各个部门自己去建设，不仅难以产生显著效果，而且还会使各个部门发生矛盾，因为每个部门的利益是不同的。

一言以蔽之，几乎所有的观察家都认为印度的软实力资源比较丰富，具有很大优势，但大部分观察家均建议印度需要学习更多使用这些软实力资源的技巧和方法，以实现其外交政策目标。⑤

---

① Indian Ministry of Finance, *Expenditure Budget 2018 - 2019*, Vol. I, p. 201.
② Asima Sahu, "Soft Power and India: A Critical Analysis", *Scholarly Research Journal for Humanity Science and English Language*, Vol. 3, No. 13, 2016, p. 3308.
③ Asima Sahu, "Soft Power and India: A Critical Analysis", *Scholarly Research Journal for Humanity Science and English Language*, Vol. 3, No. 13, 2016, p. 3312.
④ Patryk Kugiel, "India's Soft Power in South Asia", *International Studies*, Vol. 39, No. 3 - 4, 2012, p. 355.
⑤ Patryk Kugiel, "India's Soft Power in South Asia", *International Studies*, Vol. 39, No. 3 - 4, 2012, p. 356.

结束语

　　印度的软实力是不断发展变化的，这种变化在冷战期间更多的是源自外交政策的调整。甘地通过非暴力的和平方式使印度获得了独立，为印度树立了爱好和平的国际形象，增加了印度的软实力。独立后，尼赫鲁继续倡导非暴力，并将之应用到国际社会中，支持亚洲和非洲遭受殖民统治的国家开展自由斗争，并坚决反对种族隔离制度。这种支持既有政治和道义上的，也有物质上的。在朝鲜战争中，印度秉持的是中立立场，派遣了一支医疗队而非战斗部队加入联合国军，并积极在双方之间进行协调，充当1953年成立的战俘"中立国遣返委员会"主席，为战俘的遣返做出了自己的贡献。在中南半岛，法国被越南打败后，印度同样扮演了调停人角色，这促进了相关和平协议的签署。这都有利于增加印度的软实力。对此，印度前外交秘书迪克西特（J. N. Dixit）表示："作为一个斡旋和调停者角色，印度被普遍接受。印度所起的作用是显著和不可思议的，因为这种可信性和取得的成功与印度的经济和军事实力毫无关系。"[1] 不仅如此，印度还与中国和缅甸共同提出了普遍适用的和平共处五项原则。尼赫鲁的观念是，作为不结盟运动的领导者，印度要构建一种世界秩序，努力做到在国际政治中避免使用武力或者最低程度地使用武力。[2]

　　通过反帝反殖，倡导国际和平，推动不结盟运动，印度在第三世界拥有了广泛的软实力影响，成为第三世界的号召者和发言人。然而，这种影

---

[1] U. Purushothaman, "Shifting Perceptions of Power: Soft Power and India's Foreign Policy", *Journal of Peace Studies*, Vol. 17, Issue 2 & 3, April-September 2010, p. 7.

[2] U. Purushothaman, "Shifting Perceptions of Power: Soft Power and India's Foreign Policy", *Journal of Peace Studies*, Vol. 17, Issue 2 & 3, April-September 2010, p. 7.

响没能给印度带来自己想要的结果。在中印边界冲突中，很少有国家表态支持印度。这让印度非常失望，并开始重视通过硬实力谋求外交目标。尼赫鲁逐渐从理想主义者转变为现实主义者。① 对此，塔鲁尔表示："尼赫鲁在软实力方面的一个重要缺陷是未能将之与硬实力结合。只有以硬实力做支撑，软实力才会变得实在有效。就如1962年中印冲突表现得那样，印度战败后没有几个国家站出来支持印度。这也是为什么美国拥有强大软实力的重要原因。软实力本身并不能保证安全。"② 还有学者指出，在尼赫鲁时代，印度既没能很好地发展硬实力，也未能有效开发和利用软实力，在硬实力和软实力平衡方面把握得不好。结果，印度既不是一个硬实力大国，也不是一个软实力大国。③

英迪拉·甘地执政后特别注重使用硬实力。尽管继续支持不结盟运动，但其开始将外交政策与印度的经济、政治、安全利益挂钩，并强调要让印度变得自主和强大。1971年，为了肢解巴基斯坦，牵制中国，印度政府与苏联签署了《和平友好合作条约》，这是一个准军事同盟条约。印度事实上与苏联结成了军事同盟，背离了自己所倡导的不结盟原则。不过，这帮助印度顺利击败了巴基斯坦，使孟加拉国（东巴基斯坦）获得了独立。在英迪拉·甘地看来，这是硬实力的胜利，无关软实力。④ 然而，印度的软实力在这次战争中却受到了削弱。一是印度公然干涉了巴基斯坦内政。尽管两国矛盾比较尖锐，此前已发生过两次战争，但东巴基斯坦当时是巴基斯坦领土的一部分，印度通过军事手段肢解巴基斯坦，违背了和平共处五项原则和联合国宪章。二是产生了人道主义灾难，使大量东巴基斯坦人无家可归，沦为难民。印度的国际形象因此而受损。⑤

---

① U. Purushothaman, "Shifting Perceptions of Power: Soft Power and India's Foreign Policy", *Journal of Peace Studies*, Vol. 17, Issue 2 & 3, April-September 2010, p. 7.

② Shashi Tharoor, "India as a Soft Power", *India International Centre Quarterly*, Vol. 35, No. 1, 2008, p. 43.

③ Debidatta Aurobinda Mahapatra, "From a Latent to a 'Strong' Soft Power? The Evolution of India's Cultural Diplomacy", *Palgrave Communications*, Vol. 2, 2016, p. 6.

④ U. Purushothaman, "Shifting Perceptions of Power: Soft Power and India's Foreign Policy", *Journal of Peace Studies*, Vol. 17, Issue 2 & 3, April-September 2010, p. 7.

⑤ U. Purushothaman, "Shifting Perceptions of Power: Soft Power and India's Foreign Policy", *Journal of Peace Studies*, Vol. 17, Issue 2 & 3, April-September 2010, p. 7.

结束语

德赛 1977 年出任总理后，采取了一些措施与中国、美国、巴基斯坦缓和关系，在一定程度上改善了印度的国际形象。然而，英迪拉于 1980 年重新担任总理后，又恢复了实力政治的外交政策，出台了著名的"英迪拉主义"，这种政策也被拉吉夫·甘地所继承。印度 1987 年出兵斯里兰卡，名义上是为了维持和平，实际上是干涉他国内政，帮助斯里兰卡泰米尔人（与印度南部泰米尔人同文同种），这大大削弱了印度的软实力。总体来看，20 世纪七八十年代，印度树立的是一种霸权主义的国际形象，尤其是在其邻国眼里。[①] 不过，这一阶段，印度通过硬实力并未达到自己的目的。在克什米尔问题上，印度的硬实力根本起不到作用。直到现在，印度也没能通过战争将巴基斯坦控制的克什米尔抢夺过来。不仅如此，印度出兵斯里兰卡也以失败而告终。

冷战后，随着全球化的持续发展，国家间的相互依存不断加深，印度开始调整其外交政策。在对待邻国态度上，印度力图消除"老大哥"的形象，避免干涉邻国内政，比较典型的就是"古杰拉尔主义"。印度学者穆尔蒂评论称，"古杰拉尔主义"旨在切实改变对邻国的态度，尤其是对待小邻国的态度，[②] 这增加了印度的软实力。

1998 年，印度公然进行了核试验，破坏了国际核不扩散体制，为其他有着核雄心又未迈入核门槛的国家树立了一个非常不好的榜样，对南亚和世界和平构成了挑战，因此遭到了国际社会的强烈谴责。印度的国际形象跌到了冷战结束以来的谷底。为了化解这种局面，印度宣布不再进行核试验，不首先使用核武器，不对无核国家使用核武器，并采取与巴基斯坦缓和关系的措施，于 1999 与对方签署了《拉合尔协议》，结束了双方之间的军事冲突。这在一定程度上又改善了印度的国际形象。不仅如此，在与巴基斯坦的军事冲突中，印度还竭力向国际社会宣传，冲突是由巴基斯坦支持的武装人员越界渗透引起的，并约束自己的行为，未进行越界打击，避免了军事冲突升级。更重要的是，虽然印巴都刚刚

---

① U. Purushothaman, "Shifting Perceptions of Power: Soft Power and India's Foreign Policy", *Journal of Peace Studies*, Vol. 17, Issue 2 & 3, April-September 2010, p. 8.

② Debidatta Aurobinda Mahapatra, "From a Latent to a 'Strong' Soft Power? The Evolution of India's Cultural Diplomacy", *Palgrave Communications*, Vol. 2, 2016, p. 6.

进行过核试验，但无一方动用核武器，从而避免了核大战。这些也证明了印度硬实力的有限性。[1]

2001年，印度通过积极参加国际反恐战争，不仅让国际社会了解到印度是恐怖主义的严重受害国，而且还利用反恐之机加强了与美国和阿富汗的关系。通过援助基础设施建设，为阿富汗提供留学生名额，印度提升了在阿富汗的软实力，削弱了巴基斯坦在阿富汗的影响。2008年，孟买发生了特大恐怖袭击，虽然指责巴基斯坦是幕后操纵者，不断向巴基斯坦施压，但印度总体上保持了克制，没有对巴基斯坦采取空中打击或进行军事动员。对被抓获的唯一一位幸存的恐怖分子，印度给予了人道主义对待，为其指派了律师，这与美国对还未被判定有罪的关塔那摩犯人进行虐待形成了鲜明对比。这有助于提升印度的国际形象。[2]

应该说，自冷战结束后特别是进入21世纪以来，印度有意识地采取了一些促进软实力发展的措施如任命辛迪威高级委员会、召开"海外印度人大会"、颁发"海外印度人奖"、成立海外印度人事务部和公共外交司、推动联合国设立"国际非暴力日"等，这大大提升了印度的软实力。正如一位分析家所言，印度就像一个沉睡的巨人，软实力资源丰富，却未得到很好开发。冷战后全球化和信息化的不断发展才逐渐唤醒了印度的软实力意识。而印度真正形成一个清晰的软实力轮廓则是在21世纪。[3] 拉贾·莫汉也表示："自20世纪90年代以来，印度不断融入全球化，在全球留下自己的足迹。世界对印度的文化越来越感兴趣，从瑜伽到料理，从宝莱坞到当代艺术。海外印度人在经济上的成功，特别是在发达国家的成功，有助于促进印度软实力的提升。"[4] 曼莫汉·辛格则表示："印度的软实力已成为促进我们在全球扩展足迹的重要因素。"[5]

---

[1] U. Purushothaman, "Shifting Perceptions of Power: Soft Power and India's Foreign Policy", *Journal of Peace Studies*, Vol. 17, Issue 2 & 3, April-September 2010, p. 9.

[2] U. Purushothaman, "Shifting Perceptions of Power: Soft Power and India's Foreign Policy", *Journal of Peace Studies*, Vol. 17, Issue 2 & 3, April-September 2010, p. 9.

[3] Debidatta Aurobinda Mahapatra, "From a Latent to a 'Strong' Soft Power? The Evolution of India's Cultural Diplomacy", *Palgrave Communications*, Vol. 2, 2016, p. 6.

[4] Bhanu Pratap, "India's Cultural Diplomacy: Present Dynamics, Challenges and Future Prospects", *International Journal of Arts, Humanities and Management Studies*, Vol. 1, No. 9, September 2015, pp. 57–58.

[5] Daya Kishan Thussu, "The Soft Power of Popular Cinema-The Case of India", *Journal of Political Power*, Vol. 9, No. 3, 2016, p. 420.

结束语

莫迪执政后更加重视软实力建设。尽管以前的政府也使用软实力支撑外交政策，但都缺少细致规划和始终一致的方法。莫迪政府虽像婴儿学步，但正发展出一种凝聚力强，具有战略性和机制化的办法来提升软实力。[①] 每次出访，莫迪都会拜访海外印度人，对海外印度人发表演讲，号召海外印度人为印度的发展多作贡献。不仅如此，莫迪还向印裔人发放"印度海外公民卡"，免费把"印裔人卡"转为"印度海外公民卡"，经常在国外出席印度文化中心的活动，参观印度教寺庙，在国内外各种演讲中频繁提及印度的传统文化，参加印度传统文化的会议或活动，向来访的外国领导人推销印度文化，让外国领导人参观印度的宗教圣地，奉行"邻国优先"的政策，首次出访选择不丹，遍访所有南亚邻国和印度洋岛国毛里求斯与塞舌尔，加大对外援助力度，促进联合国设立"国际瑜伽日"，并带领国内外瑜伽爱好者在"国际瑜伽日"上做运动，推动宝莱坞电影走向世界，积极塑造"印度品牌"，在2018年的达沃斯世界经济论坛年会上发表主旨演讲，大力宣传印度，让宝莱坞明星随团出访。所有这些都有助于提升印度的软实力，印度的软实力影响正不断扩大。

对于印度的软实力，拉贾·莫汉评论说："印度的精神气质已吸引了世界各地的民众。印度的宗教师旅行到各地传播瑜伽和冥思哲学。宝莱坞在提升印度影响方面比政府部门做得还多。从古典和流行音乐到烹饪，从影响不断上升的作家到知识分子，印度现在有很多撬动软实力的杠杆。"[②] 约瑟夫·奈也说："新德里能够实施相当大的软实力。宝莱坞电影和流行音乐被广泛接受和模仿……此外，印度作为有声望的国家也能增加其软实力。"[③] 塔鲁尔则称："如果说独立后的印度有一个特质能在世界上引起关注的话，我认为不会是经济、军事和核力量，而是软实力。如今，印度已通过很多措施来展现软实力的特质。"[④] 波特兰公司更是宣布，"莫迪领导

[①] Swaroopa Lahiri, "Soft Power-A Major Tool in Modi's Foreign Policy Kit", *Journal of South Asian Studies*, Vol. 5, No. 1, 2017, p. 39.

[②] Asima Sahu, "Soft Power and India: A Critical Analysis", *Scholarly Research Journal for Humanity Science and English Language*, Vol. 3, No. 13, 2016, p. 3305.

[③] Jehangir Pocha, "The Rising 'Soft Power' of India and China", *New Perspectives Quarterly*, Vol. 20, No. 1, 2003, p. 8.

[④] Shashi Tharoor, "India as a Soft Power", *India International Centre Quarterly*, Vol. 35, No. 1, 2008, p. 35.

下的印度注定会是软实力的重要角色，我们可以拭目以待"①。

印度发展软实力主要是想推广印度的文化，树立良好的国际形象，提升综合国力，谋求大国地位，大国地位一直是印度孜孜不倦的追求。尼赫鲁早在印度独立之前就说过："印度将崛起为一个强大的合众国，一个自由组合的联邦，与她的邻国建立起紧密的关系，并在世界事务中扮演着重要角色。她是世界上为数不多的有能力、有资源自力更生的国家之一。这样的国家今天只有美国和苏联，也许中国和印度可能加入这一行列。除此四国外，事实上，没有其他国家可能拥有这样的地位。当然，也许在欧洲或其他地方会出现较大的联盟或集团，形成巨大的多国联盟……不管发生什么，如果印度能够发挥其影响，世界将变得美好。"② 不仅尼赫鲁，在印度整个决策层看来，印度绝不只是一个"主要国家"，一个二流国家的代名词，在未来的世界里印度的重要性是不言自明的。他们认为未来世界应该是这样的：每一个大国在自己所在的地区维持秩序并伸张正义，国际政治将由一批不会干涉他国内政的有责任心的成熟国家把持。③ 印度的政治家，无论是理想主义者还是现实主义者，均认为印度是与生俱来的伟大，并将此视为珍贵的外交资本。印度的大使常以印度为例，加入对其伟大的文明、文化、政治成就以及民主取向的评价，让外国官员信服印度的智慧及其道德的正确性。④ 塔鲁尔就表示："作为一个主要的大国，印度能够而且必须要在塑造全球格局方面发挥重要作用。21世纪的国际制度及其网络化的伙伴关系，需要制订新的规则，印度非常适合制订这些能够指引未来世界的规则。我把这叫作'印度治下的和平'。"⑤ 莫迪政府更是充满了大国雄心。有学者总结说，莫迪政府已形成了自己的外交政策，叫"潘查雅特"。"潘查雅特"由五根支柱组成，也就是尊严、对话、共享繁荣、

---

① Harsh V. Pant, "Is India Developing a Strategy for Power?", *The Washington Quarterly*, Vol. 38, No. 4, 2016, p. 102.

② ［印］贾斯万特·辛格：《印度的防务》，胡仕胜、刘黎译，中国人民解放军56279部队2004年印，第59页。

③ ［美］斯蒂芬·科亨：《大象和孔雀：解读印度大战略》，刘满贵等译，新华出版社2002年版，第53页。

④ ［英］爱德华·卢斯：《不顾诸神：现代印度的奇怪崛起》，张淑芳译，中信出版社2007年版，第213页。

⑤ Daya Kishan Thussu, *Communicating India's Soft Power: Buddha to Bollywood*, New York: Palgrave Macmillan, 2013, p. 183.

结束语

地区和全球安全以及文化联系。这种新外交理念的最终目标是要获得超级大国地位，而不仅仅是主要大国，要成为全球性角色，而不仅仅是一个旁观者。① 莫迪政府在软实力方面投入的不断增多，意味着其在努力确保印度能真正崛起。②

然而，尽管莫迪政府采取了很多措施，印度的软实力也有所提升，但印度在软实力方面仍面临很多挑战，且每一种挑战都难以应对，需要长期努力方能解决。印度软实力面临的最大挑战是在国内。像存在了几千年的种姓制度，短期内根本无法将之彻底摧毁；贫困、腐败、恐怖主义，也都不是短期内能被完全消灭的。这不仅严重制约了印度的经济发展和综合国力提升，还严重影响了印度的国际形象。在国外，印度面临的最大的软实力挑战是南亚邻国对其仍不认可。虽然印度采取了不少睦邻措施，包括把援助和全球治理的重点放在南亚，但这些国家仍对印度心存戒备和警惕，尤其是巴基斯坦与印度的相互倾轧和对抗更不易消除。这不仅使印度难以跳出"南亚澡盆"，走向广阔的"世界浴场"，而且还使印度的国际形象大打折扣。国际社会认为印度总是与邻国斤斤计较，不够大方和豁朗，以至于陷入与邻国的无休止纠缠中。此外，印度迄今还没有一个完整的软实力战略，仍将软实力置于硬实力之下。所有这些都会制约印度软实力的大幅度提升。这明显表现在，印度的软实力资源虽然丰富，但在世界上的排名却不高，不如很多国家。正如观察家指出的那样，软实力非常重要，比之二十年前，印度采取了更多措施加强软实力建设。然而，印度的软实力在当代世界仍然比较弱。③ 分析人士表示，在过去几十年中，如果单从印度对世界产生的影响，而不是从它对世界施加的影响来看，可以说印度的声誉不高，至少是评价不一。在美国、中国、日本和大多数欧洲国家眼里，印度只是一个人口众多、经济增长缓慢的贫穷之国，会被轻而易举地排斥于"区域"大国之外，甚至还被排斥于较大的战略目标障碍之外。④

---

① Swaroopa Lahiri, "Soft Power-A Major Tool in Modi's Foreign Policy Kit", *Journal of South Asian Studies*, Vol. 5, No. 1, 2017, p. 39.

② Iftekharul Bashar, "Indian Soft Power: The Role of Culture", *Journal of International Affairs*, Vol. 13, No. 2, July-December 2009, p. 1.

③ Patryk Kugiel, "India's Soft Power in South Asia", *International Studies*, Vol. 39, No. 3-4, 2012, p. 356.

④ [美]斯蒂芬·科亨：《大象和孔雀：解读印度大战略》，刘满贵等译，新华出版社2002年版，第20页。

在软实力建设方面，印度可以从中国借鉴一些经验。中印两国都是世界四大文明古国，文化底蕴深厚，现在则均为人口和发展中大国，但中国的软实力要远大于印度，产生的影响也比印度广泛。中国的做法能给印度提供一些启示。文化上，领导人的推广固然能产生实效，但毕竟不是机制化的办法。印度可借鉴孔子学院的模式，在国外大量增加文化中心，加大印度文化的宣传力度。在国内，印度可大力兴办教育，特别注重培育一批世界知名大学。只有教育水平和民众的认知能力提升了，才能摧毁种姓制度，改善弱势群体的社会地位和生活水平。中国正在实施的"双一流"大学建设方案，印度不妨借鉴。在反贫困上，印度可参照中国的精准扶贫模式，动员全社会的力量进行扶贫，摸清每一户家庭的贫困根源，建立贫困档案，做到定点扶贫，实行政府公职人员承包制，既进行思想扶贫，也进行产业扶贫，切实帮助贫困家庭脱贫。在打击腐败方面，印度可借鉴中国政府的铁腕做法，无论谁贪腐，不论级别多高，一查到底，决不留情，实行"老虎"和"苍蝇"一起打，这样才能赢得民心，才能在国际上树立良好的形象。在外交上，印度可借鉴中国的睦邻政策。中国始终坚持与邻为善，以邻为伴的邻国方针，无论国家大小，均尊重对方主权，不干涉对方内政，给予不求回报。当与对方发生矛盾和纷争时，中国坚持通过和平友好谈判加以解决，不使用武力或威胁使用武力。只有做到这些，印度才能真正赢得邻国的尊重和认可，也才能树立爱好和平的国际形象。

当然，在软实力建设方面，印度也有中国可值得借鉴的地方。例如，在文化方面，中国可以学习印度电影的成功经验，加大对电影行业的支持和保护力度，坚持中国元素，选择正能量的主题如破除封建陋习、超越民族、宗教和国别的爱、促进世界和平等，影片的重点放在故事叙述上，降低制作成本，避免过于商业化，同时加大在国外的宣传力度，增加举办电影周或电影节的频次，优惠向发展中国家出口影片或者直接免费赠送，不定时在国外举行中国著名电影节颁奖典礼，以扩大中国电影的国际影响。

总之，印度现在还只是一个软实力资源大国，不是一个软实力大国。印度要成为软实力大国，还有很长的路要走，不仅需要有效开发和利用自身的软实力资源，也要借鉴其他软实力大国的先进经验。只有软实力壮大了，并与硬实力相结合，印度才能真正崛起为一个大国。否则，印度仍会像过去几十年那样，大国只是梦想而非现实。

参考文献

中文著作

《季羡林文集》(第五卷),江西教育出版社1996年版。
《梁漱溟全集》(第一卷),山东人民出版社1987年版。
《马克思恩格斯选集》(第二卷),人民出版社1972年版。
卞崇道等:《东方思想宝库》,吉林人民出版社1994年版。
曹小冰:《印度特色的政党和政党政治》,当代世界出版社2005年版。
曹永胜等:《南亚大象——印度军事战略发展与现状》,解放军出版社2002年版。
曹云华主编:《远亲与近邻——中美日印在东南亚的软实力》,人民出版社2015年版。
陈峰君:《印度社会与文化》,北京大学出版社2013年版。
陈峰君主编:《世界现代化历程:南亚卷》,江苏人民出版社2012年版。
楚树龙:《国际关系基本理论》,清华大学出版社2003年版。
关世杰:《中华文化国际影响力调查研究》,北京大学出版社2016年版。
郭树勇:《中国软实力战略》,时事出版社2012年版。
贾海涛:《海外印度人与海外华人国际影响力比较研究》,山东人民出版社2007年版。
江亚平:《印度:一个不可思议的国度》,深圳报业集团出版社2009年版。
林承节:《印度独立后的政治经济社会发展史》,昆仑出版社2003年版。
林承节:《印度史》,人民出版社2004年版。
林承节:《殖民主义史:南亚卷》,北京大学出版社1999年版。
林良光主编:《印度政治制度研究》,北京大学出版社1995年版。
刘建等:《印度文明》,福建教育出版社2008年版。

吕昭义主编:《印度国情报告(2011—2012)》,社会科学文献出版社2012年版。

马加力:《崛起中的巨象:关注印度》,山东大学出版社2010年版。

倪世雄等:《当代西方国际关系理论》,复旦大学出版社2001年版。

邱永辉:《印度世俗化研究》,巴蜀书社2003年版。

邱永辉:《印度宗教多元文化》,社会科学文献出版社2009年版。

尚会鹏:《印度文化传统研究:比较文化的视野》,北京大学出版社2004年版。

尚会鹏:《印度文化史》,浙江大学出版社2016年版。

尚会鹏:《种姓与印度教社会》,北京大学出版社2001年版。

时宏远:《印度海洋安全战略研究》,中国社会科学出版社2019年版。

孙培钧、华碧云主编:《印度国情与综合国力》,中国城市出版社2001年版。

孙士海、江亦丽主编:《二战后南亚国家对外关系研究》,方志出版社2007年版。

孙士海主编:《南亚的政治、国际关系及安全》,中国社会科学出版社1998年版。

孙士海主编:《印度的发展及其对外战略》,中国社会科学出版社2000年版。

王红生:《印度的民主》,社会科学文献出版社2011年版。

王宏纬:《当代中印关系述评》,中国藏学出版社2009年版。

王树英:《南亚印度教与文化》,中央民族大学出版社1999年版。

王晓丹:《印度社会观察》,世界知识出版社2007年版。

吴永年、赵干城、马孆:《21世纪印度外交新论》,上海译文出版社2004年版。

阎学通、孙学峰:《国际关系研究实用方法》,人民出版社2001年版。

郁龙余等:《印度文化论》,重庆出版社2008年版。

张光璘、李铮主编:《季羡林论印度文化》,中国华侨出版社1994年版。

张敏秋主编:《中印关系研究:1947—2003》,北京大学出版社2004年版。

张明帅:《东方顶级大学传奇》,北京理工大学出版社2012版。

赵伯乐:《印度民族问题研究》,时事出版社2015年版。

赵伯乐主编：《当代南亚国际关系》，中国社会科学出版社2003年版。

赵干城：《印度：大国地位与大国外交》，上海人民出版社2009年版。

赵刚、肖欢：《国家软实力：超越经济和军事的第三种力量》，新世界出版社2010年版。

赵蔚文：《印美关系爱恨录：半个多世纪的回顾与展望》，时事出版社2003年版。

郑瑞祥主编：《印度的崛起与中印关系》，当代世界出版社2006年版。

［澳］A. L. 巴沙姆主编：《印度文化史》，商务印书馆1997年版。

［德］马克斯·韦伯：《印度的宗教——印度教与佛教》，康乐、简惠美译，广西师范大学出版社2005年版。

［美］弗朗辛·R. 弗兰克尔：《印度独立后政治经济发展史》，孙培钧等译，中国社会科学出版社1989年版。

［美］威尔·杜兰：《世界文明史》，幼狮文化公司译，东方文化出版社1998年版。

［美］约瑟夫·S. 奈：《注定领导世界——美国权力性质的变迁》，刘华译，中国人民大学出版社2012年版。

［美］约瑟夫·奈：《软力量：世界政坛成功之道》，吴晓辉、钱程译，东方出版社2005年版。

［美］约瑟夫·奈：《软实力：权力，从硬实力到软实力》，马娟娟译，中信出版社2013年版。

［印］《薄珈梵歌》，张保胜译，中国社会科学出版社1989年版。

［印］阿马蒂亚·森：《惯于争鸣的印度人：印度人的历史、文化与身份论集》，刘建译，上海三联书店2007年版。

［印］阿玛蒂亚·森、让·德雷兹：《印度：经济发展与社会机会》，黄飞君译，社会科学文献出版社2006年版。

［印］贾瓦哈拉尔·尼赫鲁：《印度的发现》，齐文译，世界知识出版社1956年版。

［印］许马云·迦比尔：《印度的遗产》，王维周译，上海人民出版社1958年版。

［英］G. T. 加勒特主编：《印度的遗产》，陶笑虹译，上海人民出版社2005年版。

［英］爱德华·卢斯：《不顾诸神：现代印度的奇怪崛起》，张淑芳译，中信出版社 2007 年版。

［英］查尔斯·埃利奥特：《印度教与佛教史纲》（第一卷），李荣熙译，商务印书馆 1982 年版。

［英］特雷弗·菲希洛克：《印度人》，袁传伟、任荣康译，上海译文出版社 1990 年版。

中文论文

安双宏：《印度高等教育优待弱势群体保留权政策研究》，《比较教育研究》2016 年第 4 期。

安双宏：《印度教育 60 年发展的成就与问题评析——基于教育政策的视角》，《比较教育研究》2011 年第 6 期。

毕亮亮：《印度科技创新实力及科研优势领域概述》，《全球科技经济瞭望》2014 年第 9 期。

曹云华：《论印度在东南亚的软实力》，《东南亚研究》2012 年第 3 期。

陈峰君：《印度：正在崛起的大国》，《同舟共进》2007 年第 10 期。

方长平：《中美软实力比较及其对中国的启示》，《世界经济与政治》2007 年第 7 期。

高飞：《公共外交的界定、形成条件及其作用》，《外交评论》2005 年第 3 期。

何发：《印度科技奖励的政策取向与启示》，《中国科技奖励》2017 年第 8 期。

胡红亮、郭燕燕、封颖：《印度科技创新人才的培养和吸引政策研究》，《全球科技经济瞭望》2016 年第 7 期。

胡键：《软实力新论：构成、功能和发展规律——兼论中美软实力的比较》，《社会科学》2009 年第 2 期。

简军波：《印度在非洲的软实力：资源、途径与局限性》，《非洲研究》2015 年第 2 辑。

金筱萍、沈茹毅：《约瑟夫·奈软实力理论的三个发展阶段》，《江西社会科学》2017 年第 6 期。

李莉：《印度东北地区分离主义活动情况概述》，《国际资料信息》2009 年第 8 期。

李益波:《印度东北地区部族分离主义运动探析》,《世界民族》2007 年第 3 期。

李志斐、唐翀:《印度对印尼的软实力外交与两印关系新发展》,《东南亚研究》2012 年第 6 期。

刘德斌:《"软权力"说的由来与发展》,《吉林大学社会科学学报》2004 年第 4 期。

刘虎:《印度东北部地区分离主义问题分析》,《兰州学刊》2006 年第 5 期。

刘再起、向雄辉:《中印两国经济软实力比较研究》,《亚太经济》2017 年第 6 期。

罗森:《印度软实力初探——论印度发展软实力的优势与劣势》,《亚非纵横》2011 年第 5 期。

门洪华:《中国软实力评估报告》(上),《国际观察》2007 年第 2 期。

庞中英:《中国软力量的内涵》,《瞭望》2005 年第 45 期。

权衡:《印度式经济增长:基于"印度式民主"视角的分析》,《社会科学》2007 年第 7 期。

任飞:《印度外交新态势:文化软实力的推进》,《南亚研究季刊》2009 年第 2 期。

沈德昌:《印度对非洲的软实力外交及经验借鉴》,《南亚研究季刊》2012 年第 2 期。

沈逸:《全球网络空间治理原则之争与中国的战略选择》,《外交评论》2015 年第 2 期。

石俊杰:《浅论印度的软实力》,《南亚研究季刊》2008 年第 4 期。

宋博、石靖:《俄罗斯为什么重视与印度的关系》,《世界知识》2017 年第 19 期。

苏长和:《中国的软权力—以国际制度与中国的关系为例》,《国际观察》2007 年第 2 期。

苏印环:《印度独立以来的教育政策及其成就和问题》,《南亚研究》1987 年第 3 期。

孙士海:《印度政治五十年》,《当代亚太》2000 年第 11 期。

唐璐：《"亚非增长走廊"，印度和日本在想什么》，《环球》2017年第12期。

王超，郑向敏：《中印两国文化旅游软实力分析——基于系统工程思想的分析》，《南亚研究季刊》2012年第2期。

王超、郑向敏：《文化软实力：印度旅游全球竞争战略模式及其启示》，《软科学》2012年第7期。

王沪宁：《作为国家实力的文化：软权力》，《复旦学报》（社会科学版）1993年第3期。

王晓丹：《印度反腐败机制的设计思路》，《当代亚太》2005年第10期。

王雪婷、韩霞、马建强：《国家软实力的定量评估》，《统计与决策》2015年第13期。

肖莉梅：《中印软实力构成要素之比较研究》，《科学·经济·社会》2015年第3期。

阎学通、徐进：《中美软实力比较》，《现代国际关系》2008年第1期。

杨晓萍：《印度东北部民族问题的政府治理及其启示》，《东南亚南亚研究》2011年第4期。

尹锡南：《简析中印文化软实力双向传播》，《南亚研究季刊》2014年第4期。

尹锡南：《泰戈尔与印度文化软实力传播》，《南亚研究季刊》2013年第1期。

游国龙：《软实力的评估路径与中国软实力的吸引力》，《现代国际关系》2017年第9期。

张弛：《约瑟夫·奈软实力理论的反思及启示》，《南京政治学院学报》2011年第4期。

张力：《从首脑会晤透视美印战略关系新发展》，《当代世界》2017年第7期。

章一平：《软实力的内涵与外延》，《现代国际关系》2006年第11期。

赵国军：《印度对阿富汗的软实力战略》，《现代国际关系》2011年第1期。

赵瑞琦、赵刚：《印度传媒与国家软实力的构建》，《对外传播》2013年第9期。

郑永年、张弛：《国际政治中的软力量以及对中国软力量的观察》，《世界经济与政治》2007年第7期。

钟臻、吴文兵：《中印软实力比较研究（2000—2010）》，《国际政治科学》2012年第1期。

［美］德瓦什·卡普尔、裴宜理：《中国与印度高等教育改革中的国家角色》，钟周、农雨桐译，《清华大学教育研究》2015年第5期。

［美］约瑟夫·奈：《"软权力"再思索》，《国外社会科学》2006年第4期。

［印］拉马斯瓦米·苏达尔山：《印度的法律与民主》，张大川译，《国际社会科学杂志》（中文版）1998年第2期。

英文著作

Abdulaziz Sager and Geoffrey Kemp, *India's Growing Role in the Gulf: Implications for the Region and the United States*, Dubai: Gulf Research Center, 2009.

Ajay Kumar Dubey and Aparajita Biswas, *India and Africa's Partnership: A Vision for a New Future*, New Delhi: Springer (India) Pvt. Ltd, 2015.

Alejandro Portes & Patricia Fernández-Kelly, *The State and the Grassroots: Immigrant Transnational Organizations in Four Continents*, New York: Berghahn Books, 2015.

Amitabh Mattoo, Happymon, *India and Pakistan: Pathways Ahead*, New Delhi: Kalpana Shukla KW Publishers Pvt Ltd, 2007.

Anand Kumar, *The Terror Challenge in South Asia and Prospect of Regional Cooperation*, New Delhi: Pentagon Security International, 2011.

Anand Kumar, *The Terror Challenge in South Asia and Prospect of Regional Cooperation*, New Delhi: Pentagon Security International, 2012.

Andrew F. Cooper, Jorge Heine, Ramesh Thakur, *The Oxford Handbook of Modern Diplomacy*, Oxford: Oxford University Press, 2013.

Aryaman Bhatnagar and Ritika Passi, *Neighbourhood First: Navigating Ties Under Modi*, Delhi: Vinset Advertising, 2016.

Ashley J. Tellis and Sean Mirski, *Crux of Asia: China, India, and the Emerging *Global Order*, Washington, D. C.: Carnegie Endowment for International Peace, 2013.

Ashok Kapur and A. Jeyaratnam, *Foreign Policies of India and Her Neighbours*, London: Macmillan Press Ltd, 1976.

Atul kohli, *The Success of India's Democracy*, Cambridge: Cambridge University Press, 2001.

B. R. Nanda, *Indian Foreign Policy*, Delhi: Vikas Publishing House Pvt Ltd, 1975.

C. Christine Fair, *Approved for Public Release*, *Distribution Unlimited Cooperation with Pakistan and India*, Santa Monica: Rand Corporation, 2004.

C. Raja Mohan, *Crossing the Rubicon: The Shaping of India's New Foreign Policy*, New Delhi: Penguin Books India, 2003.

Daya Kishan Thussu, *Communicating India's Soft Power: Buddha to Bollywood*, NewYork: Palgrave Macmillan, 2013.

Devesh Kapur, *Diaspora, Development, and Democracy*, Princeton: Princeton University Press, 2010.

Geeta Kochhar and Snehal Ajit Ulman, *India and China: Economics and Soft Power Diplomacy*, New Delhi: Routledge India, 2020.

Indian Ministry of Information and Broadcasting, *Jawaharlal Nehru Speeches*, Vol. 1, Delhi: The Director Publication Division, 1949.

Indian Ministry of Information and Broadcasting, *Jawaharlal Nehru Speeches*, Vol. 3, Delhi: The Director Publication Division, 1958.

Indian Ministry of Information and Broadcasting, *Jawaharlal Nehru Speeches*, Vol. 4, Delhi: The Director Publication Division, 1964.

Ishtiaq Ahmed, *The Politics of Religion in South and Southeast Asia*, London: Routledge, 2011.

Joseph S. Nye, *The Paradox of American Power: Why the World's only Superpower Can't Go It Alone*, Oxford: Oxford University Press, 2002.

Kanwal Sibal, *Complex Peace Operation: Traditional Premises and New Realities*, New Delhi: United Service Institution of India, 2004.

Krishnappa Venkatshamy and Princy George, *Grand Strategy for India: 2020 and beyond*, New Delhi: Pentagon Security International, 2012.

Mehmet Huseyin Bilgin and Hakan Danis, *Business Challenges in the Changing Economic Landscape*, Cham: Springer International Publishing Switzerland, 2016.

Michael Kugelman, *India's Contemporary Security Challenges*, Washington, D. C. : Woodrow Wilson International Center for Scholars, 2011.

Namrata Goswami, *India's Approach to Asia: Strategy, Geopolitics and Responsibility*, New Delhi: Pentagon Press, 2016.

Nawaz B. Mody and B. N. Mehri, *India's Role in the United Nations: 1945 – 1995*, Bombay: Shri S. M. Sachdev for Allied Publishers Limited, 1995.

Patryk Kugiel, *India's Soft Power: A New Foreign Policy Strategy*, London: Taylor & Francis Ltd, 2017.

Prem Shankar Jha, *India and China: The Battle between Soft and Hard Power*, New Delhi: Penguin Books India, 2010.

Rajesh M. Basrur, *India's External Relations: A Theoretical Analysis*, New Delhi: Ajay Verma for Commonwealth Publishers, 2000.

Robert D. Kaplan, *Monsoon: The Indian Ocean and the Future of American Power*, New York: Random House Trade Paperbacks, 2011.

Ruchita Beri, *India and Africa: Enhancing Mutual Engagement*, New Delhi: Pentagon Press, 2014.

Shairi Mathur, *Voting for the Veto: India in a Reformed UN*, London: The Foreign Policy Centre, 2005.

Sinderpal Singh, *Modi and the World: (Re) Constructing Indian Foreign Policy*, Singapore: World Scientific Publishing Company, 2017.

Stephen Philip Cohen, *India: Emerging Power*, Washington, D. C. : Brookings Institution Press, 2001.

Surya Narain Yadav, *India-America Strategic Partnership-Experiences and Expectations*, New Delhi: Global Vision Publishing House, 2010.

Tai Yong Tan, *Challenges of Economic Growth, Inequality and Conflict in South Asia*, Singapore: World Scientific, 2010.

Vandana Asthana, *India's Foreign Policy and Subcontinental Politics*, New

Delhi: Madan Sachdeva for Kanishka Publishers, 1999.

Vijay Sakhuja and Gurpreet S Khurana, *Maritime Perspectives 2015*, New Delhi: National Maritime Foundation, 2016.

Vijay Sakhuja and Gurpreet S Khurana, *Maritime Perspectives 2016*, New Delhi: National Maritime Foundation, 2017.

V. A. Pai Panandiker, *Fifty Years of Swaraj: Highlights and Shadows*, New Delhi: Konark Publishers Pvt. Ltd, 1998.

英文论文

Aakriti Tandon, "India's Foreign Policy Priorities and the Emergence of a Modi Doctrine", *Strategic Analysis*, Vol. 40, No. 5, 2016.

Aakriti Tandon, "Transforming the Unbound Elephant to the Lovable Asian Hulk: Why Is Modi Leveraging India's Soft Power?", *The Round Table*, Vol. 105, No. 1, 2016.

Abdul Majid, "State of Human Rights in India: A Case Study of Muslim Minority Oppression", *A Research Journal of South Asian Studies*, Vol. 32, No. 1, January-June 2017.

Ajey Lele, "Power Dynamics of India's Space Program", *Astropolitics*, Vol. 14, No. 2 - 3, 2016.

Ajit Doval, "Islamic Terrorism in South Asia and India's Strategic Response", *Policing*, Vol. 1, No. 1, 2007.

Alam Khan, "Terrorism and India: An Economic Perspective", *Quality & Quantity*, Vol. 50, No. 4, 2016.

Alan Heston and Vijan Kumar, "Institutional Flaws and Corruption Incentives in India", *Journal of Development Studies*, Vol. 44, No. 9, October 2008.

Aloke Kahali, "Diaspora Engagement: Need for Paradigm Shift-Indian Perspective", *Diaspora Studies*, Vol. 10, No. 1, 2017.

Amar Anwar and Mazhar Mughal, "The Role of Diaspora in Attracting Indian Outward FDI", *International Journal of Social Economics*, Vol. 40, No. 11, 2013.

Amba Pande, "The Role of Indian Diaspora in the Development of the Indian IT

Industry", *Diaspora Studies*, Vol. 7, No. 2, 2014.

Amit Kumar Gupta, "Commentary on India's Soft Power and Diaspora", *International Journal on World Peace*, Vol. 15, No. 3, 2008.

Amit Kumar Mishra, "Diaspora, Development and the Indian State", *The Round Table*, Vol. 105, No. 6, 2016.

Anand Singh, "The Pravasi Bharati Divas and India's Diaspora Outreach through the 'Economy of Affection': Rhetoric and Realities", *Diaspora Studies*, Vol. 10, No. 2, 2017.

Anita Kiamba, "The Indian Diaspora and Policy Formulation in Kenya", *Diaspora Studies*, Vol. 7, No. 2, 2014.

Anna A. Koptyaeva, "The International Image of the State As an Instrument of Soft Power", *Arktikai Sever*, Vol. 23, No. 2, 2016.

Anne Hammerstad, "The International Humanitarian Regime and Its Discontents: India's Challenge", *The Round Table*, Vol. 104, No. 4, 2015.

Anupama Roy and Ujjwal Kumar Singh, "The Masculinist Security State and Anti-terror Law Regimes in India", *Asian Studies Review*, Vol. 39, No. 2, 2015.

Aparajita Gangopadhyay, "India's Policy towards Its Diaspora: Continuity and Change", *India Quarterly*, Vol. 61, No. 4, 2005.

Aparna Nayak, "Clean India", *Journal of Geoscience and Environment Protection*, Vol. 3, No. 5, 2015.

Arijit Mazumdar & Erin Statz, "Democracy Promotion in India's Foreign Policy: Emerging Trends and Developments", *Asian Affairs: An American Review*, Vol. 42, No. 3, 2015.

Arijit Mazumdar, "India's Search for a Post-Cold War Foreign Policy: Domestic Constraints and Obstacles", *India Quarterly*, Vol. 67, No. 2, 1989.

Arijit Mazumdar, "India's Soft Power Diplomacy under the Modi Administration: Buddhism, Diaspora and Yoga", *Asian Affairs*, Vol. 49, No. 3, 2018.

Arpita Anant, "Global Governance and the Need for 'Pragmatic Activism' in India's Multilateralism," *Strategic Analysis*, Vol. 39, No. 5, 2015.

Arun Kumar Nayak, "Democracy and Development in India: An Investigation",

World Affair Winter, Vol. 18, No. 4, 2014.

Arun Kumar Nayak, "Democracy and Development in India: An Investigation", *World Affair Winter*, Vol. 18, No. 4, 2014.

Arundhati Ghose, "Emerging Markets and Global Governance: An Indian Perspective", *The International Spectator*, Vol. 45, No. 4, December 2010.

Asaf Hussain, "The Indian Diaspora in Britain: Political Interventionism and Diaspora Activism", *Asian Affairs*, Vol. 32, No. 3, 2005.

Ashutosh Misra, "The Problem of Kashmir and the Problem in Kashmir: Divergence Demands Convergence", *Strategic Analysis*, Vol. 29, No. 1, Jan-Mar 2005.

Ashutosh Varshney, "India's Democracy at 70: Growth, Inequality, and Nationalism", *Journal of Democracy*, Vol. 28, No. 3, July 2017.

Asima Sahu, "Soft Power and India: A Critical Analysis", *Scholarly Research Journal for Humanity Science and English Language*, Vol. 3, No. 13, 2016.

Asma Ayob, Marisa Keuris, "Bollywood Cinema: A Transnational/Cultural Role", *Journal of Literary Studies*, Vol. 33, No. 2, 2017.

Audrey Dugué-Nevers, "China and Soft Power: Building Relations and Cooperation", *Contemporary Chinese Political Economy and Strategic Relations: An International Journal*, Vol. 3, No. 1, April/May 2017.

Bawa Singh, "India's Neighbourhood Policy: Geopolitical Fault Line of Its Nepal Policy in the Post-2015 Constitution", *Journal of International and Area Studies*, Vol. 23, No. 1, June 2016.

Bhanu Pratap, "India's Cultural Diplomacy: Present Dynamics, Challenges and Future Prospects", *International Journal of Arts, Humanities and Management Studies*, Vol. 1, No. 9, September 2015.

Bimal Kishore Sahoo, D. K. Nauriyal & Simantini Mohapatar, "Software Exports from India: An Econometric Exploration", *Journal of Asia-Pacific Business*, Vol. 16, No. 4, 2015.

Biswanath Gupta and Raju KD, "Space Exploration by India and Socio-economic Cooperation with SAARC Countries", *India Quarterly*, Vol. 72, No. 3, 2016.

B. L. Himabindu, "Whose Problem Is It Anyway? Crimes against Women in India", *Global Health Action*, Vol. 7, No. 1, 2016.

Charalampos Efstathopoulos, "India and Global Governance: The politics of Ambivalent Reform", *International Politics*, Vol. 53, No. 2, 2016.

Cherian George, "Soft Power: Looking beyond American Hegemony", *Media Asia*, Vol. 43, No. 2, 2016.

Cherian Samuel, "Indo-US Defence Cooperation and the Emerging Strategic Relationship", *Strategic Analysis*, Vol. 31, No. 2, March 2007.

Chietigj Bajpaee, "Primary Threat to India Remains Home-Grown Left- and Right-Wing Terrorism", *Terrorism Monitor*, Vol. VII, No. 3, February 2009.

Christophe Jaffrelot, "India's Democracy at 70: Toward a Hindu State?", *Journal of Democracy*, Vol. 28, No. 3, July 2017.

Courtney J. Fungm, "What Explains China's Deployment to UN Peacekeeping Operations?", *International Relations of the Asia-Pacific*, Vol. 16, No. 3, 2016.

C. Raja Mohan, "Balancing Interests and Values: India's Struggle with Democracy Promotion", *The Washington Quarterly*, Vol. 30, No. 3, Summer 2007.

C. Raja Mohan, "How Obama Can Get South Asia Right", *The Washington Quarterly*, Vol. 32. No. 2, 2009.

C. Raja Mohan, "India's Quest for Continuity in the Face of Change", *The Washington Quarterly*, Vol. 31, No. 4, Autumn 2008.

C. Raja Mohan, "Rising India: Partner in Shaping the Global Commons?", *The Washington Quarterly*, Vol. 33, No. 3, 2010.

Daniel Twining, "America's Grand Design in Asia", *The Washington Quarterly*, Vol. 30, No. 3, Summer 2007.

Darshana M. Baruah, "Expanding India's Maritime Domain Awareness in the Indian Ocean", *Asia Policy*, No. 22, 2016.

David Barnard-Wills and Cerwyn Moore, "The Terrorism of the Other: Towards a Contrapuntal Reading of Terrorism in India", *Critical Studies on Terrorism*, Vol. 3, No. 3, December 2010.

David Brewster, "India and China at Sea: A Contest of Status and Legitimacy in the Indian Ocean", *Asia Policy*, No. 22, July 2016.

David M Malone, "Soft Power in Indian Foreign Policy", *Economic & Political*

Weekly, Vol. xlvi, No. 36, 2011.

David Scott, "India's 'Extended Neighborhood' Concept: Power Projection for a Rising Power", *India Review*, Vol. 8, No. 2, April-June 2009.

Daya Kishan Thussu, "The Soft Power of Popular Cinema-The Case of India", *Journal of Political Power*, Vol. 9, No. 3, 2016.

Debidatta Aurobinda Mahapatra, "From a Latent to a 'Strong' Soft Power? The Evolution of India's Cultural Diplomacy", *Palgrave Communications*, Vol. 2, 2016.

Devika Mittal and Amit Ranjan, "India-Pakistan: Contours of Relationships", *Space and Culture, India*, Vol. 4, No. 1, 2016.

Elira Luli, Phd Cand, "Cases Where Soft Power Is Being Ignored", *European Journal of Multidisciplinary Studies*, Vol. 1, No. 1, 2017.

Emilian Kavalshi, "Venus and the Porcupine: Assessing the European-India Strategic Partnership", *South Asia Survey*, Vol. 15, No. 1, January-June 2008.

Eswaran Sridharan, "The Shifting Party Balance", *Journal of Democracy*, Vol. 28, No. 3, July 2017.

Francis Kuriakose and Deepa Kylasam Iyer, "India of Ideas: Mapping the Status of Higher Education in India and Mobilizing Discourse towards a Quest for Equity and Excellence", *Higher Education for the Future*, Vol. 3, No. 2, 2016.

François-Bernard Huyghe, "Soft Power and Forecasting Influence", *African Yearbook of Rhetoric*, Vol. 7, No. 1, 2016.

F. Gregory Gause III, "Can Democracy Stop Terrorism?", *Foreign Affairs*, Vol. 84, No. 5, September-October 2005.

Garima Mohan and Olivia Gippner, "Chinese and Indian Approaches to United Nations Peacekeeping: A Theoretical Appraisal of Contribution Patterns and Decision-making Structures", *Contemporary Readings in Law and Social Justice*, Vol. 7, No. 1, 2015.

George Perkovich & Toby Dalton, "Modi's Strategic Choice: How to Respond to Terrorism from Pakistan", *The Washington Quarterly*, Vol. 38, No. 1, 2015.

Ghulam Nabi Naz, "Corruption in India: Causes and Remedial Measures", *World Academy of Science, Engineering and Technology International Journal of*

Humanities and Social Sciences, Vol. 11, No. 4, 2017.

Gurpreet S. Khurana, "Optimising India-US Maritime-Strategic Convergence", *Strategic Analysis*, Vol. 41, No. 5, 2017.

G. Padmaja, "Modi's Maritime Diplomacy: A Strategic Opportunity", *Maritime Affairs: Journal of the National Maritime Foundation of India*, Vol. 11, No. 2, Winter 2015.

Harsh V. Pant and Yogesh Joshi, "Indo-US Relations under Modi: The Strategic Logic Underlying the Embrace", *International Affairs*, Vol. 93, No. 1, 2017.

Harsh V. Pant, "A Rising India's Search for a Foreign Policy", *Orbis*, Vol. 53, No. 2, 2009.

Harsh V. Pant, "Is India Developing a Strategy for Power?", *The Washington Quarterly*, Vol. 38, No. 4, 2016.

H. P. Rajan, "The Legal Regime of the Arctic and India's Role and Options", *Strategic Analysis*, Vol. 38, No. 6, 2014.

Ian Hall, "India's New Public Diplomacy: Soft Power and the Limits of Government Action", *Asian Survey*, Vol. 52, No. 6, 2012.

Iftekharul Bashar, "Indian Soft Power: The Role of Culture", *Journal of International Affairs*, Vol. 13, No. 2, July-December 2009.

Isabelle Saint-Mézard, "India's Act East Policy: Strategic Implications for the Indian Ocean", *Journal of the Indian Ocean Region*, Vol. 12, No. 2, 2016.

Iskander Rehman, "India's Fitful Quest for Sea Power", *India Review*, Vol. 16, No. 2, 2017.

James R. Holmes and Toshi Yoshihara, "Strongman, Constable, or Free-Rider? India's 'Monroe Doctrine' and Indian Naval Strategy", *Comparative Strategy*, Vol. 28, No. 4, 2009.

Jason A. Kirk, "Indian-Americans and the U. S. -India Nuclear Agreement: Consolidation of an Ethnic Lobby?", *Foreign Policy Analysis*, Vol. 4, No. 3, 2008.

Jason Kirk and Vikash Yadav, "From Swagger to Self-Advocacy: India's Postgraduate 'Transition' in the World Bank", *India Review*, Vol. 14, No. 4, 2015.

Jean Dreze and Amartya Sen, "Democratic Practice and Social Inequality in India", *Journal of Asian and African Studies*, Vol. 37, No. 6, 2002.

Jehangir Pocha, "The Rising 'Soft Power' of India and China", *New Perspectives Quarterly*, Vol. 20, No. 1, 2003.

Jen Dickinson, "Articulating an Indian Diaspora in South Africa: The Consulate General of India, Diaspora Associations and Practices of Collaboration", *Geoforum*, Vol. 61, No. 1, 2015.

Jonathan Kennedy, "Gangsters or Gandhians? The Political Sociology of the Maoist Insurgency in India", *India Review*, Vol. 13, No. 3, 2014.

Joseph S. Nye, "Get Smart: Combining Hard and Soft Power", *Foreign Affairs*, Vol. 88, No. 4, July/August 2009.

Joseph S. Nye, "Soft power: The Origins and Political Progress of a Concept", *Palgrave Communications*, Vol. 3, 2017.

Joseph S. Nye, "Soft Power", *Foreign Policy*, No. 80, Autumn 1990.

Joseph S. Nye, "When Hard Power Undermines Soft Power", *New Perspectives Quarterly*, Vol. 3, No. 21, 2004.

Julia Eckert, "Theories of Militancy in Practice: Explanations of Muslim Terrorism in India", *Social Science History*, Vol. 36, No. 3, Fall 2012.

Jyoti, "India's Look East Policy: In Its Second Phase", *Global Journal of Pharmaceutical Sciences and Education*, Vol. 2, No. 1, 2013.

J. Peter Pham, "India's Expanding Relations with Africa and Their Implications for U. S. Interests", *American Foreign Policy Interests*, No. 29, 2007.

Kabilan Krishnasamy, "A Case for India's 'Leadership' in United Nations Peacekeeping", *International Studies*, Vol. 47, No. 2 – 4, 2010.

Kalathmika Natarajan, "Digital Public Diplomacy and a Strategic Narrative for India", *Strategic Analysis*, Vol. 38, No. 1, 2014.

Kamni Kumari, "Diaspora as Soft Power: A Case Study of Indian Diaspora in the US", *Julio-diciembre*, Vol. 4, No. 2, 2016.

Karthika Sasikumar, "State Agency in the Time of the Global War on Terror: India and the Counter-terrorism Regime", *Review of International Studies*, Vol. 36, No. 3, 2010.

Kishan S. Rana, "India's Diaspora Diplomacy", *The Hague Journal of Diplomacy, Vol. 4, No. 3, 2009.

Krishna K. Tummala, "Combating Corruption: Lessons out of India", *International Public Management Review*, Vol. 10, No. 1, 2009.

Lakshmi Chaudhry, "Rape in the 'New India'", *The Nation*, Vol. 296, No. 5, 2013.

Louise Tillin, "India's Democracy at 70: The Federalist Compromise", *Journal of Democracy*, Vol. 28, No. 3, July 2017.

Madhulika Sharma, "Narendra Modi and the New Education Policy: Retrospection, Reform and Reality", *Journal of Asian Public Policy*, Vol. 9, No. 2, 2016.

Manish Chand, "Knowledge Brotherhood", *India Perspectives*, Vol. 28, No. 3, 2014.

Margaret Abraham, "Domestic Violence and the Indian Diaspora in the United States", *Indian Journal of Gender Studies*, No. 12, 2006.

Maria Nzomo, "Foreign Policy and Diplomacy in India-East African Relations", *Insight on Africa*, Vol. 6, No. 2, 2014.

Marie Lall, "Indo-Myanmar Relations in the Era of Pipeline Diplomacy", *Contemporary Southeast Asia*, Vol. 28, No. 3, 2006.

Mark T. S. Hong, "The Soft Power of Singapore", *The Rise of Singapore*, Vol. 3, 2016.

Masud Chand, "Diasporas, Migration, and Trade: the Indian Diaspora in North America", *Journal of Enterprising Communities: People and Places in the Global Economy*, Vol. 6 No. 4, 2012.

Meicen Sun, "A Bigger Bang for a Bigger Buck: What China's Changing Attitude toward UN Peacekeeping Says about Its Evolving Approach to International Institutions", *Foreign Policy Analysis*, Vol. 13, No. 2, 2017.

Miles Kahler, "Rising Powers and Global Governance: Negotiating Change in a Resilient Status Quo", *International Affairs*, Vol. 89, No. 3, 2013.

Mohammad Saif Ahmad, "Migration and Remittance: A Boon for Indian Economy", *International Journal of Economics and Management Sciences*, Vol. 3, No. 1, 2014.

Monica Sakhrani, "Reading Rape Post Mathura", *Indian Journal of Gender Studies*, Vol. 23, No. 2, 2016.

Montgomery Blah, "India's Stance and Renewed Commitment to UN Peacekeeping", *Strategic Analysis*, Vol. 41, No. 3, 2017.

M. S. Rajan, "The Goals of India's Foreign Policy", *International Studies*, Vol. 35, No. 1, 1998.

Mélissa Levaillant, "Diplomacy as Diaspora Management: The Case of India and the Gulf States", *Asie Visions*, No. 95, November 2017.

M. Amarjeet Singh, "Narendra Modi and Northeast India: Development, Insurgency and Illegal Migration", *Journal of Asian Public Policy*, Vol. 9, No. 2, 2016.

M. S. Rajan, "India's Foreign Policy: The Continuing Relevance of Nonalignment", *International Studies*, Vol. 30, No. 2, 1993.

Nadezhda Filimonova, "Prospects for Russian-Indian Cooperation in the High North: Actors, Interests, Obstacles", *Maritime Affairs: Journal of the National Maritime Foundation of India*, Vol. 11, No. 1, Summer 2015.

Nalin Kant Jha, "Cultural and Philosophical Roots of India's Foreign Policy", *International Studies*, Vol. 2, No. 1, 1989.

Naresh Kumar Bhari, "India-Bangladesh Relations: Analyzing the Recent Developments", *International Journal of Advanced Research in Management and Social Sciences*, Vol. 4, No. 8, August 2015.

Navdeep Suri, "Public Diplomacy in India's Foreign Policy", *Strategic Analysis*, Vol. 35, No. 2, March 2011.

Navnita Chadha Behera, "The Kashmir Conflict: Multiple Fault Lines", *Journal of Asian Security and International Affairs*, Vol. 3, No. 1, 2016.

Nitika Srivastava, "Prospects for Russia-India Relations in the Indian Ocean Region", *Maritime Affairs: Journal of the National Maritime Foundation of India*, Vol. 13, No. 1, 2017.

Obja Borah Hazarika and Vivek Mishra, "Soft Power Contestation between India and China in South Asia", *Indian Foreign Affairs Journal*, Vol. 11, No. 2, April-June 2016.

Ornit Shani, "Making India's Democracy", *Comparative Studies of South Asia, Africa and the Middle East*, Vol. 36, No. 1, May 2016.

Paokholal Haokip, "India's Diaspora Policy in Africa: Half-Baked for Francophone", *Insight on Africa*, Vol. 2, No. 1, 2010.

Paramjit S. Sahai, "India's Engagement with Diaspora: Government Communication, Platforms and Structures", *Diaspora Studies*, Vol. 6, No. 1, 2013.

Parkes Riley and Ravi K. Roy, "Corruption and Anticorruption: The Case of India", *Journal of Developing Societies*, Vol. 32, No. 1, 2016.

Patryk Kugiel, "India's Soft Power in South Asia", *International Studies*, Vol. 39, No. 3–4, 2012.

Pierre Gottschlich, "New Developments in India-Myanmar Bilateral Relations?", *Journal of Current Southeast Asian Affairs*, Vol. 32, No. 2, 2015.

Poorvi Chitalkar and David M. Malone, "Democracy, Politics and India's Foreign Policy", *Canadian Foreign Policy Journal*, Vol. 17, No. 1, March 2011.

Prakash C. Jain, "Indian Migration to the Gulf Countries: Past and Present", *India Quarterly*, Vol. 61, No. 2, 2005.

R Kattumuri, "Food Security and the Targeted Public Distribution System in India", *Lse Research Online Documents on Economics*, No. 38, 2011.

Rabindra Sen, "India's South Asia Dilemma and Regional Cooperation: Relevance of Cultural Diplomacy", *Strategic Analysis*, Vol. 38, No. 1, 2014.

Radha R. Sharma, Rupali Pardasani, "The Problem of Rape in India: A Multidimensional Analysis", *International Journal of Managing Projects in Business*, Vol. 7, No. 3, 2014.

Rahul Mukherji, "India and Global Economic Governance: From Structural Conflict to Embedded Liberalism", *International Studies Review*, Vol. 16, No. 3, 2014.

Rahul Verma Vikas Tripathi, "Making Sense of the House: Explaining the Decline of the Indian Parliament amidst Democratization", *Studies in Indian Politics*, Vol. 1, No. 2, 2013.

Raja Menon, "India's Response to China's Naval Presence in the Indian Ocean",

Asia Policy, No. 22, July 2016.

Rajan Varughese, "National Policy on Education and Higher Education", *Higher Education for the Future*, Vol. 4, No. 2, 2017.

Rajeev Deshpande, "India's Demonetisation: Modi's 'Nudge' to Change Economic and Social Behaviour", *Asian Affairs*, Vol. XLVIII, No. II, 2017.

Rajen Harshe, "India's Foreign Policy under Nehru and Its Contemporary Relevance", *Contemporary Perspectives*, Vol. 1, No. 1, 2007.

Rajiv Kumar Chaturvedi, "India's Climate Pledge and the Global Goal of Limiting Warming below 2°C", *Current Science*, Vol. 109, No. 10, 2015.

Rajneesh Kumar Gupta, "Indian Diaspora in Africa: A Profile", *Africa Trends*, Vol. 3, No. 2, April-June 2014.

Ramakrushna Pradhan and Atanu Mohapatra, "India's Diaspora Policy: Evidence of Soft Power Diplomacy under Modi", *South Asian Diaspora*, Vol. 12, No. 1, 2020.

Ramtanu Maitra, "Modi Strengthens India's Ties with Its Indian Ocean Neighbors", *Executive Intelligence Review*, Vol. 42, No. 12, 2015.

Ranu Choubey, "Corruption in India and Fight against Corruption: Lokpal Bill", *International Journal of Advancements in Research & Technology*, Vol. 3, No. 8, August 2014.

Ratna Vadra, "Creeping Tiger: India's Presence in Africa", *African J. Economic and Sustainable Development*, Vol. 5, No. 1, 2016.

Ravindra K. Jain, "Indian Diaspora, Globalization and Multi Culturalism: A Cultural Analysis", *Contributions to Indian Sociology*, Vol. 32, No. 2, 1998.

Richard Weitz, "The Maturing of Russia-India Defence Relations", *Journal of Defence Studies*, Vol. 6, No. 3, July 2012.

R. M. Fontera, "Anti-Colonialism as a Basic Indian Foreign Policy", *Western Political Quarterly*, Vol. 13, No. 2, 1960.

Ronojoy Sen, "India's Democracy at 70: The Disputed Role of the Courts", *Journal of Democracy*, Vol. 28, No. 3, July 2017.

Sabri Ciftci, Güneş Murat Tezcür, "Soft Power, Religion and Anti-Americanism in the Middle East", *Foreign Policy Analysis*, Vol. 1, No. 3, 2016.

Saeed RigiLadez and Mohd Asef Khan, "Trade Relations between India and Gulf Cooperation Council Countries-An Empirical Study", *International Research Journal of Business and Management*, Vol. VII, No. 11, 2014.

Sangeetha Gunasekar, "International Tourist Arrival in India: Impact of Mumbai 26/11 Terror Attack", *Foreign Trade Review*, Vol. 53, No. 1, 2017.

Sanjay Chaturvedi, "China and India in the 'Receding' Arctic: Rhetoric, Routes and Resources", *Jadavpur Journal of International Relations*, Vol. 17, No. 1, 2013.

S. D. Muni, "Narendra Modi's Foreign Policy: Rebuild South Asian Neighbourhood", *CLAWS Journal*, No. 1, Summer 2015.

Shailly Nigam, "India's Foreign Aid: Social Responsibility or Hegemonic Strategy?", *International Journal of Technical Research and Applications*, No. 34 (Special Issue), September 2015.

Shanthie Mariet D'Souza, "Indo-US Counter-Terrorism Cooperation: Rhetoric Versus Substance", *Strategic Analysis*, Vol. 32, No. 6, November 2008.

Shashi Tharoor, "India as a Soft Power", *India International Centre Quarterly*, Vol. 35, No. 1, 2008.

Simon Weschle, "Punishing Personal and Electoral Corruption: Experimental Evidence from India", *Research and Politics*, Vol. 3, No. 2, 2016.

Singh Swapnil, "Caste and Diaspora", *International Journal of Social Science and Humanity*, Vol. 5, No. 1, January 2015.

Sitikantha Pattaiiaik, "Gulf NRIs and Their Remittances to India: The Saga of Overlooked Great Expectations", *Journal of International and Area Studies*, Vol. 14, No. 1, 2007.

Smruti S. Pattanaik, "War Terror and Its Impact on Pakistan's Kashmir", *Strategic Analysis*, Vol. 32, No. 3, May 2008.

Smruti S. Pattanaik, "Analysing China's Soft Power Strategy and Comparative Indian Initiatives", *Strategic Analysis*, Vol. 42, No. 4, 2018.

Sourabh Singh, "Role of Political Habitus in Shaping Dynamics of Democracy: Insights from Nehruvian and Gandhian Period of Democracy in India", *Comparative Sociology*, Vol. 14, No. 5, 2015.

Subrata Kumar Mitra & Mike Enskat, "Parties and the People: India's Changing Party System and the Resilience of Democracy", *Democratization*, Vol. 6, No. 1, 1999.

Subrata K. Mitra, "How Exceptional Is India's Democracy? Path Dependence, Political Capital, and Context in South Asia", *India Review*, Vol. 12, No. 4, 2013.

Subrata Mitra, "Intimate Enemies: Trauma, Violence and Longing in India-Pakistan Relations: A Review Article", *India Review*, Vol. 16, No. 2, 2017.

Sumit Ganguly, Manjeet S. Pardesi, "Explaining Sixty Years of India's Foreign Policy", *India Review*, Vol. 8, No. 1, 2009.

Sumit Ganguly, "Has Modi Truly Changed India's Foreign Policy?", *The Washington Quarterly*, Vol. 40, No. 2, 2017.

Sumit Ganguly, "India's Democracy at 70: The Troublesome Security State", *Journal of Democracy*, Vol. 28, No. 3, July 2017.

Sunil Dutt Sharma, "Vision of Clean India Campaign: Prospects and Challenges", *International Journal of Research in Economics and Social Sciences*, Vol. 7, No. 1, January 2017.

Supreet Kaur Jaggi, "Swachh Bharat: Clean India, Green India", *International Journal of Innovative Studies in Sociology and Humanities*, Vol. 2, No. 1, 2017.

Suryakanthi Tripathi, "Cyber: Also a Domain of War and Terror", *Strategic Analysis*, Vol. 39, No. 1, 2015.

Sushila Ramaswamy, "India's Crisis of Governance: The Women's Perspective", *Policy and Society*, Vol. 24, No. 3, 2005.

Swaran Singh and Jayanna Krupakar, "Indo-US Cooperation in Countering Cyber Terrorism: Challenges and Limitations", *Strategic Analysis*, Vol. 38, No. 5, 2014.

Swaroopa Lahiri, "Soft Power-A Major Tool in Modi's Foreign Policy Kit", *Journal of South Asian Studies*, Vol. 5, No. 1, 2017.

Syed Manzar Abbas Zaidi, "Profiling the Lashkar-e-Taiba", *South Asian Survey*, Vol. 16, No. 1, 2009.

S. D. Muni and C. Raja Mohan, "Emerging Asia: India's Options", *International Studies*, Vol. 41, No. 3, 2004.

S. Kalyanaraman, "India and the Challenge of Terrorism in the Hinterland", *Strategic Analysis*, Vol. 34, No. 5, September 2010.

Tanvi Pate, "Soft Pwer, Strategic Nrratives, and Sate identity: Re-assessing India-Afghanistan Rlations Post-2011", *India Review*, Vol. 17, No. 3, 2018.

Tarun Khanna and Yasheng Huang, "Can India Overtake China?", *Foreign Policy*, No. 137, 2003.

T. K. Oommen, "Education in Independent India: Distortions in Its Vision", *Contemporary Education Dialogue*, Vol. 15, No. 1, 2018.

T. V. Paul, "Indian Soft Power in a Globalizing World", *Current History*, Vol. 113, No. 762, 2014.

U. Purushothaman, "Shifting Perceptions of Power: Soft Power and India's Foreign Policy", *Journal of Peace Studies*, Vol. 17, Issue 2&3, April-September 2010.

Uday Ravi, "Is Political Discordance Leading to India's National Counter Terrorism Center's Fallout?", *Counter Terrorist Trends and Analysis*, Vol. 4, No. 6, 2012.

Unathi Sonwabile Henama, "Attracting Indian Outbound Tourists to South Africa: A BRICS Perspective", *India Quarterly*, Vol. 69, No. 3, 2013.

Usha M. Rodrigues, Michael Niemann, "Social Media as a Platform for Incessant Political Communication: A Case Study of Modi's 'Clean India' Campaign", *International Journal of Communication*, Vol. 11, 2017.

Uttam Kumar Sinha and Arvind Gupta, "The Arctic and India: Strategic Awareness and Scientific Engagement", *Strategic Analysis*, Vol. 38, No. 6, 2014.

Varun Sahni, "India's Foreign Policy: Key Drivers", *South African Journal of International Affairs*, Vol. 14, No. 2, 2007.

Vipul Kumar Singh, "Parliamentary Elections Create More 'Options': Evidences from World's Largest Democracy 'India'", *Journal of Asset Management*, Vol. 17, No. 5, 2016.

Waqar-un-Nisa, "Pakistan-India Equation: Determinants, Dynamics and the

Outlook", *Policy Perspectives*, Vol. 14, No. 1, 2017.

Wasbir Hussain, "Ethno-Nationalism and the Politics of Terror in India's Northeast", *Journal of South Asian Studies*, Vol. XXX, No. 1, April 2007.

Wei Li and Emily Skop, "Diaspora in the United States: Chinese and Indians Compared", *Journal of Chinese Overseas*, Vol. 6, No. 2, 2015.

William Rugh, "American Soft Power and Public Diplomacy in the Arab World", *Palgrave Communications*, Vol. 3, 2017.

Yeshi Choedon, "India and Democracy Promotion Cautious Approach and Opportunity", *India Quarterly*, Vol. 71, No. 2, 2015.

Yeshi Choedon, "India on Humanitarian Intervention and Responsibility to Protect: Shifting Nuances", *India Quarterly*, Vol. 73, No. 4, 2017.

Yudhishthir Raj Isar, "Cultural Diplomacy: India Does It Differently", *International Journal of Cultural Policy*, Vol. 23, No. 6, September 2015.

Zhiqun Zhu, "Two Diasporas: Overseas Chinese and Non-resident Indians in Their Homelands' Political Economy", *Journal of Chinese Political Science*, Vol. 12, No. 3, Fall 2007.

Zoya Hasan, "Democracy and Growing Inequalities in India", *Social Change*, Vol. 46, No. 2, 2016.

印度政府报告

Indian Central Vigilance Commission, *Annual Report 2018*.

Indian Department of Space, *Annual Report 2015 – 2016*.

Indian Ministry of Communications and Information Technology, *Annual Report 2015 – 2016*.

Indian Ministry of Defence Ministry, *Annual Report 2018 – 2019*.

Indian Ministry of Development of North Eastern Region, *Annual Report 2016 – 2017*.

Indian Ministry of Earth Sciences, *Annual Report 2016 – 2017*.

Indian Ministry of External Affairs, *Annual Report 2012 – 2013*.

Indian Ministry of External Affairs, *Annual Report 2013 – 2014*.

Indian Ministry of External Affairs, *Annual Report 2014 – 2015*.

Indian Ministry of External Affairs, *Annual Report 2015 – 2016.*

Indian Ministry of External Affairs, *Annual Report 2018 – 2019.*

Indian Ministry of Finance, *Expenditure Budget 2014 – 2015.*

Indian Ministry of Finance, *Expenditure Budget 2020 – 2021.*

Indian Ministry of Home Affairs, *Annual Report 2015 – 2016.*

Indian Ministry of Home Affairs, *Annual Report* 2011 – 2012.

Indian Ministry of Home Affairs, *Annual Report 2012 – 2013.*

Indian Ministry of Home Affairs, *Annual Report* 2018 – 2019.

Indian Ministry of Human Resource Development, *Educational Statistics – At a Glance 2018.*

Indian Ministry of Human Resource Development, *Out Come Budget 2016 – 2017.*

Indian Ministry of Overseas Indian Affairs, *Annual Report 2007 – 2008.*

Indian Ministry of Overseas Indian Affairs, *Annual Report 2009 – 2010.*

Indian Ministry of Overseas Indian Affairs, *Annual Report 2010 – 2011.*

Indian Ministry of Overseas Indian Affairs, *Annual Report 2011 – 2012.*

Indian Ministry of Overseas Indian Affairs, *Annual Report 2013 – 2014.*

Indian Ministry of Parliamentary Affairs, *Statistical Handbook 2018.*

Indian Ministry of Personnel, Public Grievances and Pensions, *Annual Report 2016 – 2017.*

Indian Ministry of Rural Development, *Annual Report 2016 – 2017.*

Indian Ministry of Tourism, *India Tourism Statistics 2015.*

Planning Commission (Government of India), *Twelfth Five Year Plan: Social Sectors (2012 – 2017).*

Reserve Bank of India, *Handbook of Statistics on Indian Economy 2018 – 2019.*

The Government of India, *Report of the High Level Committee on the Indian Diaspora*, December 2001.